評伝
法学博士 星野通先生

―ある進歩的民法・民法典研究者の学者人生―

川東竫弘

日本評論社

目次

はじめに

星野通（ほしの　とおる　一九〇〇～一九七六）は「民法典論争」の研究で夙に全国的に有名な学者であるが、その研究は戦前の松山高等商業学校・松山経済専門学校教授時代になされた。他の教授陣が学校の要職につき校務に多忙な中――例えば、田中忠夫（経済学）は若くして松山高等商業学校第三代校長になり、伊藤秀夫（英語）は長らく生徒課長そして第四代校長を務め、大島居蕃（外国為替、取引所論等）は星野より若いが教務課長を長らく務めたのに対し、星野通は比較的恵まれ、校務も図書課長ぐらいで、専ら教育と研究に精を出し大いなる成果を挙げた。

星野通は二〇歳代後半～三〇歳代にかけては、法学の授業・教育に専念し、その教科書も発刊した。そして、三〇歳代末からは明治民法編纂史と民法典論争の研究に専念し、『松山高商論集』に毎年の如く論文を発表し、また、一九四二（昭和一七）年八月、一一月に松山高等商業学校商経研究会の研究彙報『民法典論争資料集（上）（下）』を発表し、それらをまとめたのが、一九四三（昭和一八）年九月ダイヤモンド社から刊行の『明治民法編纂史研究』であり、一九四四（昭和一九）年六月日本評論社から刊行の『民法典論争史』である。星野通四二〜四三歳のときであった。戦時下の困難の中、星野通がいかに研究に専念していたのかが窺われる。星野通はその後も、明治民法編纂史ならびに民法典論争の研究を深めていき、一九四八（昭和二三）年三月には『明治民法編纂史研究』で本学最初の博士号（法学博士）を取得し、さらに、一九四九（昭和二四）年六月には河出書房から『民法典論争史―明治家族制度論争史―』を出版した。

また、一九五二（昭和二七）年からは、慶應義塾大学法学部の中村菊男・手塚豊教授との間で明治民法典論争を繰り広げ、学界からも注目された。

大学行政面で、星野通は、松山商科大学（一九四九年四月開設）の初代学長である伊藤秀夫の病気辞任を受け、一九五七（昭和三二）年二月学長代理となり、同年四月二代目の学長に就任し、一九六三（昭和三八）年一二月まで学長職を六年九カ月務めた。

星野通は学長代理ならびに学長になると、学内諸規程の整備を行ない、学校運営の民主化をはかった。すなわち、学長選考規程の制定（一九五七年三月）、名誉教授規程の制定（一九五七年四月）、学科成績選考規程の制定（一九五八年二月）、就業規則の施行（一九五八年四月）、学科履修規程の制定（一九五八年四月）、外国留学・内地留学規程の制定（一九五八年四月）、職員定年規程の制定（一九五九年四月）、聴講生・委託生規程の制定（一九六一年四月）、経済研究所規程の制定（一九六一年六月）、合同教授会規則の制定（一九六二年四月）、経営学部教授会規則の制定（一九六二年四月）、教員選考規準の制定（一九六二年一二月）、経済学部教授会規則の制定（一九六三年一月）等々。

施設面でも整備・拡充をはかり、新食堂の建設（一九五九年一月）、新図書館の建設（一九五九年七月）、三号館建設（一九六二年六月）、寄宿舎・南溟寮を建設した（一九六三年四月）。また、一九六一年八月中小企業研究所も設立し、地域の大学として貢献せんとした。さらに、本館東側の土地を購入し、新しい正門を建設し、キャンパスを一新した。

教学方針面でも、忠君報国主義の印象が強く、戦後殆ど語られることのなかった校訓「三実主義」を一九五七年四月に再興・復活し、順序も真実・忠実・実用にかえ、その定義を簡明に定式化し、校訓「三実主義」の定着を図った。

また、一九六二（昭和三七）年四月、商経学部を発展的に解消し、経済学部と経営学部として独立させ、その後の本学園の飛躍的発展の礎を築いた。

さらに、一九六三（昭和三八）年の創立四〇周年記念事業にあわせて、温山会（同窓会）が三恩人（新田長次郎、加藤拓川、加藤彰廉）の胸像を寄贈した際に、星野通が三恩人の碑文を記し（一九六三年一一月）、三恩人を顕彰した。

以下、星野通博士の学問形成、特に明治民法編纂史、民法典論争研究のあゆみを考察するとともに、松山高等商業学校・松山経済専門学校・松山商科大学の歴史ならびに星野通博士の学長・理事長時代の功績について考察することにする。

第1章

生誕から松山高等商業学校教授就任まで

星野通は一九〇〇（明治三三）年一〇月一日、伊予郡郡中町灘町の神官星野章太郎・クラ夫妻の五人兄弟の長男として生まれた。弟に恒雄（後、東大経済学部卒、四国電力経理部長）、妹に博子（後、星野通の後輩・堀新一郎に嫁ぐ）、光子（後、若くして死去）、スマ子（片岡剛に嫁ぐ）がいる。

星野通は灘町の小学校を卒業し、一九一四（大正三）年四月愛媛県立松山中学校に入学した。この中学校時代に前年五月松山中学校に英語教諭として赴任してきた伊藤秀夫(1)や真鍋良三(2)から英語の授業を受け、わすれ難い印象が残っている。星野通は伊藤秀夫や真鍋良三の教え子であった。

中学時代に星野通は徳富蘆花や谷崎潤一郎などをむさぼるように読書した。後年、星野通は『愛媛新聞』に次のように記している。

「三、四年頃トルストイアン蘆花のものをむさぼり読んだ。自然と人生、青蘆集、寄生木等々。ことに思出記は表紙が手垢で黒くなるほど読んだ。五年生のときは一時谷崎に耽溺、名文『二人の稚子』などつかれたようになって読んだが、あの耽美主義、悪魔主義に何故あれほど心魅せられたか今以て判らない」(3)

星野通は五年間の中学生活を終えて、一九一九（大正八）年三月卒業した。第二七期の卒業生で、一二四名が卒業した。同期に仙波直心（温泉郡川上村の地主）や野中重徳（後、松山高等商業学校教授）などがいる(4)。

一九一九年四月、原内閣の高等教育機関拡充計画により、四国では最初、全国では一二番目の官立松山高等学校が設立された。初代校長は京都の第三高等学校から由比質教授が迎えられた。六月に入試が行なわれ、星野通はこの松山高等学校文科乙類（ドイツ語が第一外国語）を受験し、一六〇名（文科八〇名、理科八〇名）が合格した。星野は栄えある松高の第一期生であった。同期生に有吉義弥（後、日本郵船副社長）、上枝一雄（後、三和銀行頭取）、大前玉男（三井造船専務）、工藤良次（後、日立造船常務）、加藤雄一（後、松山郵政局長）、石丸友二郎（後、松山地方裁判所長）等がいる[5]。また、星野通の一級下に上田藤十郎がいる[6]。

松高第一回入学式は九月一一日に萱町二丁目にある松山市公会堂にて挙行された。由比質校長は難関を突破した新入生に対し、「松高Über Alles（イーバーアルレス）」の標語を提唱し、「世界に冠たる松高の建設に向って邁進すること」を述べた。大正デモクラシーの風潮の中で、由比校長は質実剛健な校風の創造を教育方針に掲げ、自由で自主的な気風の養成を強調した。また、同時に「松高家族主義」を提唱し校長・教職員・生徒が一丸となって理想を実現することを目指した[7]。以後、自由闊達な精神、自治と自立の意識を尊ぶ松高自由主義の伝統がかたちつくられていくが、星野通はその創設期に松高で学んだ。

松高は全寮制である。星野通の松高入学当時、校舎も寮も出来ていなかった。授業は萱町の松山市公会堂の二階を仮校舎として行なわれ、また、寮は松山藩主の菩提寺の大林寺を仮寮として過ごした。翌一九二〇（大正九）年八月、持田町に新校舎が完成し、新校舎で授業を受けることができた。また、一九二一（大正一〇）年九月には持田町に寮も完成し、大林寺の仮寮から移った。

松高創立当時の教授として、第一高等学校から来任したドイツ語の三並良[8]や内務省から転じた北川淳一郎[9]らがいて、星野通は三並教授や北川教授からドイツ語を学んだ。星野通は三並や北川の教え子・愛弟子であった。また、一九二〇年六月から東洋史学の重松俊章が赴任し、その魅力にとんだ講義を受け、星野通は学問的開眼を受けた[10]。さらに翌年の一九二一年四月には渡部善次郎が拓殖大学から転じ英語教員として、また、伊藤達夫（伊藤秀夫の弟）が第五高等学校から転じドイツ語教授として赴任している[11]。渡部と伊藤は星野通の学生時代一年間が重なっているが、渡部、伊藤から授業を受けたかどうかは不明である。

この松山高校時代に関し、星野通の興味深い、生き生きとした回想があるので、紹介しよう。

「旧制松高は大正八年に開校、最初の校舎はもとの出渕町の旧市公会堂を転用したものであった。木造二階の粗末な建て物で、一階は教官室、事務室、講堂になっており、二階は四分されて文科甲、乙類、理科甲、乙類の四教室になっていた。学生は休憩時によく一階の屋根の上にでて、近くを通る小さい坊ッチャン列車を無心に、ながめたり、また寝ころんで読書し談笑したりした。

最初の寄宿舎は古町の大林寺であった。一年生の大半がここに収容されて念仏堂・本堂・くり・書院などにそれぞれ分宿した。ここで、私たちは一年近く寮生活をしたわけだが、血気盛んなしかも茶目っ気の多い寮生は池のコイをとって食い、夕やみせまるころは、寺のツリガネをならして近隣の人たちをおどろかし、ウドン代の借金取りにはホースをむけて水をかけておもしろがったりした。夜半のストームもまた激烈をきわめ午前一時、二時には念仏堂・くり・本堂など夜打ちあさがけでたがいに襲撃しあい、白川夜舟の連中を竹刀(しない)でこづきまわした。

持田の新校舎に移ったのは大正九年で、最初は本館だけが落成し、つづいて理科の特別教室ができ、しばらくして講堂ができたが、それは第一回卒業式にはじめて使用され、卒業式当日父を失った私はツイにこの講堂での卒業式に列する光栄を有することができず、心ひそかに涙したことであった。当時理科教室にはウルトラ・マイクロスコープとかいう日本でも珍しい顕微鏡がそなえ付けられたということをいまに覚えている。

初代校長は三高教頭から来任された由比質先生だったが、まことに茫(ぼう)洋としてつかみどころのない大きい人物であり、また徹底したリベラリストでもあった。あの松高の自由の精神は最初、先生によって培養されたものとみてよい。

先生たちもいなかの高等学校には珍しく、ツブよりだというのが当時のジャーナリズムの評判であった。一高から来任されたドイツ語の三並先生、広島高師から来られた地理学の中目先生、英語の名須川、木方両先生などはいずれも学生の尊敬のまとであった。三並先生は松山市出身であり、新理想主義の哲学者ルドルフ・オイケン博士と親交があり、内村鑑三とともに並び称された有名なクリスト者であったが、私たちドイツ語クラスは先生にとくにかわいがられた。いま松山で弁護士をしていられる北川淳一郎先生も当時はサッソウたる青年教授であった。三並先生からちょうだいした先生あてのオイケン博士の手紙はいまもなおまずしい私の書斎をかざっている。

一高には古くから自治の精神があり、また三高にははなやかな自由の伝統があったが、私たちの新しい学校にもそれはそれなりにいつとはなしに一つのエスプリが芽生えてきて、後年の松高精神のグルンドとなった。厳粛なる自由すなわちこれである。自他の人格と自由をきびしくみとめあって相犯さないという精神である。文科の学生はエリ章にLを、理科の学生はSをつけた。LはLiteratureのイニシャルであり、SはScienceの頭文字であることはもちろんだが、それらは同時にStern Liberty『厳粛な自由』のイニシャルをあらわした。私たちはいと高き誇りをもってこのL・Sをエリにつけた。そしてそれなればこそ白線はメーツへエンのあこがれのまとにもなるのだとうぬぼれたりした。学生は城山に拓川［川東注：石手川］によくさまよった。そして広くよみ深く自由に考える典型的な学生生活を送ったが、楽しい思い出は数かぎりなくあった。山口高校との対抗野球戦の勝利の感激、三日間に及ぶ別子、今治方面への行軍……当時はまだ今治、松山間には汽車は通じていなかった。……高浜沖のボートレース、一週間にわたりはでに行なわれ、校長が文部省にしかられた開校三年記念祭など忘れんとして忘れえない思い出である」(12)

星野通は高校時代の読書遍歴について、後年『愛媛新聞』に次のように記している。

「社会思想書として心に残るものは河上博士の近世経済思想史論と山川均の社会主義者の社会観など。ただこれらの良書も懐疑的な青年をマルクスボーイとはしなかった。小説で面白かったのは漱石、随想、史論でよく読んだのは樗牛のもの位。明暗、心、三四郎等々とてもよかったが、樗牛の『亡弟良太を思う』『わが袖の記』など涙なしには読み得なかった。また史論平相国など今に心に残る。その他当時の高校生の例にもれず、レクラム版のゲーテ、ケルネル、ハウフ、シラー、クライストなどをたどたどしいドイツ語でよく読んだ。三十年後の今日書架に残る古ぼけたレクラム本を開けば、そこそこに鉛筆のアンダーラインが残っているが、そこにかりそめに引かれた線一つ一つもただ白きが上の黒きものに非ず、若き日の生命がそこはかとひそんでいると思えばたまらなくなつかしい」(13)

高校三年の夏に、北九州を独り旅し、中津から柿坂まで歩き、耶馬の景勝を探っている(14)。

このように、星野通は多感な青春時代を由比校長下の松高自由主義の下で学び、マルクスボーイにはならなかったが、漱石、高山樗牛、ゲーテ等を読み、まことに有意義な学生生活を送っていたことがわかる。

一九二二(大正一一)年三月、星野通は松高を卒業した。しかし、卒業式の当日、星野通の父・章太郎が亡くなり、星野通は栄えある卒業式に出席できず、心ひそかに涙をながした。

一九二二年三月一五日、東京帝国大学法学部の入学試験があり(入学定員五五〇名、志願者七一三名)、合格し、四月法律学科独法科に入学した。この時の法学部長は山田三良(国際私法、国際法)であり、教授陣には土方寧(民法)、小野塚喜平次(政治学)、美濃部達吉(憲法)、筧克彦(行政法)、上杉慎吉(憲法)、牧野英一(刑法)、吉野作造(政治学)、鳩山秀夫(民法)、穂積重遠(民法)、末弘巌太郎(民法)、高柳賢三(英米法)、田中耕太郎(商法)ら、助教授陣に南原繁(政治学)、我妻栄(民法)、蝋山政道(政治学)、平野義太郎(民法)ら、助手に宮沢俊義(民法)ら錚々たる面々がいた(15)。このうち、民法の穂積重遠は愛媛県宇和島市出身の穂積陳重(東京帝大法科大学長、枢密院議長等歴任)の長男である。

一九二二年四月一〇日から第一学期(夏学期)の授業が始まった。法律学科の第一学期の必修科目は、憲法、民法(総則、物権、債権)、商法、民事訴訟法(破産法を含む)、刑法、刑事訴訟法であり、また、英吉利法・仏蘭西法・独逸法のうちの一科目であった。また、選択科目は経済学総論であった。第二学期(冬学期)は一〇月一八日より始まり、必修科目は民法第二部（物権）、民事訴訟法第一部（第一編乃至第五編）、英吉利法第二部、仏蘭西法第二部、独逸法第二部であり、また、選択科目は国際公法第一部（平時）、羅馬法であった。一九二三（大正一二）年三月五日から一七日にかけて学部試験が行なわれた。

一九二三年四月、星野通は二年生となった。第三学期（夏学期）の必修科目は民法第三部（債権総論）、商法第一部（総則、会社、商行為）、民事訴訟法第二部（第六編以下破産法）、英吉利法第三部、仏蘭西法第三部、独逸法第三部であり、また、選択科目は行政法第一部（総論）、国際公法第二部（戦時）であった。

一九二三年の初夏、友人と伊豆大島に旅行した。純朴な人情風俗に接して心嬉しい旅であったが、帰途暴風雨にあい、三〇〇トン足らずのボロ船が木の葉の如く揺れ、「死ぬる思い」を体験している(16)。

星野通が二年生の夏学期中の、一九二三年九月一日、関東大震災が起こり、法学部の多くの教室や研究室、学部事務室が全焼した。書籍も震災時に一部（四〇〇〇冊）搬出されたが、それを除き、総て（四万五〇〇〇冊）が焼失するという大被害を受けた。そして授業も一〇月末まで休止となった。一一月から焼け残った教室で授業が始まったが、本年度学期は一一月末まで延長した。そして、一二月一日より第四学期（冬学期）が始まった。必修科目は民法第四部（債権各論）、商法第二部（保険、手形、海商）、刑事訴訟法、英吉利法第四部、仏蘭西法第四部、独逸法第四部であり、また、選択科目は行政法第二部、国際私法であった。そして、学年末試験は一九二四年の四月に行なわれた。

一九二四（大正一三）年四月、星野通は三年生となった。卒業の年である。三年生の第五学期（夏学期）は、遅れて五月一日より始まり、必修科目はなく、選択科目として法制史、民法第五部（親族相続）、海法があった。なお、六月に法学部長が山田三良から美濃部達吉教授に代わった。

この夏休みの期間中に、星野通は二〇世紀のアメリカの法学界の代表的人物で、ハーバード・ロースクール法学部長を長年務め、「社会法学」の体系者であったロスコー・パウンド（Roscoe Pound　一八七〇〜一九六四）の著書『法律哲学概論』（An introduction to the philosophy of the law）を翻訳している。一〇月中旬に訳し終わり、松高時代の恩師・北川淳一郎先生にその原稿の推敲をお願いしている[17]。星野がいかに勉強熱心であったかが窺われよう。

第六学期（冬学期）は一一月一日より始まり、必修科目は無く、選択科目として法理史、西洋法制史、経済政策があった。

星野通は大学院に進まなかったため、指導教授たる「恩師」はいないが、「恩師」といえるのは民法の穂積重遠先生である。先生は円満かつ穏健な人格者で、穂積民法学説には先生の人格がそのままにじみでていた。ただ、星野通は学生時代に二度穂積研究室を訪問しただけだが、卒業後に研究をつうじて親しくなり、学界では「穂積門下」生と言われている[18]。なお、星野通の一学年下に、後、九州大学教授になり、星野通の学位審査を行なう青山道夫がいる[19]。

一九二五（大正一四）年三月三一日、法学部の卒業式が挙行され、法律学科三〇七名、政治学科二一七名、計五二四名が卒業し、美濃部達吉法学部長より卒業証書が授与された[20]。星野通も法学科を卒業した。

一九二五年四月、星野通は郷里の松山高等商業学校（一九二三年＝大正一二年設立）に加藤彰廉校長[21]により法律学の教授（民法、債権総論等）として採用された。このとき二四歳であった。星野通採用の事情は現時点でまだ未解明であるが、郷里の家族を扶養せねばならないことを加藤彰廉校長が北川淳一郎（北川は松山高商開設時から非常勤で勤務していた）から情報を得ていたものと思われる。

星野と共に、村川澄（一八九八年八月一七日山口県岩国市生まれ、早稲田大学法学部卒、法学士。会社法、相続法等担当）も同時に採用された。法律学の専任教授としては、すでに前年採用の一柳学俊教授（京都帝大卒、文学士、法学士。論理学、心理学と共に法律も担当）がいるが、なぜ、一九二五年度に法律関係を二人も採用したのか、腑に落ちない点があるが、星野・村川の採用により、法律分野ならびに教員はさらに充実することになった。

（1）伊藤秀夫は一八八三（明治一六）年九月松山藩の学者・伊藤奚疑の次男に生まれ、一九〇二（明治三五）年三月松山中学を卒業後、早稲田大学文学部哲学科へ進み、一九〇六（明治三九）年七月に早稲田を卒業し、一九〇八（明治四一）年一二月北予中学に勤め、一九一三（大正二）年五月から母校の松山中学に英語教師として赴任した。後、松山高商教授、松山経専校長を経て、松山商科大学初代学長に就任する。

（2）真鍋良三は東京外語の出身で、一九一〇（明治四三）年三月英語の教師として松山中学に赴任した（〜一九一八年六月）。真鍋は奇想天外の英語教授方法で学生を引きつけ、大変印象が残っている（星野通『筆のすさび』（自家本）昭和四八年、一一九〜一二〇頁）。

（3）星野通「私の読書遍歴」『筆のすさび』昭和四八年、八八頁。

（4）愛媛県立松山中学、松山東高同窓会『同窓会名簿』平成元年版。

（5）星野通「あのころの松高―四十五年祭に思う―」『筆のすさび』昭和四八年、一七七〜一八〇頁。

（6）上田藤十郎は一八九九（明治三二）年一一月高知県生まれ、一九二〇（大正九）年九月松山高等学校文科乙類に入学、一九二三（大正一二）年三月卒業し、同年四月京都帝大経済学部に入学。一九二六（大正一五）年三月同大学を卒業後、同大学助手、日本経済史研究所所員、昭和高等商業学校教授等を経て、一九四九（昭和二四）年四月松山商科大学教授となり、星野通の同僚となった。

（7）『愛媛大学五十年史』平成一一年、五頁。

（8）三並良は慶応元年（一八六五年）伊予国松山に生まれ、同郷の正岡子規の母の従弟。幼少の頃から子規と兄弟の如く過ごした。松山変則中学校で草間時福のもと自由民権の気風を学び、子規の「五友」の一人。一八八三（明治一六）年上京。獨逸学協会学校に入学、また一八八七（明治二〇）年に新教神学校に入学する。卒業後、普及福音教会を設立し、教会の機関紙「真理」の編集に携わる。一八九一（明治二四）年に壱岐坂教会の牧師になるが、その後普及福音協会を離れて、ユニテリアン教会牧師となる。一九〇八（明治四一）年に第一高等学校教授に就任し、一九一九（大正八）年六月に一高教授から松高教授となる。

（9）北川淳一郎は一八九一（明治二四）年四月温泉郡三内村に生まれ、松山中学・第三高等学校を経て、一九一七（大正六）年東京帝国大学法科大学を卒業した。内務省に入り北海道に勤めた後、一九一九（大正八）年六月新設の松山高等学校教授に就任し、一九四七（昭和二二）年まで松高教授を務めた。その恬淡さと進取性を以て学生を導き敬慕された。また、一九二一（大正一〇）年一二月三、四日の『海南新聞』に「私立高等商業学校設立私案（上・下）」を発表し、それが契機となり、一九二三（大正一二）年四月松山高等商業学校が設立された（『愛媛県史　人物編』より）。

(10) 重松俊章は一八八三（明治一六）年愛媛県温泉郡久谷村生まれ、一九一三（大正二）年東京帝大史学科を卒業。一九二〇（大正九）年六月松山高等学校教授。一九二七（昭和二）年から九州帝大教授。一九四四（昭和一九）年退官し、石手寺住職。一九四九（昭和二四）年四月松山商科大学教授（『愛媛県史　人物編』より）。星野通「重松先生の死を悼む」『筆のすさび』昭和四八年、一四〇～一四二頁。なお、重松の松高就任は、『愛媛県史』では一九一九（大正八）年だが、星野通の「重松先生の死を悼む」では一九二〇（大正九）年、また松山高等学校同窓会『写真集　暁雲こむる』（平成元年）でも一九二〇年六月となっており、それにあわせた。

(11) 渡部善次郎は一八七八（明治一一）年四月愛媛県下浮穴郡田窪村生まれ、一九〇四（明治三七）年早稲田大学を卒業、エール大学に入学し学位取得、帰国後一九〇八（明治四一）年東洋拓殖大学（現東洋協会大学）に勤め、一九二〇（大正九）年帰郷、松山高等学校の講師となる。後、一九二三（大正一二）年四月から松山高等商業学校教授。

　伊藤達夫（たてお）は一八八七（明治二〇）年一一月松山市生まれ、松山中学を出て、東京帝大文科卒。第五高等学校教授をへて、一九二一（大正一〇）年松山高等学校独文教授、翌年ドイツ留学。松高教頭。松高自由主義の校風を守った。一九四三（昭和一八）年安倍能成の推挙で大阪高等学校長に就任。戦後の一九四八（昭和二三）年松山中学校長、その後新制松山南高校の初代校長となり五四年まで在職。男女共学下の民主的校風を打ち立て、職員・生徒の敬愛を受けた（『愛媛県史　人物編』）。

(12) 星野通「あのころの松高—四十五年祭に思う—」『筆のすさび』昭和四八年、一七七～一八〇頁。

(13) 星野通「私の読書遍歴」『筆のすさび』昭和四八年、八八～八九頁。

(14) 星野通「忘れ得ぬ旅の印象」『松山高商新聞』第一二五号、昭和一二年六月二〇日。『筆のすさび』昭和四八年、八頁。

(15) 『文部省職員録』大正一二年。

(16) 星野通「忘れ得ぬ旅の印象」『松山高商新聞』第一二五号、昭和一二年六月二〇日。『筆のすさび』昭和四八年、八頁。

(17) 星野通・北川淳一郎共訳、ロスコー・パウンド『法律哲学概論』尚文堂、大正一五年九月、はしがきより。

(18) 星野通「親しめる学説—穏健な人格そのままに—」『筆のすさび』昭和四八年、一六八～一六九頁。

(19) 青山道夫は一九〇二年四月宮城県生まれ、一九二三年四月東京帝大法学部入学、一九二七年三月卒業。大学院に進み、大倉高

商教授をへて一九四四年から九州帝大教授に就任。

(20)『東京大学百年史　部局史一』昭和六一年、一六八～一八六頁。『東京大学百年史　資料二』昭和六〇年、四〇五～四〇八頁。

(21) 加藤彰廉は文久元年一二月二七日（一八六二年一月二六日）松山藩士宮城正脩の次男として江戸に生まれ、加藤彰家に養子に入り、東京大学文学部政治学及理財学科を卒業、文部省、大蔵省官吏を経て、山口高等中学校教授、広島尋常中学校長、市立大阪商業学校校長、市立大阪高等商業学校長を歴任し、衆議院議員を経て、一九一六（大正五）年三月私立北予中学校長に就任し、一九二三（大正一二）年四月松山高等商業学校創立に当り初代校長に就任していた（川東竫弘『松山高商・経専の歴史と三人の校長―加藤彰廉・渡部善次郎・田中忠夫―』愛媛新聞サービスセンター、二〇一七年三月、参照）。

第2章

松山高等商業学校・松山経済専門学校教授時代

第1節　加藤彰廉校長時代

（1）一九二五(大正一四)年度

一九二五年四月一日、星野通は松山高等商業学校教授に就任した。

松山高等商業学校（以下、松山高商と略）は三年目で完成年度の年にあたっていた。この時の松山高商の教授陣は次の通りであった(1)。

職名	氏名	生年月日	担当科目	学歴	出身	就任年月日
校長	加藤彰廉	一八六二年一月二六日		東京帝大文学士	愛媛	一九二三年三月三日
教授	佐伯光雄	不明	商業学	山口高商	愛媛	一九二三年四月一日
同	渡部善次郎	一八七八年四月六日	英語	早稲田大・エール大	愛媛	一九二三年四月一日
同	西依六八	一八八二年	商品学	京都帝大理学士	佐賀	一九二三年四月六日
同	田中忠夫	一八九八年四月一三日	経済学	東京帝大経済学士	岡山	一九二三年四月六日
同	古川洋三	一八九八年七月一二日	留学中	関西学院高商部	愛媛	一九二三年四月×日
同	河内富次郎	不明	英語	フランク大	岡山	一九二四年四月一日
同	一柳学俊	不明	法律	京都帝大文学・法学士	愛知	一九二四年四月九日
同	村川　澄	一八九八年八月一七日	法律	早稲田大法学士	山口	一九二五年三月三一日
同	星野　通	一九〇〇年一〇月一日	法律	東京帝大法学士	愛媛	一九二五年四月一日

これらの教授陣の中では星野通は一番若い教授であった。田中忠夫、古川洋三、村川澄は二つ上であった。

一九二五（大正一四）年度の校務は佐伯光雄が教務課長、渡部善次郎が生徒課長を務め、加藤彰廉校長を補佐していた。また、河内富次郎が図書課長を務めていた。

一九二五年度の入学試験（本年度から定員増となり、募集人員約八〇名）は、三月に行なわれ、四月に入学式が行なわれ、八三名が入学した。

星野通の一九二五年度の授業科目は民法であった。村川澄は会社法を担当した(2)。

五月一三日に、一柳学俊が法律学研究のために英国オックスフォード大学留学の途についた。古川洋三につぐ二人目の留学であった。

六月、加藤彰廉校長は商学関係の教授として、大鳥居蕃（一九〇一年五月二九日滋賀県生まれ、東京商大卒、商学士）を採用した。一九二五年三月に加藤彰廉校長に辞めさせられた重松通直(3)の後任である。大鳥居の就任で、大鳥居が一番若い教授となった。

九月二二日、米国ウィスコンシン大学に留学していた古川洋三が帰国し、教授陣に加わった。

本年の秋―日時は不明だが―加藤彰廉校長は校訓「三実」の制定について教授会に諮った。「実用・忠実・真実」の「三実」である。この校訓は大鳥居蕃の後の回想によると、平凡で田中忠夫や大鳥居など当時の若い教員には大変不評であったようである(4)。

一九二六（大正一五）年三月八日午前一〇時より本校講堂において、第一回卒業証書授与式が愛媛県知事香坂昌康や本校の設立者新田長次郎ら来賓多数を迎えて挙行された。卒業生は三九名であった（後に追試で四三名）。そして、このとき、加藤彰廉校長が祝辞の席上で、校訓として「一、実用（Useful）、一、忠実（Faithful）、一、真実（Truthful）」の「三実」を宣言した(5)。以後、この「三実」は本校の校訓「三実主義」として定着していく。

(2) 一九二六(大正一五)年度

一九二六年度の校務も佐伯光雄が教務課長を、渡部善次郎が生徒課長を務め、加藤彰廉校長を補佐していた。また、古川洋三が図書課長に就任した。

一九二六年度の入学試験が三月三〇日と三一日に行なわれ、四月八日に八三名の合格者を発表した。

一九二六年四月一四日、星野通の母堂・クラが突然死去した。五二歳であった(6)。

四月一五日に入学式が挙行され、授業が始まった。

本年度の星野通の授業科目は債権総論であった。村川澄教授は相続法を担当した(7)。

同年六月上旬、星野通は東富み(ふ)と結婚した。富みは東京女子商業学校専門部教授法学士の東邦彦(星野通の東京帝大時代の同級生)の妹で、京都府立第一高等女学校出身の才媛であった(8)。結婚は通の母が亡くなったため急遽決めた。新居は、松山市一万町の市営住宅で、通・富み夫妻は妹、弟たちを引き取り親がわりをし、妹たちを女学校に、弟を大学に通わせた。富みは理想的で完璧な女性であった(星野節子さんより聞き取り)。

同年六月、加藤彰廉校長は商業学関係の教授として、大阪高商時代の教え子・渡辺良吉を採用し(9)、また、九月には英語の河内富次郎の後任と思われるが、英語担当として伊藤秀夫(松山中学教諭)を講師として採用した。伊藤秀夫は星野通の中学時代の恩師であった。

一九二六(大正一五)年九月、星野通は大学時代に翻訳し、北川淳一郎先生に推敲してもらった、ロスコー・パウンドの『法律哲学概論』を、学校の業務のかたわら間違いを訂正し、尚文堂から星野・北川の共訳として出版した(10)。この時、二五歳。星野通、最初の著書・翻訳書であった。

一九二七(昭和二)年三月八日、第二回卒業式が大講堂にて挙行され、三八名が卒業した(後に追試で五二名)。そこで、加藤彰廉校長が校訓「三実主義」(実用・忠実・真実)の簡明な説明を行なった。それは次の如くであった。

「出でては有為多能、行く所として可ならざるなく、実用的材幹を発揮し、己れの務めに対して忠実勤勉誠心誠意以て人の信頼を博し、入ては益々智識を研き、徳を積み、真理を貴ひ、正々堂々俯仰天地に恥ぢざる底の人物たるの修養を怠らざらんこと」(11)

その真意は、有用な人物になること、人に誠実であること、真理を尊ぶこと、という簡明な定義であった。

(3) 一九二七(昭和二)年度

一九二七年度の校務も佐伯光雄が教務課長を、渡部善次郎が生徒課長を務め、加藤彰廉校長を補佐していた。また、古川洋三が図書課長を務めていた。

一九二七年度の入試が三月三〇、三一日に行なわれ、四月一五日に入学式を挙行し、九二名が入学した。

星野通は本年度の授業科目として、法律科目と財政学を担当した。そしてこの年の四月、法学通論の教科書『小さい法学通論』を広文堂より刊行した。はしがきで、法律学は法治国民として文化国民として当然知らなければならない必須的知識であるのに、ともすれば世間から疎まれ勝ちで、その研究に手を染めた人でも直ちに止めてしまう人が多いのは何故かを問い、それは従来の入門書が法律制度の定義や条文の羅列的摘記が多く、無味乾燥になっているのが原因だとして、その通弊を除去し、法律学に対する好学心を引き起こすべく、法律学説の変遷、法律の運用、解釈の妙味、各種法律制度の存在意義、その歴史的考察等を論じ、法律学への興味を出来るだけ引き起こすべく著したと述べている。その目次は次の如くで、体系的な法学通論の教科書であった。なお、この著書は星野通の著作目録には収められていない。

「第一編　総論

第一章　法学通論の意義及び目的
第二章　国家
第三章　法一般に関する理論
第四章　権利義務
第五章　世界法系概観
第二編　各論
第一章　憲法
第二章　行政法
第三章　刑法
第四章　訴訟法
第五章　国際公法
第六章　民法
第七章　商法
第八章　国際私法」[12]

さらに一九二七年七月、星野通は村川澄・一柳学俊と三人の共著で『民法講義案』（松山高等商業学校法学研究室）を刊行した。村川澄が『民法総則』、一柳学俊が『担保物権法』『債権法総則』、星野通が『債権各論』を執筆した。星野通ら本校の法律担当教授の教育熱心さが窺われよう。なお、この著書も星野通の著作目録に掲載されていない。

星野通の『債権各論』講義案の目次は次の如くである。

「序説

第1章　契約

第1節　契約の意義及び種類

第2節　契約の成立

第3節　懸賞広告

第4節　競争締結

第5節　双務契約の効力

第6節　第三者のためにする契約

第7節　契約の解除

第2章　契約各論

第1節　贈与

第2節　売買

第3節　交換

第4節　消費貸借

第5節　使用貸借

第6節　賃借権

第7節　雇傭

第8節　請負

第9節　委任

第10節　寄託

第11節　組合
第12節　終身定期金
第13節　和解
第3章　事務管理
第4章　不当利得
第5章　不法行為」(13)

星野通一家は七月、松山市一万町から松山市持田町（県立農学校裏）に転宅した(14)。

星野通は『松山高商新聞』第二二号、二三号（昭和二年八月二七日、一〇月一五日）に「ドイツ憲法に於ける労働者保護の規定」という論文を掲載した。それは、ドイツワイマール憲法の社会民主主義精神、特に労働者保護の要点ならびに問題点を紹介したものであり、星野通も同様の考えであったと推察される。それは次の通りである。

「フランス革命の洗礼をうけた近代国家の憲法は国民の国家生活に於ける自由と平等を保証し政治的デモクラシーの実現を期して居る。然し誤った個人主義思想に胚胎する極端な自由放任主義が国民経済生活に於て金科玉条とされた結果は、社会民主主義の時代とも言ふ可き二十世紀に於て弱肉強食、殆ど無秩序に近い混沌の世界が経済世界に出現した。成程スミスの予言した通り十九世紀以来各国共に国富は異常なる程度に増加した。然し国家の富は集中してもそは只一部資本家の手に集中する丈けの事でその配分は不平等を極め、法律上は自由であり平等である筈の多数労働者が経済取引上の弱者たるの故に、自分の生産した富を事実に於て資本家に奪はれ日々どん底生活に、その生命の脅威と感じつゝあるが今日の社会である。此の多数労働者をして自己の正当なるワケ前を取得し、失はれた平等、うばはれたる真の自由を回復し、単に政治上のみならず、経済生活の方面に於ても真のデモクラシーを実現する事は階級意識の先鋭化する今日、解決に焦眉の急を要する社会問題であらねばならない。

ヨーロッパ大戦後、独逸露国等の憲法が国家の政治組織に関する根本法たるに止まらないで、進んで国民経済生活上の平等、自由回復による国民社会生活の安定向上を目的とするが為に外ならぬ。

千九百十八年十一月帝国主義国家たるドイツ帝国は亡んで社会民主主義を標榜する新しい共和国が生れた。此の革命の中心力となったのは多数労働者又はその指導者乃至その信頼を受けた人々であった。こふしたアトモスフエアの中に生れた新憲法が労働者擁護、経済的デモクラシーの実現を理想として居るものなる事は洵に当然過ぎる程当然の事実であらねばならない。

ドイツ憲法は此の経済的デモクラシー実現を期し、第五章経済生活（Wirtschaftsleben）第百五十一条に於いて国民経済生活上の理想乃至原則を宣言して居る。即ち同条に依れば、経済生活の秩序は各人をして人間としての価値ある生存（Menschenwürdiges Dasein）を得しむ事を目的とし社会生活の正義に適合するを要し、経済上の自由は只此の限界内に於てのみ保証さるゝ事になって居る。之ドイツ国民の生活を人間らしからしめんとする根本的精神であって、此の憲法上の保証あるによってドイツ国民は人間としての価値ある生存を維持し得、此の経済生活上によって拒否さるゝのである。自由は平等と相俟て始めて真の自由である。平等を害する自由は只名残の自由、謂はゞ放恣であって所詮真の自由であり得ない。此の放恣が国法によって否認して居るのである。

否、彼は労働者に対し只に其最小限度の生活必要費を給与するにとゞまらず、更に進んで労働力利用に対し其の対価として充分の報酬を支払はねばならない、と言ふ法律上の義務を負担する。即ち剰余価値を全部うばう事によって行ふ搾取をなす可らざるの義務を負ふのであって、此百五拾一条こそ経済的平等主義の理想に向って突進せんとする第一歩に外ならないのである。個人の労働力利用の機会を求めて自己の生存を維持せんとする労働権（Das Recht auf Arbeit）、或は又相当の労働時間を要求し、障害疾病に対する保護を求むる等所謂労働者唯一の経済資本なる労働力の維持の権利（学者これを労働者中の権利Das Recht bei der Arbeitと言ふ）、或は又労働に対し正当賃金を請求し、労働終る後労働者が快適なる生活を行ふ為に適当の安住処を求むる権利（ドイツ民法その他特別法は此種の規定が存して居る）、婦人労働者が労働後家政を処理せねばならぬ必要上時間の余裕をあたへられん事を請求する権利（ドイツ営業条例、農業、労働令等）、所謂労働後の権利（Das Recht nach der Arbeit）、之等諸種の労働者の権利は此百五十一条を基調として認容さるゝものである。

百五十一条の規定を置く同憲法は更に進んで百七十五条に於て個人の労働力は国家の特別の保護を享くべき旨を宣言して居る。私法自治を極端に許した結果は今日の経済的無政体状態を現出した。個人主義哲学に心酔して国民経済活動無制限に放任した挙句に此混乱時代が生じたのである。本条立法の理由は従来全く個人の自由なる競争に任せて置いた労働取引に国家が制肘を加へて以て真の意味に於ける国家経済生活の秩序を回復せんとするの点に有するのであって、結局は労働者をして人間的価値ある生活を行はしめんとする百五拾一条と此百五拾七条は同一精神のものなのである。

即ち此規定があるによって他人の労働力を利用するものは労働締結に際し国家の制肘をうけ、弱者の地位にあった労働者はその唯一の経済資本たる労働力に対し国家の保護をうけ得るのである。

但し此労働力保護を行ふ為めに具体的な統一労働法典を設くべき事を百五拾七条第二項は言明して居るが、法典編纂が困難なる事業である関係上未だその統一法典の制定を見ず、只従来の労働法規の部分的な改廃を行なひ或は各個の場合に適当なる単行法律を発布して一般に労働者階級の要求に応じて居るに過ぎない有様である。千九百十八年共和国成立以来制定された各種労働法規の数は実におびただしき数に上って居ると称せらるる（続く）」⑮

一九二七（昭和二）年一〇月一五日、加藤校長は佐伯光雄教授（教務課長）を会計学研究の為に英国ロンドン大学に留学させた。古川洋三、一柳学俊につぐ三人目の留学であった。佐伯教務課長の後任は英国留学から帰っていた一柳教授が務めた。

一九二七年一一月一四日から一二月二三日まで文部省主宰の成人教育講座が二番町松山高等小学校において開催され、星野通は、一柳学俊、田中忠夫と共に、毎週一回、午後六時より八時までの二時間、六時間分を講義した。一柳学俊は広告心理学について、田中忠夫は我国現下の金融問題について、星野通は信託法について、信託の意義、期限、信託の禁止制限、信託の公示方法、信託財産、信託当事者の権利義務、信託の監督、公益信託を講義した(16)。

『松山高商新聞』第二四号（昭和二年一一月二〇日）が、田中忠夫と星野通について「若さに輝く新進二教授、『経済思想史』の著者田中経済学士、『小さい法学通論』の著者星野法学士」と題して、教授紹介をしている。大変興味深い紹介であるので、全文を紹介しよう。

> 「『マーシャルはこれについてこう申して居ります……』敬虔なクリスチャン、真面目な教授として評判のよい田中忠夫先生は淡々として尽きざる蘊蓄を傾ける、虹のような熱弁、驚くべき博識に魅了されて了ふ。教授の時間はほんとうに愉快なものだ。教授は岡山の人、三高を出て東大経済学部を出ると直ぐ本校教授となり創立当初より経済科主任として斯学の研鑽、子弟の教養に余念がない。重松前教授等と計って学生の有志を糾合し、経友会を組織されたのも教授である。今も尚会を主宰して経済学研究に学生を指導されて居られる。近来はよく各地の講演会に招聘されるようだ。漸く社会的に活動されて来てよろこばしい。
>
> 教授と同じ東大を出て『小さな（ママ）法学通論』を著はして認められた新進教授に法学士の星野通氏が居る。本県の人、松中を経て松高に入り同高で北川教授に習ったと言ふのだから、その若さは想像がつく。ドイツ語がお得意であり、学校では法律と財政も担当されている。北川教授の愛弟子の一人である。教授は校友会の音楽部長としてベトーベンやジンバリストの二代目を引具して或は東予に或は南予に妙なるメロデーに地方人を酔はしたりす

る。田中教授は庭球の名手、夙に庭球部長としてその発展に専心されている。星野、田中両教授とも未だ前途洋々たる青年教授、而も熱心な学究者である。従来益々学界の為、地方教育界の為貢献せらるゝところが多々あるであらふと信ずる」(17)

星野通は「ドイツ憲法に於ける労働者保護の規定」の続きを『松山高商新聞』第二五号(昭和二年一二月二〇日)、ならびに第二六号(昭和三年一月二三日)に掲載した。その大要は次の通りである。

「私は前号に於て主として労働者の個別的権利について述べた。以下更に進んで独憲法に於ける労働者の団体的権利に関する規定について述べてみたい。

独憲法に於ける労働者の団体的権利に関する主たる規定は百五十九条及び百六十五条である。

個人主義的自由思想がヨーロッパ大陸、否、全世界を風靡し始むると共に契約自由の原則は私有財産制度と相並んで経済生活の根本的制度となり、そして古代ゲルマン法時代の団体的或は社会的傾向は全然影をひそめて近世ドイツ法制においては労働者の団結は重き刑罰の下に固く禁じられていたのだった。

然しながら時とゝもに機械工業は益々発達して第二次的産業革命に入ったとさへ称せらるゝ事になった。又経済取引の強烈さは益々深刻になって来た。そして二十世紀の現代においては彼の無制限なる自由放任制度は至る処に弱肉強食の経済的無政府状態を惹起せしむる様になり、今や経済力の優越を誇る資本家階級は自己の実力を利用して契約自由の美名の下に微力の労働者を事実において圧迫して不当なる労働取引を行ふて居る有様である。

だが微力なる労働者と雖も拱手して何時まで不遇に甘んずるものでない。自己一人で到底同等に資本家に対抗し得ない事を知った彼等は遂に衆を頼んで自己の主張を正当に貫徹せんとするに至った。近世労働者団結運動、即ち之である。

此の滔々たる時代的潮流に逆行し得ず、独政府は先ず世の要求を入れて営業法において労働者団結禁止法の規定及びその刑罰規定の廃止を行ひ、消極的ではある労働者団結の違法ならざるを宣言したのである。次いで一九一八年革命なって共和国の新ドイツ生るゝと共に一九一九年には新憲法施かれ、その中において労働者の団結権は合法なる事を積極的に宣言さるゝと共に労働者団体の権利義務、任務などに関する規定も設けられたのである。その主たるものが前記百五十九条及び百六十五条である。今その内容を摘記すれば

第百五十九条

『労働条件及び経済条件の維持及び改善のためになす団結は何人に対し又如何なる職業に対してもその自由を保障す。此自由を制限し又は妨害せんとする約定及び規定は総て違法とす』

第百六十五条

『労働者及び被傭者は企業者と同等の権利を以て相共同して労働条件の規律、並びに生産力の全経済発達に参与するものとす。両者いづれの側においても組織及び連合をなす事を承認す。

労働者及び被傭者はその社会上経済上の利益を防護する為に産業別労働者会議、経済区域によりて分たる地方別労働者会議及び国労働者会議を以てその法律上の代表者とす。

地方別労働者会議及び国労働者会議は企業者その他の関係ある階級の代表者と共に全経済任務を遂行し及び国経済会議を組織す。この地方別及び国経済会議は総て重要なる職業集団がその経済的社会地位に相当する代表者をその会議の中に有する様組織せらるゝを要す。

社会政策及び経済政策に関する法律案にして基本的意義を有するものに関しては国政府は国経済会議の意見を聞く事を要す。国経済会議は自ら此種の法律案につき建議をなすの権利を有す。国政府が之に同意せさる場合においても猶自己の意見を添へて国会議に提出する事を要す。国経済会議は其議員を一人議会に派してその提案を表せしめ得。

労働者会議及び経済会議には指定区域内において監督及び行政の権限を委任する事を得』。

以上の二個の規定を通読して先づ第一に知り得る事は労働者が労働条件の維持乃至向上の為には団結々社をなし得る憲法上の基本的権利を享有し得る事、従て団体的取引のコロラリーとして当然に労働取引上の懸引たる罷業権が憲法上許容されざる可らざる事である。

第二に知り得る事は労働者が結社団体をなして自己の主張を貫徹せんが為には労働団体を組織する労働者中其代表者によりて組織さるゝ処の労働者会議によって之をなす可き事。

然して此労働者利益の代表機関たる労働者会議は企業家と更に経済会議を組織して国家の社会政策的経済政策的立法にも或程度まで参加し得る事等である。

以下順を追ふて此二規定の解説を試みんとする。

独憲法は百五十九条に於て労働者の団結権を明文を以て認めた。即ち労働条件経済条件の維持乃至向上の為には労働者は自由に団体を造って労働取引を行ひ得るのである。

此労働者団体取引権の是認はその当然のコロラリーとして罷業権の許容されざる可からざる事を暗示するものと言ひ得る。

元来、此労働者団結取引権の許容さるゝは既述の如く金力の優越を誇る資本家に対して対等の太刀打ちのできる為、言ひ替えへれば労働者をして資本家と対等の取引をなさしめんが為である。処が此の団体取引も通常の個人取引と、取引たる点に於て本質上何等差異あるものでない。従て普通個人取引に於て各種取引が許さるゝ如く、団体取引に於ても固有の取引たる団体的罷業が憲法上当然に許容されねばならない。換言すれば、労働者の団体取引が合法視さるゝ限りその取引として行はるゝ罷業も当然に合法視されねばならない事になるのである。即ち此意味に於て罷業権は独逸憲法上許容さるゝ一つの基本権、自由権の一種と言ひ得るのである。

以上に於て極めて大略乍ドイツ憲法の罷業権是認の根拠を説いた。以下、労働者の組織たる各種労働者会議及び各種経済会議の組織機能等につきて述ぶる事とする。

一九一八年十二月憲法制定に先って革命政府は Verordnung über Tarifvertrag を発布して労働者委員会及び使用人委員会 Arbeiter und Angestelltenausschusse の組織を認めた。即ち此の委員会の目的は此等委員会の代表する或る工場或は事務所等に於ける労働者使用人の利益を雇主に対して確保し又労資両者の間に於て雇傭契約を円満に行はれしむる事に存し、二十人以上の労働者或ひは使用人の存在する工場或ひは事務所に於て必ず組織さるべきものであった。

だが、一九一九年の憲法は更に進んで個々の工場に於て組織さるゝ労働者或ひは使用人委員会より一層大なる権限を有する委員会或ひは会議制度を組織して以て労働者の経済生活の向上を企図したのであった。憲法百六十五条の規定即ち之である。

之れに依れば労働者は其社会上経済上の利益を守る為に同一産業に従事する者相協同して産業別労働者会議 Betriebsarbeiterräte をつくる、又之等産業別労働者を打って一丸となして地方別労働者会議を構成し、更に此の地方別労働者会議を結合して大々的な国家的会議即ち国労働者会議を形造りて、以て思間［川東注：労働者の間違いか？］の共同意思をより力強く主張する事ができる。即ちかくして労働者は小は各産業別より大は全国的にまで大連合大組織をつくって資本家に対抗し得るのであって、之等各労働者会議は労働者或ひは使用人の法律上の代表者 Geszliche Vertretungen として彼等の社会上経済上の各種利益を擁護するのである。

以上の労働者会議以外に前述の憲法上の団結権（百五十九条）に基いて労働者は同種の利害関係を有するもの相寄て自由意思に依り労働組合 Arbeitsnehmerverband をつくり得る。之等労働組合はその所属組合員の利益を代表して資本家に対し或ひは又国家に対しその要求を貫徹するを以てその固有使命とする。即ち利益を共通にする労働者の団体的取引を行はんが為の結合なるが故に共同行動はその本来の任務であり、従って時と場合によれば団体して罷業或ひは怠業等を取引上の懸引手段として行はねばならない事も生じて来るのである。従来之等労働組合は労働争議ある毎に諸種の形式を以て組織されたのであったが、国家及び資本家はそれを労働者の合法的代表機関として認めなかった。新憲法制定と丶もに此の労働組合の存在が許容され労働者を代表する権能を賦与さる丶に至りしは元よりの事である。

以上は労働者が自己の利益主張の為に組織する会議制度乃至団体であるが、之の外に労働者は雇主と協力して経済会議等を組織し以て労資両者の協調互譲了解によって国家生産の発達をはかると丶もに自己の経済生活の向上を期し得る。

即ち地方別労働者会議及び国労働者会議は資本家其の他関係ある階級の代表者と相合同して国家の全経済的任務を遂行し、社会化法 Sozialisierungsgesetz の執行に協力する為めに地方別経済会議及び国家経済会議 Bezirkswirtschaftsrate oder Reichswirtschaftsrate を組織することが出来る。

これ等二種の経済会議は労資協調による全経済的任務の遂行を以てその本来の使命としているものであるが、此中国家経済会議は国家が国議会に提出する社会政策的経済政策的に関する法案につき意見を提出し得る権能を持っているのであって、国家政府はこれ等の法律案を議会提出前に国経済会議に提示して、その意見を求めねばならないことになっている。又同会議は消極的に意見に答ふるに止まらず更に進んで此法律につき建議をなすの権利を有しているのであって、国家政府が此建議に同意せざる時はその建議に自己の意見を加へて同会議にこれを提出するを要する。而して此際同会議は其議員を一人国議会に派してその提案建議を代表せしむる事になっているのである。

即ち、要約して言ふならば、此経済会議は先ず第一に労働者が資本家企業家と相共同して会議を組織し資本家と対等の地位に於て共同生産者たらんとする事、換言すれば従来の資本家の生産独占を打破してインダストリアルデモクラシーを実現せん事を期するものである。

第二に此経済会議、特に国経済会議は広範なる立法的権能を与へられ、社会政策経済政策に関する法案につきて意見を述べるのみならずそれに関する建議さへなし得る事になっているが、その理由は国民経済生活社会生活についての国家立法乃至行政をしてよく国民生活にアンパッセンせしむると言ふ事に存するものである。

以上革命ドイツに於ける憲法上の労働法規の大略であるが労働契約が個人法の域を脱して団体法的集合的領域に移り行きつゝある傾向が明らかに窺知し得らるゝであろう。労働者の団結権が認められ、労働者をして此団結権のカテゴリーの下によく集団的活動もなし得、以て自己の利益を充分に主張せしめんとするの点に於て此ドイツ新憲法は二十世紀革命の旗じるしとしてその特色最も鮮やかなものであらう。

たゞ同憲法は『国は統一労働法典を制定す』と宣言しているものゝ、如何なる理由にや、今にこれ等憲法上の基礎的労働規定をグルンドとする各種具体的労働法規の統一制定を見ず、依然として多数法律命令の無秩序なる集積の旧態をそのまゝとどめているのは遺憾のいたりである（終り）」(18)

一九二八（昭和三）年三月八日に第三回卒業式が挙行され、五六名が卒業した（後、追試で六七名）。加藤校長は、式辞で、一九二〇年以降不景気が続き、また、昨年金融恐慌が起こり、国民生活及び国家の前途は多難であるが、校訓「三実主義」を持し、三年間に得た知識を応用し、心を正しく身を慎み、有用な人物になられんことを願うと述べた(19)。

(4) 一九二八(昭和三)年度

一九二八年度の校務は一柳学俊が教務課長を、渡部善次郎が生徒課長を務め、加藤彰廉校長を補佐していた。また、古川洋三が図書課長を務めていた。

一九二八年度の入試が三月三〇、三一日に行なわれ、四月初めに合格発表をし、四月一六日に入学式を挙行し、一〇三名が入学した。加藤校長は式辞の中で、校訓「三実主義」の意義、入学後の覚悟について述べた(20)。

一九二八年度の星野通の授業科目は民法（三年）、財政学（三年）、信託（二年）、ドイツ語（一、二、三年）であった。なお、法律の村川澄は商法（二、三年）と民法（一、二年）を担当し、一柳学俊は法学通論（一年）、論理学（二年）、心理学（一年）を担当した(21)。

八月三一日には、前年度御大礼事業として着工した講堂及び図書館の建築が竣工し、二階、三階を講堂とし、階下を図書館とした(22)。

さらにまた、御大礼記念事業として、学校では、①故加藤拓川氏の胸像建設及び奨学資金創設、②大運動場の拡張を計画し、また、温山会では九月九日の総会で新田長次郎胸像建設を決めた(23)。

九月二九日から一〇月一日までの三日間、加藤彰廉校長は創立五周年記念祭を挙行した（会長加藤彰廉、副会長渡部善次郎）。校友会の各部で種々の催し物が行なわれた。

一九二九（昭和四）年三月八日に、第四回卒業式が挙行され、七九名が卒業した（後、追試で八二名）。加藤校長は式辞で、正義を持ち、誠を以て、校訓「三実主義」の精神を実行せよと述べた(24)。

（5）一九二九(昭和四)年度

一九二九年度の校務は一柳学俊が教務課長を、渡部善次郎が生徒課長を務め、加藤彰廉校長を補佐していた。

一九二九年度の入試が三月三〇、三一日に行なわれ、四月初めに合格発表をし、四月一五日に入学式を挙行し、九九名が入学した。加藤校長は式辞で専門学校の学生として今後進むべき道を訓辞し、温厚溢れる慈父のごとく校訓「三実主義」の意味を述べた(25)。

一九二九年度の星野通の授業科目は民法（一、三年）、財政学（三年）、信託（二年）、ドイツ語（一、二、三年）であった。なお、法律の村川澄は法律（二、三年）を担当し、一柳学俊は法学通論（一年）、哲学（三年）、論理学（二年）を担当した(26)。

五月一日、加藤校長は増岡喜義を講師として採用した。増岡は松山高商の第一期生で一九二六年松山高商を卒業し、九州帝大法文学部に入学し、一九二九年三月卒業した。本校教員採用の第一号であった。担当は財政学であった。

六月四日、加藤校長は伊藤秀夫教授をイギリスに留学させた。四人目の留学であった。

同年六月上旬、星野通夫妻は松山市持田町から歩行町に転居した(27)。

一〇月一一日、加藤校長は新田長次郎、故加藤拓川の銅像除幕式および前年竣工した講堂・図書館の落成式を挙行した。この式典に新田長次郎、加藤拓川未亡人を始めとして、多数の来賓が出席した。加藤校長の挨拶のあと、新田長次郎、加藤未亡人、知事、市長らの挨拶が続き、最後に井上要理事が「新田氏を本校創立の母とすれば故加藤氏は本校の父なり」と両氏を讃えた。後、講堂落成式、胸像除幕、祝賀宴が行なわれた(28)。なお、両銅像は本館の中庭に向い合って置かれた。

一〇月一二日に、温山会が新田長次郎氏の歓迎会を午後六時から市内亀之井にて開催した。加藤校長、渡部善次郎教頭らと共に星野通も出席した(29)。

一〇月二一日に、星野通・富み夫妻に長男が生まれた。陽と名付けられた。

一九三〇(昭和五)年に入り、前年のアメリカの大恐慌が世界に波及し、世界恐慌となり、また、日本に波及し、昭和大恐慌に発展していった。時の内閣は浜口雄幸民政党内閣である。蔵相は井上準之助で、その金解禁、緊縮政策が昭和恐慌に拍車をかけた。そして、就職難が到来した。

『松山高商新聞』第五〇号(昭和五年一月二五日)は、本年の卒業期を控え、就職難の記事「就職地獄。不景気のドン底に投げ込まれて、卒業生よ何処へ行く、売れるは運動選手ばかり、果然為す所を知らぬ卒業生」との一文を載せている。そこで、加藤彰廉校長ら学校当局は以前から何度も上阪し、各会社、商店を訪問、交渉したが、余り芳しくなかったと報じている(30)。

一九三〇年二月一〇日より三月八日まで、松山高等小学校にて文部省主催の成人講座が開催されるが、本年も田中忠夫が「経済生活の改善」、一柳学俊が「社会問題概説」とのテーマで講義するが、星野通はしていない(31)。おそらく、次の著書『法学通論概説』の出版準備に専念していたものと推測される。

一九三〇年三月八日、第五回卒業式が挙行され、七五名が卒業した（後、追試で八八名）。加藤校長は式辞で昭和恐慌下の就職難を報告し、三分の二しか決まっておらず、世は険悪、社会生活は艱難多いが、少しの油断もせず、奮闘努力、不撓不屈、「三実主義」を実行し、一路己の目的に邁進せよと激励した(32)。

一九三〇年三月二四日、加藤校長は田中忠夫をドイツに留学させた。伊藤秀夫につぐ五人目の海外留学派遣であった。

(6) 一九三〇(昭和五)年度

一九三〇年度の校務も一柳学俊が教務課長を、渡部善次郎が生徒課長を務め、加藤彰廉校長を補佐していた。

一九三〇年度の入試は三月二七、二八日に行なわれた。募集人員は昨年と同様一〇〇名で、志願者は不況の影響で前年（四二七名）より大幅に減少し、三四五名であった。そして四月始めに合格発表を行ない、四月中旬入学式を挙行し、一〇四名が入学した。

一九三〇年四月、加藤彰廉校長は法律の担当として浜田喜代五郎を助教授として採用した。浜田喜代五郎は、松山高商第一期生で、一九二六（大正一五）年に卒業し、九州帝大法学部に進学していた。前年に採用した増岡喜義に次ぐ本校出身の二人目の教員であった。浜田の採用により、法律学は一柳学俊、村川澄、星野通、浜田喜代五郎の四名に増大した。

一九三〇年度の星野通の授業科目は法律科目とドイツ語で、財政学は増岡喜義に代わったものと思われる。

同年四月、星野通は著書『法学通論概説』を広文堂から出版した。それは『小さい法学通論』の改訂版であった。その目次は殆ど変わらず、第一編の第五章の世界法系概観を第二編各論の第一章にまわしただけであった。

七月、星野通は福岡での全国高専大会西部予選会に庭球部を引率した。だが、その遠征中に、令息・陽が急病のため急遽帰国している[33]。

一一月一〇日から一二月一一日まで文部省主催の公民講座が松山高等小学校にて開催され、佐伯光雄が「会計学上よりする銀行会社の鑑別法」、増岡喜義が「我国現時の経済状態」とのテーマで各五回講義するが、星野通は登壇していない。だが、星野は法律相談には活動している[34]。

一九三一(昭和六)年も昭和恐慌が続き、軍部によるクーデター計画(未遂)が起こるなど社会不安の時代が続いた。

三月八日に、第六回卒業式が挙行され、八二名が卒業した(後、追試で九二名)。加藤校長は式辞で昭和恐慌下の国難、思想国難、経済困難の深刻化、就職難、多事多難な世だが、失望すること無く、誠意を以て事にあたり、「三実主義」の実践を望むと激励した。後、温山会の新会員歓迎会が合併教室で開催され、加藤校長(温山会長)以下、渡部善次郎、一柳学俊ら教授陣が出席し、星野通も出席した[35]。

不況のため、一九三一年度以降、教員の留学派遣が中断した。だから、前年の田中忠夫の留学が最後で、村川澄、星野通、大鳥居蕃らの少壮教授は留学できなくなった。星野通の留学先はドイツで下宿先も決まっていたが、ドイツの情勢不安もあり、中止となった(神森智先生より聞き取り)。

(7) 一九三一(昭和六)年度

一九三一年度の校務も一柳学俊が教務課長を、渡部善次郎が生徒課長を務め、加藤彰廉校長を補佐していた。

一九三一年度の入試が三月二七、二八日に行なわれ(本年度から定員が二五〇名から三〇〇名に増員)、募集人員は一〇〇名で志願者は前年より回復し、四一三名で、四月初めに合格発表を行なった。

四月一一日に入学式を挙行し、一一〇名が入学した。ただ、加藤彰廉校長は三月二三日以降から感冒で病臥し、入学式に出席できず、代わって教頭の渡部善次郎教授が式辞を述べた。なお、加藤校長はその後回復し、四月一四日以降校務に復帰した(36)。

一九三一年度の星野通の授業科目は、例年と同様、法律科目とドイツ語であるが、本年度からの新しいカリキュラム改革の一環で選択科目として労働法を担当するようになった(37)。

五月三〇日、一柳学俊が岡山県立笠岡商業学校長に赴任のため、退職した。一柳学俊は愛知県の出身で、京都帝大を卒業し、文学士にして法学士の学位を有し、一九二四年に赴任し、高潔な人格、深遠博識な学識を有し、温和な性格で父の如く慕われ、また、図書課長、教務課長(佐伯光雄の留学に伴う後任、一九二七年一〇月三日〜三一年五月三〇日)を務め、また、新聞学会副会長、経友会顧問、講演部長、文芸部長、山岳部長、国際連盟協会副支部長などを歴任し、また、仏教青年会の委嘱を受け、松山高等学校の北川淳一郎教授と共に東奔西走講演し、社会教育、啓蒙活動を行なうなど、本校にとってかけがえない人であった(38)。

なお、一柳学俊退職に伴う後任の法律担当者は採用していない。また、後任の教務課長には、前教務課長の佐伯光雄の復帰ではなく、なぜか生徒課長の渡部善次郎が兼務した(六月一六日から)。

八月、『松山高商新聞』の編輯子が教授陣に夏休みをどう過ごすかを聞いている。星野通は庭球部長として福岡の大会に引率した後、松山高校にてドイツ語の講習会に出て、ラートブルフのEinführung in die Rechtswissenschaftを読み、後は海水浴や魚釣りをするなどと答えている(39)。なお、グスタフ・ラートブルフ(Gustav Radbruch 一八七八〜一九四九)はドイツの法哲学者・刑法学者であり、キール大学、ハイデルブルグ大学の正教授を務め、社会民主党に属し、一九二二〜二三年にはシュトレーゼマン内閣の司法相を務めた人物であった。

一九三一(昭和六)年九月一八日、関東軍が満州事変を起こし、一〇月にはまた軍部によるクーデター計画(未遂)が起き、不穏な時代が続いた。

そんな中、九月、地方紙に「加藤校長が辞意を洩らす」という記事が載った。それは、加藤校長が持病のリュウマチのために健康がすぐれないので機をみて後進に途を譲りたいと述べたことが誤り伝えられたもので、今直ぐ辞意と言うわけではないとのことであった。なお、加藤校長は毎日登校して校務に当たられている(40)。ただ、いずれ近いうちに加藤彰廉校長辞職の予感であった。

さらに、教頭の渡部善次郎（生徒課長と教務課長を兼務）が体調を崩し、一九三一年一〇月上京し、東京帝大の真鍋嘉一郎教授（愛媛県新居郡大町村生まれ）の診察を受け、神奈川の七沢温泉の禍元館で静養している。なお渡部善次郎は静養を終え一〇月二一日に帰郷した(41)。

なお、中央政界の状況であるが、一二月一一日満州事変が政界に波瀾をよび、若槻礼次郎民政党内閣が閣内不一致から総辞職し、一二月一三日に犬養毅政友会内閣に代わった。高橋是清が大蔵大臣に就任し、それまでの井上財政を転換し、金解禁再禁止、国債の日銀引き受け、財政拡大、金利引き下げ、低為替政策による輸出拡大等に乗り出した。

一九三二（昭和七）年初頭の『松山高商新聞』の一月号に、「新春に何を語る　教授陣に聞く年頭所感」が掲載され、星野通も次のごとく答えている。

「先生になってここに七年。此学校へ参りましてから来春で丁度満七年になりました。年改まって格別新しい所感も湧きませぬが、只年の流れのあはたゞしさ丈はしみじみと感じられます。若さの失はれない内に、頭の弾力性のなくならない今のうちにもっともっと勉強したい気持ちで一杯です」(42)

このように、国内外情勢の切迫下の中でも、星野通はひたすら勉強したいと願っていたことがわかる。

さて、世の中は一九三二年の犬養内閣下、さらに不穏な時代が続いた。一月一八日に、前年の陸軍の満州事変に呼応して、海軍が上海事変（第一次）を起こし戦火をひろげた。そして、世界の目が上海に注がれている間に、関東軍は全満州攻略作戦を進め、三月一日に満州国を建国し、事実上日本の植民地にした。他方、国内では高橋財政下、景気回復の兆しが見られ始めたが、なお不景気が続き、特に農村の疲弊は深刻であり、そんな中、二月九日には衆議院選挙の応援演説に向かう途中に前蔵相の井上準之助が右翼団体血盟団により暗殺され、三月五日には三井財閥の総帥・団琢磨も血盟団に暗殺されるなどした。

そのような内外情勢騒然とした中、三月八日に、松山高商第七回卒業式が挙行された。卒業生は七一名であった（後、追試で九二名）。就職先は時運を反映し、満州、朝鮮、大阪方面にも就職した。加藤彰廉校長は訓辞の中で、今日重大な国難に直面しているが、この国難をおそれず、打ち勝ち、邁進し、志を四海に馳せ、国威の発揚、国力の充実、国運の隆盛に努力することを望むと述べた(43)。校訓「三実主義」は忠君愛国・忠君報国の人材育成でもあった。

また、本校では時局に呼応・迎合し、教授・生徒よりなる時局委員会を組織した。教授会側より大鳥居蕃、村川澄とともに星野通が委員に選ばれている。その具体的活動は、愛媛号の献金、戦死傷者の慰問、等であった(44)。

（8）一九三二（昭和七）年度

一九三二年度の校務は教務課長の渡部善次郎が体調不良のため、佐伯光雄に代わった（三月二四日より）。なお、生徒課長は渡部善次郎が続けた。

一九三二年度の入学試験は三月二七、二八日に行なわれ、募集人員は一〇〇名で、志願者は前年よりも減少したものの、三六〇名であった。そして、四月初めに合格発表があり、一一日に入学式が挙行され、一一六名（中学出身九二名、商業出身二四名）が入学した(45)。

一九三二年度の星野通の授業科目は前年と同様で法律科目とドイツ語であった。また、クラス担当は二年のA組であった。

四月九日に星野通は、高橋始と共に三年生を率いて松山刑務所の見学をした。

四月二三日、ドイツに留学していた田中忠夫が二年間の留学を終えて帰国した。

五月一五日、犬養首相が暗殺されるという大事件が起き、政党内閣の崩壊となり、以後、日本の軍国主義化がすすんでいった。

七月一二日、星野通は庭球部員を引き連れ、九州帝大主催の全国高専庭球大会西部予選に出張した(46)。後期より星野通は選択科目として、訴訟法を担当することになった(47)。

一九三二年一〇月、星野通は松山高等学校教授理学士の橋本吉郎と共著で『化学独逸語解釈研究』を太陽堂書店から出版した。ドイツ語が化学研究者にとって不可欠の語学であり、独文の化学書の研究のために、また大学入試の便宜のために出版したものであった。三五四頁の著作であった。その目次は次の如くである。

「第一部　講義編
　第一章　前置詞
　第二章　常用動詞
　第三章　常用分離動詞
　第四章　常用化学動詞
　第五章　接続詞
第二部　練習編
　第一章　化学史
　第二章　化学緒論
　第三章　理論化学
　第四章　無機化学
　第五章　有機化学

第三部　応用編
第四部　独習編
附録
附録第一　略語
附録第二　化学命名法
附録第三　大学入試問題」(48)

なお、これも、星野通は著作目録に掲載していない。

一九三三（昭和八）年一月一日、加藤彰廉校長は年頭所感を『松山高商新聞』に載せた。国難・非常時日本の打開を生徒の奮闘に期待するものであった(49)。

加藤彰廉校長の国難・非常時打開論に対し、星野通の一九三三年の年頭所感は「レコードも倹約するか」と、次の如く覚めたものであった。

「年改まって別に感慨新たなるものもありません。比較的日常の生活に無関心な我々学徒もインフレーション景気の物価高騰には極端に感ぜざるを得ませんが、これもサラリーマン全部の運命と思へば是非もない事。只黙して勉強を続けていくのみです。只、時々楽しみに買って居たレコードも倹約しなければならないのは少々悲哀ですね」(50)

一九三三（昭和八）年三月八日、第八回卒業式が挙行され、七六名が卒業した（後、追試で九〇名）。インフレ景気を反映し、就職状況は昨年よりずっと良好となった(51)。

（9）一九三三（昭和八）年度

一九三三年度の校務は佐伯光雄が教務課長を、渡部善次郎が生徒課長を続け、加藤校長を補佐した。

一九三三年度の入試は三月末に行なわれ、募集人員は一〇〇名で、インフレ景気の為に志願者は三八四名で前年より増えた。四月初めに合格発表が行なわれ、一〇日に入学式が挙行され、一〇八名が入学した。加藤校長は校訓「三実主義」を訓示して、時局多難の折柄、後日実業界に雄飛せんとする生徒に対し、覚悟を促し精励せよと訓示した(52)。

本年度の星野通の授業科目は前年と同様に法律科目とドイツ語で、選択科目は信託であった。また、クラス担当は二年のB組であった。

四月一一日、一昨年夏以来軽微な脳溢血で治療を続けながら校務、授業に従事していた渡部善次郎（教頭で生徒課長）が、健康回復ならず、退職した。大きな損失であった(53)。

渡部善次郎の退職に伴い、加藤彰廉校長は後任の新生徒課長にドイツ留学から帰ったばかりの田中忠夫を任命した（五月四日より）。

さらに悪いことに、本年五月ころから、加藤彰廉校長も体調不良になった。校医菅井医師によると、校長の病気は、本校開設当時に既に関節リュウマチを患っていたが、その後、気管支カタルを患い、本年五月には胃腸病も併発した。加藤校長は五月上、中旬は時々学校に出勤し、事務もとっていたが、五月下旬から熱が三八度台となり、六月にも発熱が続き、欠勤となった。七月は三七度五、六分に下がったが、微熱がとれず、衰弱の様子であった(54)。

六月一日、星野通は三年生を引率して松山刑務所見学にいった。また、七月一二日からは庭球部を率いて九州に遠征した(55)。

八月の猛暑の時期、病弱の加藤校長には打撃であった。左下腹部に腸間膜リンパ炎が襲い、継続的に痛みが続き、菅井医師が往診の度に痛いといわれていた(56)。

八月三一日、病床にある加藤校長は教務課長の佐伯光雄と生徒課長の田中忠夫を招き、学校の後事を託した。九月一七日、死去の前日、加藤校長は佐伯光雄と板東富男（本校の創立者・新田長次郎の秘書）を招き、遺言（次の校長は東京商大教授の山内正瞭先生）を伝えた。

九月一八日午前一一時二〇分、遂に加藤彰廉校長が死去した。

九月二一日午後一時、本校大講堂において校葬が行なわれ、新田長次郎、平沼淑郎ら二〇〇〇余名が出席した。井上要葬儀委員長、また、新田長次郎等が弔辞を述べた。墓は常信寺にある(57)。

（1）川東竫弘『松山高商・経専の歴史と三人の校長―加藤彰廉・渡部善次郎・田中忠夫―』愛媛新聞サービスセンター、二〇一七年三月、一五五頁。

（2）松山商科大学創立卅周年史編集委員会委員長田中忠夫『松山商科大学三十年史』（以下、『三十年史』と略）松山商科大学、昭和二八年一一月、六七頁。

（3）重松通直は東京商大卒、商業学担当で開設時に採用されたが、資本論を教えているということで加藤校長により辞めさせられた。

（4）大島居蕃『『松山商科大学三十年史』補遺』松山商科大学六十年史編纂委員会『松山商科大学六十年史（写真編）』（以下、『六十年史（写真編）』と略）一九八四年、一九五頁。

（5）『松山高商新聞』第九号、大正一五年四月一二日。

（6）『松山高商新聞』第一〇号、大正一五年五月一五日。

（7）『三十年史』六七頁。

（8）『松山高商新聞』第一二号、大正一五年七月二〇日。新聞では東富子となっているが、正確には富みである。

（9）渡辺良吉は大阪高商卒、日本綿花カルカッタ支店長歴任。商業英語、貿易実務担当。

(10) 星野通・北川淳一郎共訳、ロスコー・パウンド『法律哲学概論』尚文堂、大正一五年九月、はしがきより。
(11)『松山高商新聞』第一七号、昭和二年三月二八日。
(12) 星野通『小さい法学通論』広文堂、一九二七年より。
(13) 村川澄・一柳学俊・星野通共著『民法講義案』松山高等商業学校法学研究室、向井図書、昭和二年より。
(14)『松山高商新聞』第二一号、昭和二年七月二八日。
(15)『松山高商新聞』第二二号、昭和二年八月二七日。同第二三号、昭和二年一〇月一五日。
(16)『松山高商新聞』第二四号、昭和二年一一月二〇日。
(17) 同右。
(18)『松山高商新聞』第二五号、昭和二年一二月二〇日。同第二六号、昭和三年一月二三日。
(19)『松山高商新聞』第二八号、昭和三年三月二一日。
(20)『松山高商新聞』第二九号、昭和三年四月二三日。
(21)『松山高商新聞』第二八号、昭和三年三月二一日。
(22) 作道好男・江藤武人編『松山商科大学五十年史』(以下、『五十年史』と略) 財界評論新社、昭和四九年三月、一〇〇頁。
(23)『松山高商新聞』第三三号、昭和三年九月二九日。『五十年史』一〇二～一〇三頁。
(24)『松山高商新聞』第三九号、昭和四年三月二六日。
(25)『松山高商新聞』第四〇号、昭和四年四月二五日。
(26)『松山高商新聞』第三九号、昭和四年三月二六日。
(27)『松山高商新聞』第四一号、昭和四年五月二五日。
(28)『松山高商新聞』第四七号、昭和四年一〇月二五日。
(29) 同右。
(30)『松山高商新聞』第五〇号、昭和五年一月二五日。
(31) 同右。
(32)『松山高商新聞』第五二号、昭和五年三月二五日。
(33)『松山高商新聞』第五六号、昭和五年七月二五日。

(34)『松山高商新聞』第五八号、昭和五年一〇月三一日。同第五九号、昭和五年一一月二五日。
(35)『松山高商新聞』第六三号、昭和六年三月二五日。
(36)『松山高商新聞』第六四号、昭和六年四月二五日。
(37)同右。
(38)『松山高商新聞』第六五号、昭和六年五月二五日。なお、後、一柳学俊は新潟商業学校長に転任する。
(39)『松山高商新聞』第六七号、昭和六年八月一日。
(40)『松山高商新聞』第六八号、昭和六年九月二五日。
(41)『松山高商新聞』第六九号、昭和六年一〇月二八日。
(42)『松山高商新聞』第七一号、昭和七年一月一日。
(43)『松山高商新聞』第七三号、昭和七年三月八日。
(44)同右。
(45)『松山高商新聞』第七四号、昭和七年四月二四日。
(46)『松山高商新聞』第七七号、昭和七年七月一〇日。
(47)『松山高商新聞』第七九号、昭和七年一〇月二九日。
(48)橋本吉郎・星野通共著『化学独逸語解釈研究』太陽堂書店、昭和七年一〇月より。
(49)『松山高商新聞』第八〇号、昭和八年一月一日。
(50)同右。
(51)『松山高商新聞』第八二号、昭和八年三月八日。
(52)『松山高商新聞』第八三号、昭和八年四月一二日。
(53)同右。
(54)『松山高商新聞』第八六号、昭和八年七月一一日。
(55)『松山高商新聞』第八五号、昭和八年六月一一日。同第八六号、昭和八年七月一一日。
(56)『松山高商新聞』第八七号、昭和八年九月一八日。
(57)『松山高商新聞』第八八号、昭和八年一〇月二七日。

第2節　渡部善次郎校長時代

加藤彰廉校長の後、第二代校長に就任したのが、病気退職していた渡部善次郎(1)であった。渡部校長の起用を決めたのは、井上要理事で、創立者の新田長次郎の了解を得て決定した。

一九三三（昭和八）年一〇月二六日に井上理事が渡部善次郎を帯同して来校し、教職員を前にして同氏を校長に起用したと通達し、直ちに講堂にて就任式が執り行なわれた。

教授会の多くのメンバーは呆然とし、教務課長の佐伯光雄や古川洋三が異議を述べたが、井上理事に押し切られた。そこで、教授会側は一旦決まった以上、事を荒立てるより病弱な新校長を扶けて学園護持をはかろうと健気な態度で事に当たることにした。

渡部新校長下の校務体制は、佐伯光雄が教務課長を、田中忠夫が生徒課長を引き続き務め、補佐した。

そして、渡部校長の下で、定員増（一学年一〇〇名を一五〇名に）の検討が始められ、また、加藤彰廉先生記念事業（銅像建設、追悼録、記念会館、奨学金等）が計画され、実行委員も選ばれた。実行委員は西依六八、村川澄、伊藤秀夫、渡辺良吉、増岡喜義で、星野通は選ばれていない(2)。

一九三四（昭和九）年三月八日、第九回卒業式が行なわれ、八六名が卒業した（後、追試で九八名）。渡部校長が式辞を述べ、就職状況は良好であるが、それは本校学生の真価が評価されたこと、今日は非常時と言われているが、その突破には在学当時と同一の志操を把持する以外に良策なし、勤勉力行一意奉公の誠を尽くすようにと述べた(3)。

一九三四年度の入試が三月末に行なわれ、定員一〇〇名に対し志願者は四七九名で、前年を大幅に上回った。入試で星野通は国語を採点している（おそらく、出題も国語）。星野の採点評が『松山高商新聞』に載っている。

「小生は国語の一番を採点。芭蕉の『奥の細道』から出た問。比して著しく悪く、殊に『所々の風景過さず思ひつづけて折節あはれなる作意など聞ゆ』は一人の正解者もなかった。之れと言ふのもその前にでて居る金沢の北枝が俳人であることに気付かなかったためである。成績逐年低下の傾向にあるは一つは問題が年々難しくなるによるかも知れないが、受験生の間に於て英語数学等彼等の所謂主要学科なるものが偏重されすぎて、肝心の国語の勉強が勢ひ疎かになったためでもあらふ。日本人が日本語を正しく解し得ない様では幾ら英語が上手でもまことに困ったものである」(4)

そして、入試作業が終わった直後の三月三一日、渡部善次郎校長は遺恨が残っていたのだろう、佐伯光雄教授（教務課長）を解雇する行動に出た。

さらに、渡部校長は一九三四年四月一日、学内空気を一新すべく人事の大異動も行なった。学外講師を整理して専任講師（菅原義孝、田村清寿、国田要）を採用した。菅原、田村はともに卒業生であった。

渡部校長は新校務体制として生徒課長の田中忠夫を新教務課長に、大鳥居蕃を田中忠夫の後任の新生徒課長に、渡辺良吉を会計課長に任命した。また、新たに人事課と庶務課を設け、村川澄を人事課長に、西依六八を庶務課長に任命し、人事を一新した。星野通は大鳥居より赴任が早く且つ年上であるが、選ばれず、大鳥居が生徒課長に抜擢された。

さらに渡部校長は校友会の各部長も全面的に大更迭した。星野通はそれまで庭球部長であったが、剣道部長になった。またカリキュラムも改正し、従来選択科目であった海運論と経済政策を必修科目にした（海運論は交通論と名称変更。交通論は古川洋三、経済政策は田中忠夫が担当）(5)。

渡部校長の下、一九三四年四月一〇日、第一一回入学式が行なわれ、一三〇余名が入学した。渡部校長は式辞で新入生諸君が難関を突破したことを祝し、今日からは高商生として常に学校の名誉を思い、大いに勉強されたい、と述べた(6)。

本年度の星野通の授業科目は前年と同様である。

学園は平穏であるかに見えた。ところが、五月二三日、ある卒業生による渡部校長拉致・監禁事件が起き、校長辞職を強要され、渡部善次郎は五月三〇日校長を辞職した。それが新聞に大きく報道され、本校創立以来の未曾有の大不祥事事件となった。

渡部校長辞職後、理事会は五月三〇日、教務課長の田中忠夫を校長代理に任命した。そして再び次期校長選びとなった。田中校長代理は故加藤校長の遺言に従い東京商大教授の山内正瞭先生を訪れ校長就任を依頼したが断られ、大阪に創立者の新田長次郎を訪ね、山内先生に断られた旨を報告した。そこで、新田長次郎は九月下旬に井上要理事を呼び、その協議の結果、次の校長は教授会の推薦を待ちたいということになった。井上要は帰松後、年長の西依六八教授を呼び、後任校長は教授会の意向を聞くと告げた。そこで、西依教授は直ちに教授会を招集し、教授会は一致して田中忠夫を校長に推薦することになり、その旨井上要理事に報告した。井上理事は教授会の意向を諒解し、一〇月五日に評議員会、理事会を招集し、田中忠夫を後任校長にすることを諮り、決定した(7)。

なお、この渡部校長拉致監禁事件から田中忠夫が第三代校長就任に至る状況については、拙著『松山高商・経専の歴史と三人の校長―加藤彰廉・渡部善次郎・田中忠夫―』(愛媛新聞サービスセンター、二〇一七年)第三章に詳述しているので、参照されたい。

まだ、次の校長が決まらない学園の混乱時であるが、星野通は『松山高商新聞』第九六号(昭和九年七月一三日)に「所有権の濫用」について、次のような小論を掲載した。それは、ローマ法以来の近代社会の所有権絶対論に対し、他人に損害を与える所有権の無制限的権利行使を禁止する(シカーネ)論を紹介している。星野通も同様の見解であったとみられよう。

「日常の私人相互の生活関係を規律する法律制度が極端な個人主義、権利本位の思想の上にきづかれて居たローマでは『自己の権利を行使するものは何人に対しても不法を行ふものでない』と言ふ指導原理、換言すれば権利行使に関する絶対性の原則が何人も疑を挟む余地のない自明の理として私法の世界を支配していた。而して私権の中でも殊にドミニウムは物を自由に用益処分し得る排他的権能であること今日の所有権と同様であったが、その限界、円満性、絶対性の色彩はきはめて強烈であって、権利行使の限界は無制限且自由とされ、今日の変遷によって一般にベトーネンさるる如き権能に伴ふ社会的義務の内在など言ふことは寸毫も顧慮されなかったのである。此ローマ法的伝統は近代各国私法にそのままうけつがれ、フランスに於てアンシャンレジームに対する反動として自由平等天賦人権等を教へる自然法学的思想が人権宣言、或はそれにうちつづく法典編纂に於て個人権利の絶対的不可侵性を形式化して以来、それは全く不可疑的原則として承認され、ギールケの所謂『ローマ法以上にロマニスティッシュな十九世紀法律案』は、権利に関し殊に所有権に関し驚くべき抽象的権能の過重、権能本位の法律体系を作り出したのである。

時代とともにその度を増して行く取引の頻繁性、社会関係の複雑綜合化は権利意識の明瞭と権利保護の伸長を招致せざるを得なかったが故に近世私法の発達がかかるロマニスティッシュな思想に依拠せざるを得なかったのは当然のことであったかも知れないが、後述する如く、権利殊に所有権が多分に社会的性質を有するとみることが妥当である以上、これに伴ふ社会的義務を基本として理解しつつ権利の本質その社会的職分をあきらかにして行くべきものであり、従って権利の有する内容と社会的基礎とを全く度外視して、権利を単に権利として主張した十九世紀のローマ法的法律学にはイエーリングの所謂根本的誤謬 eine grundirrige Ansicht が存在していたのである。彼曰く『権利が権利者のためにのみ存在し而もそれを私法制度の面目かの如く考へる思想は所有権に於て最も適切なる定型を発見する。それは法律家の間の通説であり又一般私人の考へ方であって所有権の本質は所有者の物に対する無制限的支配力を意味するものとされたが、それは私見によれば根本的の謬見である』

されはこそ人口今日に比すればきはめて稀薄であり、経済取引、諸生活関係未だ今日程に錯雑して居なかった古代ローマに於てすらこの所有権絶対性の原則を徹底に貫くときは、美はしい互譲互助を理想とする人間の社会、殊に隣人相互の所謂相隣関係はいたる処に於て相剋のあさましい現象を引き起こして共同生活の円満、円滑は期すべくもなかったのである。現に今日に伝はるローマの法律文献によれば権利行使の絶対性無制限性が隣人相闘の現象を各所に生じ判公諸公を苦しめた例が二三にとゞまらなかったのである。曰く、或人は自己の土地に井戸を穿つことによってその隣人の水源を枯渇せしめた。又或人は極端に高き建物を造ることによって隣人を悩ました。又或人は己の飼う蜜蜂が隣人の花園に飛込んでこれをひどくあらした。或は湯屋の煤煙や湯気が隣家に迷惑を及ぼし、住家にある便所の臭気が朝夕その隣人を悩まし、工場の音響は隣家の人達を神経衰弱にした。かゝる事件を取扱ったローマの学説或は判例は今猶今日に残って我等の無限の興趣をそそるのである。

処が物の考へ方が極端な個人主義であり、個人所有権の絶対性を不可疑の原理として確信していたローマの判官は、かかる事件の解決も個人主義的イデオロギーの域を一歩も出て居なかったのである。換言すれば前述の『自己の権利を行ふ者は何人に対しても不法を行ふものでない』と言ふ指導原理を基礎にして、これから音響、臭気、煤煙等のイムミショ［注：Immisson 公害］その他の侵害の問題は解決されたのであった。甲は自己の土地に於て井戸をほるのは単なる所有権の行使であって何等不都合はないと主張する。これに対し水源枯渇を来した隣人乙は水の使用をさまたげられたのは個人所有権の侵害行為だと突張る。又或は自分の土地で蜜蜂を飼うのは所有権行使の一つの形態に過ぎないのであって決して不法でないと主張するに対し、隣人は土地所有権は地下は地軸にとどき、上は天上に達すとの理由によって隣家の蜜蜂が自分の土地に飛び込むは土地所有権の侵害だと言ふ。高層建築、便所の臭気、音響、煤煙等の問題に於て、同様のロヂックによりて侵害者は自己の行為を正当化せんとし、被害者は侵害停止損害賠償を請求せんとする。この問題解決に対しローマの法官はシカーネ（Schikane）禁止の法理を以て望んだのである。シカーネとは一般に独逸法学者によって定義さるる如く他人に損害をあたふる事を目的としてなさるる行為（Handlung mit Schädigungszweck）の意であって、人類生活関係、殊に相隣関係に於て権利者の悪意を以てなさるる無制限の権利行使を許すことは法律本来の高遠な理想に背くものとし、此シカーネは禁止されたのであった。従て仮令それが外観上適法なる所有権行使の如く見ゆる場合であっても、実際は隣人を害することを目的としてなされたことが明白な場合にはその権利行使は禁止され、被害者には救済があたへられたのであった。換言すれば権利行使の限界の無制限は原則として承認され、殊に所有権の無制限的絶対性は何人もうたがひ得ない自明の理として認められて居たが、その原理の厳格なる解釈適用が隣人侵害の結果を生じ、社会的事情に鑑み法律本来の理想に背馳する場合には、シカーネ禁止の法理をアプライすることによって被害者を救はんとしたのであった。権利を社会的性質を有する利益と考へ、社会的義務を基本として理解して行く二十世紀の進歩的法律思想の上に立つ権利濫用の理論と行き方こそ違って居るが、此シカーネ禁止こそは権利行使無制限性に対する反撃の先駆者だったと言ひ得るのである（未了）」[8]

七月中旬、星野通は東京に行き、生徒のために就職運動をしている。他の教授陣も同様である[9]。『松山高商新聞』は教授に夏休み中の過ごし方について聞いている。星野通は「七月中旬に上京、月末まで滞在。八月の暑き盛りは家で昼寝と読書、時々は子供と海へでも行きたいと考へています」[10]などと答えている。

（1）渡部善次郎は一八七八（明治一一）年四月六日温泉郡南吉井村生まれ、早稲田大学専門部を卒業し、エール大学に入学し、マスター・オブ・アーツの学位を取得、帰国語東洋拓殖大学に勤務し、一九二〇（大正九）年帰郷し、松山高等学校講師（非常

勤）、海南新聞主筆を経て、一九二三（大正一二）年四月松山高商教授。教頭、生徒課長、教務課長を務め、一九三三（昭和八）年四月一〇日、病気のため退職していた（川東竫弘『松山高商・経専の歴史と三人の校長—加藤彰廉・渡部善次郎・田中忠夫—』愛媛新聞サービスセンター、二〇一七年、二三一～二四七頁）。

（2）『松山高商新聞』第九一号、昭和九年二月一九日。

（3）『松山高商新聞』第九二号、昭和九年三月八日。

（4）『松山高商新聞』第九三号、昭和九年四月二五日。

（5）同右。

（6）同右。

（7）『松山高商新聞』第九八号、昭和九年一〇月三〇日。

（8）『松山高商新聞』第九六号、昭和九年七月一三日。

（9）同右。

（10）同右。

第3節　田中忠夫校長時代

Ⅰ　松山高等商業学校期——

（1）一九三四（昭和九）年度

一九三四年一〇月六日、田中忠夫が第三代校長に就任した。この時田中忠夫は弱冠三六歳であった。田中新校長は校務体制として、教頭兼庶務課長に西依六八、新教務課長に前生徒課長の大鳥居蕃、大鳥居の後任の新生徒課長に伊藤秀夫を任命し、田中校長を補佐することになった。この時、西依六八が五二歳、伊藤秀夫が五一歳、大鳥居蕃が三三歳であった。星野通は大鳥居より一つ上だが、またしても選ばれていない。推測するに田中校長は教務課長は商学の専門から、生徒課長は専門外から伊藤秀夫（渡部善次郎が長らく務めたように）を選んだものと思われる。星野通は幸いなことに学内の重要職務に就かず、研究に専念していた。星野通は一九三五（昭和一〇）年一月一日の『松山高商新聞』第一〇〇号に「権利濫用、特に所有権の濫用に関する若干の考察」の続きを発表した。それは次の如くで、現代フランスにおける権利濫用の制限に関する理論の発展の考察であった。

「筆者は前号に於てローマ法制下に於てシカーネ禁止の法理が如何なる役割を演じたかについて述べた。しからば此の権利濫用の法理は近代大陸法制に於ては如何なる発展的過程を辿ったか。

先づフランスに於ては如何？『自己の権利を行使するものは何人に対しても害をあたふるものでない』と言ふローマ法上の原則はフランス古法に於てもつとに承認され、又現行フランス民法もこれに関する明文こそ設けて居ないが、法典施行後今日に至るまで判例、学説ともに原則的にこれを承認して『権利行使者は他人に損害をあたへても過失あるものと言ひ得ないから被害者に対し賠償の責任はない』と言ふたて前をとって居る。

だが、此原則に対しては既にフランス古法に於ても種々例外をみとめて居る事実があり、又現行法下に於てもローマ法以上にロマニスティッシュだと言はれた十九世紀に於てさへ権利行使に一定の限界の有すべきことがみとめられ、又有力な学者によっては同様の事が主張された。例えば一八三四年に Pardessus は地役権行使に関し『自己に何等の利益をもたらさず、而も他人を害する如き権利行使はなす可らず』と説き、Toulier Soudot 等も個々の権利行使は常に衡平の原則による制限に帰すべきであり、従てその行使には必ず一定の限界が存すべきだと主張した。又一八五五年コルマーの裁判所は『悪感情により敵意を以てなされた行為が権利行使者に何等の利益をもたらすことなく而も他人に害を及ぼす如き場合に於て、それを適法行為として是認するは道徳と衡平の原則が許さざる処である。故に隣家の窓にむかって太陽の光線を遮る如き無用の煙突を隣人加害の目的を以て建造したる者はその煙突を取てはずすべきである』との画期的判決を下し、その翌年一八五六年つゞいてリヨンの裁判所は略同趣旨の判決を下した。即ち土地の所有者が隣地に湧きいづる鉱泉を枯渇せしむる目的を以て自己の土地を掘穿したる件に対しての判決であって、所有権者がその所有物を自由に使用し得るに関しては『隣人にも隣人の所有権による享益をなさしむべし』と言ふ義務によってみとめらるべき限界が存する。

かかるが故に、『只嫉妬にもとづき隣人を苦しむる目的を以てのみなされたる行為は適法なる所有権行使とは言ひ得ない』と論じ、此を準不法行為となして加害者に賠償を命じた。此二判決はアンシャンレジームに対する反動として生れた極度に個人主義的なナポレオン法典に対する反撃にして真にエポックメーキングな意味を有するものであって、以来権利濫用、殊に所有権濫用に関する判例は年とともに逐次増加し、これに伴って幾多の学者によってその理論的考察、学問的基礎づけが試みらる様になったのであった。だが、揺籃期とも名付くべき前世紀中葉乃至末期に於ける所有権濫用の法理は僅かにその標識として権利行使者の主観的な『加害意思』なるものが要求されているのみであって、権利の『社会的目的』の如き客観的なスタンダードは必ずしも明らかには判官諸公或は法学者の考慮の中に入っていなかったのである。

だが、十九世紀末に於て公にされたEsmeinの権利濫用論が学界に一石を投じて以来、その波紋は各方面に及び、権利濫用法理は今や統一的体系のもとに攻究さるゝ有様となり、いやしくも私法学徒にして此問題に関し一家言をなさゞるものはなきかの如き観をさへ呈するに到った。即ち問題は揺籃期を終へて建設期に入り、個別的考察の期を終へて統一的基礎づけの時代に入ったのである。例へば代表的理論としては、吾人は一八九九年のEmanuel Levyの権利濫用の民事責任論をあげ得るであらう。彼によれば責任に権利行使が他人の権利と衝突する場合に生じるのであり、不法行為及び契約上の責任は『裏切られたる法律上の信頼』なる共通の根源を有するのであって、権利濫用も結局は法律上の信頼を裏切る意味に於て責任を発生するのである。従て権利は一般に人々により考へらるゝ処の利益、慣例又は権利のみとめらるゝにいたった理由などアンパッセンして行使さるべきである。換言すれば或特定の環境が造た信頼を裏切らないで行使さるべきであり、若し然らずんば権利濫用となるのである。要約すれば法律の理想的根源を人類の集合意識の上に置くのであって、権利は信頼の関係であり、権利者が自己の権利を承認する集合意識の信頼を裏切る時には、それは権利本来の目的に反する反社会的なる権利の濫用となる、と言ふのが彼の理論である。

又、Porcherat は権利濫用に関する単行著作として有名なる権利濫用論に於て『権利濫用とは権利行使が表面は権利の客観的な限界に於てなさるゝけれど実質に於ては権利本来の目的に反する違法的なる行為である』と論じた。而してその行為の違法性を『加害の意思』『適法動機の欠如』『個人的利益の欠如』等の主観的な標識に求めんとするのである。

又、Charmont は権利濫用決定に関しては主観的標識として『加害意思』、客観的標識として『権利の経済的社会的目的違反』、二つが認めらるるべきだと説き、そのテオリーの中に社会連帯の精神を取り入れた。Duffau lagarrosse は『権利は個人の物質的精神的進歩なる目的の実現に不可欠のものであるが故にみとめられる。物質的精神的利益なくして権利は存在せざるべく表見的に権利行使の如く見ゆるもその行為が何等是認さるべき利益なくしてなされ而も他を害する場合には権利濫用として賠償義務を生ずる』と説いた。

以上は代表的学者の説のホンの二三の紹介に過ぎないが、此の権利濫用の問題はフランスに於ては民法或はその一部門たる債権法に関する著作に於て殆ど全ての私法学者によって一応の論究がなされ、殊に世界大戦後法律社会化が喧しく論ぜらるゝ様になったとゝもに個人主義的権利思想排撃の運動の一端としてこれに関する研究は層一層熱意と深刻さを加へて行ったのであった。

一九一四年の夏、セルビヤの一青年の一発の拳銃に端を発した世界大戦はヨーロッパ否世界各国々民の法律生活上、従て各国法律制度上に少なからざる影響を及ぼした。殊に戦禍の一段と劇しかったフランス、ベルギー、ドイツ等に於ては個人主義自由主義を基調とする私法の領域は公法による苦しき統制をうけ、仏大革命、米の私法指導原理だった個人主義は一路没落の過程を辿らざるを得なかった。即ち所有権を中心とする個人的私法生活は国法による強制圧迫をうけ、此の傾向は戦後の今日に及んで依然として持続されている有様である。即ち従来の私法に於ける個人主義的指導理論は漸くその勢力を失って、社会本位団体本位的精神による私法再認識の気運を生じ私法の公法化、法律社会化が実際運動として各国学界に於て問題視さるゝに至ったのである。此運動の一端として権利濫用に関する研究は殊にフランスに於ては最も深刻に行はれ、従来の傾向だった権利濫用問題の個別的取扱は変じて普遍的なものと化し、権利の本質的な機能―目的等を社会的に如何に観察するかと言ふことにまで進んで来たのであって、今各学者の論旨をうかゞふ時、一般的傾向として権利濫用の観念を拡張して従来の個人本位権利本位思想を打開し、社会本位的立場よりなる新しき理論的基礎づけをなさんとする努力がアリアリと判るのである。

今現代フランス法学者によって説かるゝ権利濫用は諸説区々であって必ずしも相一致するものでないが、大体要約せば次の如く言ひ得るであらう。

即ちフランス民法は仏大革命当時の絶対的個人主義をその指導原理として居るがこれは、元来法律は本質的に社会的のものでなければならないと言ふ要請を無視したものである。これを所有権について言はんか、民法は所有権を以てその物に対する絶対的な支配権であるとして居るが、権利は元来社会生活に於ける個人と個人の関係を規律するためにみとめられしものなるが故に社会の他の成員の利益を無視して個人にあたへられる権利などは存在し得ないものと言はねばならぬ。故に現行民法のみとむる個々の権利、殊に所有権の定義は不完全であり、又あまりに個人主義的であって法条の文書そのまゝの行使は表見的には適正なる権利行使の観を呈するも実質的には権利本来の社会的使命と相去ること遠きものである。此個人主義的理論是正のためには必然的に社会的利益を考慮し社会本位的立場より所有権行使に制限を加へねばならぬ。この権利の社会的使命を無視した権利行使濫用として賠償の責を負はしむべきである。大体以上の如くの様である。

約言せばフランス法学界の権利濫用、殊に所有権濫用に関する一般的傾向は社会的見地より権利濫用理論の拡張の時代と言ふべく、判例学説こぞって権利の社会的使命の立場よりして権利行使に関し適正なる限界をみとめんとするものゝごとくである。要するにフランスに於ては権利濫用禁止の法理は主観的な加害意思のみを重んずる個別的考察の時代（揺籃時代）より権利の使命なる高観的標識を基調とする統一的理論構成の時代へと進展し後に最近に於て社会本位的使命よりする理論拡張の時代へ発展過程を辿ったのである（未完）」(1)

一九三五（昭和一〇）年の新年を迎えて、星野通は年頭の感を『松山高商新聞』に寄せている。それは次の如くで、昨年の学園最大の不祥事を洗い去りたいというものであった。

「回顧すれば昭和九年と云ふ年は公人としても又家庭の人としても自分にとっては生まれて曾て経験したことのない呪ふべくも又いまはしい年だった。今年こそはあらゆる過去の嫌な印象記憶を洗ひ去ってしまって全く新しい気持ちで強く明るく生きて行きたいと思ふてる。馬齢一つを加へて三十有六、人生はまさに今からだと言ふ感が強い」(2)

本年、田中忠夫校長は、加藤彰廉先生記念事業（銅像建設、伝記編纂、記念会館、奨学金等）を進めた。そのうち、加藤先生の伝記の編纂委員として委員長に選ばれたのが星野通であった。なお他の委員は伊藤秀夫、野中重徳、増岡喜義であった。ある委員（星野通と思われる）は「加藤先生の伝記編纂を仰せつかったが、自分としては全力を以て資料の蒐集に当り屡々座談会を開き大方の記憶からも多くのものを捉へたい、又伝記は単なる年代記に終らず先生の全人格を写し出すものとしたい、此の事業は到底数人の手では成就出来ないのですから、一般の援助を切望する次第です。先生に関する手紙、写真其の他の資料を所持される方は何卒貸与願ひ度いものである云々」と述べている(3)。

田中忠夫が第三代校長に就任した一九三四（昭和九）年時点での本校の規模は、生徒定員三〇〇名、校地約七〇〇〇坪、校舎約一〇〇〇坪、専任教員は一四名程度であり、他方、当時の全国の高商は官立一一校、私立も一一校で、計二二校あったが、本校の生徒定員は高千穂、昭和の両校と並んで一七位、日本女子高商と新設の善隣協会専門学校を除くと最下位であった(4)。

そこで、田中校長は、翌一九三五(昭和一〇)年二月一日から一〇日にかけて、大鳥居教務課長とともに、東京商大附属商学専門部、大倉高商、巣鴨高商、高千穂高商、横浜高商、市立横浜商業専門学校、私立横浜専門学校、名古屋高商、彦根高商、同志社高商、関西学院高商、県立神戸高商など一一の高等商業学校を視察した。そして、松山に帰ったころには、田中忠夫は学校の適正規模は定員を六〇〇名、校舎等の建物は寄宿舎を含んで三五〇〇坪、校地は二万坪という結論に達し、これを一〇年にして完成するという大略の案を樹てたという(5)。

そして、田中校長は、この構想を以て、時期は不明だが、大阪の新田長次郎を訪問した。長次郎はこの構想に理解を示したが(6)、長次郎は「私はね、計画してから三年は胸の中でじっと暖めるのがモットーでしてね」と焦る若い校長をたしなめ、その結果、実現は三年後となったという(7)。

一九三五年三月八日午前一〇時から本校講堂にて第一〇回卒業式が挙行され、七九名が卒業した(後、追試で八八名)。田中忠夫校長は卒業生の就職状況について説明し、昨年度の不祥事について陳謝し、卒業を祝し、餞の言葉として、聖校長の人格のエッセンスを語り、「誠実をもって貫け―吾等が聖校長の遺訓はこれ」と熱弁を振るった(8)。

(2) 一九三五(昭和一〇)年度

一九三五年度の校務も西依六八が教頭兼庶務課長、大鳥居蕃が教務課長、伊藤秀夫が生徒課長を続け、田中校長を補佐した。

一九三五年度の入学試験が三月末に行なわれた。この入試にあたって、意欲的な田中校長は志願者増大をはかるべく、試験場を松山本校の他に大阪(大阪商大)、福岡(九州帝大)に拡大した。その積極策の結果、定員は前年と同様に一〇〇名であったが、志願者は六八九名と、前年（四七九名）より大幅に増え、大成功であった。星野通は試験監督のため大阪に出張した(9)。

入試の採点評が『松山高商新聞』第一〇三号に載っている。星野通は国語を採点した（おそらく出題も）。星野通の評価は次の通りである。

「僕は国語の第二問題をみた。いゝ答案も随分あったが、一般的にうけた印象は中学生諸君に新聞常識の欠けている者が多いと言ふ事である。勉強盛りの若い身に或は要求する方が無理なのかも知れないが、新聞によって世界の動きと言ふものをも少しはっきり把握して貰ひたい。スポーツ欄や三面の社会問題をのぞいたり連載の恋愛小説に胸をとゞろかしたりするのばかりが新聞を読むと言ふことじゃない。此の苦言はきはめて一部の人に対してではあるが、同時に今の専門学校生徒にも呈せられていゝと思ふが如何」(10)

そして、四月一〇日に入学式を行ない、一二四名が入学した（前年は一三四名）。田中忠夫校長は式辞で、高等商業学校は如何なる学校であるのかについて、①経済界に活動するために高等の学問を修得するところ、②社会に出るための入門期、③学校教育の仕上げ期、④人格形成期であることを述べ、そして本校の特殊の使命—新田温山先生の人格と加藤彰廉先生の人格を基礎として本校が生まれたこと—、また校訓「三実主義」はこの二人の人格を概念化したものであり、この三実を実行することこそ本校の目的であると、熱弁を振るった(11)。

本年度の星野通の授業科目は従来の科目の外、一部法学通論を担当することになった。また、クラス担当は二年B組であった(12)。

四月二六日に、故加藤彰廉校長の銅像除幕式が行なわれ、銅像は本館の校長室前に置かれた(13)。これにより三恩人の銅像が揃った。

星野通は加藤彰廉先生の伝記編纂のために、大阪高商の関係者、北予中学の関係者、温山会の関係者の追悼座談会を計画し、五月、六月にかけて集中的に行なった。

五月五日、星野通は伊藤秀夫、野中重徳教授と共に関係者の座談会のために東京・大阪に出張した(14)。そして、五月一〇日に丸の内ホテルにて有恒倶楽部座談会（東京）、一一日に明治生命ビル内マーブルにて温山会東京支部座談会、一四日に大阪淀屋橋魚喜楼にて温山会大阪支部座談会、一六日に有恒倶楽部にて有恒倶楽部座談会（大阪）を行なった。

そして松山に帰り、六月三日に伊予鉄電社友倶楽部にて北予中学関係者座談会、一〇日に梅乃家にて温山会松山支部座談会、一九日に常信寺にて松山高商職員座談会を行なった(15)。以降は伝記編纂の執筆に専念したものと思われる。

九月一三日に星野通の妹・光子が長らく病気療養中であったが、遂に亡くなっている(16)。

星野通は『松山高商新聞』第一〇七号（昭和一〇年九月二五日）に「専門外の専門」として、趣味の切手蒐集について寄稿している。その大要は次の通りである。

「ヘボ将棋の外に切手蒐集と言う道楽があると言ったら、蒐集癖は変体(ママ)心理の一種だ、あんなものを集めてなにが面白いのかと冷やかした人がいたが、趣味道楽なんてものは元々主観的個人的なものにすぎない。一片の小紙片につきざる無限の興趣を感じることが若し巨匠の名画における同様ならば、一見幼童の遊びに類するとしても切手蒐集家の人生にとりて立派な価値あることである。

英国においては、切手蒐集はKing of hobbies and hobby of King即ち道楽の王であって又帝王の道楽であると言われ、最も洗練された趣味の一つで、無数の同好者を有している。かのキングジョージが熱心なる蒐集家であることはあまりに有名である。その他英国皇后、同皇太子、旧ロシヤ皇帝ニコラス二世等、我国では伏見宮軍令部長等も熱心な切手ファンである。

ただ、切手蒐集は王侯貴族富者のブルジョア的道楽ではなく、本来広く大衆の親しみうる最も完全な民衆的娯楽である。蒐集家は如何なる山村僻地にあっても極めて安価確実に世界各国の切手を自由に買い入れることができ、いたる所に同好者がいるため、切手を交換し、その種類をふやすことが出来、また保存も容易なため、切手蒐集を最も普遍的民衆的たらしめたものである。

この民衆的趣味は単に蒐集家の美的感情を満足させるにとどまらず、あらゆる機会において各国の歴史を教え、各国の文化、国民性、芸術等の特殊性に対する我等の理解を深からしめ、時には我等の外国語の知識を広くし、すすんでは貨幣制度、通信組織等各国の政治経済に関する知識さえも修得出来る好個知的伴侶なのである。キングジョージが『そは余の生涯における最大の楽しみの一つなり』と嘆ぜられた如く、我等の見解を以ていえば、切手蒐集こそ万人の容易にして親しみ得る最も民衆的な且つ洗練された知識趣味なのである」(17)

一九三六（昭和一一）年二月、法律学の村川澄教授が来る四月大連にて設立される大連高商の設立委員兼首席教授に就任するために急遽退職した。村川澄は一九二五（大正一四）年星野通と同時に赴任した同期であった。その結果、法律の担当者は星野通と浜田喜代五郎の二人となった。後任は採用せず、二人が法律科目を担任することになった。

二月二六日には、陸軍の青年将校（皇道派）による軍事クーデターが起きた。クーデターは鎮圧されたが、以後統制派による軍部独裁化が進んでいった。

三月初め、高商第一一回卒業式が行なわれ、一〇〇名（追試を含めて）が卒業した。だが、その記事は『松山高商新聞』には残念ながらない。

（3）一九三六（昭和一一）年度

一九三六年度の校務も西依六八が教頭兼庶務課長、大鳥居蕃が教務課長、伊藤秀夫が生徒課長を続け、田中校長を補佐した。星野通は五月から図書課長に就任した（前任者は浜田喜代五郎）[18]。

一九三六年度の入学試験は三月二六、二七日の両日、松山、大阪、福岡にて行なわれた。定員は一学年一〇〇名であるが、募集人員は約一二〇名で、志願者は、前年よりさらに増え、八一九名に達した。

この入試において、星野通は、従来の国語ではなく、数学の一番を採点している（おそらく出題も）。感想としては「代数の一番を見たが取立てて言ふべき感想はない。全受験者の殆ど三分の二が満点をとって居たが、之も当然のことであって、あの程度の易い問題が解けなければ中学卒業者と言ふ資格は無いと言ひ得やふ」[19]と述べている。

そして、四月一一日に入学式が井上要らの来賓の出席の下に挙行され、一三〇名が入学した[20]。田中校長は式辞で、社会の指導者の中でインテリ層の地位は凋落したのでないかという非難に対し、新武士道の樹立によるインテリ層の復権を唱え、新入生を励ました[21]。

本年度の星野通の担当科目は法律学（法学通論、民法等）とドイツ語で、クラスは三年B組を担当した[22]。

一九三六年四月の陽春、本校の創立者・新田長次郎翁は松山高商の教職員全員を二万坪に及ぶ和歌山県の琴の浦別荘に招待した。新田長次郎老夫妻は田中ら高商の教職員を心からもてなした。星野通も出席した[23]。

星野通は『松山高商新聞』第一一五号（昭和一一年六月二四日）に「イエーリングのことども―権利闘争論を読んで―」を執筆している。その全文を引用しておこう。星野通はイエーリングの権利闘争論に親近感を持っているように思われる。

「イエーリング、即ちルドルフ・フォン・イエーリングは歴史法学派の鼻祖ザヴィニーとともに独逸、オーストリーの生んだ十九世紀法学界の偉材であって、彼が独逸法学界否全世界の法学界に印した足跡はあまりにも大きく私法学徒にして大にまれ小にまれ彼の影響をうけないと言ふて敢て過言では無いのである。

彼は一八一八年オースタリーはフリースランドのアウリッヒ市に生れた。幼にして父を失ふの不幸に遭ったが、父に倣って法学に志し一八三六年十九才にしてハイデルベルヒ大学に入学、後更に転じてミュンヘン、ゲッチンゲン、ベルリン等の諸大学に学んだ。一八四二年には学位を得、四三年ベルリン大学でローマ法の講師となったが、これが法学者としての彼の学究的生活の第一歩である。後、幾何も無くしてバーゼルの大学に転じ、更に四六年にはロストックに、又四九年にはキール大学へと、席の暖まる暇もなく転々し、五二年ギーセン大学に移るに及んで漸く其処に落ちついたのであった。十五年の久しきに亘るギーセンの生活は彼の学究としての最も精進的な時代であったと言はれ、かの不朽の名著『ローマ法の精神』は実に此の間に於てなったのである。六八年招聘されてウイーン大学に転じオースタリー法学界につくすこととなった。在職僅か四年であったが、その学究活動は長き彼の一生を通じギーセンのそれと同様、最も華やかなものであったと言はれる。七二年彼は又漸く住みなれんとした古都ウイーンを後に漂然としてゲッチンゲンへ去った。今我等が読んでいる権利闘争論は彼が此のウイーンを去るに際して、大学法科生になしたる訣別の大講演記録なのである。ゲッチンゲンに於ては母校大学に講義するとともにその老後を著作者として述作に専念したのだったが、天性放浪的な彼イエーリングも此の静寂な学都ゲッチンゲンだけは最後まではなれなかったのである。一八九二年、七四才を以て溘焉として長き生涯の幕をとず。

彼は政治的には熱烈なビスマーク謳歌者であったが、終生象牙の塔を一歩も踏み出さなかった堂々たる体躯の所有者だった由だが、その性格はきはめて温雅恬淡、風格まことに掬すべきものがあって凡そ彼に接する程のものは自然とその人間的魅力に心引きつけられたとのことである。又講義も流るる如き雄弁のうちに一脈の荘重さを蔵していてまことに聴く者をして自づと襟を正さしむるものありしといふ。

次に学的態度、それはしばしば極端より極端へと躍進変転していて、其の間に一貫したエトワスを把握することは困難である。即ち彼は最初はザヴィニー、プフタ等の大きい影響をうけ、古き独逸歴史法学を唱へていた。然し乍ら一八五二年ギーセンに転じたる後の彼は旧歴史法学の殻を脱して全く新しき意味での歴史法学を提唱するにいたり、かの有名な標語、durch das römische Recht über〔das römisch〕Recht hinaus の示す如く、古きローマ法の持つ普遍的精神或は文化的価値を発見してそれを独逸民族の新しい生活要求に適応せしめんとした。名著ローマ法の精神は実にこの時代に於ける彼の大きい、労作なること前述の如くである。以後三十年余、死に至るまでザヴィニー一派の歴史法学への抗争はイエーリングの自覚する最も大きい学問的使命だったといひ得るのである。法制史家としての彼の態度は、法律制度の単なる表面的変遷を知るを以て満足せず、その背後に躍動する民族の生活要求を発見し、その生活に照応させつゝ、流転する法の真の姿を把握せんとするにあった。即ちかれの歴史解釈の態度はまさに史家と言ふよりは史論家のそれと言ふにあたれりとすべく、前述、durch das römisch Recht über〔das römisch〕Recht hinaus の如き考へも此史観の具体的表はれに外ならぬのである。

彼は又イギリスの功利主義の影響を多分にうけ、個人の利己主義を立論の基礎とした点に於て特色を有する。即ち彼は利益概念をアラユル場合に用ひて法の任務は人類の利益の保護にありとなし、法律上の権利概念は結局法により保護さるゝの生活利益であると説いた。世人イエーリング法学を以て利益法学となす所以は此処に存するのであって、一切の利益に法的保護あるべきことを主張したる点に於て、彼は十九世紀の利潤追究者の法的代弁者とも言ひ得るのである。

次に彼は『法目的論』なる大著を世に問ふことによりて、晩年その権利利益論を基礎づけるため、法に於ける目的論的原理をきはめんと試みた。即ち彼は『目的なければ意欲なく又行為が無い。生活は自己の力に基く生存の主張であり又人間的なる目的の総体である。而して此人間的諸目的を体系づける所に吾人の任務はある』と説き、本来利己的目的、利益目的によって行為する人類の生活の一部としての法は、利益的目体概念により支配さるゝものとなして、目的こそ全法律の創造者なることを高唱したのである。イエーリング法学が又目的法学と称せらる所以のものは此処にある。

以上を以て彼の学風の簡単なるスケッチは終った。彼こそは全く時代の所産とでも言ふべき学者であり、その学的傾向は長き生涯を通じ種々の形に於て現れたのであった。之を要約すれば、彼は一八五二年迄はザヴィニー、プフタの旧歴史法学を奉じたが、後転じて新歴史法学を提唱して旧歴史法学に敢然反旗をひるがへし、最後に当時の一般的傾向だった概念法学、意思主義法学に対する抗争の意味に於いて、権利に於ける利益的要素、法に於ける目的発見にまで進化し来たったのである。その学問的傾向、その思想は時代とともにめまぐるしく変転していったため、時に若干の矛盾撞着をも包蔵していて、種々の非難批評があるけれど、今日の新しい法学に対して、その方向づけに大きい力をあたへた功績は没するべからざるものがあり、此意味に於て彼は現代法学徒の何人に対しても大きい影響をあたへていると言ひ得るのである。

なほ我々有志の今読んでいる権利闘争論は前にも述べた如くウイーンを去るに際しての訣別的講演録なのだが、これは権利利益説の理論的研究と見るべきではなく、寧ろ倫理的実践的目的のために公にされたものであって、権利侵害行為に対して果敢なる闘争をなすことは権利者の権利なると同時に又義務であることが力説されている。即ち法益を内容とする権利は権利者自らの社会的価値、換言すれば名誉をも顕現するものである。権利侵害に対し抗争することは即ち人格の主張であり法律感情の尊重であるとともに、権利闘争は単なる利益問題のみでなく、又重大なる人間節操の問題であるとなしているのである。同著に於ては彼の烈々の論は、シエークスピアのベニスの商人のシャイロックがベニスの法廷に於て一ポンドの人肉を求めて獅子吼することを叙するに至って愈々高潮に達し、筆端まさに火をはくの概を以て利益主張、権利闘争の人格顕現なることをベトーネンしているのである。『汝の権利を他人の足下に蹂躙せしむること勿れ』、権利防衛義務に関する彼の此テーゼを以てペンを擱く」(24)

七月一〇日に、星野通は大鳥居蕃教授との共著『法学独逸語解釈研究』を太陽堂書店から出版した。将来法科大学に進学せんとするもの、また大学法学生、高商生のために著されたもので、三四〇頁の著作である。なお、この書は星野通の著作目録にいれられている。その目次は次の如くである。

「第一章　法学通論
第二章　法律学史
第三章　法制史
第四章　民法
第五章　商法
第六章　国際私法
第七章　憲法
第八章　行政法
第九章　国法
第十章　刑法
第十一章　民事訴訟法
第十二章　刑事訴訟法
第十三章　国際公法
第十四章　労働法
第十五章　法律哲学」(25)

一九三七（昭和一二）年七月一七日、本校創立の慈父・新田長次郎が死去した。享年八〇歳であった。葬儀は二〇日午後三時から大阪四天王寺で営まれ、四〇〇〇名が会葬した。本校からは田中校長、西依教頭、太田明二、温山会から菅原義孝、増岡喜義らが出席した。田中忠夫が弔辞を述べている。星野通は出席していないようである(26)。九月一七日には、松山市、松山商工会議所、味生村、本校、温山会の五団体共同主催の下で、愛媛県青年会館にて、午後四時から故新田長次郎翁の追悼会を開催した。田中校長が徳行の人、学園の師父と称え、追悼文を述べた(27)。

一九三七年三月五日、星野通が編集委員長であった加藤彰廉先生の伝記が加藤彰廉先生記念事業会『加藤彰廉先生』として刊行された。他の編集委員は伊藤秀夫、高橋始、増岡喜義、野中重徳である。四五一頁の伝記である。その目次は次の如くであった。

第十一章　先生と松山高等商業学校
第十二章　終焉の前後
第二編　追想録
加藤俊郎「父を語る」、平沼淑郎「嗚呼加藤彰廉君」、谷本富「加藤彰廉君を憶ふ」、山本顧弥太「忘れ得ざる先生の慈愛」、小島昌太郎「加藤先生の思い出」、村本福松「加藤先生の思い出」、豊田雅孝「加藤先生と東京の七星会」、井上要「思ひ出の数々」、田中忠夫「御訓示を中心として」、佐伯光雄「加藤先生の思い出」、村川澄「加藤先生の思い出」、小野圭次郎「故加藤先生の思い出」、増岡喜義「加藤先生と温山会」
第三編　追想談
加藤正彰、宮城正名、平井重則、大内通、阪谷芳郎、湯浅倉平、新田長次郎、由上万次郎、下河内十二蔵、金井治郎、篠田栗夫、山内正瞭、森次太郎、近藤元晋、菅井久隆、平井さく子
第四編　追憶座談会
有恒倶楽部座談会（東京）、有恒倶楽部座談会（大阪）、北予中学関係者座談会、松山高商職員座談会、温山会松山支部、温山会東京支部、温山会大阪支部
第五編　遺稿」(28)

この書物について、少しコメントしておこう。本書は、加藤彰廉先生の幼少の頃、大阪遊学時代、東京大学時代、官僚時代、山口高等中学校時代、広島尋常中学校長時代、大阪商業学校時代、大阪高等商業学校時代、代議士時代、北予中学校長時代、松山高等商業学校長時代、終焉前後、と多岐にわたる生涯を追想録・追想談も交えながら、生き生きと叙述した好著であるが、現時点では、同書にもいくつかの点で一種の限界、問題点がある。以下列挙しよう。
①まず、東京大学時代の彰廉について。東京大学への編入時期を二年編入としているが、正確には一年の後期への

編入である。また、大学時代の加藤彰廉の経済学の勉学面のことがほとんど述べられていない。

②文部省・大蔵省の官吏時代について。その記述はわずか七行にすぎず、この時期、専修学校（専修大学の前身）で理財学（経済学）を講義したこと、特にジョン・スチュアート・ミルの経済学を教えたことが一切述べられていない。

③山口高等中学時代について。彰廉は大蔵官吏をやめ、明治二一年に山口高等中学校へ赴任するが、その赴任期日が不明であり（正確には九月一七日）、また、二六年に同校で生徒のストライキ事件が発生するが、十分に解明されていない。

④市立大阪商業学校、大阪高等商業学校時代について。彰廉は大阪で教授、校長を二〇年近く務めるが、この時代の彰廉の残した文章の探索がなされておらず、その思想、商業教育論、経済学に関する考え等の考察が不十分である。また、彰廉は、大正四年二月一五日に大阪高等商業学校校長を辞任するが、その辞任理由が具体的に解明されていない。

⑤松山高等商業学校時代について。編者である星野通らの学校であるにもかかわらず、松山高商の設立経緯についての史実確認が十分なされておらず、松山高商の文部省への「設立申請日」（大正一一年一二月二六日）を文部省の「認可日」と誤認していたり（なお、認可日は大正一二年二月二二日）、さらにまた、第一回卒業式（大正一五年三月八日）で加藤校長が校訓「三実」（実用・忠実・真実）を発表したのに、その記述、説明が全く欠落していることである。

一九三七（昭和一二）年三月六日に第一二回卒業式が挙行された。卒業生は一一八名であった。『松山高商新聞』第一二二号（昭和一二年三月六日）に、各教授が卒業生へ送る言葉を載せている。星野通はゲーテの言を引き「『恐しい不幸をひきおこす路には常に粗大な一般概念と大きな自惚とがある』とゲーテが言ふて居る。若くして世に出んとする親愛なる諸君にはなむけとして此言葉を贈る」(29)。その含意は、人生を慎重に堅実に生きよということであろう。

(4) 一九三七(昭和一二)年度

一九三七年度の校務も西依六八が教頭兼庶務課長、大鳥居蕃が教務課長、伊藤秀夫が生徒課長を続け、田中校長を補佐した。星野通は図書課長を続けた。

一九三七年度の入学試験は三月末に行なわれ、定員は一〇〇名、募集人員は約一二〇名で、志願者は一〇四六名となり、初めて一〇〇〇名を超えた(前年は八一九名)。

そして、四月一二日に入学式が挙行され、一三七名が入学した。なお、この入学式の田中校長の式辞も『松山高商新聞』には掲載されていない(30)。

本年度、田中校長は就任後の全国の高商視察から温めていた「日本一の高商」をめざす学校拡張事業計画を策定し、実現に乗り出した。それは次の通りであった。

① 生徒定員の増加。三〇〇名を六〇〇名に倍加する。昭和一三年度に四五〇名に、一六年度に六〇〇名に増やす。
② 校舎の増築。木造建校舎三棟、延べ五九〇坪、費用一一万三〇〇〇円。
③ 校地の拡張。隣接地約一万坪を購入し、二万坪に増やす。費用一五万六〇〇〇円。
④ 校内運動場設備及び造園。費用五万円。
⑤ 講堂改築。木造建講堂二七〇坪。旧講堂は改築して教員の研究室、図書館の拡張に当てる。費用一〇万円。
⑥ 武道場改築。木造建一七〇坪。費用五万円。

⑦　体操館新築。木造建二〇〇坪。費用五万五〇〇〇円。
⑧　食堂改築。木造建一〇〇坪。旧食堂は生徒集会所に使用。費用一万八〇〇〇円。
⑨　寄宿舎増築。第一期計画として一五〇人収容の寄宿舎新設。土地二〇〇〇坪、木造建物六〇〇坪。費用一四万円。

以上の費用合計は六八万二〇〇〇円にのぼった(31)。

なお、稲生晴の「松山高商と田中忠夫先生」（松山商科大学田中忠夫先生編纂委員会『田中忠夫先生』昭和六一年）によれば、田中校長は、学内に「日本一の高商に」という雄図あふれるスローガンを掲げたのは一九三六（昭和一一）年からと述べている（同三五頁）。資料的には未確認であるが、一九三七年度から「日本一の高商」をめざし実行に移したことは間違いないであろう。

また、本年度の教員人事面で特筆すべきことは、田中校長が四月に東京帝大時代の先輩住谷悦治を採用したことである（担当科目は財政学、農業政策、社会政策等）。住谷は一八九五年一二月群馬県生まれ、東京帝大時代に吉野作造の門下生として新人会で活動。卒業後、同志社大学経済学部に務めていたが、マルクス主義の「汚染」ゆえに治安維持法により一九三三（昭和八）年同大学辞任を余儀なくされ、堀豊彦教授（大学時代の友人、台北帝国大教授）が、浪人中の住谷氏を台北帝大に招聘しようとしたが同様の理由で潰れたため、堀が田中忠夫に頼み、採用した。住谷採用は、東大ＹＭＣＡ時代の友情の表れであり、軍国主義化が急速に進んでいる時代にあって、田中校長の自由主義精神・リベラリズムのあらわれとみなすことができよう。そして、この住谷の採用は、本校の教員を刺激し、教育、研究水準を高らしめることになった。

本年度の星野通の担当科目は法律学（法学通論、民法等）とドイツ語であった。また、星野通のクラス担当は三年Ｂ組であった(32)。

また本年度、田中校長は校友会の各部長の大更迭を行ない、星野通は剣道部長から柔道部長に代わった（剣道部は古川洋三に）(33)。

四月二五日、加藤彰廉先生記念事業のうち、加藤会館の落成式を挙行した。加藤会館は校地の西部、プールの西隣に南面して建てられた。総建坪二〇〇余坪、鉄筋コンクリート製の建物、一階は食堂、炊事場、浴室、洋小間二室、日本間二室、二階に大小二つのホール、日本間二つ、控室一つ、その他があった。設計は木子七郎（新田長次郎の娘婿）である。なお、学校玄関横、校長室前にある加藤彰廉先生の銅像が追って加藤会館前に移転される予定である(34)。

ところで、田中忠夫校長時代は、日本の中国大陸への侵略拡大、軍国主義化が急激に進展していく時代である。一九三七（昭和一二）年七月、盧溝橋事件が勃発し、八月には第二次上海事件が発生し、日中戦争が全面化していく。その影が本校にも及んできた。八月、教授の古川洋三、柔道師範の赤川寿太郎、教練教師の菅野定市の三名が召集された。そのために、学校は、一〇月一六日、皇軍の武運長久祈願し、職員生徒一同県社阿沼美神社に参拝した(35)。だが、菅野定市は後に戦死する。

そんな情勢の中、星野通は『松山高商新聞』第一二八号（昭和一二年一〇月二五日）に「二つの喜び『性法略』を発見して」を投稿している。二つの喜びとは、加藤彰廉先生の文庫の中に神田孝平の『性法略』を発見したことと、それにより加藤先生が勝山学校に入学していたことが証明でき得たことである。資料の発見は学者冥利につきるもので、星野通の心からの喜び、嬉しさが窺われる文章である。なお、性法略とは自然法のことである。以下、この一文を紹介しよう。

「筆者は過日ふとした機会に於て、学校図書館内加藤文庫の中で、明治四年神田孝平著、性法略なる一古本を発見した。意外にも、同書こそは我等数名のものが、曾て故加藤先生伝記編纂中に逢着し、今以て未解決のまゝになっている問題を一挙に解決してくれた貴重なる伝記編纂資料たりしと共に又貧弱なる我が図書館に一色彩を加へる実に珍重すべき歴史的稀覯書だったのである。曾ての故加藤校長伝編纂者の一人であり又現にライブリアンの席をけがす筆者は本紙の紙面を貰って故加藤校長伝編纂にまつわる一つの挿話を諸君に紹介すると共に、この珍書の由来内容を素描して諸君にこの二つの大きい喜びを共にして頂きたいと思ふのである。

加藤先生は慶応二年江戸から松山に帰り、明治七年従兄平井重氏と共に笈を負ふて大阪に学んだ。その間明治四年に政府は文部省を設置し、所謂邑に不学の戸なく、又家に不学の人なからしむるの意味で、全編百数十個条よりなる学制を発布し、全国に五万有余の小学校を設立せんと企てたのであったが、我が松山にもこの学制に従って勝山学校始め数個の小学校が設置された。

我等が聖校長が明治七年迄この勝山学校に学ばれた事は、当時の四囲の事情で容易に推断し得る所であり、現に村井知至氏を始め当時の事情に詳しき古老達によって、それは裏書きされたのであったが、意外にも今日に現存している勝山学校に関する記録（尤も、此の記録はずっと後年になって編纂されたもので、十分の信用を置き得ない箇所も相当あるが）の中には、先生の名前が出て居らず、殊に英子未亡人或は大内通氏の如き近親の方達も先生勝山学校在学の事実を否定されるので、編纂者同人はその何れに信を置きて筆路を進むべきか随分困惑したのであった。

結局、当時の事情、数多くのデーター等を参考に、最も合理的な判断に従って、勇敢にも我々は先生が勝山学校課外席に学ばれたと云ふ推断をしたのであったが、はからずもこの性法略の発見によって、我々の大胆な断定が違っていなかった事が立派に実証されたのである。即ち、この性法略こそは先生若かりし日勝山学校課外席に於て使用された教科書だったので、古色蒼然たる先生蔵書中よりこれが現れて来たのである。

薄黒く色褪せている同書の巻頭第一頁に勝山学校課外席生之印と云ふ朱印がおされているのを見出した時の筆者の喜びは如何ばかり大きかった事か。筆者は我等の大胆なる推論が、決して違っていなかった事を立派に裏書してくれる本書に対し、編纂者同人と共に先ず心からなる喜びを以て、謝意を表したいのである。

次に、この性法略は我国最初の西洋法学書、自然法学に関する貴重なる文献であって、西洋法学殊に自然法学を理論的体系のもとに、我国に移植した濫觴と称すべきものなのである。

岩田新博士の如く、日本法学史は明治十二年の仏人ボアソナードの来朝を以て始まりとする人もないではないが、我国に於てとにかく始めて一貫した理論的体系のもとに、法の本質を論じ私法・公法・国法・国際法等の説明をしたのは、西周の万国公法、津田真道の泰西国法論、及びこの神田孝平の法性略の三著書であって、此等こそは日本西洋法学最初の古典として長く記念さるべき歴史的文献である。即ち、我国に於ける自然法学は、津田、西両氏に依って輸入されたものであり、明治の中葉に至る我国法学界に於て全く支配的勢力を占めていたのであったが、右三著はこの自然法学に関する最初の代表的文献と称すべきものである。是等の内万国公法と泰西国法論とは、明治二年に出版され、この性法略は稍おくれて明治四年に公刊されたものであるが、殊に自然法の何たるかを最も理論的学問的に解説したのは性法略であり、従って厳密な意味に於ては性法略こそ実に自然法学に関する学問的体系を備へた我国最初の古典的文献也と称すべきであらう。

この性法略は西周、津田真道両氏が和蘭のライデンの大学で自然法学者フィッセリング（Vissering）の講筵に列して筆録した自然法講義を神田氏が訳出し明治四年東京紀伊国屋源兵衛の手により出版されたものである。之より先、文久二年に西周、津田真道両人は和蘭の帆船カリブス号で長崎を出帆し難航苦航を続けつゝマダカスカル島を通り希望峰を周り、遥かにセント・ヘレナを望見しつゝ西航し、文久三年四月和蘭着、ライデン大学に入学して同大学教授フィッセリング氏の自然法論即ち性法論を聴講したのである。フィッセリング教授については語るべき多くの知識を持たないが、法学を神学より解放し人性に基礎を置く自然法論を祖述したフウゴー、グロチウスの流をくむ学者たりし事はその所論よりして察するに難くない。

約一ケ年半の留学、学成った両人は更に仏蘭西に遊び、マルセーユを出発して、慶応二年末、無事故国に帰って来た。帰朝後万国公法と性法略とを西周が、又津田真道が泰西国法論を幕命によって釈出したのであった。偶々性法略は西周がその原稿を亡失して了ったので、更に明治三年判官神田孝平が之を再訳して同四年に出版したのである。加藤文庫中に筆者が発見したのは実に此の性法略に外ならない。

巻頭には西周の撰した漢文体の序文と津田真道の書いた、擬古文体の面白い序が載っているが、訳者神田氏自身緒言中には（国際法は性法の万国間に行はるゝもの。国法は性法の官民の行はるゝものなり。依是観之諸種の律法その趣相異なりと雖もその渕源を究むれば未だ曾て性法より出でずんば非ざるなり）等と云ふ文があって、法は人生に基礎を置く自然法の発現であると云ふグロチウス的自然法論がうかゞはれて真に興味津々たるものがある。全編十五編百二十九条、法学の標的は性法なりとの考への下に性法の具体的説明が簡明に試みられている。

第一編は総論、第二編は（原有の権を論ず）として天賦人権の存在を説き、第三編は原有論の一種なる生来の権、即ち生命権を論じ、第四編に於ては言論行動に関する自由権を、第五編用物の権、第六編得有の権、第七編物件上の権、第八編私有の権に於ては占有権、所有権の観念を明らかにしている。又第九編に於ては所有権その他物権の消滅放棄移転等を（私有権並に其の余物件上の権の消尽放擲、伝授）なる珍しい名称のもとに論じており、第十編に於て物件に関する使用貸借、賃貸借を論じ、第十一、第十二の両編に於ては（人身の権）なる名称のもとに親子に関する親族法上の権利を論じている。第十三編においては自由その他に対する不法侵害への防衛及び損害賠償の問題を取扱い、第十四編及び第十五編に於ては契約の成立、消滅、或は時効等が論じられている。

特に時効の如きは歳月得喪と云う珍しい文字が使用されている。その用語こそ今日の法律語とは大分異なっていて了解し難きもの随所に散見するが、全編百二十九条、簡明なる理論的体系を備えた整然たる自然法学へのアインライツングを構成している。発刊の時より年を閲する事大凡六十有余年、今は入手せんとして殆ど不可能に近きこの珍書がゆくりなくも手近の我図書館内に於て見出された事に対し、先に述べたる喜びと異なる意味に於ての嬉しさを筆者は心の底より感ずるのである」(36)

そして、この『性法略』の発見は、星野通が後、自己の生涯の研究テーマを日本の民法典編纂史に向かわせしめる契機になったものと思う。

日本軍は上海から南京に進撃し、南京を占領した。一九三七（昭和一二）年一二月一一日、本校では南京陥落を祝し、午前で授業を中止し、全校教職員、学生が加藤会館前に集合し祝賀式を行ない、終わって提灯行列に参加するなどした。『松山高商新聞』の編集子も南京陥落に高揚している(37)。

この華々しい中国戦線での「戦果」とは裏腹に、本校卒業生の二人がこの上海~南京戦の中で戦死している。本校最初の犠牲者は第八回卒業の福田球磨夫と第七回卒業の神原利弘である。福田は一九三三（昭和八）年三月に卒業し、神戸商大に進学し、一九三六（昭和一一）年三月卒業し、三菱重工に就職したが、一九三七年九月召集され、一〇月三日上海戦線にて戦死した。神原も同じく上海戦線で南京目指し進撃中、無錫で戦死した(38)。

さて、日中全面戦争が進展する時期、田中校長は年来の学校拡張計画の実行に取り組んだ。一九三七年一二月二七日に文部省（木戸幸一文相）に対し、「松山高等商業学校規則中改正並生徒定員変更ノ申請」書を出した(39)。改正の要点は第三条の改正で、生徒定員本科現在三〇〇名を四五〇名に増員すること、ならびに第二三条の改正で授業料を九〇円から一〇〇円に値上げすることであった。定員改正の理由は、近年志願者数が増大し、入学者に対し、三倍から一〇倍になっていること、また、就職も良好であることをあげた。授業料値上げは校舎の増築や教職員の待遇改善のためであった。そして、翌一九三八（昭和一三）年二月一六日文部省により認可された。

星野通は『松山高商新聞』第一三〇号（昭和一三年一月一日）に「ナチス法学及びギールケにおける団体理論」なる文章を掲載している。それは次の如くで、ナチスによってギールケの団体理論がもてはやされようとしているが、ギールケの団体論とナチスの全体主義とは相異なることを論じたものであった。

「長い間絶版になっていて容易に入手出来なかった名著ギールケの独逸私法論第一巻がギールケ復興の声とともに最近独逸において再刊され、学校のライブラリーでも一巻を買ひ求めた。この数年間画期的な社会的変革に直面した独逸においては、ゲルマン団体法の理論的構成を終生の業としたゲルマニスト、ギールケが、ナチス法学者によって盛んに再検討され、今や学界一部にはギールケ復興の声さへ聞くやうになって来たのであるが、これは現下ドイツのナチスイデオロギーがローマ法的個人主義自由主義への盲目的支配を脱して、古代ゲルマンの団体主義へ復帰せんとする点においてギールケと軌を同じくするものであるがためだと云はれる。だが、ナチス法学におけるギールケ復興については、ドイツ学界においても異論があるのであって、両者の団体論はその根本観念必ずしも相同じきものでありとは云ひ得ないのである。

ナチスイデオロギーは勿論復古的民族主義であり、国際主義及び個人主義に対する民族主義の重要性を高唱して民族的自覚によるゲルマン民族共同団体 Volksgemeinschaft の実現の必要性を唱へる。このナチス法学に於ける Volksgemeinschaft たる国家社会は利益目的のために結合された Gesellschaft とは異り、ゲルマン民族の『血と土地』Blut und Boden の上に渾然統一結合された大家族的な共同団体であり、かかる共同団体は常に個人の利益を全く超越し、各個人の愛と尊敬と私心なき全体への奉仕の精神によりてのみ実現発展さるべきものなりとする。従って個人の生活は常に全体の生活のための生活であるべきであり、個人は如何なる場合にも国家社会の生存発展のためには自己を空しくし自己を犠牲にして奉仕せねばならない。即ち国家社会生活における滅私奉公こそナチス的団体主義の根本的精神である。

然るにギールケにおける団体理論は、かかる個人主義克服排撃ではなくて、むしろナチス的団体理論と個人主義とを調和或は揚棄するものであると云ひ得るのである。ベルリンの大学でベーゼラー教授にゲルマン固有法の講義を聞いたギールケは、熱烈な愛国主義者であり、またあまりにも有名なゲルマニストであって、その五十年に及ぶ学究生活は一貫して独逸団体法の歴史及び理論の研究に捧げられたのであった。彼はプロシャによる独逸民族統一の偉業が完成され、ドイツローマン主義華やかなりし頃（一八六八年）、弱冠二七歳をもってその処女作ドイツ団体法第一巻を著はし、古代遊牧時代のゲルマンの血族団体共産村落の発生成立より民族国家成立にいたる過程を詳しく論じたが、更に一八七三年ドイツ団体法第二巻を著はして法の観念団体の観念を明らかにし、ゲルマン法とローマ法との本質的差異を明らかにしたのであった。

この団体法論第一巻第二巻中に展開された団体理論こそは後年の彼の法学上の全労作を一貫する方法論的基礎概念だったのであるが、その団体理論は全く二元的な世界観、人生観より出発しているのである。彼によれば人間の生存生活は一部はそのもののためであるが、一部は各個人を結合して存在する有機的全体のための生存生活でもある。我々の生活は常に自分自身のみの生活だけではなく、また社会全体の利益のためのみの単なる手段方法でもない。個人と全体とは常に自己のためと同時に他のためにも存在するものであって、この意味において個人と全体とは相互的に不即不離的な聯関関係に立っている。個人は個人として固有の価値と目的をもって生存する。然しながらこの独立的な固有価値、固有目的を有する個人は、同時にその多数が有機的組織的に結合統一されて単一なる全体を構成する。かかる組織的単一的全体はそれ自身独立固有の価値と人格を有する一個の道徳的精神的全体として生存しつつ、また同時にその全体を構成する多数個人の目的のためにその手段として存在する。従って団体の構成に於てその単一性を認めるが故に、それを構成する多数個人の独立性を否認することなく、また全体の構成分子たる個人の独立性をみとめるがゆえに、団体の独立的単一性を否認しないのである。

哲学者でなくて歴史法学者だった彼は歴史的発展の世界、殊にゲルマン民族の発展の歴史中に曾て実在し、また現に存在しつつある現実的な諸団体をば克明に検討することによりてかかる団体の観念を実証的に把握したのであって、しかもこの現実的な団体理論の根本観念は個人主義と所謂ナチス的団体主義とを揚棄するジンテーゼだったのである。

以上のべ来ったところは両団体主義の相異なる所以をほゞ了解せしむるに足るであらう。そのいづれの理論をもって法学政治学は社会科学の指導概念となすべきかは、学徒に課せられた大きい課題であらねばならない。（一二年一二月二〇日）」(40)

南京陥落に沸くこの時に星野通がこの一文を草したその含意を推測するに、星野はナチス全体主義に対し批判的考えを抱き、表明しているとみるのは行き過ぎであろうか？

一九三七（昭和一二）年の年末から一九三八年の正月にかけて、星野通は家族と東京ですごした。そして、一月六、七日の両日、家族、近親者と共に上諏訪温泉に旅行し、冬の信濃路を満喫している(41)。

一九三八（昭和一三）年一月一六日、近衛文麿内閣は「国民政府を対手とせず」との声明を発表し、和平交渉でなく、武力で国民党政権を倒すことを鮮明にした。以降、日中戦争が泥沼化していくことになった。

二月一一日、憲法発布五〇周年記念日に際し、田中校長は次のような勇ましい訓辞を学生に行なった。その大要は次の如くであった。

「外に皇軍の華々しき活躍があり、内には国民精神総動員の美はしき実が結ばんとしつゝある此時に当り、万古不滅の帝国憲法御発布五十周年記念日を、建国祭のこの佳き日に迎へることはわが光輝ある帝国臣民の一人として誠に慶祝に堪へないところである。……我々はこの記念すべき憲法発布五十年の記念日に当り、改めてこの有難き大典御発布の大御心を拝し奉り、感謝感激を新にしてわが憲法政治の健全なる発達に尽力し、もって陛下の御期待に副ひ奉るべきである」(42)

三月五日、日中全面戦争下、第一三回卒業式が、知事、井上要理事等来賓の出席の下に挙行され、一二五名が卒業した（後、追試で一二六名）。田中校長は式辞で、非常時局、三実主義による経済報国、自由主義と社会主義の排除、国家生活、伝統重視、国体の精華などを述べ、卒業生に知識階級人として使命を自覚せよと叱咤激励した(43)。

三月、中国語の野中重徳（一九三三年四月赴任、支那語、漢文担当）が陸軍当局の要請により、北支において陸軍通訳官として勤務することになり、退職した。五年間の勤務であったが、『加藤彰廉先生』の編集を星野通と共に行なった方であった。そして、その後任として、田中校長は四月に浜一衛（大阪出身、京都帝大卒、副手を務めた後、二年間北京に留学。支那語、漢文担当）を採用している(44)。

(5) 一九三八(昭和一三)年度

一九三八年度の校務も西依六八が教頭兼庶務課長、大鳥居蕃が教務課長、伊藤秀夫が生徒課長を続け、田中校長を補佐した。星野通は図書課長を続けた。

一九三八年度の入学試験が三月末に本校、大阪（大阪商科大学）、福岡（九州帝大）の三会場で行なわれ、定員は本年度から一学年一〇〇名から一五〇名に増大したこともあり、志願者は一二〇五名にのぼり、前年（一〇四六名）を大幅に上回った。星野通は賀川英夫、住谷悦治とともに大阪試験場に出張した(45)。

四月一二日に一九三八年度の入学式を行ない、一八〇名（中学卒業一三一名、商業学校卒業四九名）が入学した。のち、補欠があり、一八三人（前年一三七名）が入り、定員をかなりオーバーして入学させた(46)。なお、田中校長の式辞は『松山高商新聞』には掲載されていない。

本年度の星野通の担当科目は前年と同様、法律学（法学通論、民法等）とドイツ語であった。クラス担当は三年B組であった(47)。

一九三八年は創立一五周年にあたるので、創立一五周年の記念論文集を出すことになり、星野の外、大鳥居、増岡、賀川、住谷が委員となった(48)。

四月二九日、天長節の日に田中校長が訓辞を行なった。その大要は日中戦争の戦果を讃え、「八紘一宇の精神をもて、東洋理想の建設へ」という勇ましいものであり、今後支那を指導して楽土を建設すべき指導原理を確立しなければならず、その使命は知識階級にあるというものであった(49)。

星野通は『松山高商新聞』第一三五号（昭和一三年五月二五日）に「愛国的法学者　アントン・ティボー」を載せている。アントン・フリードリヒ・ユストウス・ティボー（Thibaut, Anton Friedrich Justus　一七七二〜一八四〇、ハイデルベルグ大学教授）は一九世紀のドイツの法律学者で、ドイツにおける一般民法の制定を論じた愛国的法学者であった。それは次の如くであった。

「十九世紀初頭ドイツ民族はナポレオンの馬蹄にその国土を蹂躙され、独立をさへ失はんとしたが、ライプチッヒに戦勝して辛くもフランスの羈絆を脱する事を得た。当時ドイツは民族統一、国力回復によって外侮を防がんとする愛国運動が全国土に澎湃として起きて居たが、此愛国運動を背景にかの有名なティボー、ザヴィニーの歴史的法典争議は行はれたのである。自然法論者だったハイデルベルグ大学教授アントン・ティボーは一八一四年『ドイツ国一般民法の必要について』と言ふ一論文を公にして自然法学的立場よりして統一ドイツ民法典編纂の可能性を説き、統一民法典編纂に依り新社会秩序を建設し、民族の統一を期する事がドイツ現下の急務であると叫んだが、歴史法学者ザヴィニー（当時ベルリン大学教授）は『立法及び法律学に対する現時の職分』を発表してティボーの所論に対し真向より反駁を加へた。即ち彼に依れば法は言語芸術などと同様に民族精神の発露であって、民族と共に生長し完成して行くものであるから、法典は自然法学的な合理主義的非現実的法律観に基いて一立法者の手により制定さるべき性質のものでは無い。

ドイツ刻下の急務は寧ろ法律学を勃興せしめてドイツ古来の法制の跡を探るとともによく全民族の法的確信を統一し以て先ず統一法典編纂の可能性を醸成せしむる点にあらねばならぬ。

蓋し法典は民族の法的確信として歴史的に発達し来ったものを科学的に系統づけ組織化したものにすぎないか

らであると主張したのであった。此法典編纂論争は当時の独逸法学界に未曾有のセンセイションをひき起こしたが、結局ティボー一敗地にまみれ去り、統一民法典編纂は遂に実現を見るに到らなかった。然し彼の熱烈なる愛国的議論は深く人々を動かし、其後半世紀、遂に民族統一なってドイツ帝国建設となるに及んで独逸民法典のみならず他の多くの統一法典も編纂され、ドイツ民族の理想たりし『一民族、一国家、一法律』は実現したのであった。

筆者は最近ドクトル、ステルン氏の『ティボーとザヴィニー』なる一書を読み、両碩学の烈々火の如き愛国心と鋭い学問的良心に今更ながら感激と尊敬を深くして居るのであるが、同書のアインライツング『ティボー及びザヴィニーの学的論争と其発展』の中に於てはからずもティボーが『ドイツ国一般民法の必要について』を書くに到った動機についての面白い一エピソードを読んだ。

情熱的的法学者ティボーの人となりの偲ばるゝまゝに茲に訳出して諸君に紹介する事とする。

『一八一四年パリーに向って進軍する数多くのドイツ兵士達を喜ばしき希望を以て我家に宿泊せしめた時、私の心は異常に感激した。其当時祖国の多くの友人達は私とともに我国法律状態の根本的改善の可能性に関する考へを抱きつつ活動して居たのであった。其処で僅々二週間で以て私は私の全情熱を傾けて独逸国一般民法の必要に関する一小論文をものしたのである。其論文中に於て私は次の事を述べんと企画したのである。即ち我が実定法殊にユスティニアヌス的法律が実質的にも又形式的にも現代国民に適当で無い事と、而して独逸人に取っては最も教養高き法学者達の力を利用する事に依って制定された全ドイツ国に対する民法典程有益なものは無いと言ふ事、而して其統一民法に於てはドイツ各邦の地方色が要求するもの、即ち種々の特色が包摂されて居らればならない事、大体以上の事を述べんと企画したのである』

ティボーが之を書いたのは一八一四年六月十九日であって、実にライプチッヒの諸国民戦争後八箇月目、又連合軍のパリ進軍後僅か三箇月も経て居ない時であった。

耳朶を打ったあのパリーに進軍する怒濤の如きドイツ軍隊の馬蹄の響きを想起し乍ら此歴史的モノグラフィを書いた時の彼の心境はどの様であったらふか？　彼の抱く自然法論に対する批判は暫く措くとして、祖国存亡の和、よく民族精神を昂揚し、割拠するドイツ民族を法律統一によって統一せんとしたそのひたむきな愛国的情熱及び学問的信念の強さに対しては、筆者は非常時下、日本の一学徒として心からなる尊敬の念を禁じ得ないのである。（五月一五日）」(50)

このティボーに関する一文は、星野通が後「日独法典論争の顚末」の研究をすすめる契機となったと言えよう。

六月二五日にはさきに亡くなった新田長次郎（一九三六年七月一七日死去）の温山蔵髪碑の竣工式を遺族の新田宗一氏（長次郎の次男、新田帯革会社社長）臨席の下に執り行なった。蔵髪碑は本校を望む松田池湖畔に建設された。その碑文は田中校長が書いた(51)。

九月二九日には定員増加に伴い教室狭隘のため、木造二階建ての新校舎・二号館（一階は商品室及び合併教室、二階は合併教室二室）の建設を木子七郎（新田長次郎の娘婿）の設計で工事に着工した。場所は本館の南西部であった(52)。

星野通は『松山高商新聞』第一三八号（昭和一三年一〇月六日）に「明治一一年民法草案」という一文を草した。「明治一一年民法草案」を発見した時の喜びを述べたものであった。

「昨秋図書館が買集めた古書を近頃整理して居た処珍しい古本を一冊発見、入手容易ならざるものと見極めたから一寸皆さんにも御報告、一緒に喜んで頂くこととする。明治十一年に完成した箕作麟祥博士等編纂にかかる日本民法草案の一部だ。

明治政府は開国の国是に従て大いに西洋の文化を移入し諸般の大改革を行はんとしたが、其一事業として民法編纂を企画した。即ち明治三年太政官に制度取調局が設置され、江藤新平がその長官となって民法制定を企てたのであって、彼は箕作博士をしてコードシヴィールを訳出せしめ、之を以て直に日本民法となさんとした。江藤の此暴挙は幸い、彼が征韓論で下野したため中絶したが、六年大木喬任司法卿となるや再び民法典編纂が企画され、箕作等再度の委員となって同十一年民法典草案は完成したのである。此民法典草案は明治初期の我が幼稚な法律思想の所産であって、形式、内容とも不完全をきわめ且著しくフランス民法の翻訳臭味があったため、遂に施行を見るに到らなかったと言はれて居る。

然し果して此草案が如何なる内容のものなりしやは学界には余りよくは知られて居ない様であって、現に穂積陳重博士の『法窓夜話』の中に於ても同博士は此草案を御存じ無かった事を明記して居られるし又日本民法史の権威岩田新博士著『日本民法史』を見るも只『十一年に民法草案完成したと伝へられて居る』とあるのみであって、註として『此草案は東京帝大図書館にその第三編が所蔵されて居たが大正十二年の震災で烏有に帰した』と書いてあるに過ぎない。勿論両博士が此草案を御覧にならないと言ふことは直ちに該草案が他に存在していないことを意味するなんて大ソレた事を言ふのでは無いが、各大学図書館を既に充分渉猟された筈の此両大家に於てさへ未見のものであったとする以上、吾人一般の常識を以てすれば此草案の発見は学徒としては容易に入手出来ない奇書を得た喜びだと言ひ得るのではあるまいか。

内容は民法草案中の第三編『財産所有権を得る方法』の総則六二六～六三二、第三巻契約九三九～一一六二、第四巻契約無くして生ずる義務一一六三～一一七九、までであって完結した草案全部ではない。東大に保存されて居たのは草案第三編二冊『財産所有権を得る方法』とあるから、筆者発見にかゝるものは恐らくその一部だらふ。『はしがき』として『此に上する民法草案第三編中第一巻第二巻を闕ぎ其間通計三〇六を掲列せざるものはその第一巻、第二巻は財産相続及び贈遺（註、遺贈に非ず）の法則にかゝり其現下竣稿に属する各条の更に冊改訂正すべきもの多きによる。閣下乞ふ其意を允するを。明治十一年一月、民法編纂委員司法権大書記官牟田口通照、同司法大書記官箕作麟祥、大木司法卿閣下』なるものが巻頭にのって居る。

その内容が如何なるものなるかは勿論向後の研究にまたねば判らないが、此草案の発見自体のみでもそれは筆者に僅少ならざる喜をあたへてくれた。筆者は日頃、日本民法史に若干の興味を持て居るものであるが、十一年完成の該案が箕作氏以外何人によって編纂されたかに関しては元来乏しき此方面の文献を以てしては知る由が無かった。

幸本書の発見によって穂積、岩田両博士も教へてくれ無かった、否まことに失敬な言分だが、或は御存じ無かったかも知れない。草案編纂委員の一人牟田口通照氏の名を知り得て筆者の喜は全く諸君の想像に絶するものがあるのである。我らのライブラリー、本書発見によって一層光輝を増す。学校の喜は同時に諸君の喜びだ。大いに喜んで下さい。(一〇月六日)」(53)

星野通が本校蒐集の図書の中から「明治一一年の民法草案」の一部を発見し、その編纂委員として箕作麟祥のほかに牟田口通照の名を知り得て無上の喜びを感じていることがわかる。そして、この「草案」の発見は先の「性法略」の発見とともに、星野が生涯の研究テーマを明治民法編纂史に絞り込んでいく決定的契機となった重要な出来事であった。

さらに、星野通は『東京帝大新聞』にも「明治十一年民法草案の発見—編纂委員の一人は牟田口通照」を投稿している。その内容は次の如くである。

「筆者は四国松山の一専門学校に教鞭をとる者であるが、過日偶然の機会から市内の一古書店に於て『明治十一年民法草案』なるものの一部を発見した。或は入手容易ならざる貴重な立法史料と思惟さるるので本紙面を借りて紹介する事にした次第である。

明治六年太政官の制度取調局長官江藤新平が征韓論に破れ下野した後新に司法卿となった大木喬任が民法典編纂を企画し九年六月箕作麟祥博士等をして草案の起草に着手せしめ十一年四月に稿なったことは周知の事実である。しかし本草案が果して如何なる内容のものなりしかに関しては筆者の知れる限りでは学界に余りよく知られていない様である。即ち十一年草案については明治三十二年公刊の清浦奎吾氏『明治法制史』には

『十一年四月草案を脱稿す。該草案は第一編人事、第二編財産及び財産所有権の種類、第三編財産所有権を得る方法となせり。其の編別の体裁を初め其内容又仏国民法を模倣したるものにして一言以て之を評すれば仏国法典の翻訳と逕庭なしと言うも又誣言に非るなり』

と記してあるが、故穂積陳重博士の法窓夜話には

『明治八年民法編纂委員を命じて民法を編纂せしめ十一年四月には其草案を脱稿したが、之は殆んどフランス民法の敷写の様なものであったと言う事である』

と書いてあるのみであり又日本民法史に対する唯一の纏まった著書とも言うべき岩田新博士の『日本民法史』昭和三年版にも

『九年六月民法の起草に着手して十一年四月に草案は成了したと伝えられている』

とあるのみで、只註として

『明治十年及び十一年起草民法草案と称せられるもの之である。東京帝国大学図書館にはその第三編財産所得権を得る方法と関する洋装の刊本二冊が所蔵されて居たが、大正十二年の大震災で烏有に帰した』

と書いてあるに過ぎない。

清浦伯は明治九年九等出仕として既に司法省に奉職して居られたから編纂当時の事情法典草案の内容等に関してはよく御存じであったらしく『明治法制史』の中に於ては草案に対し簡単ではあるが明確なる批判が試みられて居る。然るに穂積、岩田両博士はその著書を通じて見た所では該草案の内容は恐らく御存じなかった様子であ

り、而も岩田博士に依れば該草案の第三編のみが東大図書館に所蔵されて居たが、其も既に焼失してしまったとの事である。果して然りとするならば筆者発見にかかる草案は資料比較の乏しき明治初期の立法史に僅少ならざる寄与をもたらす貴重な文献なりと言得るのでは無かろうか？

勿論司法省も厳として存在して居る。東大図書館に該草案が現存していないと言う事は直ちに以て十一年草案が他の何処にも存在せざる事を意味するなどと言うのでは無いが、各大学其の他の図書館のことを充分御存じの筈の両大家に於てさえ未見のものであったとするならば、学徒一般の常識を以てすれば、筆者が今日発見した十一年草案の一部なるものは入手極めて困難なる法制史上の貴重文献と思惟して大した不都合は無さ相である。

和洋紙綴で筆写は無く活字を使用した粗末な刊本で原所有者の名は判明しないが、明治十一年なる日附が墨汁を以て記入されている。

表紙には日本民法草案とあり、扉第一頁には編纂委員箕作麟祥、牟田口通照二人の序文様のものが掲載されてあり、第二頁には民法草案の目録が出て居るが、全頁数は七十四頁、内容は草案第三編『財産所有権を得る方法』の総則六二六条より六三三条まで、第三巻契約九三九条より一一六二条まで、第四巻契約無くして生ずる義務一一六三より一一七九条迄あって、各巻毎に起草年月と竣稿月日が附記されて居る。草案第三編中第一巻及び第二巻通計三〇六条が欠除し只第三巻第四巻と総則のみが掲載されて居るのであるが、東大に所蔵されていたのは第三編『財産所有権を得る方法』の刊本二冊となって居るから、第一巻と第二巻が合して一本となり、筆者発見の一本と共に保存されて居たのであろう。第三編中第一巻第二巻が何故欠除かは草案の巻頭にある編集者二人が司法卿大木喬任にあてた序文様のものを見れば直に判然するのであって、其内容は次にかかぐるが如きものである。

『此に上する民法草案第三編中第一巻第二巻を闕き通計三〇六条を掲列せざるものは其第一巻第二巻は財産相続及び贈遺の細則にかかり其現下竣稿に関する各条の更に冊改訂正す可きもの多きに因る。

閣下請其意を允するを。明治十一年一月

民法編纂委員

司法権大書記官　牟田口通照

民法編集委員

司法大書記官　箕作麟祥

大木司法卿　閣下』

此の草案の内容が如何なるものかは勿論向後の研究に俟たねば判らないが、草案の発見其自体のみでそれは筆者には僅少ならざる喜びをあたえてくれた。筆者は日頃日本民法史に若干の興味を持って居るものであるが、筆者の渉猟し得る狭い範囲の文献では箕作博士以外の何人が此編纂に従事して居たかに関しては全く知る由が無かった。然るに幸、本草案の発見によって穂積、岩田両博士或は他の如何なる人も教えてくれなかった編集委員の一人牟田口通照氏の名を知り得て筆者の喜び言語に絶するものがある。本草案の発見が或は法学界に幾分なりとも寄与するところあらんかと思われる儘に敢えてここに禿筆を弄して御披露する次第である。（昭和十三年十月三十一日）」(54)

星野通が箕作・牟田口の「明治一一年の民法草案」を発見し、研究上の無上の喜びを感じて居る中、日中戦争は全面戦争・泥沼化し、本校卒業生の戦死が続いた。九月七日に第一一回卒業の大西淑が漢口作戦中、中支瑞昌で戦死し、一〇月二二日には第五回卒業の広瀬守三が南支作戦の攻略中に、一〇月二五日には第六回卒業の森脇高智夫も同作戦の中で戦死した(55)。

さらに不幸は続いた。一一月二八日に、菅原義孝教授（一九三四年四月赴任。論理、心理、哲学、近世史、ドイツ語担当）が一〇月下旬から腸チフスで発病し、入院中であったが死去した。三三歳の若さであった(56)。

星野通は菅原教授を偲んで次の様な追悼文を草している。

「同僚菅原君まだ春秋に富む身で忽然として世を去ってしまった。その清純な風格、広く深い学識教養は同僚諸氏の敬愛を一身に集め、まれに見る優れた学究であったのに、其早逝はまことに惜しんでもあまりがある。

小生との交際は大正十四年来で既に拾数年の長きに及んで居るが、最近三年間許りは同じ独逸語科の教師として特に親しく御つき合いをし、啓発される処も又日頃極めて多かった。畑の違ふ関係上、氏が専門の史学、哲学に如何許り優れた素質と深い教養を持って居られたかは小生にはよくは判らなかったが、広く読書し、深く思索し、鋭く観察、批判する人だった。氏などこそ本当の意味の優れた学究、聡明な文化人だったと自分は思ふ。語学の才能もすばらしかった。英独仏の近代語は勿論、ラテンギリシャの古代語までよくしたが、殊にギリシャ語は氏の最も得意とする処であって、プラトー、アリストートルなどの古典は原典のまま読破して居たと言はれて居る。独逸書はよく一緒に読んだがジンの鋭さは又格別で凡庸の自分など到底及ばない処であった。今少し生きて居たならば必ずや大きい学問的業蹟を残して居たであらふに。本当に得難い人を殺したものである。ゲーテに似た秀でた額、ちぢれた漆黒の頭髪、あの学究的な風貌も今はただ甲斐ない思出の種とのみなってしまったのも悲しい。(一二月一〇日)」(57)

一二月六日には、田中校長が押し進めている学園拡張計画の新購入土地三九五四坪の埋め立て工事が完成した。

一二月一五日には松山高等商業学校商経研究会(代表者増岡喜義)から『松山高商論集』の創刊・第一号(創立一五周年記念号)が刊行された。それまで、松山高商は学術的な定期刊行物を有しなかったが、はじめて刊行することになった記念すべき創刊号である。田中忠夫校長は巻頭の「本論集の立場」のなかで、研究的定期刊行物を持たなかったのは怠慢で、自責の念に堪えないと反省し、方針として我が国情に即した経済学、従来の輸入学問だけでなく、日本人の手による新日本経済学の建設、時あたかも日・満・支経済ブロックの建設という光輝ある課題が我が国民に与えられているとき、その理論的建設が求められているなどと抱負を述べている。

その創刊号には、住谷悦治「黎明期日本社会政策思想」、太田明二「現代信託業の意義」、川崎三郎「原価計算に関する一研究」、賀川英夫「宇和島藩財政経済の発展」、星野通「日独法典論争の顚末」、大鳥居蕃・増岡喜義「今治綿業の研究」、菅原義孝「十九世紀英国に於ける基督教社会主義運動史」、伊藤秀夫「英国々民性について」、三浦勘之助「言語と感情」が掲載されている(58)。

星野通執筆の「日独法典論争の顚末」はその後、星野が「民法典論争」「明治民法典編纂史研究」を大成せしめる画期的・記念碑的論文である。このとき、星野通三八歳であった。その大要は次の通りである。

「一　はしがき

一九世紀初頭ドイツにおいて民族統一、新国家建設運動が熾烈だった頃、ハイデルベルヒ大学教授ティボーとベルリン大学教授サヴィニーとの間で共通民法典編纂の可否に関してはげしい論戦が交えられたが、我国においても明治二二年より二五年にかけてボアソナード等編纂に関わる旧民法法典即時施行の可否について空前の大事件たる法典論争が起きた。両法典論争は一部(穂積陳重等)では自然法学者対歴史法学者の論争とみられているようだが、両論争の全過程を仔細に観察すると、必ずしもそのように簡単に結論し得ない。

本稿の目的はこの両論争のその原因より事の成敗に至る全貌を詳かにし、両者が如何なる点に相共通し、又相異なるかを明らかにすることにある。

二　独逸法典論争

(A)ティボーの共通法典編纂必要論

全ドイツに共通民法の必要なることは既に一七世紀以来多くの学者によって提唱された所であって、殊にドイツ法制史の始祖たるコンリングをはじめ、トマジウス、ライプニッツなどがその代表的なものであり、又一八世紀においてもピーネルが共通法典必要論を唱えた。だが、まさに出づべき時に出て、卓論として一世の世論を傾けたのがティボーのドイツ共通民法必要論であった。

ドイツ帝国は一五世紀以来農民の反乱蜂起、諸侯の闘争など打ち続く動乱のため国力衰頽していたが、一六一八年よりの三〇年戦役は老大国をさらに荒廃させ帝国の事実上の解体を進めた。即ち戦役の結末であるウェストファリア条約はドイツ帝国内諸侯の領土主権、条約締結権、軍隊の保有権等を確立せしめて、もってドイツ帝国の権力を根こそぎ奪ったのである。かくしてオットー大帝以来のドイツ民族神聖ローマ帝国は国内に分裂割拠する無数の独立諸国が割拠し、法律体系も不統一となり、完全に形骸化していたが、ナポレオンが出現するやドイツ国内の一六諸侯はナポレオンの支配に服し、一八〇六年ライン同盟を結成し、その勢いが強くなるに及んでドイツ皇帝は遂に帝位を辞し、ドイツ神聖ローマ帝国は消滅した。

しかし、ライプチッヒの戦い（フランス対プロシャ、ロシア、オーストリア、スエーデンの連合軍）でナポレオンが没落し、同時にライン同盟も消滅してドイツ民族は僅かにその独立を維持することができ得たのであるが、フランスによるドイツの国土破壊は割拠分裂するドイツ民族をして強烈な祖国愛、民族意識を目覚めさせ、諸邦をうって一丸となす民族統一近代国家を建設し、国威を回復せんとする民族運動が全民族の間に澎湃として起こって来た。フンボルトの学制改革論、シュライヘルマッヘル、フィヒテ等の愛国的演説が行なわれたのもこの時である。

ハイデルベルヒ大学教授アントン・ティボー（Anton Friedrich Jurius Thibaut　一七七二〜一八四〇）の共通民法典編纂の必要性及び可能性の提唱はかかる緊迫せる 国情においてなされたもので、その論は最も時勢にマッチし、民族統一ドイツ復興策を示唆するものとして全ドイツの世論を動かした。即ちティボーは一八一四年ライプチッヒの戦塵未だ収らざる時、ドイツ国一般民法典の必要性に関して（Über die Notwendigkeit eines allgemeinen bürgerlichen Gesetzbuches für Deutschland) なる一論文を公にして共通法典編纂による民族統一復興の必要性を力説した。該論文は一八一四年六月パリーにむかって進軍する勇敢なるドイツ兵を我が家に宿泊せしめた時、心中勃然として湧き起こった愛国的感激の儘に僅か二週間で一気に書き上げた論文であり、烈々火のごとき愛国的情熱と真摯なる学者的良心をもって共通民法法典による新社会秩序の建設こそ沈倫するドイツ民族統一復興の唯一の手段たるべきことを高唱しているのである。

この論文の大要を紹介すれば次の如くである。即ち、ドイツはナポレオンの脚絆を脱し独立を回復したが、諸侯が分裂割拠している限り、決して政治的統一は望み得ないだろう。小邦群立においては各邦とも君主と臣民との結合は密接で平素の訓練の徹底により戦時においては勇敢にあり得る利益もあるがその弊害は利益以上に大である。ドイツ民族の偉大なる発展を遂げるためにはドイツ民族を統一することが必要であり、そのためには私法、刑事法、訴訟法の統一法典を編纂し新社会秩序を建設し社会生活の統一を期す以外にない。彼によれば、ドイツ古代法典はゲルマン精神を表徴し、野蛮さと浅慮さを留めていて現代には適合しない、またそれを継承したカノン法もローマ法も現代には適合しない。要するに、古代ゲルマン法、カノン法、ローマ法の秩序なき錯綜よりなる従来のドイツ法は全く際限のない混沌と称すべきものであって、現下のドイツ民族に統一を与えるべき社会秩序とは言い難い。我々はドイツ民族全体に適合した一個の共通法典を編纂することによって祖国を救済し得るものと信じるものである。共通法典の出現によって判官、弁護士は裁判における正義をよく実現し得るし、大学における法律学の進歩発展に拍車をかけ、法学生を無数の混乱せる法規の暗記より救済する効果をもたらす。共通法出現による最大の利益は全民族に等しい法により等しき風俗と慣習が創造されて、よく統一された新社会生活が実現し、以て民族の統一が一層強化されると言うことである。我がドイツ民族の共通法典はナポレオン民法に見る如く極端なエゴイズムを許すべきでなく、我等の内的な相互交通によって醸成される民族愛、民族的信実よって作成さるべきである。しからば統一的共通法典は如何にして創られるべきであるか。それは、教養極めて高く優れた法学者の協同の事業によって始めて遂行されるべきである。

ティボーの法典編纂論を要約すれば、従来のドイツ法におけるカノン法、ローマ法の如き外国法的因子を排して、民族的自覚を強調しつつも、自己の抱懐する一八世紀的自然法学的観点にたって、分裂するドイツ民族全体の共通する統一民法典編纂の必要性を説いたものであった。

(B) サヴィニーの反対論

ティボーの法典編纂論は忽ち全ドイツに大きいセンセーションをまき起こしたが、ベルリン大学教授のサヴィニー (Friedrich Karl von Savigny 一七七九〜一八六一) は直ちに「立法および法学に対する現代の職分に関して」なる一文を発表して徹底的な反駁を試みた。この論文こそ後年独逸歴史法学の出発点を画したと言われる有名な論文で、浪漫主義的歴史法学の立場より従来の合理主義的非現実的自然法論およびそれに基づくティボーの法典編纂論を痛烈に論じたものであった。即ち、法は元来言語風俗等と同じく民族特有なるものであり、民族精神の発露であって、一立法者の恣意によって創造されるものではない。立法は唯法律上の疑義の解明、慣習法の記載という限られた範囲においてのみ行なわれるべきものである。而も法典は内容形式の両面よりその完全性が要請されるから、法典編纂は法律学進歩して言語又洗練された文化の最頂期においてのみ可能であって、現代はまだかかる文化段階に達しておらず、歴史的組織的才能を備えた法学者も出ておらず、言語も又充分発達していない。したがってティボーの論ずるドイツ全民族共通法典編纂によって民族統一を期せんとするは全く無謀の挙に過ぎない。寧ろ有機的に発達しつつある法律学の振興によって法律思想を統一し以て民族の統一を期すべきであると言うのである。

(C) 経過及び成敗

ティボーの人性に基礎を置く合理主義的自然法論による法典編纂論は当時の人心に深い感銘を与えた。然るにサヴィニーは歴史法学的立場より徹底的に論駁し、その熱烈真摯の論は当時のドイツ法学界に大きな反響を起こし、フォイエルバッハをはじめ多数の学者、法曹家が論戦に加わり、世論は大いに沸騰したのであるが、終局の勝利は遂にサヴィニーに帰することになって当時共通法典編纂事業は行なわれなかったのである。

三　我法典論争

(A)　はしがき

我国に於ても明治二三年より二五年にかけてボアソナード（Gustave Emile Boissonade de Fontarabie　一八二五～一九一〇）等編纂にかかる旧民法典を即時断行すべきか否かについて我立法史上未曾有の大論争が起きた。この論争の真相を正確に知るためには先づ民法典が如何なる経路をへて如何なる人達によって編纂されたかの事情を明らかにする必要がある。

(B)　我旧民法典編纂の顛末

明治政府は開国の国是に従い泰西文化を輸入して大改革を行わんとし、その一つとして民法典編纂事業を企画した。その目的は各地に相異なる慣習法が行なわれ、錯雑無統一の私法状態にあった我国に進歩的な大陸法典を移入し、開化の新国民生活を統一規律せんとするものであった。また、屈辱的な不平等条約の改正、領事裁判権の撤廃のためにはぜひとも法治国家として諸法典、特にヨーロッパ諸国と相似た民法法典を持つことが必要であった事による。

かくて明治三年政府は太政官に制度取調局を置き、江藤新平をその長官たらしめ、敢為果断の江藤は箕作麟祥博士に命じてフランス法典を翻訳せしめ、それを我が民法法典として断行せんとした。然し、明治六年政変で江藤が下野するにおよんで民法編纂は中断となった。

明治六年一〇月大木喬任が司法卿となるや、大木は司法省内に民法編纂課を設置し、箕作麟祥、牟田口通照らが編纂委員となって民法編纂に従事し、九年六月起草に着手して一一年四月一草案を得たが、出来たものはフランス民法典の翻訳と変わらない不完全きわまるものであった。

かくて大木はさらに司法省法律顧問・司法省法律学校教師として来朝中のフランス法学者ボアソナードに命じ、邦人学者を参加協力させて新しい民法を起草せしめることにした。即ち明治一三年四月新たに民法編纂局を設置し、大木司法卿自らが総裁となり、邦人委員に地方の慣習法その他の風俗伝統を調査させるとともに、ボアソナードに草案を起草せしめた。

しかし、明治一九年不平等条約改正促進のため司法省の民法編纂事業は中止され、該事業は外務省の法律取調委員の手に移されることになったが、たまたまノルマントン号事件のため条約改正事業は無期限停止となり、民法典編纂事業は頓挫した。

明治二〇年司法大臣山田顕義は同事業を再び司法省にもどし、自ら法律取調局委員長となって、新たにボアソナードを中心に民法を編纂せしめた。山田は民法五編のうち、財産編、財産取得編の大部分、債権担保編及び証拠編をボアソナードに起草せしめ、人事編と財産取得編中相続、贈与、遺贈等にかんする部分は我が旧慣民俗を参酌する必要上邦人の委員に起草せしめた。委員日夜奮励の結果、明治二一年一二月財産編、財産取得編一部、債権担保編及び証拠編の草案を完成し、二二年の元老院の議決を経て、二三年三月二七日公布を見るに到った。又人事編及び財産取得編の残部は同年一〇月公布され、両者とも明治二六年一月一日より実施されることになった。

かくして出来た法典は人事編及び財産取得編の残部が我が国情に明るい邦人委員によって編纂されるなど、我が旧慣民情に相当の顧慮がなされたが、元来自然法学者たるボアソナード及び仏法系の邦人学者井上正一、熊野敏三、岸本辰雄らが中心となって編纂されたものであっただけに、大体において仏民法の模倣と称すべきもので、我が旧慣国情の参酌充分ならず、やがて我が立法史上空前の法典争議を勃発させることになった。

(C) 法典論争の前哨戦

旧民法公布に先立つ明治二二年、法学士会なる団体が、政府が民法典を発布する意向を有することを耳にして、その春季総会において、その延期を政府に建議した。その理由は、法典編纂は大事業で英・ドイツなどにおいて編纂に幾歳月を費やしているが、いまだ発布できていないほど困難にして慎重を要するのに、我国は短期間でもってつくり、発布するとは国家のために危険である。元来法律は社会の進歩に伴うべきものであるのに、一旦法典を定めてしまうと他日欠陥を発見し不便を感じても容易に変更でき得ない。法典を制定するにあたっては朝令暮改を避け、その制定の必要いまだ生ぜざるのに法典を作ることは国民を苦しませることになる。刻下焦眉の急あるものだけは暫く単行法をもって規定し、民情風俗のよく定まるを俟って慎重に編纂すべきである。一国の法典は教科書、論文を著すのと同じでない。民情風俗に適合しなければ良い法典とはいえない。ゆえに法典の草案はそのまま草案として公表し、広く公衆の批評を徴して徐々に修正を加えて完成すべきであるというものであった。

この法学士会は東京帝国大学法科大学の前身である東京大学法学部の卒業生よりなる団体で、法学部ではその前身の開成学校時代よりイギリス法学が講義せられていてその信奉者の団体であり、フランス法学・自然法学を信奉する司法省法学校派と対立し、フランス民法をもって日本の民法たらしめんとした明治政府の民法典計画に反対したのだった。

また、この時期、民法典論争の前哨戦として、商法典論争も起きたので、その結末について説明しておきたい。政府は明治一四年太政官に商法編纂委員を置き、ドイツ人のレースレル（Herman Roesler）に商法草案を起草せしめ、一七年に草案ができ、紆余曲折のあと、二三年元老院の議決を経て二四年一月より施行されることになっていた。

しかし、この商法典は我が国情に疎い外国人によってつくられたもので我商慣習法を顧みない点が多く欠陥があった。忽ちにして実業界、学界から猛烈な反対論が出た。英法派は商工会その他の実業団体と連繫し、東京法学院を本拠に実施延期運動を開始した。それに対し仏法学派は明治法律学校を本拠として即時施行を主張しはげしい火花を散らした。結末は英法派議員が明治二三年一二月第一回帝国議会において商法の施行の延期案（明治二四年一月施行を二六年一月施行）を提出し、圧倒的多数で可決された。

ここで、吾人は民法典論争の経過を述べる前に英法学派と仏法学派とは如何なるものであるのか、又如何にして生じ来ったのかについて少し説明をしておきたい。

（D）英仏両法学派

明治四年九月政府は太政官布告をもって司法省に明法寮なる法律学校を設置し、法学生を募集し、フランス法を教授し始めた。これが我国法学教育の始まりであるが、明法寮は明治八年改称して司法省法学校となり、旧民法典編纂者なるボアソナード、司法省雇教師ブスケなどを講師として主として仏法学・自然法学を仏語で以て教授し、幾多の人材を輩出した。司法省法学校は明治一七年文部省の所管となり東京法学校と改名、さらに一八年東京大学法学部に合併されてフランス法学部、後の東京帝国大学法科大学フランス法学科となり、倉富勇三郎、井上正一、磯部四郎、木下広次、宮城浩蔵、高木豊三、梅謙次郎、富谷鉎太郎、松室致、田部芳、末弘厳石などの幾多の人材を出し、法学界における勢力はまさに支配的で、それらの人々により仏法学の著書が刊行され、あたかも我が法学界に於ける正当派たる地歩を占めていた。

だが、この仏法学派に拮抗して譲らざるものに東京大学一派のイギリス法学派があった。東京大学においては明治七年開成学校以来主としてイギリス法学が講義されて、同学出身者に穂積八束、奥田義人、土方寧、江木衷、岡山兼吉、山田喜之助、元田肇、中橋徳五郎、大谷木備一郎、岡村輝彦、その他俊秀が数多あり、これら英法学派の人達の法学界、政治界に於ける勢力また軽視すべからざるものがあり、明治初期、中期における我が法学界はこの英・仏二法学派に区分さるるの観があった。

学界を二分する司法省法学校と東京大学の卒業生の間には学説的対立の外にはげしい感情的対立があった。殊にボアソナードから直接薫陶を受け我こそは日本の正統の法学派なりと自負していた司法省法学校の一派に対し、英法学派の蔑視、敵慨心は吾人の想像以上のものがあったらしい。そしてこの仏英両派の激しい学説的感情的対立こそ、未曾有の歴史的法典争議の大きい原因だったのである。しかもこれら英仏両学派の人々は私立の法学校を経営していた。仏法派の学校としては明治法律学校（後の明治大学）、和仏法律学校（後の法政大学）があり、英法派の学校としては東京専門学校（後の早稲田大学）、東京法学院（後の中央大学）などがあった。このうち、明治法律学校と東京法学院が論戦の中心となった。

（E）論争の経過成敗

民法公布前より醸成されつつあった新法典反対の気運は次第に濃厚となって、不気味な空気をはらんでいたが、明治二五年に英法派の江木衷、高橋健三、穂積八束、松野貞一郎、土方寧、伊藤悦治、朝倉外茂鉄、中橋徳五郎、奥田義人、山田喜之助、岡村輝彦ら東京法学院派の法学士会員一一名により「法典実施延期意見」なるものが発表された。新法典の延期理由の大要は、①倫常を壊乱す、②憲法上の命令権を減縮す、③予算の原理に違う、④国家思想を欠く、⑤社会の経済を攪乱す、⑥税法の根源を変動す、⑦威力を以て学理を強行す、というもので、延期意見と言うよりも一挙法典を葬り去ろうという意見であった。

この爆弾的意見書に対し、仏法派・明治法律学校の岸本辰雄、熊本敏三、磯部四郎、本野一郎、宮城浩蔵、杉村虎一、城数馬らが一層激しい文字を連ねた法典実施断行意見書を発表した。法典実施延期は①国家の秩序を紊乱す、②倫理の破頽を来す、③国家の主権を害し、独立国の実を失わせる、④憲法の実施を害する、⑤立法権を放棄する、⑥各人の権利保護を失わせる、⑦争訟を起こさせる、⑧各人の安心立命を失わせる、⑨国家の経済を紊乱す、というもので、延期論者を『痴人』、『狂人』、『猾徒』などと罵った。

その後両派が激しい論戦を繰り広げた。延期派は我国古来の慣習民俗尊重の国粋論を武器に法典の欠陥を攻撃し、穂積八束が「民法出でて忠孝滅ぶ」と叫び、また奥田義人が「法典断行説の妄を弁じて我国固有の道徳に及ぶ」と論じ、さらに内務大臣秘書官の江木衷は政府官吏でありながら「今や遽に古法旧制を排棄し気候風土より旧慣習俗に到るまで悉く相違する所の泰西の法典を全く挙て之を我国に充用せんとす。豈倫常を妄り国風を傷つけざらんとす」「民法は数十〔千〕年来の習俗を排却して個人本位の人事編を布き、邪蘇教国の教を入れ、固有の倫理を蹂躪する……抑々我国は祖先尊崇の国なり、家制恪守の国なり。而して忠孝の二道、実に祖先尊崇に基けり。……家長権は尊厳にして動かす可らず。天皇大権は神聖にして侵す可らず。子孫其祖父に孝、臣民其天皇に忠なる所以なり。而して今や我民法は祖先の家制を排却し極端なる個人本位の法制を設け数千年来の国俗を擲ち邪蘇教国の風俗を移入せんとす。倫常を壊乱せざらんと欲するも豈に得べけんや」「夫れ一男一女情愛に因りて其居を同じくするは所謂邪蘇教国の一家なり。平等博愛、君臣の別無く父子の倫なきは邪蘇教国の常道なり」とまで論じ、法典断行派の怒りを買うが、国民的世論を施行延期に傾かせる効果があった。

それに対し、断行派は梅謙次郎らの明法会員や当時大学仏法学科学生であった若槻礼次郎や荒井賢太郎、入江良元、岡村司、織田万、足立峯一郎らが断行意見を発表した。なかでも断行派の白眉は、梅謙次郎、本野一郎、高木豊三、栗野慎一郎、杉村虎一、寺尾亨、加藤高明などの明法会が発表した法典実施意見書であった。同意見書は梅博士の手になるもので、その高邁な見識が窺われる。その題目を摘記すれば、①法典は急に之を実施するの需要があり、②条約を改正せんと欲せば先づ法典を実施せざる可らず、③学理の新古を以て遽に法制の良否を占す可らず、④民法が憲法と抵触すと曰ふは誤解なり、⑤民法は行政命令を束縛せず、⑥民法は税法を改めず、⑦民法は倫常を壊乱すと曰ふは讒誣なり、⑧民法は栄誉信用をも保護す、⑨債権の譲渡は敢て慣習に悖らず、との九題目で、主として英法派の攻撃する諸点に対し、詳細且つ理路整然と反駁し、法典即時断行の必要性を力説したものであった。

かくて両派の激しい論戦を続けるうちに、明治二五年五月第三回帝国議会が召集され、両派の論戦はここに政治的色彩を帯びた議会戦となり、五月一六日貴族院議員で英法系の村田保は民商法施行延期法律案(明治二九年三月末まで)を出した。二六日より二八日にかけて激しい討論が行なわれ、仏法派・政府側が全智を傾けたにもかかわらず、一二三対六一の圧倒的多数で延期法律案が可決され、衆議院に送られた。衆議院でも延期法案が一五二対一〇七で通過した。

以上の如く、法典論争は英法派の勝利に帰した。ボアソナードらが心血注いだ民法典は延期となり、後には再度延期を重ね、結局は永久に葬り去られたのであった。

そして、黎明期の法学教育および我国近代的法治国家確立のために一身を捧げ、日本に骨を埋めるつもりであったボアソナードは明治二八年悲憤の涙のうちに日本を去り、フランスに帰郷したのだった。

(F) 我法典争議の原因

以上の論争の経過を通観すると、吾人は先ず第一に法典の欠陥に関する両派の学問的認識の相違である。即ち、法典は自然法学的法律観に基づきフランス法を模範に編纂されたものであり、その必然的結果として我が民俗或は旧慣に悖る条項が多かったこと、進歩的なドイツ民法などが参照されていないこと、それに加えて条文煩雑を極め、重複、欠漏も多く、技術的欠陥を内蔵していた。

そして、英法派の攻撃は法典の最大の欠陥たる我が民俗慣習無視の点に集中した。彼等は一部保守反動的政治家と結託し、法典はヤソ教の教えに従って個人主義制度を採用し、我国固有の倫常を破壊すると主張した。

それに対し、元々自然法論者である仏法派は我国は仏国と大差なく、仏国に行なわれる私法は我が国にも妥当することを確信して疑わず、旧慣民俗無視の欠陥はかならずしも欠陥とは考えなかった。

此の論戦の第二の原因は明治初期の我が法学界における仏英両派の感情的対立、勢力争いである。後年我が法学界を風靡する独法学派は未だ揺籃期であり、勢力微々たるものにすぎず、当時我が法学界を分つ勢力は何といっても英仏両法学派であった。そして此の両学派の感情的対立、特に日本の正統法学派を自負する仏法派に対する英法派の人達の反感嫉視が論争の有力な原因だったのである。仏法派の作ったものには何でも虫が好かないという英法学者の感情が大きな原因である。このことは、両派が徒党を組み、殊に英法派が一部反動的保守的政治家と結託して泥合戦を続けたためで、両派多年の感情的対立、勢力争いが論戦の原因だったと言い得る。

従って、法典論争の原因を両学派の感情的対立勢力争いのみに帰せんとする仁井田博士の見解は偏向した見方であり、他方、穂積陳重博士の両派の学説的対立、君子の争いという見解も自己弁護ないし錯覚と言えよう。

要するに、両派の学説的対立とともに両者の感情的対立、ことに仏法派のつくったものはなんでも虫が好かなかったという英法派の嫉妬感情が論争の大きな原因であった。

ただ、ここに注目すべきは富井政章、木下広次博士の二仏法学者及び英法学者穂積陳重博士であった。前二者は元来ならば法典断行派たるべき人達であったが、純学理的立場から延期論を唱えた。穂積博士も独自の立場より法典実施の不可なる所以を力説された。派閥抗争の外にあって終始一貫学者的態度を以て超然と延期論を唱えたことは吾人の胸に銘記して忘れ得ない所である。

四　日独両法典論争の比較

ドイツにおけるティボー、サヴィニーの法典論争は自然法学的ならびに歴史法学的法律観の対立相違より生じた純然たる学問戦であった。

それに対し我法典論争は一部論者によって言われるごとく純然たる科学戦、自然法学対歴史法学の対立に基づく純学問上の対立ではなかった。

旧法典はボアソナードら仏法学者により自然法学的法律観に基づき仏民法を母法として作られた。その必然的結果として我が旧慣民情が充分顧慮されていない欠陥があった。英法派の主張はドイツの法典論争における純粋な歴史法学的立場より法典編纂実施そのものに反対するのでは無くて、むしろ法典が我旧慣民情を無視し、国情に沿わないことを理由に十分なる修正を施すためにしばらく延期せよという、いわば国粋主義的な法典延期修正論に過ぎなかったのである。

また、一部の論者の如く当時の我が英法派を簡単に歴史法学派と決めてしまうのは速断に失する。一九世紀の派の影響を受けていたとみるのが正確であろう。

英法学はオースチン一派の分析法学とメーン一派の歴史法学に二分されていたのであり、当時の我が英法派は両派の影響を受けていたとみるのが正確であろう。

我が英法学派が、若し自然法の如き超歴史的なものを排除する分析法学的立場だけなら旧慣民情に顧慮するよう法案の修正を要望するにとどまっただろう。他方、平素立法に消極的態度をとる歴史法学の立場なら法案延期などの生ぬるい態度ではなく、あくまでサヴィニーの如く法典編纂そのものに反対すべきであったろう。

しかし、彼等はかかる挙に出ないで、ただ旧慣民情尊重の保守的国粋主義的立場より僅かに三年か四年の法典延期修正を主張した。その所以は、彼等の学問的態度がドイツ碩学の如く純粋でなかったことによるが、条約改正という国家的問題があったことにもよる。この大きい現実の前に我が英法派と雖も自己の学説所信を徹底することができなかったのである。また、彼等は年来相対立する仏法学派の手になる自然法学的民法を無条件に実施せしめることは感情が許さず、また平素抱懐する学説よりして断じて許さざる所であった。かかる結果が、暫く延期すること、そして自己の学説に忠実ならんとして法典の旧慣民情無視の欠陥について国粋主義的理由による猛烈な攻撃をしたのであった。

以上、この法典争議はドイツの法典争議に似てはいるが、ドイツの如く純粋な歴史法学対自然法学の法理論的対立、思想的学問的内容の高い科学戦では無く、寧ろ、英仏両学派の多年にわたる感情的対立が緯となり、学説所信の相違に起因する両派の価値判断の差異が経となり醸しだされた感情的争い、而ものちには保守反動的政治家がその一方に結託する政治的色彩を帯びた泥合戦であったといえよう。そして勝利は英法派の旧慣尊重、保守的国粋主義に期し、法典は遂に実施されざる運命となったのである。

以上が法典論争の素描であるが、筆者の意図は法典論争が如何なる社会情勢下に如何なる原因によって生じ、如何に発展して行ったかを明らかにするのにあり、自然法学法典是か、歴史法学的反対論是かについては筆者のごとき不敏の学徒には企及し得ない。(一三年九月三〇日)」(59)

この論文について、少しコメントしておこう。
①ドイツにおけるティボーとサヴィニーの法典争議、ならびにわが国の民法典の断延争議については、すでに、学界の大御所穂積陳重が『法窓夜話』（有斐閣、大正一五年、第八版）で、その概観を素描していたが、それを受け、星野通はドイツの法典論争をさらに詳細に紹介し、また、わが国の法典論争も詳細に紹介し、日独法典論争を比較して、ドイツでは自然法学派対歴史法学派との科学的論争であったが、わが国ではそれと異なり、英仏両派の感情的対立・勢力争い、英法派に保守反動政治家が結託した政治的泥仕合であった旨を詳細に明らかにした点に先駆的功績がある。
②そして、星野通は穂積陳重の見解「（わが国の法典争議は）ドイツに生じたるサヴィニー、ティボーの法典争議とその性質において毫も異なる所はない……学説の相違より来た堂々たる君子の争い」（『法窓夜話』三四三頁）に対し、批判をするなど、大御所に対しても言うべきことは言う気骨ある学者であったことが読み取れることである。
③ただ、この時点では、星野はわが国の自然法学派、歴史法学派の主張の是非については慎重にして価値判断は避けていたことである（ただし、自然法派寄りであるが）。
④また、この時点では、法典論争の社会思想的、政治思想的位置づけまでには研究が進んでいなかったようである。
⑤なお、星野のこの論文に先立ち、すでに平野義太郎が、一九三〇年八月の『法律時報』第五巻第八号で「明治法学史における一学派――とくに、官僚的自由主義派、梅謙次郎博士の学説・法思想の検討――」を発表しており、同論文で、ティボー、サヴィニー、レーベルクのドイツの法典争議、およびわが国の法典争議も素描し、わが国の法典争議は単に穂積陳重が言うような両学派の対立ではなく、「自由主義と半封建的専制主義、改進論と保守論との対立・相剋」、「フランス民法的ブルジョア自由主義と半封建的淳風美俗の旧慣主義との対立」（同、一八一

七頁）「官僚法学のブルジョア自由主義派（その意味で自然法学説）のブルジョア法典編纂と封建主義を再建せんとする政治的反動主義との対立」（同、一八二一頁）であったなどと本質規定を行なっていたが(60)、星野通は当然この平野論文を読んでいたはずであり、この平野論文を引用し、コメントしていない点は学術論文としては問題であろう。

⑥星野通は平野のようなマルクス主義者ではないが、法典論争を研究し、平野とほぼ同様の結論に至ったと見てよい。そして、この論文は星野が本格的に明治民法典編纂史の研究並びに民法典論争の歴史的評価を研究することになる画期的・記念碑的論文であったといえよう。

一九三九（昭和一四）年三月上旬に第一四回卒業式が行なわれ、一一六名が卒業した。星野通は卒業生に対し、はなむけの辞を記し、三つの事、一つは非才薄徳を教師として詫びたい。二つは優れた素材に切磋琢磨、これが現在の諸君で、何校の出身者にも断じて負けない強くて逞しい自信で巣立って頂きたい。三つは飛ぶ鳥あとを濁さず、金銭、愛情その他身辺の諸問題はこの際立派に精算して去って頂きたい、などと述べている(61)。

また、同年三月三一日には、木子七郎設計の木造校舎二号館（四教室）が竣工した。

（6）一九三九（昭和一四）年度

一九三九年度の校務も西依六八が教頭兼庶務課長、大鳥居蕃が教務課長、伊藤秀夫が生徒課長を続け、田中校長を補佐した。星野通は図書課長を続けた。

一九三九年度の入学試験は三月末に行なわれ、定員は前年と同じ一五〇名で、志願者は一五〇二名にのぼり、前年（一二〇五名）をさらに上回った。四月初めに入学式を行ない、一八三名が入学した。前年と同じ入学者数であった。田中校長は入学式において、諸子の活躍の舞台は満、蒙、支を含む広大な地域である。独り支那本土をとって見ても、面積は我国土の一三倍、人口は四億を超える膨大な国であり、我国の指導、開発を待ちつゝある。日本は世界一有てる国であり世界一強い国であり、世界史上曾てなき富強を誇り得る国である。諸子はこの光栄ある大国家の指導階級にたらんとするのである。深くその光栄に感激すると共に、よく其使命を達すべき覚悟をせよと叱咤激励した(62)。

教員人事面では、田中校長は四月に哲学の教員として木場深定（石川県出身。東北帝大卒）を採用した(63)。木場は一九三八年一一月に亡くなった菅原義孝の後任である。

本年度の星野通の担当科目は前年と同様、法律学（法学通論、民法等）とドイツ語であった。また、クラス担当は三年B組であった(64)。

四月二七日、星野通・富み夫妻の次男として不二夫が道後湯之町大字道後四九九番地で誕生した。

六月、田中校長は学園生活基準九箇条（遅刻絶滅、体育振作、断髪励行、禁煙、禁酒、着装の整備、各部選手・委員の日常生活の自粛自戒、学校の整理整頓、貯金励行）の申し合わせを決め、生徒への統制強化した(65)。

九月一日、ドイツがポーランドに侵入し、三日英・仏が対独宣戦し、ヨーロッパで戦争・第二次世界大戦が始まった。

日中戦争が泥沼化し、本校卒業生の戦死者があいついだ。第六回卒業生の安東次郎が八月二〇日中支で、第一二回卒業生の中路一彦が八月三一日北支で、第一一回卒業生の黒星芳男が九月三日南支でいずれも戦死した(66)。

一一月一日、学校と温山会主催で日中戦争で倒れた本校職員及び温山会員一一名の慰霊祭を本校講堂において、遺族、学生、教授らの出席の下に挙行した(67)。

戦禍がますます卒業生に及ぶ中、星野通は『松山高商新聞』第一四九号（昭和一四年一〇月三〇日）に、「児島惟謙と大阪事件」を掲載している。その大要は次の如くである。

「筆者は先に大毎神地方欄に児島惟謙翁に関する一挿話を紹介したことがあった。それは従来宣伝されていない珍しい話材（大阪事件）にすぎなかったが、最近宇和島の弁護士原田光三郎（児島惟謙先生功徳顕揚会会長）が児島惟謙の伝記を編纂されたことを知り、同伝を入手したが、該事件について何等記載が無くもの足らなさを感じた。

司法制度確立五〇年記念にあたり、湖南事件の英雄は大審院に胸像が、郷里宇和島に生誕記念碑が建立されるなどその大節忠誠が敬慕顕彰されている。湖南事件についてはいまさらいうまでもないが、今一つ世に知られていない翁の真面目さを語る逸話を紹介しておきたい。話材は日頃愛読の的野半助著の江藤南日伝から得たものである。

時代は明治五年明治政府の諸事業漸くその緒についた頃である。当時は廃藩置県断行の直後で世人まだ封建思想より脱却し切れず、地方長官の権勢は飛ぶ鳥も落とす有様であった。即ち府県知事は土木建築、河川港湾の修築等は言ふまでもなく、課刑恩賞のことさへ独断専行するような恐ろしい勢力振りであったのであるが、たまたま大阪築港問題に関し府県知事渡部昇をめぐって行政権、司法権の激突を来した事件があった。所謂大阪事件之である。

明治五年江藤新平司法卿となるや、炯眼な彼は地方政治の弊害を察し、地方の政治権力を減殺し中央に回収するとともに、当時ともすれば強圧に屈服しがちだった司法権の独立を期せんとして、その手始めに地方官跋扈の弊の最も激しかった大阪府に硬骨を以て鳴る児島惟謙を裁判所長に抜擢派遣した。

大阪府知事渡部昇は地方官のなかでも最も専恣横暴の噂が高く、彼は乱暴にも国益の名を以て強圧的に府下の富豪住友吉左衛門や鴻池善右衛門等多くの者に対し三〇〇万円と言ふ実に莫大な献納金を命じ、大阪に大築港をつくろうと計画した。

この計画のために府民の多くが重い負担に苦しんだのは言ふまでもないが、その賦課の規準が出鱈目で不公平を極め、なかには財産没収にも等しい憂き目を見たものもあり、怨嗟の声巷に満つる有様であった。

そのなか、児島惟謙は大阪裁判所長に赴任したのであったが、彼は府知事の暴挙、府民憤激の声を耳にすると、敢然として令を発し、知事の暴政によって不法献金、財産没収等を受けたものは残らず来たり訴えよと告示した処、訴願者は狂喜として陸続彼の下に殺到し来った。

惟謙は直ちに取り調べを開始し、あらゆる方法手段を以てなされる府知事の威嚇圧迫に屈することなく、逐一事情調査その結果を詳細に司法省に報告した。しかも折よく長崎に公用出張であった参議大隈重信が帰途大阪に立ち寄り府知事の暴政と府民の怨嗟、訴願の事実をつぶさに目撃し、且つ惟謙より詳細な報告を得て、帰京後太政官に報じた。

かくて、児島惟謙の司法省への報告は参議大隈重信の報告と相俟って遂に政府を動かし、府知事の大阪築港計画を断念せしめたのであった。当時地方長官は我が世の春を謳歌した時代であり、殊に渡部は長閥を背景にしており、彼を制圧することは容易でなかったが、児島惟謙の確固たる硬骨忠誠は行政権の司法権圧迫を排し、理否を天下に明らかにしたのだった。

後年湖南事件のヒーローはすでにこの時に気概を現していたのであって、この大阪事件を契機に地方官跋扈の弊は徐々に後を絶つに到ったとされる。

以上は筆者が江藤南日伝に取材した話であるが、筆者の今日疑問とするところは果して児島が明治五年大阪裁判所長として赴任したのであるか、それとも単なる一判事として任についたに過ぎなかったのかの問題である。原田氏著は明治五年翁は司法小判事に任命、大阪に出張を命じられ、越えて六年四月大阪裁判所詮になったとあるが、裁判所長に任命されたことには一言も触れられていない。然し的野氏著江藤南日伝には明らかに大阪裁判所長に抜擢されている。軽々には断定は下し得ないが、明治三三年の日本現今人名事典発行社の人名事典によれば、明治四年司法省に出仕、東京、大阪、仙台、名古屋の各裁判所長に歴任し、一二年大審院に入り又長崎、大

阪両控訴院長に歴任とあるから、上記の如く一応大阪には裁判所長として赴任したことにして置いた。(一〇月二八日)」(68)

一一月一〇日、『松山高商論集』第二号が発刊された。星野通は「明治民法編纂史の一齣」を掲載した。この論文は『松山高商論集』第一号の「民法典論争」の前史の研究であり、星野の「明治民法典編纂史研究」の本格的開始であった。その大要は次の通りであった。

「一、はしがき

明治黎明期における民法編纂史研究が本稿の課題である。理論法学の隆盛にかかわらず法史学は振るわず、とりわけ明治民法編纂に関する史的研究は閑却され、況んや編纂前史に至ってはまことに寥々たるもので、僅かに三田法学創刊号所載の慶應大学法学部手塚豊氏の『ボアソナード案以前の民法草案』なる簡単な論文があるのみである。

筆者は日頃未開拓のまま、学界より忘却され放擲されている明治民法編纂史にメスを入れ明治政府の一大文化事業として、また不平等条約改正の直接原因となった民法編纂事業の真相を詳かにしたい希望を持つもので、本稿は明治三年より一一年までの民法編纂事業の経過を明らかにしたものである。

二、民法編纂の原因

法典編纂の原因は、第一に従来各地に相異なる慣習法が行なわれ、錯雑不統一だった我国私法状態に進歩的な大陸法典を移入し、開化の新国民生活を統一刷新せんとすることである。

第二に徳川政府が誤って調印した安政の不平等条約を改正し、以て領事裁判権を撤廃し、我国の地位向上を図ることであり、そのためには法典の編纂が焦眉となったことである。

三、編纂の経過

A　江藤新平制度局出仕時代の民法編纂

明治民法典の先駆者は江藤新平である。その功績は立法史上不滅の光芒を放つものである。

江藤は明治三年中弁として制度局（後年の法制局）に関与し、四年二月に制度局御用掛兼勤を命ぜられ、当時英仏語に通ずる箕作麒祥博士に仏国諸法典を翻訳せしめ、民法会議を開催し短期日の間に民法典編纂を企てようとした。しかし、翻訳はなされたが、それをもとにした具体的草案が作られたかどうかは不明である。

B　江藤新平左院副議長時代の民法編纂

明治四年七月二九日太政官制を改め、正院、左院、右院の三院が設置され、八月江藤は左院（立法府）の副議長に就任し、左院で民法会議を開催し民法編纂事業を企画した。しかし、江藤は五年四月に司法卿に転じたため、この左院時代は殆ど実績はない。

C　江藤新平司法卿時代の編纂

江藤新平が明治五年四月二五日司法卿になるや、司法省において民法編纂事業が行なわれた。的野半介『江藤南白』や大槻文彦『箕作麟祥』によると、江藤は箕作麟祥に命じ草案を作成させ、その一部の身分証書を印刷に附したという。筆者は未見だが、手塚豊論文によれば、慶應大学図書館に司法省用罫紙に筆写した民法仮法則と題する稿本が二通あり、その一通は身分証書と墨書され朱筆で民法仮法則と訂正されている。両者とも八八箇条よりなっていて、明治六年二月又は三月決定とある。手塚氏はこれを身分証書の稿本と推断されているが、至当の断定であろう。これが確定草案又はそれに近き草案と見て差し支えないだろう。

江藤苦心の民法法典編纂も明治六年四月江藤が参議に転ずるに及び中絶することになった。

D　大木司法卿時代の編纂事業

江藤の後、明治六年一〇月司法卿になった大木喬任も江藤の志を継ぎ民法編纂を企画したが、就任二年間は全く該事業は中絶の状態にあった。その原因は①江藤時代には公然と口にしなかった編纂自重論が台頭したこと、即ちフランス民法をそのまま翻訳し、日本の民法にするのは乱暴の極みで、日本の慣習風俗を斟酌して編纂されなければならない、殊に親族、相続の如き身分関係の法規は我国の美風を毀損せざるようにしなければならないという自重論、②明治七年の佐賀の乱、台湾征伐等の国家的事件のため司法編纂のごとき平和的文化的事業を行なう余裕が無かったこと、③さらに日清交渉のために箕作博士が国際法の翻訳に駆り出されたこと、等のためであった。

その後、明治九年六月箕作（司法大丞）は大木卿より法典編纂の内命を受け、起草に着手し（一〇年一月に箕作は司法大書記官民法編纂課長）、法典編纂に取り組んだ。そして、箕作とともに編纂に取り組んだのは牟田口通照（司法権大書記官）であった。そして、この草案は、第一編「人事」、第二編「財産及び財産所有権の種類」、第三編「財産所有権を得る方法」の三編よりなっていて、第一編と第二編は明治一〇年九月に、第三編「財産所有権を得る方法」の第三巻「契約」、第四巻「契約無クシテ生ズル義務」は明治一一年一月に、第三編第一巻、第二巻の財産相続及び贈遺に関するものは、明治一一年四月に成稿した。そしてその編別をみるとフランス民法の抄訳そのものであった。

要するに明治一一年四月完成草案も前述江藤案と同じく人情世俗を異にした異国民法をそのまま翻訳複写したに過ぎない不完全きわまる案だったと言ひ得るのである。（一九三九年八月五日）」(69)

そして、一二月に星野通は東大『法学協会雑誌』第五七巻第一二号に「資料　明治初期民法編纂史」を投稿している。それは、『松山高商論集』第二号「明治民法編纂史の一齣」の「三編纂の経過」以降とほぼ同じで、基本的に『松山高商論集』第二号の転載であった。なお、その掲載の労をとったのは、学生時代に授業を受けた東京帝大法学部の穂積重遠教授（穂積陳重の長男）であった(70)。

一九四〇（昭和一五）年三月八日、第一五回卒業式が挙行され、一二〇名が卒業した。

(7) 一九四〇(昭和一五)年度

一九四〇年度の校務も西依六八が教頭兼庶務課長、大鳥居蕃が教務課長、伊藤秀夫が生徒課長を続け、田中校長を補佐した。星野通は図書課長を続けた。

一九四〇年度の入学試験は三月二三、二四日に本校、京都、福岡の試験会場にて行ない、定員は一五〇名で、志願者は一四九一名で、前年（一五〇二名）より若干減少した。

四月一一日に入学式が行なわれ、一六三名が入学した。のち補欠入学もあり、総計一八八名が入学した（前年一八三名）。田中校長は式辞のなかで、支那事変の意義について、世界人口の四分の一を包含する政治、経済体制がその端緒につき、東亜の広大な天地に、新しい政治経済体制を発揮することになった、かかる大事件は我国家の二六〇〇年の歴史においてかってなきことである。この世界的大事件の指導的担当者はわが国であり、諸君においてもどうか青年の意気と純情とを傾けて、共に興亜の聖業を翼賛し奉るために粉骨砕身の誠を尽そうと、新入生を叱咤激励した(71)。

本年度の星野通の授業科目は前年度と同様である。

校友会の各部長が全面的に更迭され、星野通は剣道・柔道部長からラグビー部の部長となった。

七月一九日、専務理事田中忠夫は文部省（松浦鎮次郎文相）に対し、学園拡張計画にもとづき、「松山高等商業学校規則中改正ノ件」を申請した。それは、①第三条の生徒定員を一九四一年度から四五〇名を六〇〇名に増やす、②第七条の学科課程を第一部（四五〇名）、第二部（一五〇名）とし、これに関連して学科目を改正する。一学年二〇〇名は四組に編成され、内三組が第一部に、残る一組が第二部に収容する。この第二部は通称東亜科と呼ばれ、支那語を第一外国語とし、また、東洋文化史、東亜経済事情などの科目を必修とした。また、就職先も大陸方面に求められた。また、第一部の学科内容も変更され、体操時数の増加、日本文化史の新設、工業大意、経済時事の時数増加が行なわれ、他方、法律及び英語の時数が削減された。そして定員増加、第二部設置に伴い、校舎の増築（合併教室二室、普通教室四室）が計画され、また、武道場、武器庫の新築も計画された[72]。この改革は、時局迎合、戦時対応のカリキュラム改革であったといえよう。

そして、この定員増は九月四日文部省により認可された。

一一月、『松山高商論集』第三号が発刊され、星野通はロスコー・パウンドの著書『法哲学概説』の第四章責任論の翻訳をしている[73]。

一一月一〇日、近衛内閣は紀元二六〇〇年奉祝典（昭和一五年が神武天皇即位から二六〇〇年に当たるとされて、祝典を行なった）を宮城広場で開催し、本校からも生徒課長の伊藤秀夫教授引率の下、生徒二名が参加した。

また、一二月一六日、文部省の指導方針に従い、学園新体制樹立のため、校友会を解散し、報国団を結成した。『松山高商新聞』第一六一号（昭和一五年一二月二四日）に報国団結成式の模様が記されている。

「本校創立以来共に歩み来た校友会は十二月十六日、遂に解散を宣言された。然しそれは破壊的な解散ではなく、新しき時代に伸びる建設的な解散である。この日学園は新しい体制にその第一歩を踏出す喜びに満ち溢れ午前八時前職員生徒は講堂に入場、皇居遥拝と皇軍有士への感謝の黙祷の後、希望と校友会への愛惜を包んで粛とせる瞬間、田中校長は正面に登壇、声高く校友会解散を宣言、次いで力強く『松山高等商業学校報国団結成』を宣言し、終って職員代表西依教授田中校長の前に進み、教育報国の至誠をその一言一句に吐露して宣誓を行ひ、生徒代表進んで報国団員としての宣誓を行ふ。田中校長は再び登壇。別報の如き熱誠溢るゝ報国団結成の意義を述べ、時艱に対する覚悟を促して新しき門出への訓示をなし、『青少年学徒ニ賜ハリタル勅語』並に『紀元二千六百年式典ニ際シテ下賜サレタル詔書』を奉読して輝かしき学園新体制の成立を終わった」[74]

田中校長は校友会を解散し、報国団を結成した理由について、第一に、現在校友会活動に半分位しか参加していないが、残りの半分を包含して全員を校友会の精神と活動に積極的に参加させる、第二に、従来の校友会活動を反省し、団体的行動の重視、個我の止揚、質実剛健の風尚、困苦欠乏に対する忍耐心の鍛練等を重視する必要を感じたこと、第三に、時局的立場から従来の校友会活動を反省し、国難に殉ずる光栄と精神を養成する必要を感じたからであった、と述べ、生徒に覚悟を促した。そして、報国団の団長は田中校長、総務部長は西依六八教授、鍛練部長が星野通教授、国防訓練部長が土屋靖民大佐、文化部長が住谷悦治教授、生活部長が伊藤秀夫教授であった(75)。

基本的にこの学園新体制は学園の「教育報国」、軍国主義化・全体主義化への道であった。星野通が鍛練部長とはやや違和感があるが、年齢、経歴から止むを得ず就任したものと思われる。

一二月二九日、また、戦死者が出た。去る一九三七（昭和一二）年以来召集中であった、本校の教練講師菅野定市氏が武漢で戦死した(76)。

一九四一（昭和一六）年三月五日、第一六回卒業式が挙行された。一四七名が卒業した（後、再試により一七〇名）。田中校長は「東亜共栄圏の確立も国内新体制の完遂も一つの愛による」旨の訓辞を行なっている(77)。

田中校長は、一九四一年三月、四一年度からの定員増、第二部（東亜科）設置のために、新教員として、中国語の教員として三木正浩（滋賀県出身、京都帝大卒）、英語の教員として古茂田虎生（一九〇二年一〇月生まれ、愛媛県出身、東京商科大学予科卒、高等教員検定合格）、体育教員として比嘉徳政（沖縄出身、日本体育会体育専門学校卒）を採用した(78)。

（8）一九四一（昭和一六）年度

一九四一年度の校務も西依六八が教頭兼庶務課長、大鳥居蕃が教務課長、伊藤秀夫が生徒課長を続け、田中校長を補佐した。星野通は図書課長を続けた。

一九四一年度の入学試験が三月末に行なわれ、定員は本年度から一学年二〇〇名に増大したため（一部一五〇名、二部東亜科五〇名）、志願者は二八八五名にのぼり、前年（一四九一名）の約二倍で狭き門となった。四月一二日に入学式があり、一部、二部あわせて二二八名（内、第二部の東亜科五九名）が入学した(79)。四クラス編成で、一部が一～三組、二部（東亜科）が一組であった。

田中校長は式辞の中で、時局が今諸君に期待していることは甚だ多い、今年一月に松岡外相が声明した東亜共栄圏の概念は、仏印、蘭印、タイ等も包摂し、一〇七〇万平方キロの広大な面積と世界人口の三分の一に当たる人口を擁している、然もここに日本が盟主として立とうとするのである、このことは大それたことのように見えるかも知れないが、それこそが日本が永遠に生き抜くべき唯一、必然の道なのである、などと断じ、新入生に対し、東亜共栄圏の確立に邁進し、日本の永遠なる発展に参画し、歴史的貢献を果されんことを望んで止まない、などと叱咤激励した(80)。なお、この年に入学した生徒の中に、後、同志社大学教授になる内田勝敏がいる。

なお、入学式の前々日の四月一〇日午前八時より一九四一（昭和一六）年度の始業式を挙行した。そして、この始業式において田中校長は訓示を行ない、時局に対応した校訓「三実主義」の「明文化」と「正しい解釈」を行ない、それを「昭和一六年度の生徒要覧」に発表した。それは次の如くであった。

「人が生活に一定の信条をもつことは自ずからその生活に風格を与え、信条以外の徳を修める機縁をも供するもので、修徳上極めて有益である。殊に団体にあつては、この信条は時と共に団体の風尚を育て、この風尚は自づから団員を薫化して驚くべき陶冶力を発揮するものである。さればわが加藤聖校長も本校の校訓制定については特別の苦心払われ、本校の創立に先立つてこれを決定されたのであつた。

聖校長御苦慮の要点は、卒業生の置かるべき立場―新時代の実業家といふ職分と、国民の指導者といふ身分―

と、新田温山先生（長次郎氏）の人格—本校創立の動機とその生涯を貫いた生活態度—の二点であり、之を如何に把握し如何に表現するかにあったといふ。かくて成れるわが三実の訓へは同時に聖校長の人格の縮図でもあり、三十年に亘る尊とい教育体験の結晶でもあったのである。

真実—とは真理に対するまことである。皮相な現象に惑溺しないで進んでその奥に真理を探り、枯死した既成知識に安住しないでたゆまず自ら真知を求め、伝統的陋習を一擲して潔く真理に殉ぜんとする態度のことである。換言すれば旺盛なる『科学する心』に外ならない。

実用—とは用に対するまことである。広い意味では真理を真理のままに終らせないで、必ず之を生活の中に生かさんとする積極進取の実践的態度である。最近叫ばれつゝある日本的真理研究の運動も、日本的用を重しとする清新な実用主義であるといふてよいが、本校のそれは、さらに一歩を進めて自己の職域に対する用を求めんとするもので、最も切実旺盛な実践的態度である。

忠実—とは人に対するまことである。人のために図つては己を虚うし、人と交わりを結んでは終生操を変えず、自己の言行に対してはどこまでも責任をとらんとする重厚な態度のことである。かくて深く人を信ずると共に、人をしても深く己を信ぜしめ、信を以て人と人を結ばんとする清く温かき情誼の精神である。

これを要するに、一つには客観的真理を自己の職域における実用面に即して探究し、この結果をその職域に生かしてまことをつくすと共に、二つにはその探求実践の母胎たる社会の結合を、人と人との信をもつて鞏固にし、かくて社会的努力の成果を、全体として強大ならしめんとすることが本校の三実主義なのである。

而うしてこの真と用と人との三者に対して一つのまこと—実を貫くことが、実にわが三実主義の要諦なのである」[81]

加藤校長が一九二六（大正一五）年三月の卒業式において宣言した校訓「三実」の順序は、実用・忠実・真実であったが、一九四一（昭和一六）年度の始業式で田中校長は、①真実をトップに出し、真実・実用・忠実に順序を変えたことと、②校訓「三実主義」をやや詳しく説明し、三実の「明文化」と「確定解釈」をしたこと、この二点が新しい変化・特徴である。田中校長が軍部の校訓「三実主義」不用論にあらがい、校訓「三実主義」を守り、さらに真実をトップに出したことは、戦時下の日本において高く評価されるべきと思う。また、校訓「三実主義」の明文化は、さすが、田中校長が加藤校長の「墓守」人だけあって、加藤校長の「精神」を受け継ぎ、よく考えられて、「明文化」「確定解釈」「正しい解釈」をしたもので、これも一応高く評価されよう。

しかし、時は戦時下である。総力戦体制下である。この校訓「三実主義」の田中的解釈には時局に迎合し、全体主義の指導精神が色濃く盛り込まれている。「三実主義」はその形式的性格、無規定性のために、戦時期には体制にとっての実用、体制にとっての忠実、体制にとっての真実という方向に転変された(82)。実用は「職分奉公のまこと」に、忠実は「忠誠のまこと」に、真実も「日本的真理のまこと」に転変し、加藤校長時代の「三実主義」が「戦時三実主義」に転変し、学生、教職員を「東亜共栄圏」「大東亜共栄圏の建設」のための戦争体制へと駆り立てていったといえよう。

本年度の星野通の担当科目は前年と同様法律学とドイツ語であった。

『松山高商新聞』第一六四号（昭和一六年四月二五日）に編輯子から処世訓や最近読んだ本などについての質問があり、星野通は処世訓として「平凡ですが、努力主義を生活の信条としています。天分の不足は努力で補へるというのが僕の信念です」と答えている(83)。

五月三〇日には、学園拡張計画にもとづく二号館（一九三九年三月竣工）についで、その西隣に三号館（二階建、四教室）が竣工した。この設計者は現時点では不明であるが、二号館と同様に木子七郎であろう。

星野通は『松山高商新聞』第一六五号（昭和一六年五月二五日）に推奨したい債権総論概説書を紹介している。それは、我妻栄先生の『債権総論』（岩波書店）で、同書を類書中の「白眉」と称賛している。これまでの債権法理論はローマ法以来の形式論理的に発展整序され来った巧緻な概念の集大成であるが、本書は非現実的概念法学的方法を止揚し、生きた現実との関連において法規の作用的意義を解明せんとした点に新しい意義を有すると評価している(84)。

また、星野通は『松山高商新聞』第一六六号(昭和一六年六月二七日)に夏休みの読み物として、浜辺正彦訳『ベルツの日記』(岩波書店)とヤーコブザール・高橋健二『ヒットラーユーゲント』(新潮社)を紹介している(85)。ヤーコブザールはナチス東京支部長、高橋健二は東京帝大卒で成蹊高等学校教授のドイツ語学者で、また、大政翼賛会文化部長を務めている。その『ヒットラーユーゲント』を紹介するとは、時局迎合的で少し違和感があるが、星野は高橋健二教授を平素から尊敬しており、そのために紹介したのであろうか。

九月三日、田中校長は文部省の指導の下、皇国の大使命を完遂すべき臨戦体制下にあって国家要務に即応すべく「松山高等商業学校報国団」(前年一二月一六日結成)の出動隊たる「松山高等商業学校報国隊」を結成した。隊長が田中忠夫、大隊長が伊藤秀夫、第一中隊長が住谷悦治、第二中隊長が星野通、第三中隊長が古川洋三という布陣で、小隊長は主任教授、副小隊長はクラスの級長がこれにあたった(86)。隊長、大・中・小隊長という陸軍組織の呼称を学園にあてはめるなど、正に学園の臨戦報国体制化であった。

この布陣をみると、年齢・経歴からみて当時としてはやむを得ない人事であるが、現時点でみると何となく違和感がある。というのは、生徒課長の伊藤秀夫はリベラルな考えを有しているし、住谷悦治は治安維持法で検挙された経歴があるし、古川洋三は自由主義者であるし、星野通も穏健な社会民主主義的考えを有しているからである。

一〇月六日、第一回集団勤労動員が始まり、二年生約九〇名が広島の陸軍兵器補給廠に動員された。

一〇月一五日、政府は大学、専門学校などの修業年限の短縮(一九四一年＝昭和一六年は三カ月短縮)を決めた(87)。卒業を早くし、軍隊に産業動員に駆り立てるためであった。

太平洋戦争勃発前夜であるが、星野通は明治民法編纂史の研究に没頭していた。一〇月、『松山高商論集』第四号った。

（昭和一六年一〇月）に「明治民法編纂史の一齣（その二）」を掲載した。第二号の続編で、その大要は次の如くである。

「はしがき

本稿は松山高商論集第二号「明治民法編纂史の一齣」及び東大法学協会雑誌第五七巻第一二号「明治初期民法編纂史」の続稿で、明治一三年より同二三年旧民法成了時までの民法編纂事業の経過を明らかにしたものである。

（一）明治一三年より一九年までの編纂

明治九年六月箕作麟祥、牟田口通照両名によって起草に着手された民法草案は、一一年四月成案となり、司法卿大木喬任に提出されたが、同草案は人情世俗を異にする仏国民法をそのまま翻訳複写したものに過ぎなかったので、大木卿には不満で、明治一二年大木卿は改めて法律顧問の仏人ボアソナードをして新たにわが民情に沿う民法草案の起草に着手せしめた。

明治一三年二月元老院議長に転じた大木は、同年四月元老院内に民法編纂局を設置し、自ら総裁となって、元老院議官楠田英世、箕作麟祥、司法少書記官兼太政官少書記杉山孝敏、黒川誠一郎、太政官権少書記官磯部四郎ら編纂委員を選び、ボアソナード起草の草案を中心に本格的な民法編纂に着手した。六月二日民法編纂局の機構が定められ、委員は討議員と分任員に分たれ、討議員は専ら法案を討議、分任員は草案編纂事務を担当した。分任員は四課に分たれ、第一課は仏文を以て草案を起草、第二課は法案作成に必要な語彙の編成、第三課は条文の文章の修正等、第四課は現行民事慣例の収集が任務で、中心の第一課の分任員には箕作麟祥、黒川誠一郎、磯部四郎及び法律顧問ボアソナードが任命された。第一課においてボアソナードにより仏民法を模範とする草案が起草され、分任員によって翻訳が行なわれたが、箕作の功績大である。

そして、分任員が熱心に草案を起草したが、編纂事業は容易に進行せず、難航を極め、当初予定の一四、一五年中には成了ならず、さらに一六、一七、一八年と年を重ねても成了ならず、明治一九年三月に至って漸く財産編及び財産取得編一〇〇〇余条の脱稿をみた。そして大木委員長はこれを内閣（伊藤内閣）に呈上した。そして、内閣はこれを元老院の審議に附した。

ところが、草案は未審議のまま、法制局に返付された。理由は、不平等条約改正、領事裁判権撤廃のためにウエスタン・インシプルによる諸法典を外務省が統一的に編纂することになったからであった。

（二）民法編纂局廃止後に於ける司法省内民法草案編纂委員の編纂

明治一九年三月、民法財産編・財産取得編が内閣に呈上されるとともに三月末を以て民法編纂局は廃止されて、同年四月司法省内に民法草案編纂委員会が設置され、法典残部、殊に人事編の起草が継続された。委員は磯部四郎（検事）、高野真遜（司法省参事官）、熊野敏三（同）らであった。ただし、人事編の成了はなされなかった。

（三）井上馨主催外務省法律取調委員会における編纂事業

不平等条約改正に取り組んでいた井上馨外相が、領事裁判権撤回のためには泰西主義による諸法典編纂を短期日に完遂することを痛感し、新たに外務省において諸法典を編纂しようと、明治一九年八月六日に外務省に法律取調委員会を設置し、自ら委員長になって民法その他を一気に呵成せんとした。

井上馨の法律取調委員会の委員には、西園寺公望（特命全権大使）、三好退蔵（司法次官）、ボアソナード（内閣法律顧問）、カークード（司法省雇法律顧問）、ルードルフ（同）が任命され、また取調委員書記に今村和郎（法制局参事官）、栗原省吾（司法大臣秘書官）、本多康直（司法省参事官）、浦力雄（司法書記官）、都築馨（外務省参事官）を任命し、法典編纂の準備をはじめ、二〇年四月一二日にいよいよ諸法典の起草に着手することになり、さらに委員として、陸奥宗光（弁理公使）を法律取調委員副長となし、箕作麟祥（元老院議官）、レースラー（内閣顧問）、モッセ（同）、ベルヒマン（法律取調委員会雇）らを委員に任命して、法案の起草をすすめた。

しかしながらである。明治二〇年七月に至って、井上の条約改正運動は頓挫することになった。それは法律顧問のボアソナードが六月一日に異例の外交意見書を政府に上申し、井上の改正条約案（外人法官の採用等）の不合理・屈辱的な点を指摘した。これが契機となり、世論が沸騰し、とりわけ閣僚の谷干城は改約案を指弾し、ついに井上は七月二九日条約改正の無期延期を表明し、九月一七日に外相を辞任した。

そして、井上馨は外務省の法律取調委員会は司法省の委員会に移して、継続することが適当だと伊藤総理に建言し、その旨決定された。

（四）明治二〇年一〇月以後旧民法典成了時までの編纂過程

明治二〇年一〇月二一日、井上が法律取調委員長を辞め、法律取調委員会は司法省に移管され、時の法相山田顕義が取調委員長となって、民法等諸法典編纂事業が継続することになった。新組織と共に委員の任命が行なわれ、委員会は法律取調委員と法律取調報告委員より組織された。取調委員には三好退蔵、箕作麟祥が残留し、新たに元老院議官又は高官の司法官が任命された。報告委員には司法官、司法書記官、司法参事官等の働き盛りの少壮法律家が任命された。

第一回帝国議会前に編纂完了し、元老院を通過せしめるために山田委員長以下一同の精勤ぶりは筆舌につくし難いものがあった。山田委員長は法典伯の名に背かず会議には必ず出席して、終始熱心に審議をリードした。

取調委員、報告委員中、民法草案編纂に関係したのは誰であるか。草案の大部分、即ち、財産編・財産取得編の大部分・債権担保編・証拠編はボアソナードにより起草されたものを報告委員磯部四郎らが翻訳したのであるが、すでに一九年にできていたから順調に進行した。他方人事編及び財産取得編中相続その他に関しては本邦古来の民俗慣習をよく参酌し、国情に沿う草案を立案することが必要であったので邦人委員の手により、人事編は報告委員熊野敏三が起草し、財産取得編中の相続・贈与・遺贈・夫婦財産契約に関する部分は報告委員磯部四郎らが起草した。

かくて、①明治二一年一二月二七日、民法草案財産編・財産取得編・債権担保編・証拠編が山田委員長より内閣総理大臣に、②明治二三年四月一日、人事編が山田委員長より内閣総理大臣に、③四月二一日に財産取得編残部、即ち相続・贈与・夫婦財産契約に関する部分が、山田委員長より内閣総理大臣に呈上され、元老院の議に付された。元老院では三浦安、村田保などの猛烈な反対があったが、山田委員長は強引に反対を押し切った。

そして、明治二二年七月財産編・財産取得編・債権担保編・証拠編が元老院で議了し、また、二三年九月に人事編、財産取得編残部が元老院で議了し、枢密院に送られ、審議・議了した。

そして、明治二三年三月二七日、天皇の裁可を得て、四月二一日の官報において法律第二八号をもって民法中財産編・財産取得編・債権担保編・証拠編が公布され、同年一〇月六日、天皇の裁可を得て、一〇月七日の官報において法律第九八号をもって民法中人事編・財産取得編中相続・遺贈・贈与・夫婦財産契約の部分が公布され、明治二六年一月一日施行されることになった。

以上が明治一三年より二三年まで、旧民法公布に至る約一〇年間の概略であるが、この文化的建設的大事業関係中、特に大きい功績を称えられねばならぬのは、大木、山田の両名及び一〇年の長きにわたって直接草案の起草・調査・翻訳の衝にあたった箕作、磯部、ボアソナードの三人である。

(五) 旧民法

明治二三年完成の旧民法典は明治一三年ボアソナード起草の草案を基案として成功したものであり、数次の変遷はあるが、終始自然法学的見地より近代法の先駆たる仏国民法に範を取って編纂されたもので、内容・体裁・編別ともに仏法に類似している。以下、その簡単な説明・批判をしよう。

①編別・体裁は仏国民法に範をとっている。だが、仏民法が人、財産、財産取得の三編編成となっているのに反し、人事編、財産編、財産取得編、債権担保編、証拠編の五編となっている。

②旧民法の指導原理は、不平等条約改正のためにはウエスタン・インシプルの民法法典をもつことを必要とする外的要因に基づき、近代ヨーロッパ民法の先駆をなす仏国民法を母法とした泰西流の民法である。従って、

個人人格の絶対尊重を理想とし、人権宣言によって宣言された所有権絶対の原則・契約自由の原則・自己責任原則の三大原則が法典精神の奥底を貫流する極めて自由主義的な近代私法たることで、現行民法と同様である。

③欠陥としては

・民情を異にする異国人、しかも只一人の仏人自然法学者の手で起草されたこと
・原案が外国語で書かれていること
・取調委員、報告委員は箕作、磯部、熊野、井上、宮城など仏法系法学者が多数であったこと
・民法編纂者と商法編纂者との連絡が充分でなかったこと
・短期間で法案を成了せんとして委員の法理論争を極力封じ、その結果、英米法やドイツ法学的見地よりする法案の批判論議が行なわれなかったこと
・元老院では逐条審議でなく一括審議がなされたこと

以上の事情は次の如き大きな欠陥を生ぜしめた。

(a) 我が民情旧慣に悖る条項、国民生活に適応せざる規定が多数存在すること
(b) 近代ヨーロッパの他の進歩的な立法学説、例えばドイツ民法草案などや英米法が参酌されていないこと
(c) 編別分類に学理的にみて不合理な箇所があること、即ち第一編の人事編においては人格及び能力に関する規定と親族関係規定が混同されていること、財産編においては異質の物権規定・債権規定が包含されていること、財産取得編において身分関係の家族相続規定が含まれていること等
(d) 私法実体法たるべき法典が公法規定を包含していること
(e) 条文が錯雑、重複がみられ、欠漏が多いこと

(f) 商法と民法の起草者が異なっていたため、立法の統一性を失っていること
(g) 定義、説明、引例が多く煩雑であること
(h) 翻訳調に流れ意味不明瞭な規定が相当存在すること

以上は、清浦奎吾や仏法学者にして仏法系法典には比較的同情あるべき筈の富井政章博士によって指摘された新法典の欠陥である。この旧民法の欠陥への批判は、特に旧慣民情を無視する点多いとして、中止、延期運動が白熱化し、第三議会で頂点に達し、延期派が勝利し、旧民法は永久に葬りさられることになるが、それについては稿を改めて述べることにする。

④旧民法ならびに草案の我国に及ぼしたる諸影響

多くの欠陥を有し、悲劇的運命を辿った法典であるが、旧民法並びに草案が我国に及ぼした諸影響について見ておこう。

(a) 現行民法はドイツ民法第一草案に範をとり、僅か三年で制定されたが、その成功の蔭にはこの旧法典が編纂上参考となり、現行法完成の礎石資料となったことである。
(b) 旧法典及び草案は明治初以来現行民法施行にいたるまでは、単なる草案にとどまらないで、一般民事裁判の準拠となったことである。この点、草案の影響は特筆すべきである。
(c) 旧民法並びに草案は我国法学の発達に大きな影響を与えた。殊にフランス法学の隆盛をもたらしたことである。
(d) 明治二三年完成の旧民法その他商法、民事訴訟法、裁判所構成法は帝国憲法と共に欧訳されて、二五年九月ジュネーブで開催された国際公法学会に金子堅太郎により提出され、各国の法学者の広く認める所となって、同会は日本に於ける領事裁判権撤回を決議するに至ったことである。そして、この学会決議はやがて我国の不平等条約が改正される原因となった。その意味で、旧民法典は実施こそされなかったが、

条約改正を促進する有力な要因となったのであり、その第一義的使命を果たし、意義は多大である。（昭和一六年九月六日）」(88)

星野通のこの論文について、少しコメントしておこう。

①星野通が旧民法の編纂過程について緻密な歴史研究を行ない、旧民法の指導原理・特質ならびにその問題点・欠陥について客観的に考察したことはその後の編纂史研究の礎石を築いた点で功績があろう。

②旧民法は流産したものの、新民法典制定の礎石となり、裁判の準拠となったり、不平等条約改正の促進要因となったり、その歴史的役割・意義を高く評価しているが、妥当な評価であろう。

③星野通は、旧民法典の性格、評価について、幾多の欠陥はあるが、基本的には「自由主義的な近代私法たること現行民法と同様である」とまで言い切っていることである。財産関係では確かにそのように言い得るが、身分法関係で家制度、女性卑賤、男子単独相続等の前近代的側面があるのに、その具体的分析、説明をしておらず、旧民法＝現行民法とか、近代私法とかいうのは論証不足、説明不足ではないかと思う。

一九四一（昭和一六）年一一月星野通は、東大法学協会雑誌第五九巻第一一号に「資料　続明治民法編纂史」を掲載した。本誌第五七巻第一二号に掲載された「資料　明治初期民法編纂史」の続編で、それは、『松山高商論集』第四号「明治民法編纂史の一齣（その二）」の転載であった。

一九四一年は創立一八周年に当たる。『松山高商新聞』第一六九号（昭和一六年一〇月二五日）は松山高商一八周年記念特集号を発刊した。その紙面に田中忠夫校長が「建設途上の学園」、伊藤秀夫生徒課長が「緑化された学園」を記し、発展・躍進整備される学園の状況を報告している。また、星野通には編輯子から学園回顧を要請され、「回顧十七年」を執筆している。星野通の「回顧十七年」の大要は次の如くであった。

「赴任したのが大正一四年の春だから、丁度今年で一七年になる。いわば半生をここでご厄介になった。当時生徒だった増岡、浜田両君が中堅教授になっていることを思えば、歳月余りに速きこと感慨無きを得ない。着任してみたら中学時代の同級生が二人もいて慌てふためいた。相前後して着任した大鳥居君はゲレールテンカールになって風格が出てきた。また、新帰朝の古川君もスッカリグレーヘアの品のいいプロフエッサーになってしまった。頭髪のウスラ寒さを嘆ずるもの豈此の両人のみならんや。

学校はその頃創立三年目で、一学年定員五〇名づつの小さい寺子屋式のものであったが、今日はこの盛況を見るに到った。輪奐の美は漸く整なはんとし、誠実な教授団は今や私学高商の帝王的地位を世に誇らんとしている。これ皆田中校長の非凡な才と学問に対するよき理解の然らしむ所であり、生徒諸君も我等も等しく感謝しなければならない。生徒諸君も一頃に比して一段と勉強し又読書するようになってきたと思う。市内の一流書店に高校生より高商生のお客が多いなどと言ふ噂を耳にすると本当に嬉しい。今後も大過なくご奉公して学園協同体の健全な発展のために微力を尽くしていきたい。往時を思えば夢の如しだが、取り留めない思い出を一つ二つ。

その昔天下の耳目を慫動させたのは大正一四年夏の瀬戸内海横断遠泳だった。生徒五名梅津寺浜から内海六〇マイルを四日間で泳ぎ切り中国の柳井港まで行ったが、満天下の新聞はヤンヤンとこの壮挙を書きたて、無名の一田舎高商は一躍その名を天下に知らるることになった。我等は之を毛唐のドーヴァキャネル泳断の壮挙に比べたりして大いに気をよくしたのだった。計画者は先頃まで大連高商の教授をしていた村川君であり、初代加藤校長は自ら警護船にのって柳井港まで同行されるという熱狂ぶりであった。いづれにしても思い切ったことをやったものである。

年々の校友会の夏期遠征に同行することも嬉しいことの一つであった。生徒諸君と優勝の喜びをともにすること一〇回位あったろうか。勝つ毎に優勝のマスコットなどとおだてられ、元来人間がシンプルなだけに終わりには優勝と自分との間に何か関係があるような錯覚さへ起こしそうになって皆に笑はれたりした。何にせよはち切れそうな元気のいい生徒諸君と苦楽をともにした旅行は忘れ得ぬよき思い出である。優勝はテニスが全国高専制覇一回、関西高専大会優勝五回、剣道全国高専一回、柔道の全国高商大会三連覇。勝て帰る愉快さは格別だが、殊に銀座をカップをかついで自動車でねったあの第一回テニス高専大会優勝の時のうれしさや真紅の優勝旗を抱いて夜を徹して痛飲した本郷の宿舎の剣道全国高専大会優勝など、今も脳裏に焼き付けられている。

思い出はこの位にして、年の瀬を前に学園を去り、年明ければただちに国防の第一線に或いは産業要員として御奉公せねばならない超非常時の新卒業生の多幸を心より祈念しつつ擱筆、皆々どうぞ〔可〕惜身命別不惜身命の気持ちで自重して御国のために活動してください」(89)

一九四一(昭和一六)年一〇月一六日、近衛内閣が総辞職し、一八日東条英機内閣が成立した。そして、一二月一日、御前会議で対米英蘭開戦を決定し、八日、マレーと真珠湾の攻撃を行ない、太平洋戦争がはじまった。

一二月一六日、第一四回卒業の船谷利章が、「大東亜戦争」勃発とともに出征中、壮絶な死を遂げた(90)。

一二月二六日、文部省の指示で三カ月短縮した第一七回卒業式が挙行された。川上善三郎ら一六三名が卒業した。この日の卒業式の式次第が『三十年史』に載っている(91)。

星野通は卒業生に対し、次のような餞の言葉を贈っている。

「青淵渋沢翁はその令息達が事業に着手せうとする時、①それが道理正しいかどうか、②時運に適して居るかどうか、③人の和を得て居るか、④その分ふさわしいかどうかの諸点につき特に注意するよう諭されたと言ふことである。将来実業人、産業人として、世に処してゆかれる諸君に私は財界巨人の掬すべきよき言葉をはなむけとして贈りたいと思ふ」(92)

一九四二（昭和一七）年二月、報国団の部長が変更があった。星野通は報国団の鍛練部長であったが、身体の状態が良くないとの理由で辞任し、代わって古川洋三が鍛練部長に就任している(93)。

三月二三日、学園拡張計画にもとづく校舎四号館（平屋建て、大合併二教室）が竣工した（場所は元プール跡、講堂・図書館の西側）。

(9) 一九四二(昭和一七)年度

一九四二年度の校務も西依六八が教頭兼庶務課長、大鳥居蕃が教務課長、伊藤秀夫が生徒課長を続け、田中校長を補佐した。星野通は図書課長を続けた。

一九四二年度の入学試験は卒業式が繰り上げられたこともあり、例年よりも早く、三月五、六日に行なわれ、定員は前年と同じ二〇〇名に対し、志願者は二六五三名もあり、前年と同じく狭き門となった。

四月一日に入学式があり、二二二名が入学した。田中校長は入学式の式辞で、今事変の意義は大東亜共栄圏の確立で、共栄圏の面積は豪州を含めて約二〇〇〇万平方キロ、これは日本本土の三八万平方キロ、朝鮮台湾含めて六八万平方キロに比べて実に広大であり、人口も日本の一億余りに対し共栄圏総人口は七億である。これにインドを含めると総面積二四〇〇万平方キロ、総人口一一億で世界の半ばに当たる。日本はこの大東亜の建設、英米勢力の駆逐による大東亜の蘇生にとりくまねばならない、そして、そのためには日本人の指導力が極めて重大であり、また諸君の使命もまことに重大であると、叱咤激励した(94)。この時に入学した生徒に、後に大阪大学教授になる作道洋太郎氏がいる。

本年度の星野通の担当科目は前年と同様である。

本年度、卒業生の戦死が続いた。本校第一二回卒業生の亀井廸男が戦死した（日にち不明）(95)。また四月一二日、

第一二回卒業生の田中澄雄がビルマ戦線で(96)、さらに五月七日に、第一五回卒業生の松田喬がフィリピンの上陸後バターン半島の攻略戦の中で戦死した(97)。

そんな中、星野通は『松山高商新聞』第一七三号（昭和一七年四月二五日）に「フィラテリー起原考」を投稿している。それによると、郵便制度を創始したのはイギリスであり、切手をはじめて発行したのもイギリスで、それは一八四〇年五月一日であり、程なくして切手収集趣味がはじまったと、述べている(98)。

本年度は国家・軍の圧力が学園に一層強まって来た。五月七日、文部省（橋田邦彦文相）に前年一一月に申請していたカリキュラム改正の認可が下りた。カリキュラムの戦時編成であった。その要点は、①体操各学年三時間を体操一時間、教練二時間に区分したこと、②国史、日本産業論、東亜経済論、植民論、経済法など新科目を設置したこと、③法学通論、憲法の時間を〇・五時間増やしたこと、④英語の時間数を三カ年二二時間を一六時間に削減したこと、⑤商業科目中、外国為替、貿易、市場論等の各科目が独立科目としての姿を消したこと、などであった(99)。敵性語の縮小であり、戦争に役立たない科目の廃止であり、カリキュラムの戦時化であった。

六月一〇日には、第一三回卒業生の山本博が中国戦線で戦死した。また第一五回卒業の福田鉄雄も中国戦線で戦病死した(100)。

七月一四日に、文部省・軍の圧力で住谷悦治教授が退職することになり、また太田明二教授が京城高商に転任のため、また、学校では両教授の告別式を行なった。住谷教授は昭和一二年に松山の土になる覚悟で赴任してきたのに、僅か五年で辞めねばならなくなったことはまことに残念で、断腸の思いである、私は人前では泣きません、泣きたければ一人になった時に泣きます、ゲーテのように、などと述べ、松山高商の五年間は立派な校長先生の指導のもと幸福で愉快にすごすことが出来たと感謝し、別れに臨んで鑑真和尚の弘法のための強靭で不撓不屈の精神、又芭蕉が鑑真の墓の前で泣いたことを紹介し、最後に諸君はこれからの人生に幾度か断腸の思いを経験することがありましょうが、その時はじっとそれを噛みしめて鑑真の強靭な意志と文化のための努力を想い、大東亜共栄圏の文化発展のためにお尽くし下さいと別れの挨拶をした(101)。田中校長も住谷教授を擁護したが、駄目であった(102)。

軍の圧力が学園に襲いかかってくる中、星野通は民法典論争の研究に没頭しており、その成果を八月『民法典論争資料集（上）』（松山高等商業学校商経研究会「研究彙報」第八号）、一一月『民法典論争資料集（下）』（同「研究彙報」第九号）として出版した。その目次を掲げておこう。

『民法典論争資料集（上）』

「はしがき

第一部　民法典論争の概観

（一）序戦

（二）商法典戦

（三）英法学派、仏法学派

（四）論戦本格化とその成敗

（五）論戦の原因、史的意義

第二部　資料編

第一　延期派論文

（一）法学士会ノ意見ヲ論ズ　増島六郎

（二）英法ノタメニ妄ヲ弁ズ　岡野敬次郎

（三）箕作司法次官演説ヲ分析セヨ　奥田義人

（四）民法財産編批評　江木衷

（五）嗚呼民法証拠編　花井卓蔵

（六）明治二十二年の法律社会及法理精華　法理精華社説
（七）証拠法論　法理精華社説
（八）法律ノ学士磯部ノ四郎大先生ノ五議論ヲ評ス　鳥居鍗次郎
（九）新法典概評　法理精華社説

第二部　断行派論文

（一）法理精華ヲ読ム　磯部四郎
（二）法律編纂ノ可否　井上操
（三）法典発布ニ就テ　岸本辰雄
（四）新法発布ニ就テ　両角彦六」

『民法典論争資料集（下）』

「はしがき

第一部（明治二十四年中に発表されたもの）

（イ）延期派論文

（一）法学新報発行之主趣　法学新報社社説
（二）国家的民法　穂積八束
（三）民法出デテ忠孝滅ブ　穂積八束

（ロ）断行派論文

（一）発行ノ辞ト共ニ法治協会ノ主義綱領ヲ明カニス　法治協会
（二）法治協会雑誌発行ニ就テ　名村泰蔵
（三）法典ノ修正実施先後論　和田守菊次郎

（四）我国法律上ノ慣習ニ就テ　飯田宏作
（五）新法制定ノ沿革ヲ述ブ　磯部四郎
（六）我帝国ニ於ケル法典ノ利害如何　大井憲太郎
（七）新法典ノ十大原則ヲ明カニス　塩入大輔
（八）法典断行ノ意見　楠木正隆
（九）法典ト条約改正　白眼道入立案
信岡雄四郎筆

第二部（明治二十五年発表されたもの）

（イ）延期派論文

（一）法典批評―人事編ノ抵触及ビ重複　奥田義人
（二）民法証拠編ノ欠陥　土方　寧
（三）読法典実施断行意見書　法学新報社説
（四）法典実施延期意見　同社説
（五）法典断行説ノ妄ヲ論ズ　奥田義人
（六）法典実施断行論者ノ自白　高橋健三
（七）法典ト条約改正　花井卓蔵
（八）法理上ニ於ケル民法財産編欠点　法学新報社説
（九）民商法交渉問題　松野貞一郎
（十）法典延期法律案両院ヲ通過ス　法学新報社説
（十一）法典問題　法学新報雑報

（十二）法典一部延期論ノ妄ヲ弁ズ　同社説
（ロ）断行派論文
（一）第三議会ト司法省　法律雑誌社説
（二）法典実施ト司法官ノ団結　同社説
（三）法典実施断行ノ意見　法治協会
（四）法典実施断行意見　和仏法律学校校友会
（五）明法会設立目的及ビ会員　明法誌叢記事
（六）法典実施意見　梅　謙次郎
（七）我カ最後ノ決心　法律雑誌社説
（八）法典ノ実施ニ関スル明法会員ノ意見　明法誌叢記事」(103)

星野は『民法典論争資料集（上）』の「はしがき」で、本資料集は星野年来の研究である明治民法編纂史の一齣というべき法典論争の全貌とその意義を専ら原史料によって明らかにするために、断延両派の論文中、主要なものを蒐集し系統的に分類したもので、当時の激しい論戦を物語る生々しい記録で貴重な史料であると述べている。そしてその史料の筆録は中央大学生の宇高直君と明治大学の仙波正弥君（ともに星野通の教え子）の半年に及ぶ血の滲む様な筆写のお蔭と感謝している。

そして、星野は旧民法典論争を「法学史的にみれば明治初中期に於ける我が法学界の二主流法学派、英法学派、仏法学派の熾烈な論争であり、更に又社会思想史的政治思想史的に見れば国権主義官僚主義と自由民権主義、旧慣尊重の保守主義思想と進歩主義思想との相剋」と位置づけた。

『民法典論争資料集（上）』第一部の「民法典論争の概観」について、少しコメントをしておこう。

①『民法典論争資料集（上）』の第一部の「民法典論争の概観」は、『松山高商論集』第一号所収の「日独法典論争の顚末」を基礎として、その後の蒐集原資料への沈潜により全面的に書き改めたものである。資料的には充実し、資料を踏まえ、英仏法両派の主張をより詳しく論じたのは学界への大きな貢献であろう。

②『松山高商論集』第一号の「日独法典論争の顚末」では英仏両派の論争の是非については慎重に判断を避けていたが、『民法典論争資料集（上）』では、仏・英法両派の対立を自然法学対歴史法学の対立のみならず、「進歩主義思想と保守主義思想、自由民権主義思想と国権主義・藩閥官僚主義思想との論争、謂はば相対立するイデオロギーの相剋を浮刻する思想戦」「自由主義的進歩主義に対する国権主義・旧慣主義的保守主義の抗争」「歴史法学対自然法学の外衣を装うた保守主義と進歩主義、国権主義・半封建的旧慣尊重主義と自由民権主義との対立と言ふ政治的社会的イデオロギーの相剋」（同二六～二七頁）という、日本資本主義・日本歴史・日本政治史・日本思想史の中に法典論争を位置づけ、その社会思想史的、政治思想的イデオロギーの相剋面を浮き彫りにしたことであろう。それは新しい資料として、断行派の中に、大井憲太郎や塩入大輔等の民権派を発見したこともその一因であろう。

また、『資料集』では平野義太郎の一九三〇年八月の『法律時報』掲載の「明治法学学史における一学派」を引用しており、読んでいたことが分かり、法典論争の性格規定につき、平野説「自由主義と半封建的専制主義、改進論と保守論との対立・相剋」に似ており、マルクス主義者の平野説を受け入れ、それをさらに詳細に発展させたと見て良いだろう。

③そして、星野通はこの法典論争の史的意義として、法学史的には価値の低い論戦であったが、「直訳的な外国法の継受を一擲し、進歩せる近代法理学説と固有の民俗との調和的摂取によってわが社会的地盤に適合せる法典を制定せんとする自主的立法への道を拓いた点において、それは我が立法政策史上注目すべき画期的な重要事件であったと言ふべきである。我々はここに二十六年法典調査会が設置され、梅、富井、穂積三博士を中心に旧民法

修正の名の下に、実は全く新しい民法典の編纂が開始されたと言ふ事実を何よりもさきに想起せねばならないのである」（二九～三〇頁）と述べ、星野通は次の法典調査会及び現行法典の研究に邁進することになったのである。

一九四二（昭和一七）年九月、星野通は「ロスコー・パウンドの法目的論」を『松山高商論集』第五号に執筆した。九月一二日、第一八回卒業式が挙行され、一八〇名が卒業した（後、再試で一八五名）。本年の三年生は、卒業が六カ月間短縮され、卒業生は戦場へ、銃後の職場へと散っていった。その一人に染次正がいる（柔道部、後、一九四四年六月フィリピンで戦死）。卒業式において田中校長は人文主義を超克して新しい世界文化、及び東亜共栄圏文化建設のために挺身すべきことを訓辞し、卒業生を叱咤激励した(104)。

卒業生の戦死は続いた。一二月二〇日、第一六回卒業の足立賢次が東部ニューギニヤで戦死した(105)。

一九四三（昭和一八）年一月、新年の拝賀式において、田中校長は訓示を行ない、大東亜戦争は二年目を迎え、米英両国はたくましく立ち直ってきており、今年は未だ経験せざる国難にぶつかるだろう。学校生活も重大時局に対応していかなければならない。私は映画のハワイ・マレー沖海戦を見てしみじみ泣いた。一八、一九歳の若い少年航空兵が御国のために死ぬ覚悟をしていたとはまことに敬服し感激するところです。我々は学校を通じて国家に御奉公することを考えねばなりません、などと述べた(106)。

一九四三年に入ると、戦局はますます厳しくなった。前年からのガダルカナルの戦いは敗北し、二月一日から撤退がはじまった。各地で玉砕がつづいた。山本五十六連合艦隊司令長官も四月一八日戦死した。

本年一月、田中校長は太田明二教授の後任として、吉田昇三を教授として採用した。吉田氏は大阪商大時代の賀川英夫教授の同僚で、賀川の尽力で採用した(107)。

同年二月五日、田中校長の生みの親で、若き田中校長を支えてきた教頭であり庶務課長の西依六八教授が死去した。

西依教授は一八八二年佐賀県生まれ、一九〇九年七月京都帝大理工科純正化学科卒。日本製布株式会社に勤務し、次いで立命館中学高等予科、満鉄中央試験所に勤務したのち、一九二三年四月本校教授に就任し、商品学の権威であり、野球部長を長く務め、松山高商の名を全国に高からしめた教授であった。また、教員出身の最初の法人理事であった。享年六一歳[108]。学校は二月七日校葬をして応えた。なお、庶務課長の後任は増岡喜義（一九四三年三月から）、後任理事には伊藤秀夫が就任する（一九四三年九月から）。

(10) 一九四三(昭和一八)年度

一九四三年度の校務も大鳥居蕃が教務課長、伊藤秀夫が生徒課長を続け、また、増岡喜義が故西依六八の後任の庶務課長となり、田中校長を補佐した。星野通は図書課長を続けた。

一九四三年度の入学試験が三月一〇、一一日に行なわれ、定員は前年と同じ二〇〇名に対し、志願者は二八〇六名で、前年（二六五三名）を上回り、狭き門が続いた。四月八日に入学式があり、二一五名が入学した。

田中校長は入学式の式辞で、時代は益々躍進を遂げ、東亜の新秩序は印濠を含めて二四〇〇万平方キロ、人口一一億人であり、我々日本人は世界人口の半分を占める地域の盟主となり、その指導者に立とうとしている、そのために学校教育がますます必要である、今日、実学、科学教育とは工業と言われるが、工業だけでなく、簿記・会計・一般教養・商業などの高商教育も必要であると言い、新入生を叱咤激励した[109]。この時入学した生徒の中に、後、松山商科大学学長になる梶原晴（後、稲生家に入り稲生晴）がいる。

本年度の星野通の担当科目は、前年度と同様であった。

一九四三（昭和一八）年度は創立二〇周年に当たる。学校は職員、生徒より委員を選び、記念祭を計画した。その計画は記念行事と記念事業で、大体は次の如くであった。

記念行事としては、五月一五日二〇周年記念式典、一六日関係物故者慰霊式、一七日運動会、展覧会、そして二二日に安倍能成、上原専禄氏の講演会等、記念事業としては、創立二〇周年の『松山高商論集』、『日本特殊産業の展相』の出版、『戦没勇士追想録』、懸賞論文の募集等であった[110]。

五月一五日、本校は創立二〇周年の記念式典を文部大臣代理、知事代理、高松高商校長、商工会議所会頭、新田家代表等の臨席を得て挙行した。その式典において、田中校長は高商の発展ぶりを報告し—定員を当初の一五〇名から昭和一六年には六〇〇名に増やし、大東亜共栄圏建設という国策に協力して「支那語科」を特設したこと—、また、学校経営と教育の方針、訓育方針を論じ、最後に今大東亜共栄圏建設のために科学教育の必要が叫ばれているが、個々の技術に囚はれて全体を見失ってはいけない、戦争経済遂行上の難点が物資と人員の適正配置にあり、そのためにも高等商業学校の教育が重要だと述べ、挺身職域奉公の誠を致すとその覚悟を披瀝した[111]。

五月一六日、田中校長は学園の物故者への慰霊式を挙行した。物故者は加藤校長ら一八四名で、また戦死者三一名であった[112]。

そして、松山高等商業学校は、二〇周年記念事業の一環として『戦没者勇士追想録』を出版した。日中戦争、太平洋戦争の激化に伴い、本校関係者の戦死者が少なからず出たため、戦死者を勇士とし、その武勲、尽忠の至誠を讃え、そしてあとに続く温山会員の士気を励まし、叱咤激励するためであった。編集委員長は田中忠夫で、田中は今次の戦争は一〇〇〇年に一度あるか無いかの世界史的大事件であり、この戦争に君（天皇）のために殉じ、死を覚悟する精神はまさに日本道徳史における「金字塔」だと讃え、さらに、この昭和武士道の精神を日常生活の各方面に拡充し、さらに東亜の天地に拡充して一一億民のために王道楽土を築き、大昭和武士道を完成することは、我々ならびに後をつぐ温山会員に残された課題だと述べている。なお、編集は高橋始、増岡喜義、浜田喜代五郎、賀川英夫が行ない、実際は賀川が全部引き受けた。

また、松山高商商経研究会は、創立二〇周年記念事業の一環として、共同研究『日本特殊産業の展相』を刊行した。それは、明治以降の伊予の産業の展開を考察したもので、五一五頁にわたる大部な画期的な研究成果であった。論文名を掲げると次の通りである。川崎三郎「伊予絣の研究」、大鳥居蕃「今治綿業の研究」、増岡喜義「伊予和紙の研究」、賀川英夫「松前のおたた研究」、太田明二「愛媛県に於ける銀行合同の研究」、賀川英夫「宇和島藩の財政と殖産興業」、賀川英夫「若松常齢の宇藩経弁」、住谷悦治「三瀬諸淵の研究」であった。なお、星野通は、法典調査会・現行民法の研究に専念しており、執筆していない。

六月二五日、東条内閣は閣議決定で「学徒戦時動員体制確立要綱」を決めた。それは、戦争拡大につれて不足する労働力を学徒で補うためであった。以後、翌年から本校生徒にも勤労動員命令が来ることになった。

八月、賀川英夫教授が台北帝国大学文政学部助教授に転任のため退職した。ところが、台北帝国大学への赴任の途中、輸送船が不慮の災禍（米軍の潜水艦の魚雷爆撃）にあい、一家六人亡くなられた。享年三七歳。悲劇であった[113]。

だが、時代の犠牲者は、住谷教授や賀川教授だけではなかった。一九四三年には星野通にも及んだ。星野通は戦後の一九四八（昭和二三）年一月に往年を回顧して次のように述べている。

「時代の犠牲者はこの人達ばかりではない。かく云う私自身も昭和一八年些細な問題で当時病床に呻吟する身を東條法律と云われた言論出版集会結社等臨時取締法で危うく検挙されかかった事があった。病気で辛うじてうまく不起訴となったが、特高幹部の臨床尋問三度、病中悲憤の涙に泣きくれたことであった」[114]

文中「些細な問題」とはなにか。星野不二夫氏（星野通の次男）によると、「（博士は）『戦争に行くな、日本は負ける』といっていることを理由にして、特高（特高警察）に捕まりそうになった」とのことであり[115]、星野通のこのような言動が特高に伝わり、眼をつけられたためであった。

九月三〇日、戦争の悲劇のさなか、星野通は文部省の学術奨励金五〇〇円を受け、それまでの民法編纂史研究の集大成として『明治民法編纂史研究』をダイヤモンド社から出版した。その目次は次の通りである。

第二　商法典及び英仏両学派
第三　論戦本格化とその成敗
第四　論戦の原因とその史的意義
第四編　現行民法典編纂史
第一　法典調査会設置の協議会
第二　法典調査会の成立とその組織
第三　編纂
（一）起草　（二）起草の分担　（三）各種委員会　（四）編纂上特に問題となった諸点
第四　民法修正案上程と帝国議会
（一）総則物権編債権編の上程　（二）民法中修正案親族編相続編の上程
第五　現行民法典
（一）形式及び構造　（二）性格及び指導精神　（三）旧民法典との比較　（四）民法典修正の努力
第六　結言
第七　資料（法典調査会完成議会提出現行民法草案）
第二部　民法典論争資料編
第一編　前期（明治二十二年五月法学士会「法典編纂に関する意見書」発表の時より民法典公布前後までに断延両派によりて発表された主要論文）
第一　延期派論文
第二　断行派論文
第二編　中期（明治二十四年中において断延両派によりて発表された主要論文）

第一　延期派論文
第二　断行派論文
第三編　後期（明治二十五年初めより同年五月第三帝国議会当時まで即ち両派の争ひの頂点に達した当時の論文であり、いづれも論争の激烈さを物語るもの）
第一　延期派論文
第二　断行派論文」[116]

星野のこの著書は五四五頁にわたる大作である。うち、本文は二〇八頁で、明治民法編纂の歴史と民法典論争、及び現行民法の編纂史からなっている。この著書はこれまでに発表してきた論文の訂正・加筆と新たな書き下ろしからなっている。それを示せば次の如くである。

本書　第一部　　既発表論文
第一編
第一～第五　『松山高商論集』第二号「明治民法編纂史の一齣」
第六　資料　松山高商図書館所蔵史料（明治十一年民法草案第三編）転載
第二編　『松山高商論集』第四号「明治民法編纂史の一齣（その二）」
第三編　『松山高商論集』第一号「日独法典論争の顚末」及び『民法典論争資料集（上）』の第一部「民法典論争の概観」
第四編　新たな書き下ろしであった。

この著書について、少しコメントしておこう。

①第一編〜二編の民法編纂史部分はこれまでの既発表論文の訂正・加筆で論旨に大きな変更はない。
②ただ、旧民法の性格・評価について修正・変化が見られる。第二編五の「旧民法典」の（二）「指導原理」において「個人所有権絶対性及び個人意思の自治、自己責任の原理を三指導原則とするこの近代法典［注：フランス法典］にその源流を汲むわが法典は、当然にまたこの性格において当然フランス法典と同様自由主義的個人主義的であり、上記私法三原則が全法典の奥底を脈々として貫流、強烈な指導精神となっている」（一一〇頁）という評価―特に財産法において―は既発表論文と変わらないが、身分法分野では既発表論文に比し、少し修正・変化が見られた。即ち、身分法分野では、「家を重んじ親子関係を尊重する伝統的な我が家族主義と夫婦関係を親族の起点とするヨーロッパ個人主義との調和が立法者の主観的志図においては努力されていた」（一一〇頁）と伝統的家族主義と個人主義の「調和」と加筆修正しているのが新しい変化である。恐らく、『松山高商論集』の第四号で旧民法を「自由主義的な近代私法」と言ったのは少し言い過ぎであったと気付いたのだろう。
③第三編の法典論争史の性格については「進歩主義と保守主義、自由民権主義と国権主義・藩閥官僚主義思想、謂はば相対立するイデオロギーの相剋」（一四四頁）を再確認して、論旨に変更はない。

第四編「現行民法典編纂史」が新たな書き下ろしであるので、この第四編の大要を紹介しよう。

「第一　法典調査会設置の協議会

民商法延期法律案が明治二五年の第三帝国議会を通過し、それが明治二五年一一月二二日裁可されたので、政府は新たに法典調査会を設置して民商法典を編纂することにした。

明治二六年三月二一日、首相伊藤博文は首相官邸に穂積陳重、梅謙次郎、富井政章らを招き、民法典編纂につき腹蔵なき意見をもとめ、その結果、同年三月二五日法典調査会が設置された。

第二　法典調査会の成立とその組織

法典調査会は主査委員二〇名と査定委員二一名からなり、主査委員のうち三名が起草委員に任命された。それは法科大学教授法学博士穂積陳重、富井政章、梅謙次郎の三氏で学界の至宝であり、この時穂積三九歳、富井三六歳、梅三四歳という若さで、発剌気鋭の士によって起草編纂されることになった。

第三　編纂

〔一〕起草

（イ）起草方針

法典の起草は穂積博士提唱の各部分単独起草合議提案方法によった。

（ロ）起草の方針

編纂は穂積博士の意見によりドイツ式編纂方法を採用し、当時最も進歩的なザクセン民法の編別に倣った。卓見であった。

そして、旧民法の如く一国家の法典にのみ倣う方法を採らず、最も進歩的とされたドイツ民法第一草案その他の世界各国の立法を参考にし、進歩的なヨーロッパの近代法理論と我国古来の美風良習を調和せんとする比較法学的構想のもとに編纂が行なわれた。

（ハ）起草者、起草経過

梅謙次郎博士は司法省法学校首席卒業後フランスのリオン大学に留学、我がフランス法学界最高峰の学者、自然法学者で、民法典論争では断行派の総帥で、頭脳明晰、記憶力旺盛、弁舌流るるごとき立法者として卓越した天才者であった。富井博士も梅博士と同じくリオン大学に留学、抜群の好成績で卒業し、二六歳で法学博士の学位を得、フランス法学のみならずドイツ法学にも造詣深く、篤実慎重、清高毅然たる性格の持ち主で、天才的立法者の一人であった。穂積博士は開成学校卒業後、イギリス、ドイツに留学、イギリス法学の泰斗であり、大陸法理、古代法理にも暁通した博学博識の学者で性格は円満、調和性に富み、錯綜する学説を整理し、紛糾対立する意見を調和する非凡の才能の持ち主であった。

起草委員会においては往々梅博士がフランス法学を主張するに対し、富井博士がドイツ法理論を以て対立し、穂積博士は独仏いずれに偏ることなく、裁決調和した。

〔二〕起草の分担

起草の分担は次の如くである。

第一編　総則
　第一章　人　梅
　第二章　法人　穂積
　第三章　物　富井
　第四章　法律行為
　　第一節～第三節　富井
　　第四節　梅
　　第五節　穂積
　第五章　期間　梅
　第六章　時効　梅
第二編　物権
　第一章　総則　穂積
　第二章　占有権　穂積
　第三章　所有権

第一節　梅
第二節　富井
第三節　富井
第四章　地上権　梅
第五章　永小作権　梅
第六章　地役権　梅
第七章　留置権　穂積
第八章　先取特権　穂積
第九章　質権　富井
第十章　抵当権　梅

第三編　債権

第一章　総則
第一節　穂積
第二節　穂積
第三節　梅
第四節　梅
第五節　穂積

第二章　契約
第一節　穂積
第二節　穂積

第三節~第七節　梅
第八節　穂積
第九節　不明
第十節　富井
　第十一節　富井
　第十二節　富井
第三章　事務管理　穂積
第四章　不明
第五章　不法行為　穂積

以上は前三編までの起草であるが、親族編、相続編の起草者は現時点では不明である。

〔三〕各種委員会

（イ）主査委員会

起草委員の原案を審議する明治二六年五月一二日より二七年三月二日まで二一回にわたり開かれた。

（ロ）委員総会

主査委員会で審議した原案を審議する委員総会は主査委員会と査定委員会の両者を含む全委員会であり、明治二六年四月二八日より二七年三月二三日まで一四回にわたり開かれた。

（ハ）法典調査委員会

起草委員提出の原案を主査委員会に附し、さらに委員総会の議決を得るのは法典編纂を遅延せしむるので、法典調査会の機構の簡素化がはかられ、明治二七年三月二七日新たに法典調査委員会が組織された。委員は穂積、梅、富井ら三五名である。

新機構による調査委員会は明治二七年四月八日から二九年一二月一六日まで二〇二回開かれ審議決定した。

（二）整理会

整理委員は草案の仕上げにあたり、明治二七年一二月一八日から二八年一二月三〇日まで一二回にわたり開かれた。

そして、この四会議を通じて大雑把に言うならば、各委員の思想的傾向は、次の三つ、即ち、一つは保守的な旧慣伝統慎重派、二つは進歩的な個人主義自由主義思想派、三つは両者の中間を行く中庸派である。論戦は主として前二者の間で行なわれ、多くの場合勝利は進歩派に帰し、個人主義的現行法典完成の裏面には進歩派の思想、学問が大なる原動力となったのである。殊にその傾向は財産法、取引法或いはその通則的規定を含む民法典前三編において著しい。ただし、親族、相続の二編中には我が固有の大家族主義の如き伝統的なもの、日本的なものがあることは否定できない。

〔四〕編纂上特に問題となった諸点

（イ）意思表示効力発生に関する発信主義と受信主義（到達主義）の問題

富井博士はドイツ方式の受信主義を主張したのに対し、梅、穂積両博士は英法流の発信主義を主張し、深刻に対立したが、二対一で発信主義が採用された。

（ロ）代理における単独行為説と委任契約

穂積、梅両博士は仏法流に委任契約説を主張したが、富井博士はドイツ式の単独行為説を主張して譲らなかった。その結果妥協案となった。

（ハ）人権債権の問題

調査会の当初の方針では総則、物権、人権、親族、相続となっていたが、人権があたかも自然権と思われ適当でないということで債権となった。

第四　民法修正案上程と帝国議会

〔一〕総則編物権編債権編の上程

民法中修正案総則編物権編債権編は、主査委員会、委員総会、法典調査委員会の審議を経て、明治二八年一二月三〇日の整理会において全面的な整理を終了し、完全な確定案となるに及んで明治二九年一月第九帝国議会に提出された。衆議院の委員会が開かれ、反対論もあったが、可決され、本会議でも可決された。そして貴族に送られ、貴族院でも可決され、民法三編は明治二九年四月二七日法律第八九号として公布された。ただ、残部の親族相続編が議了していなかったので、それらが議会通過まで延期された。

〔二〕民法中修正案親族相続編の上程

民法中修正案親族相続編は明治二九年一二月一六日第二〇二回調査委員会において審議を終了し、整理委員会も三一年四月一五日の第二五回において終了したので政府は明治三一年五月の第一二回帝国議会に上程した。衆議院において強行な反対論があったが、可決された。そして貴族院に送付され、可決された。そして六月二一日、民法第四編親族編、第五編相続編が法律第九号で以て公布された。

第五　現行民法典

〔一〕形式及び構造

我が民法法典は旧民法の採用したローマ式編成法を廃し、あらたに当時最も進歩的合理的法典と言われたザクセン民法及びドイツ民法草案の編別方法に倣い、個人意思尊重の時代精神に則り編成された。各編ごとに債権物権両編の通則規定よりなる総則編を首部に置き、次に人の財産支配関係或いは人間自由意思に基づいて行なわれる財産移動関係を規律する規定より物権及び債権編を次位に配し、最後に身分関係或いは身分関係を基礎として生ずる財産移動関係を規律する親族編相続編を置いている。

〔二〕性格及び指導精神

旧民法修正の名において比較法学的方法により行なわれた編纂であり、旧民法を重要な参考資料としているのはもとよりであるが、同時に泰西諸国の近代民法を参照し、とりわけドイツ民法第一草案はフランス民法と共に最も重要な参考資料となった。とりわけフランス民法はローマ法を基礎とし、個人主義自由主義を基調とした法典であり、ドイツ法もまた個人主義的自由主義的色彩の強烈な法案であった。そのため、我が民法典の指導精神はローマ法的ドイツ法的フランス法的であり、個人主義を指導原理とするのは自然の理である。殊にその影響著大であったのが財産法取引法たる前三編であり、非日本的でヨーロッパ的な個人主義精神の具体化せる個人意思自治の原則、個人所有権尊重原則、過失責任主義の三原則はその全編を一貫する強い指導理念となっている。

また、親族、相続編は旧民法以来旧慣伝統尊重の必要が叫ばれていただけに起草委員らは苦心したところであるが、伝統的家族主義制度なるものに個人主義制度の長所を融合せしめたもので、旧法典にくらべれば一段と良くなっている。

以上、我が民法は財産法取引法においてヨーロッパの個人主義法制に仰いだため強烈な個人主義が指導理念となり全くヨーロッパ的といえる。だが、身分法域にあっては我が古来の淳風美俗を尊重しつつ、これに西洋的個人主義的なるものの優れた点を加味融合せしむべき苦心がなされたものの、前三編に比し伝統的家族主義的なるものが保存されたと言いうる。

〔三〕旧民法典との比較

旧民法典の立法の技術的欠陥は一掃され、現行法典は著しく合理化、体系化され、簡素化されたよき法典となっている。

しかし、現行法典、殊に前三編は近代的ヨーロッパ個人主義に範をとった結果、法典の指導精神は強烈な近代的個人主義であり、また、身分法においても淳風美俗とヨーロッパ個人主義との調和が試みられたが、ヨーロッパ的色彩が強く、曾て延期論者が口を極めて主張した個人主義排撃、旧慣尊重の精神は皮肉にも身分法面でも完全には具現していない。

即ち、新法典は旧法典の持つ個人主義精神をそのまま黄金律として伝承したのであって、旧法典廃止されて新法典誕生したとしても、それはただ立法者の比較法学的方法による洗練されたヨーロッパ的な法典に過ぎず、曾て延期論者が主張した旧慣尊重の日本的性格の法典とはいえない。皮肉にも法典延期論者は西洋流法典を延期せしめて再び同じヨーロッパ的性格の法典を持つことになった。

〔四〕民法典修正の努力

民法施行されて四〇年、その個人主義的指導原理は明治中期以降の我が資本主義経済の要求に合致し、その発展に貢献した。個人は利潤追究の自由が保障され、国家の経済に対する干渉は排撃され、経済活動の自由が保障された。現行民法典の個人主義三指導原理は我が資本主義を未曾有に繁栄させたのである。

しかし、資本主義の爛熟化と共に貧富の格差など矛盾弊害が露呈するに到り、民法の主柱をなす個人主義三指導原理に修正、団体主義的或いは社会本位的精神に転換せしむること、自由主義思想の全体主義的団体主義的思想への転換が顕著となってきた。

身分法関係のなかには封建的旧慣墨守して社会の進歩を妨げる規定も少なく無かった。哀れなる私生子、女子の地位、相続財産分配要求等新しい社会的要求を阻む規定が存在していてその改正が叫ばれている。

第六　結言

仏法の大家梅博士、仏法を学びつつも独法に明るかった富井博士、英法の権威であると共に東西古今の法理に通じた穂積博士、この三人の協心によって民法典が実を結んだ。しかし、対立すること避けがたく、結果は理論の骨抜き、不徹底、不統一性を免れ得なかった。身分法部門では理論的には伝統的家族主義をとりつつも、婚姻中心の小家族主義個人主義制度を多く流入して、両者の融合完全ならず。

だが、かくの欠陥は体系的な大民法典全体からみれば小さな瑕疵に過ぎない。人間の労作に完全無欠なものは望み得ない。われわれは維新後僅か三〇年にして、当時先進国だったドイツに先んじて民法典を完成し、我が日本国民に贈りものをしたこの三起草委員に頭をたれて無限の感謝をしなければならない」[117]

この、書き下ろしの第四編「現行民法典編纂史」について、少しコメントしておこう。

①法典調査委員会内の議論の紹介が殆どないことである。星野は「多くの場合勝利は進歩派に帰し」と述べているが、対立についての紹介が三点程しか無く、説明不足の感が否めない。政策決定過程においては調査会の議事録こそ最も重要な第一級の資料であるが、それを充分に紹介しないのは実証不足であり、問題であろう。

②旧民法と現民法の比較についてである。フランス法からドイツ法への変更という形式はさておき、指導精神について、星野は旧民法の指導精神である個人主義的自由主義的特徴が現民法にも継続されていることを強調している。それは、財産法などの分野のみでなく、身分法の分野でもそうである。「淳風美俗とヨーロッパ個人主義との調和が努力された身分法においても寧ろヨーロッパ的色彩強く、曾て延期論者が口を極めて主張した個人主義排撃、旧慣尊重の精神は皮肉にも新法典身分法方面においてすら完全には具現していなかった」（同二〇三頁）と言い、継続面を強調している。しかし、この点については具体的でなく、説明不足であろう。さらに大きな問題は両民法の継続面を強調する結果、現民法の身分法分野での伝統的家族主義の残存面、家制度、男尊女卑、男子単独相続制等の前近代性・封建性的性格について過少評価が見られることである。

③旧民法の際にはあれほど延期・反対の論争があったのに、現民法の際には、論争は無かったのだろうか。確かに、仏法派の梅と独法派の富井の対立を英法派の穂積が調整し、妥協がなされたようだが、妥協だけに双方の陣営から不満が出るはずだが、それについては触れられていない。

④星野は三人の起草委員を「立法的天才者」（二〇七頁）と言い、現民法を「理想的法典」（二〇八頁）とまで言うのは違和感があり、余りに評価しすぎでないか。

本年の三年生も、前年と同じ六カ月短縮の繰り上げ卒業で、一九四三（昭和一八）年九月二〇日に第一九回卒業式が挙行され、一八五名が卒業した（後、再試で二〇七名）。戦場に、産業に駆り出された。この年に卒業した生徒の中に後に同志社大学教授になる内田勝敏氏（一九四一年四月入学）や入船裕二氏（後、税理士）がいる。なお、内田氏はこのあと九州帝大に進学し、在学中学徒出陣する。

一〇月一二日、東条内閣は「教育ニ関スル戦時非常措置方策」の閣議決定をした。それは、①徴兵猶予の停止、②理工系学徒の入営延期、③理工系学校拡充、④文科系学校の統合整備、⑤義務教育八年制延期、⑥徴用の強化、⑦女子動員の強化等であった(118)。

この閣議決定により、文系学生の徴兵猶予が廃止され、学徒出陣が始まることになり、一〇月二一日に東京明治神宮外苑競技場で出陣学徒壮行会がなされた。

また、この閣議決定により文系の統廃合・縮小化が始まった(119)。文部省は、全国官公立、私学の文科系学校の定員半減を指示し、直轄高商の半分を工業専門学校、工業経営専門学校に改組することにした(120)。

一一月五日、政府の「金属類回収令」（昭和一八年八月一二日勅令）により本校の三恩人胸像が供出させられた。

一一月一九日には、二年生二〇〇名（一九四二年四月入学）中、一九四三（昭和一八）年度の徴兵適格者谷村富男他八八名の卒業式が行なわれた（本来ならば一九四四年＝昭和一九年九月の第二〇回卒業式に参列すべき生徒たち）。二年生の約四割が修学わずか一年八カ月で「仮卒業」し、学徒出陣・軍務についたのである(121)。

その一人、学徒出陣の生徒を紹介しよう。作道洋太郎の友人の小桧山鎮男氏で、氏は一二月一日東部二十四部隊（会津若松）に入隊し、その後、朝鮮をへて中国戦線に行き、敗戦で珠江東沿岸の東莞で捕虜となり、一九四六（昭和二一）年四月復員船で帰還した(122)。

一九四四（昭和一九）年一月、文部省はさきの「教育ニ関スル戦時非常措置方策」の閣議決定にもとづき文系の定員を半減することを明らかにした。本校にとって存続の危機であった。だが、本校は私学の専門学校として全国屈指の優秀校と知られていたので、文部省の好意的示唆―自発的に願いでるよう―により、私学の福知山高商を吸収合併し、両校のそれぞれ半減せる定員を合して、本校は定員六〇〇名を維持する事が出来た。二月一二日、田中校長と大鳥居教授が福知山高商にいき、福知山高商を吸収合併する事で合意した。生徒を引き受けるが、財団役員や教職員は引き受けない、とりわけ、福知山の理事長兼校長の理事の一員に加えてほしいとの要望も拒絶し、代わりに移籍生徒の授業料全部を福知山財団に還付するという犠牲により合意し、二月一三日、福知山高等商業学校を吸収・合併した(123)。

二月一九日、専務理事田中忠夫は文部省（岡部長景文相）に対し、松山経済専門学校への校名変更のための寄附行為変更と学則の制定の申請をした。松山経済専門学校の学則の第一条は「皇国ノ道ニ則リテ……国家有用ノ人物ヲ練成スル」であり、松山高等商業学校時代の商業教育という目的は廃止され、皇国のため、国家有用の人物の練成が目的となった(124)。

三月一日、前年六月の閣議決定「学徒戦時動員体制確立要綱」により動員命令が下り、在学生（一年生と二年生の残り）が新居浜住友機械、西条倉敷航空化工、壬生川富士紡、松前東洋レーヨンに各一四日間勤労動員された(125)。

三月三一日、寄附行為及び学則の変更が文部省により認可された。

II　松山経済専門学校期――

（1）一九四四(昭和一九)年度

一九四四年年四月一日、松山高等商業学校は松山経済専門学校と改称し、田中忠夫校長は自動的に松山経済専門学校の校長になった。

本年度の校務も大鳥居蕃が教務課長、伊藤秀夫が生徒課長、増岡喜義が庶務課長を続け、田中校長を補佐した。星野通は図書課長を続けた。法人関係では伊藤秀夫が理事を続け、田中専務理事を補佐した。

本年度の入学試験が三月末に行なわれ、定員二〇〇名に対し、志願者は二三一九名で、前年（二八〇九名）よりは減ったが、それでも狭き門が続いた。四月初めに入学式が挙行され、二一五名が入学した。この年に入学した生徒の中に、後に本学の学長に二度なった神森智、同志社大学教授になる住谷磬（住谷悦治の次男）、天理大学・京都女子大学教授になる北川忠彦（北川淳一郎の子息）、一橋大学教授になる吉田二郎（阪本二郎）、大分大学教授となる仙波恒徳、北九州大学長となる中谷哲郎ら錚々たる人物がいる。

四月一日、松山経済専門学校は福知山高商の生徒編入学式を行なった。福知山の三年一〇〇名、二年一七〇名、一年一〇名の二八〇名が転校してきた[126]。そのため、生徒数が急激に増えた。一九四四年四月の本校の生徒数は、三年二二二名、二年二一五名、一年二一五名の合計六五二名であったので[127]、一気に在学生が九三二名に膨れ上がった。

四月に入って、一年生を除き、授業はほとんど行なわれず、二年生～三年生は各地の勤労動員に駆り出された。例えば、四月二〇日から上浮穴郡柳谷村字黒河の黒河水力発電所ダム工事場（～一二月二〇日。その後は新居浜住友化学へ）、四月二一日から新居浜住友化学（～終戦）へ[128]。

そして、五月に入ると、一年生が吉田浜飛行場（現松山空港）へ日帰り勤労動員に駆り出された。神森氏の回顧を紹介しよう。

「四月に入学してから、吉田浜の飛行場（今の松山空港）、あれは海軍の飛行場だったのですが、そこで堰堤を作る。コの字型に土を盛って土手を作る作業に行きましたね。そこに飛行機を入れると、三方から爆弾が落ちても護られる。そういう堰堤を作る作業に駆り出されました。何回も何回も行きましたね」(129)

神森氏ら生徒が勤労動員に駆り出されているさなか、星野通は五月、『松山高商論集』第六号、西依・賀川両教授追悼記念号（昭和一九年五月）に「法典論争とわが伝統的家族制度」を掲載した。この論文の大要は次の通りである。

「はしがき

旧民法典は人事編の婚姻中心的ヨーロッパ小家族制採用がわが伝統的大家族無視に対する守旧派の熾烈なる非難攻撃が致命的な一撃となって永久に葬り去られた。本稿は人事編中如何なる規定がわが伝統的家制をやぶるものとして攻撃されたのか、また法典調査会が現行民法編纂にあたり如何に処置したかを明らかにする。

（一）人事編のわが家制無視の諸点

旧民法の第二四三条において「家族とは戸主配偶者及び其家に在る親族・姻族を謂ふ」として、わが国古来の大家族主義・強大な戸主権よりなる家制を採用せず、むしろ、資本主義の発展に伴う封建的家族の分裂傾向に着目し婚姻を基調とするヨーロッパ的小家族制を取り入れた。

だが、奇なるかな、反対派が攻撃したのは、この二四三条、戸主権不備の点ではなくて、次の理由にならざる理由であった。それは、①父が死亡すれば母が親権者としている点を旧慣乖離だ、父権はあっても親権というものはないとして非難する、②離家せる父母とその子との間に互いに扶養義務を規定しているが、それは伝統の家制を破壊するからよろしくないと非難する、また、親族相互の養料給与義務規定も弊害があるとして非難する、

③準正、即ち一〇三条の『庶子は父母の婚姻に因りて嫡出子と為る。私生子は父母の婚姻後父の認知したるにより嫡出子となる』と規定しているが、家督相続をもって人事の最も重きをなす邦国にとって不当な規定であると非難している。

それに対し、断行派は、①父なき時、母を後見人たらしむのは従来の慣例で、それを非難するのは親子間の情宜無視である、親権は人倫に基づく父母の権である、②貧窮している親族がいた時互いに養料を給するのは伝統美風、古来の倫常に沿う。③庶子とは妾腹の子をさすに非ず、正式の婚姻に基づかず生める子を庶子と称する。父母が正式の婚姻なさずして生める子を嫡出子となすあたわずとは不合理であり、旧慣に悖る。

（二）断延両派論旨の検討

法典攻撃派は法典の伝統的家族制無視の点にはふれ得ないで、寧ろピントをはずれた欠点ならざる欠点に向けられ、非難しているが、私は失敗していると思う。

①父死亡すれば母が親権者となるのは当然で、親権は本来父母に固有に属すべきもであり、当時としては思い切った卓見である。

②縁は切れても血は切れないという諺がある如く、離家せる父母とその子の間に法律的扶養義務をみとめてもわが伝統無視にならず、批判はあたらない。また、近親互助義務の法律化非難も的はずれである。近親互助は骨肉相互の道義的義務、人情の発露である。

③父母の適法婚姻前に生まれたのがいつまでも庶子であり、婚姻成立後生まれたのみが当然嫡出子となるのは明らかに不合理不公平である。

（三）結言

延期派が法典攻撃点として人事編の伝統的家制無視を取り上げたのは大きい成功であるが、彼等が取り上げた点は的はずれ、急所をはずれた鈍刀一撃の感があった。理論的には敗北と見るべきである。

しかし、鈍刀一撃が結局法典の死命を決する致命傷となったのは如何なる理由か。それは、フランス法学派とイギリス法学派との学説的派閥感情的対立が原因で、フランス法学派の人達によってなった法典は内容の如何にかかわらず無条件に嫌いだった延期派は感情の上より法典を葬りたかったこと、また、進歩的な自由主義的な人達により編纂された法典には、守旧的国粋主義、国家主義、あるいは歴史法学的立場より反対したかったのである。また当時は憲法が発布され、議会制度は樹立されていたが、まだ伝統を墨守せんとする守旧主義者が多数存在していたからである。

その他の断行派の敗因の副次的要因としては、①法典の法理的技術的欠陥、②派閥外の有力学者である富井政章博士の慎重論、穂積陳重博士の外人起草法典実施不可、木下広次博士の不完全方針実施不可、加藤弘之博士の国権主義的立場よりの反対等が敗退要因となった。

さて、前にも述べし如く、法典は進歩的自由主義法曹により近代的個人主義法典の先駆であるフランス法典を母法とし立法された結果、全体的に見て個人主義的自由主義的色彩が強烈である。わが伝統的風俗を多分に摂取して編纂されたと言われる人事編さえも大体において個人主義的ヨーロッパ家制に倣っている。即ち、家の主要構成員は戸主及びその妻となっている。戸主権に関しても戸主の家族居所指定権、その他伝統的家族制度下における戸主にふさわしい戸主権規定は明記されていない。従ってこれら伝統的大家族無視の点が法典攻撃の主目標とされるべきであったにもかかわらず、核心はずれの攻撃であったけれども、当時の時代環境の中で保守派の人々の心を魅了し、旧法典は葬り去られた。

法典調査会は、現行民法典の起草に当り、委員中進歩的見解の多かりしにかかわらず、延期派の主張を容れ、身分法の規定として、戸主家族の章を設け、家制尊重の精神を明らかにし、戸主の家族居所指定権、戸主の同意が必要な婚姻、養子縁組などの規定を設け、伝統的美俗たる家族制度を保持せんと努力したのであった。しかし、延期派が攻撃した先の諸点は全部黙殺したのであった。これらの旧法規定はそのまま現行法のなかに存置したの

であった」(130)

この論文について、少しコメントしよう。

①星野通は明治二三年の旧民法の人事編、身分法分野の「個人主義的自由主義的」性格について根拠を挙げて主張しているが、今までの論旨と変わらない。

また、法典反対派の攻撃はピントはずれというのも妥当な指摘である。

②明治三一年の現行民法の身分法分野の「旧慣美風とヨーロッパ個人主義の長所との調和」論は、ダイヤモンド社の著書では十分に説明していなかったと判断したのであろう。論旨は変わらないが、戸主権の強大性、戸主の家族居所指定権等、伝統的家制度の保持、保守性を指摘し、補正していると思う。

星野通は六月、文部省の精神科学奨励金を得て日本評論社から『民法典論争史』を出版した。二六二頁の書物である。その目次は次の通りである。

第四節　論戦本格化とその成敗
第五節　論争の原因、性格、史的意義
第二部　資料
一　読法典実施断行意見書　法学新報第十四号社説
二　法典実施延期意見　法学新報第十四号社説
三　法典実施断行ノ意見　法治協会
四　法典実施断行意見　和仏法律学校校友会
五　法典実施意見　梅謙次郎
六　民法出デテ忠孝亡ブ　穂積八束
七　立法ノ基礎ヲ論ズ　山田喜之助
八　商法ト民法ノ関係　岡村輝彦
九　法典編纂ノ方向　菊池武夫」[131]

この書物の第一章の「旧民法典」はさきにダイヤモンド社から出版した『明治民法編纂史研究』の第一編、第二編、即ち旧民法典の成立の経緯、出来上がった民法典の性格、問題点などを短く簡潔にまとめたものであり、旧民法は「自由平等主義を基調とし、個人を封建的束縛より解放する進歩的近代法典（であり）大体においては自由民権の開花、新国民生活体制には似合しい進歩的法制であった」（二〇頁）と進歩性を高く評価している。また、我が国伝統の大家族主義を基調として立法されるべき人事編、財産取得編相続等の身分法分野でも「夫婦を家族の中心に置くヨーロッパ個人主義的小家族主義的人事規定が相当に取り入れられた」（二一頁）と述べ、これまた高く評価しており、これまでの論旨と変わりはない。

本書の中心は第二章「第三編　民法典編纂史の一環としての法典論争史」であり、それはダイヤモンド社の著書にさらに新しい資料を加え、英仏両派の主張を保守主義・国権主義・伝統的封建的家族主義と進歩主義・自由民権主義・ヨーロッパ的個人主義的小家族主義との対立として生き生きと論じたものであった。そして、論争の性格について「約言すれば、法典断延を廻る自然法学対歴史法学の法学的論争、法理論争であり、同時にまた法学論戦の方法において行はれた、伝統尊重の保守主義と西欧文化摂取の進歩主義、或は国権主義、半封建的国家主義と自由主義民権主義の相剋と言ふ社会的政治的イデオロギーの論戦であるとともに、永年に渡る学派的対立によって生じた感情のもつれの爆発ででもあった」(一一一頁)。この論旨はさきの書物と同じである。

七月六日には、勤労動員は県外に広がり、兵庫県三木飛行場に勤労動員がなされた。一年生はこの三木飛行場に勤労動員がなされた。神森氏の回顧を紹介しよう。

「昭和一九年の初めての夏休みの直前には、兵庫県の三木という所、加古川から入るのですが、そこの飛行場を作る作業に行きました。一週間の泊まり込みで、それから現地解散して夏休み。夏休みが済んだらもう一遍ここに来い、つまり現地集合。九月の初めにまた三木に行って、飛行場の建設作業をしました。今だったらブルドーザーがありますが、あの頃は建設機械などはありません。人間がモッコで土運びをするのです。原始的ですね。そういう作業をしました」(132)

さらに、八月二三日、国家総動員法にもとづき、「学徒勤労動員令」が出された。これにより、通年の勤労動員化へとすすんでいった(133)。

一九四四年九月一日に三年生(一九四二年四月入学)の第二〇回卒業式が挙行された。六カ月短縮の繰り上げ卒業で、残留三年生二二六名(うち九六名が福知山高商からの転入生)が卒業した。この繰り上げ卒業者の生徒の一人が作道洋太郎氏である。作道氏はその後、九州帝大法文学部経済科に進学したが、一九四五（昭和二〇）年一月大学在学中東京陸軍経理学校に入隊している(134)。

作道愛子氏（星野通の姪、作道洋太郎の夫人）の回顧によると、「作道氏や長沼氏が海軍経理学校を受験して合格した後に博士に報告に行ったところ、『戦争に行ってはいけない。君たちはこれから勉強しなければならないのになぜ戦争にいかなければならないのか』とかなり激しい顔をしていた」とのことであった(135)。九月以降、経専の生徒は二年生（稲生晴らの学年）と一年生（神森智氏らの学年）のみとなった。その生徒たちに通年の勤労動員がつづいた。

九月二一日、長崎の三菱造船所に勤労動員の命が下り、二九日に、増岡喜義、戸川年雄、比嘉徳政教授に引率されて、二年生二〇三名（福知山からの転校生と本校の混合部隊）が高浜より長崎に出発し、敗戦まで勤労動員された。二年生の稲生氏も長崎に行き、その後召集を受け、高知に配属された。またこの長崎組は、一九四五年八月九日原爆にあうが、この時には召集などにより二〇名ぐらいに減っており、また、犠牲者はでなかったという(136)。

九月二四日、新居浜住友機械、波止浜ドックに勤労動員の命が下り、一年生の二クラスが勤労動員された。一年生の神森氏や北川氏は一〇月から新居浜の住友機械に動員された。神森智氏の回顧談を紹介しよう。

「それ［川東注：三木飛行場］から松山に帰ってきて、少し授業があったら一〇月からは通年動員。政府の『学徒勤労動員通年実施』の決定に従ったのです。私たちのクラスは新居浜に行きました。住友機械という工場です。私は一組だったのですが、二組は波止浜の造船所に行きました。三・四組は名古屋の飛行機工場［川東注：名古屋熱田愛知航空機］に行きました。また、一級上の二年生は長崎の造船所に行きました。三年生は九月に繰り上げ卒業したのでいません。ですから昭和一九年の一〇月からは学校は空っぽです。市内の自宅通学生からなる防護班、二〇人くらいでしたか、それを除いて生徒はいない」(137)

生徒が勤労動員されている中、星野は九月、「明治十一年民法草案解題」を松山経済専門学校商経研究会研究彙報第一一号に掲載した。その目次は次の通りである。

「序
解題
草案　第一編、第二編
献辞
草案目録
第一編　本文
第二編　本文
草案　第三編
献辞
草案目録
第三編　本文」(138)

星野通は序において、「明治十一年民法草案」は旧民法の先駆で貴重な立法資料であること、第一編、第二編は慶應大学の手塚豊教授所蔵のものを利用、筆写したこと、第三編は松山経済専門学校所蔵のものを使用したこと、そして、それらの筆写は松山経専生徒の永沼直行、作道洋太郎、村上権七の手を煩わし、勉学、勤労作業の身で気持ちよく協力してくれたことに感謝している。

解題は、(一)明治初期立法において何が故にフランス法が母法とされたか、(二)江藤新平の民法編纂事業、(三)十一年民法草案成立の沿革、(四)草案内容、からなっており、星野がこれまでに発表した「明治民法編成史の一齣」(『松山高商論集』第二号)、『明治民法編纂史研究』(ダイヤモンド社)の要約、加筆である。史料的には『明治民法編纂史研究』では収められていなかった、明治十一年民法草案の第一編「人事」、第二編「財産及ヒ財産所有権ノ種類」が掲載されているのに史料的価値がある。恐らくこの時、初めて、星野は第一編「人事」、第二編「財産及ヒ財産所有権ノ種類」を読んだものと思われる。

戦時体制強化・全体主義の波はまたまた教員に及んだ。一一月二〇日、古川洋三教授の講義中の発言「君たちはせっかく入学したのだから、できるだけ卒業してから軍隊に行きなさい」が密告され、退職を余儀なくされた。田中校長が師団司令部にいって人格証明をしたが、だめであった(神森先生よりの聞き取り)。

一九四四年の後期は生徒は長崎の三菱造船、新居浜の住友機械等に動員され、学校は空っぽとなった。そこで、一二月一九日から空になった旧本館の教室を軍隊が入れ替わり立ち替わり使用するようになった。

一九四五(昭和二〇)年にはいって、戦局は益々悪化し、学校では勤労動員が続いた。一月二三日に一年生の三、四組が名古屋の愛知航空機へ勤労動員され(～終戦)、学園には市内通学者の防空要員五〇名のみが残った(139)。根こそぎ動員である。

同年三月一八日、政府は閣議決定で「決戦教育措置要綱」を決めた。これにより、一九四五年四月一日より一年間学校の授業が停止されることになった(140)。

(2) 一九四五(昭和二〇)年度

一九四五年度の校務も大島居蕃が教務課長、伊藤秀夫が生徒課長、増岡喜義が庶務課長を続け、田中校長を補佐した。星野通は図書課長を続けた。法人関係では伊藤秀夫が理事を続け、田中専務理事を補佐した。

一九四五年度の入試は変則的に一九四四年一二月に行なわれ、定員二〇〇名に対し、志願者は何と四一五六名に達した。だが、文部省により入学定員制限緩和の通牒があり、定員を大幅に上回り、一九四五年一月に合格発表し、三七七名を入学させた。開校以来最高の合格者数であった。それは前年までは定員厳守を要求していた文部省がこの年から定員超過を無制限に認めたことによる。入学しても授業は皆無で、直ちに軍需工場へ勤労動員されるので、学生の名を借りた工場労働者という政府の方針によるものであった（神森先生よりの聞き取り）。だが、入学予定生のほとんどが各地軍需工場その他に勤労動員中であり、作業能率に支障を来たすことになり、文部省の指示で入学式は四月でなく、七月に延期された(141)。

また、このころ新設の松山逓信局が庁舎に困り、本校に貸与を申し出て（田中校長の方から申し出たとの話もある）、本校は軍に貸すよりは良いと考え、二月に本館・講堂を貸与する契約がなり、逓信局は七月四日に移転してきた(142)。

五月一四日、新入生一部（勤労動員先をもたない）の入学式が行なわれ、学校防衛に当たり、そして、七月五日、新入生一八〇名の入学式が武道場で行なわれた。しかし、授業は停止されたままで、わずか五日後の七月一〇日、新入生の大半は西条と高知県を結ぶ軍用道路建設工事に動員され、少人数が学校に残った。

六月一八日、また戦死者が出た。一九四二年九月卒業の染次正（柔道部で一九四〇年の全国高専学校柔道大会で優勝）で、卒業後直ちに応召、一九四四年六月フィリピンに出征、一八日ルソン島で戦死した(143)。悲劇であった。

七月二六日午後一〇時より、松山が米軍B29約六〇機による大空襲に襲われた。松山市が焼け野原となった。本校では鉄筋の本館、講堂・図書館、加藤会館等が焼け残ったが、木造校舎の二号館、三号館、四号館、武道館が焼失し、教机・備品等が殆ど全焼した。この空襲で出淵町の佐伯光雄元教授夫妻が犠牲となった。教職員の多くも焼け出され、田中校長一家も、伊藤秀夫一家、吉田昇三一家も焼け出された。そのため、焼け残った加藤会館の一階和室に伊藤秀夫一家が住み、二階和室に田中校長一家、また一階の洋室に吉田昇三（一九四二年一二月松山高商に教授として赴任）一家が住んだ(144)。星野通一家の道後南町一丁目は焼かれなかったようだ(145)。

八月六日広島、九日長崎に原爆が投下され、八日にはソ連が対日宣戦布告、九日満州に侵入した。

そして、八月九日は星野通にとって忘れ得ぬ痛恨の日となった。星野の教え子の林憲正（伊予郡松前町出身）で一九四〇年三月に松山高商を卒業し、慶應大学経済学部に進学し、一九四三年九月三重海軍航空隊に入隊し、日本の敗戦がほぼ決まっていたのに、神風特攻隊として本土鹿島灘沖で米艦に突入し、砕け散った。全く悲惨、無意味きわまるものであった。戦争は残酷にもこのような立派な青年を殺した。私は戦争の暴力を心より憎む、と回顧している(146)。

八月一五日、ポツダム宣言の玉音放送があり、敗戦を迎えた。

敗戦後の校務も教務課長は大島居蕃が続け、生徒課長は伊藤秀夫が続け、庶務課長は増岡喜義が続け、田中校長を補佐した。星野通は図書課長を続けた。財団法人関係では伊藤秀夫が理事を務め、田中専務理事を補佐した。

一九四五（昭和二〇）年八月二二日午後一時焼け残った本館階下の校長室にて、戦後初の教授会が開かれた。田中忠夫校長や、星野通、大島居蕃、高橋始、増岡喜義、戸川年雄、川崎三郎、古茂田虎生、吉田昇三、比嘉徳政の一〇人が出席した。そこで、当面の措置決めた。①校内復旧作業のために、松山付近の在住の一年生三〇名に二五日出校を、二、三年生に二七日出校を命じる。②二、三年生の養護班は八月まで休養のところ、松山付近の在住者は二七日出校を命じる、③西条方面の勤労動員の作業解散帰休者は九月一六日出校を命じ、東洋レーヨン松前工場製塩作業者は交渉成立次第出校を命ずる、等々を決めた(147)。授業の再開の準備である。

八月三一日の教授会で三年生の卒業を戦時教育令にもとづき九月に行なうこと、一年生の授業を一〇月一日から行なうこと、二年生は未定の旨などを決めた(148)。

九月一〇日の教授会で、三年生の卒業資格の認定が行なわれ、全員三四九名を合格とした。

一年生は、東洋レーヨンとの交渉が成立し、九月一六日より一一月一九日までの二カ月間、同工場の工員寮に起臥しつつ、隔日交代授業制の下に同工場の塩田作業に従事した。このような変則的授業になったのは、校舎が焼け、また、焼け残った本館にまだ借家人の松山逓信局が居たためであった(149)。

九月一五日、教授会を開催し、学科目改正案を審議、可決した。改正の趣旨は①合理的、能率的事務処理能力の涵養。②経済関係の専門的知見の啓培。③島国的偏狭性を脱却せる国際水準に於ける教養の確立(150)、であった。これをみると、敗戦の原因を考察し、世界情勢の知識の欠如、事務処理能力の欠如、近代科学精神の欠如、世界的教養の欠如等を反省し、学科目改正を協議しようとしたことが推測される。

九月二〇日に第二一回卒業式を挙行した。六カ月短縮で、三年生全員に卒業資格認定し、三五一名が卒業した。このときに卒業したのが、稲生晴氏（一九四三年四月入学）である。この年の卒業生は、勉強したのは一九四三年度の一年ぐらいで、一九四四年度以降はほとんど勤労動員で授業はなかった。なお、稲生氏はこの後、九州帝大法文学部経済学科に進学する。

戦後直後の新しい教員人事として、田中校長は九月に歴史学者の松本新八郎を採用した。松本は一九一三（大正二）年愛媛県生まれ、松山高等学校を経て東京帝大を卒業し、同大の史料編纂所に勤めていた。同氏はマルクス主義歴史学の立場からの日本の封建制の優れた研究者であった(151)。松本は星野の後輩であり、その採用は星野通の紹介とされる。松本新八郎は学生の人気が高く、神森氏ら学生側から学校に要求して「日本資本主義発達史論」が講義された（神森先生よりの聞き取り）。また、松本は戦後最初の参議院選挙にも出た。ただし、勤務は短く、一九四七年三月退職した（その後、東京都立大等をへて専修大教授）。

一〇月一〇日から、二年生の授業が焼けなかった加藤会館ホールで開始された(152)。

当時二年生であった神森智氏の授業の回顧談を紹介しよう。

「終戦とともに通年勤労動員は終結。しかし授業開始は一〇月下旬、それも本校では二年生の半分のみ。残り半分と一年生は松前の東洋レーヨンを借りて授業。三年生は九月卒業生の最後の組ですでにいない。本校での二年生半分の授業は、加藤会館二階の広間に寺子屋式で座りこんで、長さ一間（一・八メートル）幅四〇センチ位の三人用の机で講義を聞いた」[153]

一〇月一一日、マッカーサーは日本政府に五大改革指令を出した。その中に学校教育の民主化が含まれていた。

一〇月二五日、教授会を開催し、自由主義の本旨にもとづき講義を行なうことを決めた[154]。

一〇月二五日、本校は新教育理念実現のため、自由講座を開設し、星野通は三顧の礼でもって元九大文学部教授の重松俊章を招聘に行った。重松俊章は一八八三（明治一六）年一一月一八日愛媛県生まれ、東京帝大文科大学卒。一九一九（大正八）年松山高校教授、一九二七（昭和二）年九州帝大法文学部教授、東洋史学の講座担当。一九四四（昭和一九）年定年退官し、石手寺の住職であった。星野がかつて松山高等学校に入学したとき、重松から東洋史の授業を受けた。魅力にとんだ講義で学問的開眼を与えた師匠であった。そして、重松先生が松山に戻ってきたとき、星野通が三顧の礼で講師のお願いに行った[155]。

以上の如く、星野通は、戦後民主的で優れた教員の採用に尽力していたことがわかる。

一二月九日、GHQより「民主主義教育」に関する通牒があり、先の九月一五日に決定した学科目改正案の再審議し、さらに検討することとした[156]。

一二月一七日、衆議院選挙法が改正公布され、男女二〇歳以上に選挙権、二五歳以上に被選挙権が与えられた。一八日衆議院が解散され、一月に戦後初めての総選挙が予定された。

一九四六（昭和二一）年一月四日、GHQは軍国主義者の公職追放指令を出した。この追放令の結果、一月の総選挙は延期され、二月二五日、幣原内閣は、戦後初の衆議院選挙を四月一〇日に決定した。この戦後初の総選挙に対し、田中校長を代議士にすべく、教職員や卒業生が運動を始めた。ところが、選挙運動が軌道に乗りかけた途端、田中校長がGHQの公職追放命令に抵触する問題が起こり、立候補をやめざるを得なくなったのである[157]。

同年三月四日、戦争中本館・講堂を使用していた逓信局が漸く移転した。

三月八日、応召されていた中国語の浜一衛教授が台湾から帰校した。他方、哲学の木場深定教授と中国語の三木正浩教授が退職した[158]。なお、木場教授は東北大学に転任された。

(3) 一九四六(昭和二一)年度

一九四六年度の校務も教務課長は大鳥居蕃が続け、生徒課長は伊藤秀夫が続け、庶務課長は増岡喜義が続け、田中校長を補佐した。星野通は図書課長を続けた。財団法人関係では伊藤秀夫が理事を務め、田中専務理事を補佐した。

四月一六日、田中校長はさきに軍部の圧力により学校を退いていた古川洋三を教職に復帰させた[159]。

一九四六年度の入学試験は、四月七日、本校では行なえず、松山商業学校(唯一戦災を免れた)を借りて挙行した。定員二〇〇名に対し、志願者は一六七七名に達した。そして、四月一四日に筆答試験の合格者六四九名が発表され、四月二六日に口頭試験・身体検査が行なわれ、五月三日、二六一名の合格発表を行なった[160]。

そして、六月三日に入学式の予定であったが、文部省が「軍関係学校出身者生徒は在籍人員の一割以内とし、且つ追って指示あるまで入学式を無期延期せよ」との通達があり、入学式は延期された[161]。

四月二九日の教授会で、学科目の改正を決めた(四月実施)。一九四六年度からの新しい学科目は次のようになった[162]。

公民(倫理、文化史、哲学)、国語、化学、物理、数学、体操、英語、独・仏・華語、商業経済、経済地理、経済史、経済原論、経済政策、経済変動論、金融、財政、日本産業論、国際経済、統計、経営、簿記、会計、商業数学、珠算、事務用文、貿易実務、法学通論、民法、商法、経済法、原書講読。選択学科(保険、銀行、外国文学、親族相続法、社会政策、政治学、西洋史、会計監査、工業経営、外国経済、海運、農業政策)。

星野通の授業科目は、法学通論、民法、親族相続法とドイツ語と思われる。

五月一日には、松山経済専門学校の『学生新聞』が創刊された。その前身の『松山高商新聞』は一九四三（昭和一八）年四月三〇日の第一八九号で廃刊を余儀なくされていたが、あらたに創刊された。編輯兼発行人は住谷磬（住谷悦治の次男）であった。創刊号では「自由を我等に」と題し、戦時中学生の自由や科学的真理の探究が抑圧されたことが、侵略戦争を聖戦として、学生の純真さを悪用し侵略戦争に駆り立て、好戦的日本人を作ったと深く反省し、一日も早く、学校を真理探究の殿堂として再建し、学校の民主化をはかり、今こそ目覚めて正義のために新生日本のために活動しようではないか、真実を追求し、人格の完成を目指し努力しようではないかという、大変格調高い論説を発表した。著者は吉田二郎（後の阪本二郎、一橋大学教授になる）であった[163]。

五月七日には、教職追放の大綱に関する勅令（教職員の除去、就職禁止及び復職の件）が公布され、教職員の適格審査のため、本校では六月一一日に二名の委員候補者（星野、伊藤教授）を選出し、四国地方高専学校集団長（高松経専校長）に通達した。以降適格審査が始まった。本校では、田中校長と浜田喜代五郎教授が対象となった。田中校長は翼賛壮年団の県役員であったこと、浜田教授は憲法学の論文が問題とされた[164]。

六月一日に、『学生新聞』第二号が刊行された。末川博が「民主主義学園と生活」と題する論文を寄稿した。また、編輯子による「唯物史観」の解説文が掲載されており、戦後民主主義、社会主義の雰囲気が学園にうかがわれる。当時三年生であった神森智先生の話によると「マルキシズム関係の書物は、戦時中は、『貸出禁止』の赤いラベルが貼ってあり、全く見ることはできませんでした。ですから、戦後は非常に新鮮で、同級生たちは皆、むさぼるように読んだものです」と述べられている（神森先生からの聞き取り）。

六月三日から毎週月、水、金曜日、四カ月にわたり市民講座が道後国民学校にて開催され、星野通も登場した。星野は法律概論を講義した。他には吉田昇三が経済理論、高橋始が政治学概論、松本新八郎が日本社会史、特殊講義として住谷悦治がマルクスとエンゲルスを講義するなどした[165]。

星野通は、戦後の激動の時代でも民法典編纂史の研究を続けていた。戦時中の一九四三年九月にはダイヤモンド社から『明治民法編纂史研究』を出版し、翌一九四四（昭和一九）年六月には日本評論社から『民法典論争史』を出版していたが、一九四六年八月、「激しい社会的動揺の中に、独り静かに歩み来った苦行一路をふりかへ（り）」ながら、さらに新しい資料を用いて、『民法典論争史―明治家族制度論争史―』の原稿を校了した。星野は戦後のデモクラシーの時代に新しい観点によって民法典論争の全面的検討をしたが、「結論的には大なる変更を必要としなかった」と述べている。ダイヤモンド社の著書の本文は二〇八頁、日本評論社の著書の本文は一二六頁であったが、この著書は三一二頁で基本はダイヤモンド社の著書の編纂史と日本評論社の『民法典論争史』をもとに大幅に加筆されている。なお、この原稿は、すぐには公刊せず、一九四九年六月になって河出書房から刊行された。書物の目次は次の通りである。

（五）旧民法典

（A）編別内容

（B）指導原理

（C）欠陥

第二部　民法典論争史

（一）法典延期派と断行派

（二）法典論争緒戦

（三）商法典論争

（四）論争本格化とその成敗

（五）論争の原因

（六）断行派敗因

（七）論争の史的意義」(166)

星野の原稿の内容をみると、第一部『旧民法法典』の（一）「何故フランス法律文化が受容されたか」は、星野通『明治十一年民法草案』（松山経済専門学校商経研究会研究彙報第一一号、昭和一九年九月）の解題をもとにした加筆であり、（二）「江藤新平の民法典編纂事業」以降の編纂史はダイヤモンド社刊行の『明治民法編纂史研究』の第一編「明治初期民法典編纂史」、第二編「旧民法典編纂史」をもとにした加筆である。

そこでは旧民法典の性格について、特に身分法関係について、家族制度に関し、「形式的には戸主権制をみとめて、家制原理として従来の伝統的家父長制的大家族主義をそのまま伝承してこれを成文化した印象をあたへているが、仔細に検討すれば寧ろ実質的にヨーロッパ式の夫婦を中心とする小家族制を採用しているやうに見える……（立法者は）賢明にもかかる思切った封建的性格家制脱却の立法措置に出た」と言い、旧民法典はその「自由平等精神を基調とし、個人を封建的束縛より解放する極めて進歩的自由主義的法典である」（一〇六頁）と述べ、その見解は戦後デモクラシー下の時点でも論旨に変化はなかった。

第二部の「民法典論争史」の（一）「法典延期派と断行派」もダイヤモンド社の第三編「民法典編纂史の一環としての法典論争史」の第二「商法典及び英仏両学派」中の「英仏両学派」、ならびに日本評論社刊行の『民法典論争史』の第三節「フランス法学派とイギリス法学派」の大幅な加筆であるが、論旨に変化はなかった。

第二部の（二）「法典論争緒戦」は日本評論社刊行の第二章「民法典論争」の第一節「法典論争緒戦」の加筆、（三）「商法典論争」は同書の第二節の加筆、（四）「論争本格化とその成敗」も同書の第四節「論争本格化とその成敗」の大幅加筆（三五頁→五二頁）、（五）「論争の原因」も同書の第五節「論争の原因、性格、史的意義」の加筆、（六）「断行派敗因」は『松山高商論集』第六号（西依・賀川両教授追悼記念号、昭和一九年五月）「法典論争とわが伝統的家族制度」の加筆・転載であった。

第二部の（七）「論争の史的意義」はまとめであり、その要点は、旧民法典は葬り去られたものの、法典調査会をへて、比較法学的方法により近代的な現行法典への道を開いた点に歴史的意義がある。戦後の現在、家督相続における長子相続制、戸主権絶対性、親権父権の強大性、女性の賤卑観など数々の封建的性格が色濃く残っており、世の厳しい批判にさらされているが、しかし法典全体より見て編別編成から見て科学的合理的であり、法理的立法技術的にも高度に洗練されていてスイス民法に匹敵し得る近代的民法法典である、と結論づけている。

この著書について、少しコメントしておこう。

①この著書の校了は一九四六年八月であり、敗戦から一年しかたっておらず、そのような混乱期、社会の激動期の真っ只中において、これまでの研究をまとめたものとはいえ、このような大著を執筆したことは、星野通がいかに研究熱心で努力の人であったかが窺われるのである。親族の回顧でも、星野通は朝四時に起き、書斎の机に正

座して晩まで勉強していたという(167)。

②星野が民法典論争について最初の論文を執筆・発表したのは、『松山高商論集』第一号（一九三八年一二月）であり、それを政治思想史的、社会思想史的に発展させたのが『民法典論争資料集（上）（下）』であり、さらにそれを発展させたのが『明治民法編纂史研究』（ダイヤモンド社）や『民法典論争史』（日本評論社）であるが、その時の論旨と殆ど変わっていないことである。星野通の研究上の首尾一貫性をみてとることができる。

③星野は旧民法典だけでなく、それを修正した明治三一年の現行民法も「近代的民法法典」とまで言い、戦後直後の時点でも相変わらず高く評価しているのには違和感を感じざるを得ない。勿論星野は現行民法の有する男尊女卑、男子単独相続制等の負の側面について触れてはいるが、封建的家族制度への軽視が見られ、戦後民主主義が始まっているにもかかわらず、従来の見解の修正がなされていないと思う。

一九四六年九月一日、延期されていた新入生の入学式がやっと挙行され、一年生二四六名が入学した。田中校長にとって最後の入学式となった。田中校長の式辞は次の如くで、敗戦後の生活困難、動乱の時代への覚悟、民族の将来への希望、平和で幸福に生きる道を失わないこと、西欧文明の受け入れと我が国の固有文物の廃棄に臆病であってはならぬが、だからと云って文明の輸入と固有文物の廃棄に軽率であってはならず、その取捨選択に正しい態度をとるべく総合的叡知を持つように新入生を激励した(168)。

また、星野通が新入生に対し歓迎の言葉を『学生新聞』第五号（一九四六年九月一日）に寄せている。それは次の通りである。

「職業的訓練のみを重視することは学府としての俗化堕落を意味する。徒に学問的権威を尊重し理論的思想的学科のみに傾倒するのは実際にうといテオレティカーを養成することになって実業専門教育の目的に反することとなるし、また高い教養を忘れ、ただ機械の様に能率的事務の処理のみの人間をつくるのは教育と言うものの本来的目的に背く。平凡な事だが、実業専門教育の理想はこの三者の程よき調和にある。僕達はこの三者の均衡を理想として進んで行きたいと思ふが、新入生諸君もよくこれに協力していただきたいと思ふ。学園共同体はボロニヤ大学的のみであっても駄目だし、またパリ大学式だけであってもいけない」(169)

『学生新聞』編集子はまた、教授漫描を第五号に載せている。田中校長、高橋始教授、吉田昇三教授とともに星野通教授を紹介している。言い得て妙で、学生もよく教師の研究分野や人柄を見ている。それは次の通りである。

「民法典論争史で有名な星野教授は法学通論、民法、独逸語を御担当、学識声量豊かに立板に水を流すが如き、むしろ教授をやめて弁護士にでもなった方がよささうな気持ちのいい名講義をなさる。大学教授の貫禄十分、その生涯かけての明治民法編纂史の御研究は今迄人の関心を払はなかった此の方面に鋭いメスを振はれている。此れに依って博士号を得られる日も近いことであらう。また先生は釣りがお好き。勝負事が強く、将棋は初段の腕前、又音楽の御造詣深くその上有名な食通でもある。純然たる学者肌の先生の反面に斯くもヒューマニズムに富む半面のある所、先生の先生たる所以である」(170)

星野通は『学生新聞』第六号（一九四六年一〇月一日）に「身分法の行くべき道—改正民法の諸問題—」を投稿している。それは次の通りである。

「近く公布される新憲法　国民権利義務の章第二十四条に婚姻における両性の本質的平等と家族生活における個人の権威尊重を力強く宣言した規定がある。ワイマール憲法第百十九条に倣った規定とも考へられるが、ポツダム宣言第十項の精神に則って我等の日常の生活態度生活意識より封建性を拭ひ去り、新しい民主主義的傾向を日本国民の間に培養せんとする規定と見るべきであらう。

いきほひ、身分生活を支配する現行民法親族編相続編の改正が要請されることになって来るわけであり、政府は既に八月二十三日民法中改正案要綱を発表し、これが画期的な改正の意図あることを明らかにしているが、さて改正は大体如何なる方面に構想さるべきであらふ？

曾て旧民法典編纂に当っては、ヨーロッパ流自然法学期洗礼を受けまた当時わが産業資本主義の勃興に起因して既にその萌芽を見せつつあった農村を中心とする大家族の分裂傾向に着目した聡明な同法編纂者達は、名目の上においては伝統的家族主義を尊重しつつも、実質的にはこれを骨抜きにして対等人格者の婚姻的結合を基調とするヨーロッパ的な個人主義的小家族主義をわが家制の指導原理として採用したのであった。この進歩的立法が日本歴史法学流と見られた当時のイギリス法学派、或は保守的政治家、国粋思想家等一連の旧論者の激しい反感を買って有名な法典論争を惹起することになったのであり、結果は周知の如く断行派敗退となって法典は握りつぶされ、法典調査会が設置されて新しく淳風美俗尊重の基礎にたって伝統的な家族主義を原理的に採り容れた現行民法身分法が編纂されたのであったが、いまこの現行民法の大家族主義原理が吹きまくる時代の嵐の前に根底より動揺しているのである。

欧米的小家族主義が対等人格者の結合たる夫婦を以て一家の主要メンバーとなし、婚姻とともに始まり、途中子供を加へ、子供の独立婚姻によって夫婦のみの生活に還元し、夫婦の死亡によって幕を閉じる一代限りの婚姻共同体を以て家となすに反し、大家族主義は曾てクリスト教以前のヨーロッパにも存したと言はれるが、大体わが国特有の家族形態とも言ふべきものであって、家長を中心に血縁者によって営まれる永久的大生活共同体を以て家となるものである。即ち、家は敬神崇祖祖孫一体観的精神的紐帯のもと祖先より我等に到り更に我等より未来の子孫にいたる世代を超越した血縁者により構成さるゝ永久的大家団であり、常にそれは一家の代表者統裁者であり、また祖先の霊の体現たる家長によって統裁される。かくしてこの家族形態においては一家の構成員は相互に如何なる親族関係にあっても一様に強大な家長権に服従し、夫権親権の如きも殆ど家長権に吸収されて独立の意義は喪失した観あり、家はただ家長即ち戸主によって統裁され代表され、職業も財産も家自体に属するものとされ、家族は個人としてよりは寧ろ家を通じ国家社会を構成することゝなるのである。当然の帰結としてかゝる家長権の強大性は必然的に家制の父権的性格を招来し、また家団の永久性は家団代表者統裁者たる家長地位の継承移転即ち家督相続制、長子単独相続制を生ぜしむることとなって、家長地位はそのまゝ相続人に移転し、家産の意味を持つ家長財産も同時にこれに附随して移って行くことゝとなる。しかしてこの父権的家長権制が或はわが国特有の女性卑賤観を生ぜしめて、女性殊に妻に不当きはまる隷属的地位を強ひることゝなり、或は程度を超へた強大なる親権を親に賦与することゝ、また長子単独相続制は次子以下に甚だしき財産的不利益をもたらすことゝなって、わが国古来身分法をして殊に封建色濃きものとするのである。この様な封建的性格は大家族制が純粋なればなるほど強烈となるものであって、曾てわが国においては現行民法施行以前には大体これに近い大家制が不文法として行はれていたのであるが、法典論争直後に生まれた現行法典の身分法も淳風美俗尊重のスローガン下に行はれた立法であった丈に、ヨーロッパ的小家族精神が相当加味され受容されたにもかかはらず、猶全体的に見て家団代表者統裁者としての戸主権は極めて強大で、家族居所指定権、家族婚姻或は養子縁組同意権等広範な家族拘束の権利となって各所に現はれ、父権的性格に基く女性卑賤観は不当な夫権その他の規定となって妻に隷属的地位を強ゆることとなり、法典財産法規の近代性にもかゝはらず、身分法は時代おくれな封建的色彩濃ゆきものとなっているのである。そして今時代の急旋回とともにこの大家制原理がデモクラシーの立場よりきびしい批判を受けているのであるが、注意すべきは非難され、払拭されねばならないのは大家制自体ではなくて、その持つ封建的性格だと言ふことである。家族制度は個人の地位を、殊に女性の地位を不当に圧迫した。しかし、大家制の持つ親族家族共同体的性格は相互扶助のよき精神的動学となって家族殊に婦女子年少者を庇護する、所謂安全装置となったのであり、また家団の永久的性格はわが国特有の敬神崇祖祖孫一体観的思想にマッチして、よく家をして祖先の霊います『心の故郷』たらしめているのであって、この二点わが家制の美点として末永く温存さるべきものと言ひ得るであらう。ただ戸主権の強大性、女性卑賤観、この二点こそは民主主義的新日本がその名誉にかけて払拭せねばならないわが身分法の顕著な封建性なのである。わが家制には功罪両面がある。いまこそわれらは衆知を動員し、周到巧妙なる立法技術によって身分法封建色の一掃につとむるとともに、よくこれと矛盾せざる範囲において伝統家制の長所を保持して行かなければならないのである」(171)

この一文について、少しコメントをすると、星野通は、旧民法と現行民法との違い、現行民法、特に身分法の封建的特質（戸主権の強大性、女性卑賤観）を述べ、その一掃を主張しており、新憲法の公布を前にして、民主的民法の制定を論じているのが注目される。新憲法公布を前にして、漸く星野通は従来の現行民法への自己の見解の修正―明示はしていないが―を図ったと見てよい。

九月に入ってから田中校長は教授会に辞意を表明し、後任校長の選出を依頼されたようである。それに対し、九月二一日増岡先生が温山会を代表して上京し、適格留任を求めて陳情運動を行なった(172)。

一〇月二九日の教授会において、田中校長は、自らの適格審査の結果不適格と判定されたことを報告した。不適格の理由は、戦時中翼賛壮年団の役員（愛媛県支部の副支部長）になっていたことであった。この校長報告に対し、伊藤秀夫教授が教職員一同を代表して再審査の申請手続きをとりたいとして、再審査の請求、人格証明等の努力を行なったが、無駄であった(173)。

一一月三日、新生日本の象徴たる新憲法・日本国憲法が公布された。全国で祝賀行事が行なわれた。本校では午前八時より、田中校長始め各教授、生徒一同が会し、式典を挙行した。

一一月一九日の教授会を最後にして田中校長は謹慎した(174)。

なお、一一月、体育の比嘉徳政教授が一身上の都合から退職し、郷里沖縄に戻られた(175)。

他方、田中校長は最後の人事として、一一月に三好俊夫（神戸商業大学卒。経営学）を教授として(176)、一二月に越智俊夫（東京帝大法学部政治学科卒。商法。後、松山商科大学長に就任）を教授として採用した(177)。

一二月、星野通は理事会により財団法人の理事に選任された(178)。西依六八（故人）、伊藤秀夫に次ぐ教員三人目の法人理事であった。年齢、経歴からいって順当な人事であった。

一九四七（昭和二二）年初め頃から学制改革（六・三・三・四制）の方針が明らかになるにあたり、学生たちの間に本校の将来を憂える機運が生じ、一月二三日、学生大会が開催された。三年生の槙本喜一を議長にして、三年生の吉田二郎（後、阪本二郎）が大学昇格運動について、「私学として全国経専に頭角をあらわす本校も戦災により本館、加藤会館を除く木造館は全焼、併せて深刻なる現インフレ下に造築も困難となる。しかるに四国四県下の高専いずれも猛烈なる大学昇格運動を開始す。今にして本校の将来まことに憂慮すべき事態に立ち至る。よろしく全学生の熱烈なる与論の反映により学校当局へ運動を陳情せんとす」と提案理由を述べ、実行委員を選出した(179)。

また、教授会側でも学制改革問題にとりくんだ。二月一日には増岡喜義庶務課長より、教授会に次のような上京報告があった。

「学制改革問題は目下中央にて審議中につき確実なことは判明せぬが、……大学は講座制とし一講座に教授、助教授、助手を置くこと。各教授に研究室を設け、図書館を充実すること。要するに新制大学の設置は現在の大学（旧制大学）に準ずる施設を要する。現在の専門学校は、先ず新制高校として発足し、内容を充実した後、大学に昇格する方が順当なるべしとの説もある。文部省からの復興補助金は見込みはないが、低利資金貸し付けは見込みがある、云々」(180)

この報告を受け、校内に「学制改革（研究）委員会」を設けることにした。

学制改革問題が熱を起き始めている中、一九四七（昭和二二）年二月二〇日、田中校長は公職追放により、正式に辞職した。また、浜田喜代五郎教授も辞職した。

そこで、第四代の校長を選出することになり、二月二〇日、伊藤秀夫教授を四代目の校長及び専務理事に選んだ。

伊藤秀夫を校長に選んだ理由について、『三十年史』は次のように述べている。

「田中氏の校長辞任の善後策として、教授会では後任候補者は『学内よりこれを求めること』とし、教授会と事務員会とは適宜連絡しつつ、それぞれ別個に意見を具申することになったが、衆目の見るところ、学内の最年長教授であり、また、故西依教授の後を受けて当時すでに財団理事の一員でもあった伊藤秀夫氏が、両会の圧倒的支持により校長候補に推薦され、二月二〇日付を以て第四代校長に就任した」(181)

このように、戦後の校長選びにおいては、教授会のみならず、事務職員の意見も聞いていたことが分かり、戦後民主主義の現れであった。

---

(1)『松山高商新聞』第一〇〇号、昭和一〇年一月一日。

(2)同右。

(3)同右。

(4)稲生晴「松山高商と田中忠夫先生」松山商科大学田中忠夫先生編纂委員会『田中忠夫先生』昭和六一年、三四〜三五頁。

(5)『三十年史』二四～二五頁。稲生、前掲論文、三四～三五頁。
(6)『三十年史』二五頁。
(7)松山商科大学『松山商大物語』昭和五七年八月、二七頁。
(8)『松山高商新聞』第一〇二号、昭和一〇年三月一一日。
(9)同右。
(10)『松山高商新聞』第一〇三号、昭和一〇年四月一五日。
(11)『松山高商新聞』第一〇四号、昭和一〇年五月一三日。
(12)『松山高商新聞』第一〇三号、昭和一〇年四月一五日。
(13)『松山高商新聞』第一〇四号、昭和一〇年五月一三日。
(14)同右。
(15)星野通編『加藤彰廉先生』加藤彰廉先生記念事業会、昭和一二年、二二三～三四八頁。
(16)『松山高商新聞』第一〇七号、昭和一〇年九月二五日。
(17)同右。
(18)『三十年史』二〇七頁。
(19)『松山高商新聞』第一一三号、昭和一一年四月二四日。
(20)『松山高商新聞』第一一一号、昭和一一年二月二八日。『三十年史』八七頁。
(21)『松山高商新聞』第一一三号、昭和一一年四月二四日。
(22)昭和一一年度『松山高等商業学校一覧』六二頁、六九頁。
(23)『六十年史（写真編）』昭和五九年五月、五二頁。
(24)『松山高商新聞』第一一五号、昭和一一年六月二四日。
(25)星野通・大鳥居蕃共著『法学独逸語解釈研究』太陽堂書店、昭和一一年七月。
(26)『松山高商新聞』第一一六号、昭和一一年七月二四日。
(27)『松山高商新聞』第一一七号、昭和一一年九月二四日。
(28)『加藤彰廉先生』昭和一二年三月五日。

(29)『松山高商新聞』第一二二号、昭和一二年三月六日。
(30)『松山高商新聞』第一二二号、昭和一二年三月六日。同第一二三号、昭和一二年四月二〇日。
(31)『三十年史』二四～二六頁。稲生晴「松山高商と田中忠夫先生」『田中忠夫先生』四四～四五頁。
(32)『松山高商新聞』第一二三号、昭和一二年四月二〇日。
(33)『松山高商新聞』第一二二号、昭和一二年三月六日。
(34)『松山高商新聞』第一二三号、昭和一二年四月二〇日。同第一二四号、昭和一二年五月二三日。
(35)『三十年史』八八～八九頁。
(36)『松山高商新聞』第一二八号、昭和一二年一〇月二五日。
(37)『松山高商新聞』第一三〇号、昭和一三年一月一日。
(38)『松山高商新聞』第一三一号、昭和一三年一月二七日。
(39)「松山高等商業学校規則中改正並生徒定員変更ノ申請」昭和一二年一二月二七日、国立公文書館所蔵。
(40)『松山高商新聞』第一三〇号、昭和一三年一月一日。
(41)『松山高商新聞』第一三一号、昭和一三年一月二七日。
(42)『松山高商新聞』第一三二号、昭和一三年二月二四日。
(43)『松山高商新聞』第一三三号、昭和一三年三月二三日。
(44)『松山高商新聞』第一三三号、昭和一三年三月二三日。同第一三四号、昭和一三年四月二五日。浜ふみ「田中先生と軍隊の思い出」『田中忠夫先生』一〇六～一〇八頁。
(45)『松山高商新聞』第一三三号、昭和一三年三月二三日。
(46)「松山高等商業学校規則改正申請書類」より。『松山高商新聞』第一三四号、昭和一三年四月二五日。『三十年史』一一三頁。
(47)『昭和十三年度　松山高等商業学校一覧』六五頁、七四頁。
(48)『松山高商新聞』第一三三号、昭和一三年三月二三日。
(49)『松山高商新聞』第一三五号、昭和一三年五月二五日。
(50)同右。
(51)『松山高商新聞』第一三七号、昭和一三年七月二四日。撰文は同新聞および『三十年史』三〇頁。

(52)『松山高商新聞』第一三八号、昭和一三年一〇月六日。
(53)同右。
(54)星野通『筆のすさび』(自家本)昭和四八年、三一～三六頁。
(55)『松山高商新聞』第一三八号、昭和一三年一〇月六日。同第一四〇号、昭和一三年一一月二五日。
(56)菅原教授は皿ケ嶺山麓の温泉郡の上林の生まれで、北予中学を出て、加藤彰廉校長を慕い一九二三年創立の松山高商に進み、一九二六(大正一五)年に卒業した。増岡喜義、浜田喜代五郎と同じ第一期卒業生であった。菅原教授は同年四月九州帝大文学部に進み、西洋史を専攻、一カ年休学の後、一九三〇年三月卒業し、菊池教授の下で助手としてギリシャ語及び古典哲学を学び、菊池教授が九大を辞して上京すると、菊池教授宅に寄宿して古典研究に没頭し、ギリシャ語の造詣は日本最高の水準とまで言われるようになった。だが、年老いた母のために帰郷し、一九三四年四月渡部善次郎校長によって松山高商教授に採用された。英語もドイツ語もフランス語もラテン語も堪能であり、ギリシャ文化の研究に精進していたのに、惜しい逸材であった(『松山高商新聞』第一四一号、昭和一三年一二月二一日)。そして、『松山高商論集』第一号の「十九世紀英国に於ける基督教社会主義運動史」が菅原義孝の絶筆となった。
(57)『松山高商新聞』第一四一号、昭和一三年一二月二一日。
(58)『松山高商論集』第一号、一九三八年一二月一五日。
(59)星野通「日独法典論争の顚末」『松山高商論集』第一号、一九三八年一二月一五日。
(60)平野義太郎「明治法学史における一学派―とくに、官僚的自由主義派、梅謙次郎博士の学説・法思想の検討―」『法律時報』第五巻第八号、一九三〇年八月。
(61)『松山高商新聞』第一四三号、昭和一四年二月二〇日。
(62)『松山高商新聞』第一四四号、昭和一四年四月三〇日。
(63)同右。
(64)『松山高商新聞』第一四四号、昭和一四年四月三〇日。
(65)『松山高商新聞』第一四七号、昭和一四年七月二〇日。『三十年史』一七一～一七三頁。
(66)『松山高商新聞』第一四八号、昭和一四年九月三〇日。
(67)『松山高商新聞』第一五〇号、昭和一四年一一月三〇日。

(68)『松山高商新聞』第一四九号、昭和一四年一〇月三〇日。
(69)『松山高商論集』第二号、昭和一四年一一月。
(70)星野通『筆のすさび』一〇六頁。
(71)『松山高商新聞』第一五四号、昭和一五年 四月二九日。
(72)『三十年史』八九～九一頁。
(73)『松山高商論集』第三号、昭和一五年一一月。
(74)『松山高商新聞』第一六一号、昭和一五年一二月二四日。
(75)同右。
(76)『松山高商新聞』第一六二号、昭和一六年一月三一日。
(77)『松山高商新聞』第一六三号、昭和一六年三月二八日。
(78)『三十年史』の「補遺　松山高等商業（経済専門）学校、松山商科大学現（旧）教職員名」。
(79)『三十年史』九一頁。
(80)『松山高商新聞』第一六四号、昭和一六年四月二五日。
(81)同右。『三十年史』一七四頁、一七五頁。
(82)服部寛「田中忠夫と三実主義についての一試論（一）（二）（三・完）」松山大学『学内報』第四三〇号、第四三一号、第四三二号、二〇一二年一〇月、一一月、一二月。
(83)『松山高商新聞』第一六四号、昭和一六年四月二五日。
(84)『松山高商新聞』第一六五号、昭和一六年五月二五日。
(85)『松山高商新聞』第一六六号、昭和一六年六月二七日。
(86)『松山高商新聞』第一六八号、昭和一六年九月二五日。
(87)『松山高商新聞』第一六九号、昭和一六年一〇月二五日。
(88)星野通「明治民法編纂史の一齣（その二）」『松山高商論集』第四号、昭和一六年一〇月。
(89)『松山高商新聞』第一六九号、昭和一六年一〇月二五日。
(90)『松山高商新聞』第一七二号、昭和一七年二月五日。

(91)『三十年史』九四頁。
(92)『松山高商新聞』第一七一号、昭和一六年一二月三〇日。
(93)『松山高商新聞』第一七二号、昭和一七年二月五日。
(94)『松山高商新聞』第一七三号、昭和一七年四月二五日。
(95)同右。
(96)『松山高商新聞』第一七六号、昭和一七年九月一八日。
(97)『松山高商新聞』第一七五号、昭和一七年七月一五日。
(98)『松山高商新聞』第一七三号、昭和一七年四月二五日。
(99)『三十年史』九三頁。
(100)『松山高商新聞』第一七六号、昭和一七年九月一八日。
(101)同右。
(102)田中校長が軍と折衝したことについて子息の住谷磬が回想している。「戦後知ったことは、当時善通寺にあった陸軍の師団司令部から直接、学校長の田中先生へ『住谷悦治は学生に会うことを禁止する』という通達があったとのことでした。教師が学生に会えないことは教師ではなくなる事です。田中先生は善通寺まで行って父の立場を説明し、援護して下さったそうです」(住谷磬「わが家の救世主田中忠夫先生」『田中忠夫先生』一二〇頁)と述べている。
(103)星野通『民法典論争資料集(上)(下)』松山高等商業学校商経研究会「研究彙報」第八号、第九号、一九四二年八月、一一月。
(104)『松山高商新聞』第一七六号、昭和一七年九月一八日。
(105)同右。
(106)『松山高商新聞』第一八〇号、昭和一八年一月三〇日。
(107)吉田昇三は和歌山県出身、昭和四年和歌山高商卒、一〇年まで大阪商大の助手を勤め、広島県立商業学校で教鞭をとっていた。メンガー、ゴットルなどの研究者である(『松山高商新聞』第一八〇号、昭和一八年一月三〇日)。吉田昇三「田中忠夫先生を偲ぶ」『田中忠夫先生』一二〇～一二三頁。
(108)西依・賀川両教授追悼記念論文集『松山高商論集』第六号、昭和一九年五月。
(109)『松山高商新聞』第一八二号、昭和一八年四月三〇日。

(110) 同右。
(111) 『松山高商新聞』第一七七号、昭和一八年九月一八日。
(112) 同右。
(113) 賀川は宮城県出身、一九三〇（昭和五）年三月東北帝大法文学部卒業、同学部経済研究室助手をへて、一九三二（昭和七）年大阪商大経済研究所に務め、一九三六（昭和一一）年三月本校講師、一九三八（昭和一三）年教授となり、経済史、経済地理等を担当した。賀川は精力的に研究し、『新東亜経済地理』『南方諸国の資源と産業』『南方経済資源論』など、大東亜の経済建設の研究に専念していた（西依・賀川両教授追悼記念論文集『松山高商論集』第六号、昭和一九年五月）。
(114) 星野通「回顧四分の一世紀」『筆のすさび』七三頁。
(115) 宮下修一「『民法典論争資料集』の復刻作業について」シンポジウム「『民法典論争資料集』の現代的意義」松山大学法学部松大ＧＰ推進委員会編、二〇一四年、一三〇頁。
(116) 星野通『明治民法編纂史研究』ダイヤモンド社、昭和一八年九月。
(117) 同右。
(118) 『五十年史』二一〇頁。
(119) 軍部の意見は商業は国家経済にとって寄生虫的有害無益な存在であり、如何に精密、高級な学問であるとしても、その根本的性格の改まらない限り、この毒性を払拭することはできないというものであった（『三十年史』三八頁）。
(120) 『五十年史』二一一頁。
(121) 『三十年史』九五頁。
(122) 小絵山鎮男「私にとっての昭和『戦中日記』」『温山会報』第五五号、平成二五年一月。
(123) 『三十年史』九五頁、九六頁、『五十年史』二一一頁。稲生晴「松山高商と田中忠夫先生」『田中忠夫先生』五五頁。
(124) 『三十年史』九七頁。
(125) 同右、一八〇頁。
(126) 『三十年史』九六頁。『五十年史』二一一頁。なお、福知山高商の一年一〇名は二年に進級できなかった留年生と推測される。
(127) 『三十年史』一〇一頁。
(128) 同右、一八〇頁。

(129) 神森智「自分史と松山商大時代を語る」(二〇一二年一一月一日、松山大学コミュニティカレッジ二〇一二年度秋期特別講座松山大学九〇年史話)。
(130) 星野通「法典論争とわが伝統的家族制度」『松山高商論集』第六号、昭和一九年五月。
(131) 星野通『民法典論争史』日本評論社、昭和一九年六月。
(132) 注(129)と同じ。
(133)『五十年史』二一三〜二一五頁。
(134) 水沼直行「親友・作道洋太郎君を偲んで」『温山会報』第五〇号、平成一九年。
(135) 宮下修一「『民法典論争資料集』の復刻作業について」シンポジウム「『民法典論争資料集』の現代的意義」松山大学法学部松大GP推進委員会編、二〇一四年、一三〇頁。
(136)『三十年史』一八四〜一八八頁。
(137) 注(129)と同じ。
(138)「明治十一年民法草案」松山経済専門学校商経研究会研究彙報第一一号、昭和一九年九月。
(139)『三十年史』一八〇頁。
(140)『近代総合年表』岩波書店、三四三頁。『五十年史』二一五頁。
(141)『三十年史』三八〜三九頁、一〇二頁。
(142) 同右、三九頁。
(143) 星野通『筆のすさび』一二七〜一二八頁。
(144) 松山大空襲時の学園の被災については経専二二期卒の亀田誠公「校舎の焼け跡に立ち校歌にむせぶ!」『田中忠夫先生』二〇八〜二一〇頁。吉田昇三「田中忠夫先生を偲ぶ」同書、一二〇〜一二三頁。神森先生より聞き取り。
(145) 星野一家は一九二九年六月からは松山市歩行町に住んでいたが、その後、道後湯之町大字道後四九九に移り、また時期は不明だが、一九四一年以前に道後南町一丁目に引越していた。そこは「農事試験場前から道後寄りに半丁ばかりの電車道を南に折れ小路を抜ける田甫の向うに三角屋根。蔦かづらにおおわれた洋館が見える。道後南町一丁目。先生は当時そこに住んでおられた」(第一九期生入船裕二「星野先生のこと」『松山商大新聞』第八〇号、一九五八年三月二五日)。
(146) 星野通『筆のすさび』一七二〜一七三頁。

(147) 『三十年史』一〇三頁。
(148) 同右、一〇四頁。
(149) 同右。
(150) 同右、一〇九頁。
(151) 松山経済専門学校『学生新聞』創刊号、一九四六年五月一日。『三十年史』四二頁。
(152) 『三十年史』四二頁。
(153) 神森智『回顧　松大の戦後七〇年』松温会での講演。
(154) 『三十年史』一一〇頁。
(155) 星野通「重松先生の死を悼む」『筆のすさび』一四〇～一四二頁。
(156) 『三十年史』一一〇頁。
(157) 増岡喜義「田中先生と新田家の思い出」『田中忠夫先生』一四五頁、一四六頁。「座談会　田中忠夫先生を語る」『田中忠夫先生』二三九頁。
(158) 松山経済専門学校『学生新聞』創刊号、一九四六年五月一日。
(159) 松山経済専門学校『学生新聞』第二号、一九四六年六月一日。
(160) 『三十年史』一〇七頁。松山経済専門学校『学生新聞』創刊号、一九四六年五月一日。同第二号、一九四六年六月一日。
(161) 『三十年史』一〇七頁。
(162) 『三十年史』一〇八～一〇九頁。
(163) 松山経済専門学校『学生新聞』創刊号、一九四六年五月一日。
(164) 『三十年史』一一二頁。『田中忠夫先生』六二頁。
(165) 松山経済専門学校『学生新聞』創刊号、一九四六年五月一日。
(166) 星野通『民法典論争史―明治家族制度論争史―』河出書房、一九四六年八月。
(167) 宮下修一「『民法典論争資料集』の復刻作業について」シンポジウム「『民法典論争資料集』の現代的意義」松山大学法学部松大ＧＰ推進委員会編、二〇一四年、一二九頁。
(168) 松山経済専門学校『学生新聞』第五号、一九四六年九月一日。

(169) 同右。
(170) 同右。
(171) 松山経済専門学校『学生新聞』第六号、一九四六年一〇月一日。
(172)『田中忠夫先生』六二頁。
(173)『三十年史』一一三頁。『田中忠夫先生』六二頁。
(174)『田中忠夫先生』六二頁。
(175) 松山経済専門学校『学生新聞』第七・八号、一九四六年一二月一日。
(176)『三十年史』の「補遺　松山高等商業（経済専門）学校、松山商科大学現（旧）教職員名」。
(177) 越智俊夫教授追悼号の略歴から。
(178)『三十年史』二三一頁。
(179)『五十年史』二三一頁、二三二頁。
(180)『三十年史』一一七頁。
(181) 同右、一一二頁。

第4節　伊藤秀夫松山経済専門学校長時代

伊藤秀夫は一九四七（昭和二二）年二月二〇日、第四代松山経済専門学校長に就任した（以下、伊藤校長と略）。また財団法人の専務理事も兼務した。この時六三歳であった。伊藤校長は就任の談の中で、故加藤聖校長、田中名校長等の進路を忠実に守り、日本一の経済大学に発展せしめていく覚悟を表明した(1)。

そして、この時から大学昇格の運動が始まった。

伊藤新校長下の校務体制は、教務課長は大鳥居蕃が続け、新生徒課長は戦後復職した古川洋三が伊藤秀夫の後任として就任し（一九四七年三月～一九四八年一月）、庶務課長は増岡喜義が続け、伊藤校長を補佐した。星野通は図書課長を続けた。また、星野通が財団法人の理事を続け、伊藤専務理事を補佐した(2)。

一九四七（昭和二二）年三月二日に第二二回（経専）卒業式（高商から数えて二二回目）が、伊藤新校長の下で行なわれた。経専の第一期生（一九四四年＝昭和一九年四月の入学者）の卒業の年であり、二二九名が卒業した(3)。神森智（後、松山商科大学・松山大学学長）や北川忠彦（北川淳一郎の子息。後、天理大学教授、京都女子大学教授）、吉田二郎（阪本二郎。後、一橋大学教授）、高田一（後、灘の銘酒メーカー社長）、中谷哲郎（後、北九州大学長）、仙波恒徳（後、大分大学教授）ら錚々たる人たちがこの年に卒業した。なお、同期の住谷磬（後、同志社大学教授）は病気で一年留年し、翌年卒業する。

同年三月三一日、第一次吉田茂内閣下の第九二帝国議会に提案され可決された教育基本法と学校教育法が公布・施行された。

教育基本法はその前文で「われらは、さきに、日本国憲法を確定し、民主的で文化的な国家を建設して、世界の平和と人類の福祉に貢献しようとする決意を示した。この理想の実現は、根本において教育のちからにまつべきものである。われらは、個人の尊厳を重んじ、真理と平和を希求する人間の育成を期するとともに、普遍的にしてしかも個性ゆたかな文化の創造をめざす教育を普及徹底しなければならない。ここに、日本国憲法の精神に則り、教育の目的を明示して、新しい日本の教育の基本を確立するために、この法律を制定する」とし、その第一条で教育の目的を明示した。それは「教育は、人格の完成をめざし、平和的な国家及び社会の形成者として、真理と正義を愛し、個人の価値をたっとび、勤労と責任を重んじ、自主的精神に充ちた心身ともに健康な国民の育成を期して行なわれなければならない」というものであった。

また、学校教育法はその第五章で大学について定め、第五二条で目的を明示した。それは「大学は、学術の中心として、広く知識を授けるとともに、深く専門の学芸を教授研究し、知的、道徳的及び応用的能力を展開させることを目的とする」と定めた(4)。

この教育基本法と学校教育法の精神は、学校関係者に新鮮で感動をもって受けとめられたであろう。とくに、リベラリストであり、自由と平和を望み、個性尊重、教養教育重視を人生観としていた伊藤校長にとっては感動ひときわならぬものであったと推察される。また、星野通も同様であったと思われる。

そして、この学校教育法の施行により、学校教育体系は六・三・三・四制となり、全国各地で高校、専門学校では、修業年限四年の新制大学昇格にむけ、運動がなされることになった。

なお、伊藤校長は教員人事として、三月に山内一郎(本校の卒業生)を英語の教授として採用している。谷野芳輝(一九四五年一一月赴任、一九四七年三月退職、英語)の後任であった(5)。

(1) 一九四七(昭和二二)年度

本年度の校務は、教務課長は大鳥居蕃、生徒課長は古川洋三、庶務課長は増岡喜義が続け、伊藤校長を補佐した。星野通は図書課長を続けた。また、財団法人面では星野通が理事を続け、伊藤専務理事を補佐した。

伊藤校長下の一九四七(昭和二二)年度の松山経専の入学試験が三月二七、二八日の両日、本校、京都、福岡の地において行なわれた。定員は二〇〇名で、志願者は一六六〇名であった(6)。本年度の入試から男女共学となったが、女子の受験者はわずか三人にすぎなかった(7)。学科試験は従来の英語や簿記に偏在することのない一般的、基礎的学力を問うものとなった。四月五日に合格発表がなされた(8)。

四月一五日から新学期が始まった。それに伴い、本学を四年制大学に昇格する運動が熱を帯びてきた。『学生新聞』第一一号に次のように記されている。

「新学制に対処する本校の立場は世人一般の注目の的となっていたが、新学期と共に一路復興及び大学昇格を目標に教授、生徒、先輩一貫となって一大運動をまき起こすこととなり、生徒復興昇格委員会とすでにその結成を見たが、学校側と呼応して生徒間から自主的に盛り上がった復興昇格委員会の生まれるまでのいきさつを振り返って見よう。

四月一五日新学期開始と共に俄然一部の生徒間から再び学校復興昇格に関する運動の気運が芽生えて来た。前学年において一応復興運動が起り委員会も定まったが、試験その他によって、中断され今日まで何ら具体的事業を行うに至っていなかった。併しながら、新しい学年と共に更に新しい強力なる運動がわき起こって来た。先ず各クラス委員の改選が終わるや、連日委員会が開かれ、復興昇格に関する種々の積極的意見が闘わされ、委員会の方針が定まった。二十日に本年度第一回の学生大会が行われる事になった。集合した者は僅に三分の一に過ぎなかったが、皆熱心に真剣に、生徒として何を為すべかを討論した。先ず三年生岩田君が壇上に上って母校愛をふるい起こし、今あらゆる困難に直面している本校を我々生徒自身の力で復興し大学に昇格せしめようではないか……」(9)

このように、学生の間から大学昇格への気運が湧き上がるなど、学生の意識水準の高さ、熱意を感じることができよう。そして四月二〇日に学生大会を開き、「松山経専生徒復興昇格委員会」を結成することを決めた(10)。四月二五日の教授会では、大島居蕃教務課長より中四国地区高専校長に対するGHQ「新学制に関する講演会」(岡山市)に出席した報告がなされ、また増岡喜義庶務課長より本校が大学昇格の場合の設備計画の大要について説明がなされた(11)。

四月二六日、一九四七年度の入学式が本校講堂において挙行され、二七九名が入学した(12)。伊藤校長の式辞のあと、大島居蕃教務課長、古川洋三生徒課長が新入生に注意事項を述べている(13)。

五月一日、学生側が「生徒復興昇格委員会」を発足させ、湊町、大街道に天幕を張り「高商商店」を開店し、氷や文具の販売等を行ない、また、五月二四日には世界的ソプラノ歌手原信子独唱会を成功させるなど種々の活動を始めた(14)。

五月二〇日、伊藤校長は松山経専復興委員会を「松山経専復興昇格委員会」に改称した。そして、復興計画の策定が行なわれた。復興計画は、①校舎の再築約六三〇坪、三一六万円、②研究室設置および食堂新築、一〇〇万円、③図書館の拡張と図書の購入、一〇〇万円、④備品整備、八四万円、総額六〇〇万円。その財源として①父兄から年六〇万円、三箇年で一八〇万円、②温山会からの寄付一四〇万円、③新田家寄付一〇〇万円、④戦災保険金四〇万円、⑤県市その他からの補助及び寄付一四〇万円、計六〇〇万円が予定された。そして、それぞれ委員が選ばれた。その任務分担は次の如くであった(15)。

委員長　星野教授
総務部委員（庶務、会計、企画、推進）星野教授、増岡教授、野間書記
建築部委員（諸建築、資材、備品）増岡教授、太田教授、野間書記
資材部委員（資金調達）
　後援会関係　川崎教授、太田教授、増岡教授
　父兄会関係　古茂田教授、高橋教授、古川教授
　温山会関係　三好教授、山内教授、俊野書記、光宗書記
宣伝事業部委員（生徒催物、新聞宣伝）浜教授、吉田教授、山内教授、村田講師
調査部委員（学制調査研究、文部省との連絡）大鳥居教授、越智教授、吉田教授、黒田書記

このように、松山経専を大学に昇格させる活動の中心に星野通が選ばれた。星野通が本格的に校務に登場した。

六月、伊藤校長は東京にて開催の全国私立高等専門学校協議会に出席した。帰校後、伊藤校長は、大学昇格は教室、図書、教授陣の点で問題はないが、学生の質的向上が課題だと述べた(16)。

六月二二日には、「松山経専復興昇格委員会」主催の下、元本校教授で現・夕刊京都新聞社社長の住谷悦治氏を迎えて、「社会主義と共産主義」の演題で講演会を行ない、多数の学生、市民が押し寄せた(17)。

七月一〇日、教授会は「松山経専昇格及び復興後援会会則」並びに「大学設置趣意書」原案を審議した。

そして、七月二九日、県民一般の助力を仰ぐため、県下の有力者を中心に「松山経専復興昇格後援会」を結成した。後援会長には伊予鉄社長の武智鼎氏に就任してもらった(18)。

七月三一日、伊藤校長は教授会に対し、東京で開催された専門学校長会議での大学昇格問題情報の報告を行なった(19)。

九月二日、教授会は「大学設置基準」、特に学科目内容及び組織について研究審議をした。

九月一二日、『学生新聞』第一四号が秋の読書特集として如何に読むべきかを各教授に聞いている。他の教授とともに星野通も一文を寄せた。星野は朝日新聞社刊行の渡辺紳一郎著『スウエーデンの歴史を散歩する』を紹介している。国民の殆どが中流生活を営み、高度の文明の恵沢に浴している理想国スウェーデンの紹介であり、敗戦国日本の再建に参考となろうというものであった(20)。

一〇月四日、星野通は教授会に対し、福岡市で開催された私立学校総会西日本部会での大学昇格問題情報の報告を行なった(21)。

一〇月、文部省は大学設立基準試案を全国大学連合協議会に示した。それは、大学において修める学科は一般教養科目と専門科目に分かれ、専門科目はさらに一般専門科目と特殊専門科目に分けられている。一般教養科目は、A社会科学(法学、政治学、経済学、社会学)、B人文科学(歴史学、哲学、倫理学、教育学、日本文学、東洋文学、人文地理学、外国語)、C自然科学(数学、物理学、化学、地理学、生物学)で、それぞれ二科目以上合計一〇科目以上履修すること。経済学部の場合、一般専門科目は経済原論、経済史、経済政策、財政学、統計学、経営経済学、憲法、民法、社会科学概論、演習、計一〇科目、特殊専門科目は経済学科の場合、経済学史、経済変動論、社会思想史等一二科目以上開設、商業学科の場合、簿記、原価計算、会計学、生産管理等一二科目以上開設すること、学生は一般専門科目から七科目以上、特殊専門科目から八科目以上履修する、というものであった。

そして、本校の大学昇格構想もこの案に沿ってなされることになった。総務部委員の増岡喜義教授は、新制大学の構想も大分明瞭になったので、本校ではすでに教授会で教授科目や校舎について検討した結果、「十分にやっていける自信を得るに至った」と述べている(22)。

一〇月一〇日、高商創立二四回目の記念日である。伊藤校長は創立記念日にあたり、学生諸君に対し、本校が内外に高く評価されているのは三恩人のおかげと感謝すると共に、三恩人が描いた理想以上の大学づくり、新憲法下の文化的平和国家の建設に貢献できるような大学にならねばならないこと強調し、本校がこれまで掲げてきた教育の理想(三実主義)を一層高度に実現し、学問を学び教養を身につけた人格者、有能なる職業人、スポーツマンシップを体得した気品ある紳士たるべく、挨拶文を送った(23)。

なお、伊藤校長は教員人事として、一九四七年九月二神春夫(本校の卒業生)を英語の教授として(24)、一〇月に作道洋太郎(本校の卒業生)を経済史等の教授として採用した。作道の採用は星野通の推薦であった(25)。

一九四七(昭和二二)年一二月二二日、日本国憲法の基本原理にもとづいた改正民法が公布された。民法は、第一編総則、第二編物権、第三編債権、第四編親族、第五編相続の五編で構成されているが、そのうちの身分法関係である第四編、第五編を中心として、改正が行なわれた。それは、家制度、戸主権の廃止、家督相続の廃止と均分相続の確立、婚姻、親族、相続などにおける女性の地位向上などが主要な内容である。星野通にとっては感無量であったと思われる。

一九四八(昭和二三)年一月一五日の教授会で、「四国総合大学」が話題にのぼるも、本校は従来どおり単科大学で進むこと、なお、新田家とも連絡協議することを決定した(26)。

二月五日に、星野通は一年半前に校了していた『民法典論争史―明治家族制度論争史―』の原稿を河出書房に提出した(出版は一年以上遅れて一九四九年六月となる)。

三月二日、伊藤校長の下、第二三回(経専)卒業式を挙行し(高商から数えて第二三回)、三一〇名が卒業した(27)。

このとき、住谷磬が一年遅れ(病気のため)で卒業した。

星野通は卒業生に次の如き送別の辞を贈っている。


「巣立っていく諸君の中には大学に進み学問にいそしむ人もあるでしょうが、実社会に飛び込んで行く人が大部分でしょう。だが、諸君が忘れてならないことは自分が職業人である前に時代を担う知識人、文化人であることです。そして読書こそ諸君にとって生涯切っても切れない宿命です。つとめて閑暇をつくって読み、深く考える、これを終生わすれないで欲しい。その中で古典的価値ある書物を読むことです。三木清も言っているように、古典、良書を繰り返し繰り返し味読して、思想性格のよき知識人になって頂きたい(一九四八年二月二五日)」(28)

三月五日、星野通は雑誌『四国文化』に「新民法と人間解放」と題した一文を寄稿している。その大要は次の通りである。

「敗戦を機とする時代の民主主義的転換とともに新しい憲法の公布実施となって、国内の隅々にまで巣くっている封建的なもの専制的なものが払拭されることになり、今度の民法親族編相続編の全面的改正もこの人間性尊重、女性尊厳性回復の線に沿って行なわれたわけで、新憲法第二四条『婚姻は両性の合意のみに基いて成立し、夫婦が同等の権利を有することを基本としての相互の協力により維持されなければならない。配偶者の選択、財産権、相続、住居の選定、離婚並びに婚姻及び家族に関するその他の事項に関しては法律は個人の尊厳と両性の本質的平等に立脚して制定されなければならない』の具体化に他ならないのです。

明治維新は封建的支配の末端部をしめていた下級武士や公卿たちが主体となって行なわれたものであり、種々の封建的性格を精算しきれず国家主義的色彩も濃厚であり、民主革命としてはまことに徹底さを欠いたものでした。新政府の指導者が士族出身の官僚によって占められていたことはせっかくの文明開花も多分に封建的要素を含み、いつまでも根を張り、封建思想道徳は長く人々の頭を支配し、今日まで我が国の民主主義の正常な発展を妨げてきたのでした。

民主主義的自由主義的なものの指導育成が国家官僚の手によって行なわれたことは、自然に民主主義自由主義と国家主義官僚主義のアブノーマルな結びつきをかもしだし、我が国家体制・社会体制の上に国家主義・専制主義的なものを残すことになった。近代国家のベールをかぶりながら封建的専制的なものを内包していたのが、最近までの我国の実情でした。

我国の民法編纂事業は民主的なものと封建的国家主義的なものとの混淆相剋の極めて激しかった明治初中期に行なわれたもので、最初できた民法典・旧民法は当時最も進歩的な自由主義法曹によって編纂されたもので近代市民法典の母と言われるフランス民法を母法とする極めて自由主義的な、しかも身分法領域ではヨーロッパ流の夫婦中心の家族制度を採用するなど思い切った進歩的な法案であったが、保守反動の時代に突き当たって法典は永久に葬り去られたのでした。

そして淳風美俗尊重のスローガンのもと再び編纂実施されたのが明治三一年七月以来現在まで行なわれている現行民法で、現行法典は財産法、取引法分野においてこそ近代ヨーロッパ市民法に倣って自由主義を指導原理として取り入れ、よくわが近代資本主義発展の法的基柱たる役割を果しているが、親族法、相続領域は徳川以来の伝統的大家族制度の面影を濃くとどめてきたのでした。

新しい民法親族、相続編はその伝統的大家族制度の持つ封建制、即ち個人人格無視、男尊女卑の二性格を一掃することを目的として生まれたもので、従来の戸主中心の家制度を廃止して、強大な戸主権より家庭を解放すること婚姻規定を中心に根を張っている女性卑賤的規定を廃止して両性を平等的立場に置く身分法分野の民主化をはかることを眼目としているのです。民法上の家は戸主となっているものと家族となっているものによって構成され、戸主が家族を強大な支配下に置く法律上の擬制的人的集団で、人が現実に同一家屋で共同生活をしているか否かとは無関係に成立存続するものです。そして、この法律上の家と現実の家族生活が一致せずしかも日本民主化を阻む大きい素因となっていたので今回新民法によって廃止を見るに至ったのです。

徳川封建制下においては家は知行俸禄を受ける官職の主体であり、農工商民にとっても経営・生産の主体としての役割をはたし、家は強固な家長権によって統裁されていました。

ところが明治維新以降、家は官職の主体としての性格を失い、また近代資本主義の勃興とともに企業主体、生産主体としての性格を失い、次第に夫婦を基調とした消費主体の小家族に分裂してきました。資本主義の発展により家内工業は没落の一路を辿り多数の自営業者は賃労働者になりました。また、農村住民も都市の近代工業や鉱山、土木業へと職を求めて流出し、都市も農村も徐々に家の解体が始まったのです。

ところが、淳風美俗維持の目的で実施された現行民法は、親族法、相続法の分野で封建的色彩の濃厚な伝統的大家族制度を家制原理として取り入れたため――勿論徳川封建制そのままの家制のみでなく、ヨーロッパ的な個人主義身分法理も摂取され適当な調和がなされてはいますが、全体的にみて原理的に伝統的大家族主義が採用されています――、現実の家と法律上の家は食い違った存在になってしまったのです。現実の家と符合しなくなった民法上の家は強力な戸主権で家族を支配し得る封建的仕組みになっていて、家族は常に戸主の支配に隷従する情けない地位に置かれ、また財産は家督相続の名において長子が単独相続し、他の家族員は殆ど分配に預からないという有様です。また夫婦関係も財産面、子の親権面、離婚面において夫に比し著しく不利な立場に置かれているのです。要するに現行民法は個人尊厳無視、女性卑賤の封建的性格が露骨にあらわれているのです。

改正民法の親族、相続法は従来の親族面、相続編の規定していた家を解体して現実の親族共同体と法律上のそれを合致さすとともに、戸主権廃止を断行して家族解放を行ない、或いは夫権より妻を解放して憲法の掲げる民主主義的理想たる個人の尊厳、両性の本質的平等を実現したのであり、まことにエポックメイキングな進歩的立法といわねばなりません。

改正親族法では戸主が統裁し、世代を超えていつまでも存続する永久的な親族大生活共同体たる家を認めていません。それに代わって夫婦を主要メンバーとしそれに未婚の子女が加わって構成される婚姻中心の一代限りの親族生活共同体が登場することになりました。また親子関係においても従来の封建的支配の意味を持つ親権はなくなり、子女の養護教育を目的とする義務的意味を持つ親権となっています。また当事者の自由意思を尊重さるべき婚姻について成年者に関する限り両親の同意は不要となりました。妻の姦通は離婚原因となるが夫の不貞行為は離婚原因にならぬという従来の不平等はなくなりました。長子単独相続制は廃止され、均分相続となりました。配偶者も相続人となりました。

従来の民法の封建的性格は新法によって全面的に払拭されました。しかし、日本の家族制度の持つ封建制は長年にわたる男女両性の生活態度生活感情に巣くう封建制、後進性、無自覚に由来するところ大なるものがあります。今後、政治経済文化のみならず家庭生活において一切の封建的要素の払拭に男女ともに鋭意協力することが肝要です。かくして、人間解放、両性本質的平等という民主憲法の理想の炬火の完全な実現の日が来ると思います。両性相互の責任まことに重いと申さねばなりません」(29)

この一文について、少しコメントしておこう。

星野通は一九四七（昭和二二）年の新民法の戸主権の廃止、人間解放、女性の尊厳回復、男女同権の民主的性格を強調し、他方一八九八（明治三一）年の民法の身分法関係は「個人尊厳無視、女性卑賤の封建的性格」と述べている。それまでの星野の見解（例えばダイヤモンド社の『明治民法編纂史研究』）では「旧慣美風とヨーロッパ個人主義の調和が努力された身分法においても寧ろヨーロッパ的色彩濃く」（同著、二〇三頁）、謂わば、封建性と近代性の二面性があるが、どちらかと言えば近代的法典との論を主張していたのだが、ここでは全体としては「封建的性格」とし、事実上自己の見解を修正しているといえよう。

三月一八日、星野通は九州大学法学部にて「明治民法編纂史研究」で法学博士の学位を授与された。未見であるが、恐らくは、ダイヤモンド社刊行の『明治民法編纂史研究』と同名ゆえ、それをもとに改訂したものと思われる。本校博士号の第一号である。九州大学に出したのは、同大学に青山道夫教授がいたためであろう。

三月、伊藤校長は新教員として前大連高商教授の伊藤恒夫を経専教授（倫理学・教育学の担当）として採用した[30]。なお、失業中であった伊藤恒夫の採用を口添えしたのは星野通であった。

（2）一九四八（昭和二三）年度

本年度の校務は、教務課長は大島居蕃が続け、生徒課長は一九四八（昭和二三）年一月から古川洋三に代わって古茂田虎生が就任し（～一九五二年五月）、また、庶務課長は増岡喜義が続け、伊藤校長を補佐した[31]。図書課長は星野通が続けた。また、法人経営面では、星野通教授が理事を続け、さらに大島居蕃教授も理事となっており（一九四七年九月～）、伊藤専務理事を補佐した。

本年度の最大の課題は経専の大学昇格問題であった。「復興昇格委員会」の委員長は星野通であり、星野は伊藤校長（専務理事）、大島居理事、増岡教授（庶務課長）らとともに活動した。

一九四八年度の経専の入試が、三月に行なわれ、志願者は一一九一名（うち女子四名）で、三月二四日に合格発表がなされ、合格者は二七八名（うち、女子四名）であった[32]。

四月初めに、入学式が挙行され、二七八名が入学した[33]。伊藤校長の式辞は未発見である。

四月一五日、復興昇格計画のうち、①の校舎二号館（木造モルタル、二階建。本館の南西側）、四号館（木造モルタル、平屋建。本館の西側）が竣工した。しかし、ともに、旧二号館（一九三九年完成。戦災で焼失）、旧四号館（一九四二年完成。戦災で焼失）には及ばなかった。

四月二二日、大鳥居、増岡両教授が神戸市に出張し、神戸商科大学（県立神戸経専）にて大学設置認可申請様式その他を調査した。また星野教授も京都に出張し、同志社経専にて諸事情を調査した[34]。

このうち、神戸商科大学は、一九四八年四月、全国最初の公立新制大学としてすでに発足していたので、訪問したものと考えられる。神戸商科大学の前身は、一九二九年四月開設の兵庫県立神戸高等商業学校であり、一九四四年四月兵庫県立経済専門学校に校名変更し、敗戦を迎え、一九四八年二月二八日文部省に大学昇格のための申請書類を提出し、三月二五日認可を受け、四月発足していた[35]。神戸商科大学は商経学部の一学部で、学科は経済、経営の二学科体制で、学則、授業科目がすでに出来上がっており、大いに参考になったものと考えられる。又、同志社経済専門学校は一九二二年に同志社専門学校高等商業部として発足し、一九三一年四月に同志社高等商業学校として独立、一九四四年に同志社経済専門学校に名称変更し、一九四八年新制同志社大学が発足し、翌一九四九年商学部として発足した。

四月二四日、伊藤校長から教授会に、四国四県の会議で四国連合大学（国立のみ）、四国協定大学（公私立参加）など、いろいろな考え方が出ているとの報告があった[36]。

なお、本校は単独昇格の方針であったが、この時期、県内、四国において「四国総合大学案」が出てきて、また、本校の国立移管が強要され、本校は混乱させられている。その状況について、『三十年史』の記述を引用しておこう。この箇所の執筆者は増岡喜義である。ただし、松山経済専門学校側からの見方であり、若干割り引いておく必要がある。

「本校はいち早く単独昇格を決定、活動に入ったのであるが、その当時（二二年春）大学昇格は官公私を通じ全国高専校共通の希望であって、われもわれもと昇格運動に狂奔する様を見かねてか、或は進駐軍の意をうけてか、文部省は全国を八つか九つのブロックに分け、それに一つづつ綜合大学を設けるという案をたてたという噂が伝えられた。そこで全国道府県は、これが招致に懸命の努力を傾け、後になって考えると実に滑稽というべき程の政治運動を起した。四国にも一つの綜合大学が設けられるというので、各県から知事以下多数の委員を出して四県共同委員会を設け、四国誘致に狂気じみた猛運動を起すと共に、四国の何処に之を設置すべきかを調査研究した。ところがこの委員会では四国へ誘致する運動よりも、寧ろ四国の何処に之を設置するかという問題が主眼となって仕舞い、各県は自県に誘致しようとして、種々の駆け引きをなし、我田引水論を飛ばして混乱を極めたようであった。愛媛県委員（その中には本校校長も加わっていた）は本県には既に七校に及ぶ高等専門学校（国立の松山高校、愛媛師範、青年師範、新居浜工専、県立の農専、私立の松山経専、松山語専）があり大学設置の母体が整備していることを最上の武器として他県と渡り合ったのである。然し文部省案で綜合大学というのは国立高等専門学校を学部とするものであって、公立や私学を交えたものは協定大学とか連合大学とか称える事になっており、その上かかる官公私の寄り合い世帯が長き将来、決して都合よく発展するものでない事は明白であるので、本当の綜合大学を設置するために、且又前述のように本県に大学設置の母体が整備しているという理由を一層強力にするためには、どうしても本校を国立に移管する必要があった。殊に本校の場合たとえ戦災にあったとはいうものゝ、本館、講堂、図書館等の校舎は健在であり、特に数万冊の図書が無事であり、多数の優秀教授を有していたので、商業経済法律に関する学部としては最も有望視されるにおいては尚更その考えを強くせざるを得なかった。と共に本県委員は『経営に困っているらしい経専はすぐ国立移管の誘惑に乗るもの』と判断し、この問題は簡単に実現するものとたかをくゝっていたようである。然るに本校では学校創立の由来と新田家との特別な関係もあり、既に開校以来二十数年の歴史を有し私学の雄として自他共に許す存在であり、又一方多数の卒業生の意向等を勘案して、この国立移管問題については頗る慎重な態度をとり、容易に之に応ずる色を示さなかった。茲に於て、本県委員の本校に対する態度は要望から勧説へ、勧説から強要にまで進んだ。又この事情が当時の新聞に記載されるや、世間では松山経専の頑固なために綜合大学問題が駄目になるという非難まで飛ぶという有様であった。

既に本校は単独昇格の方針で来てはいるものの、周囲の情勢がここまで発展して来ると、この方針に今一度再検討を加えざるを得なかった。第一に果して単独昇格は可能であろうか。第二に大学経営に要する巨額の経費を充分に賄っていけるか、第三に、かりに国立の綜合大学が成立し、同大学に本校と同種の学部が設置された場合には如何なる結果をもたらすか、およそこれ等が再考すべき主要な問題であった。勿論官学移管によって、第二、第三の問題は解決されよう。然し本校創立の由来と二十数年の誇るべき歴史はこれを棄てるには余りにも貴重である。新田家がこれまで莫大な資金を投じ、初代加藤校長以下歴代の学校当局が心魂を打ち込んで経営し、以て今日の大をなしたことを回顧する時、官学移管には割り切れぬものがある。こうした感情よりも、更に大なる私学の良さ、囚われざる自由の学園の権威の保持、将来の教育は私学においてこそ全きを得るとの期待……斯く考え来れば、われわれは名誉ある私学として飽くまで、これを守り立て、単独昇格へ持ち込むべきではないか。況して国立移管に応じても官僚主義の文部省が、われわれの満足すべき条件で、わが学園を受け入れるなど到底望むべくもなく、更に国立大学が成立しても、全然母体のない所に本校に影響する程に強力な学部が設置さることは全く不可能と思われるにおいては尚更である。がそれにしても綜合大学本県誘致の鍵を握るものは松山経専の国立移管であるとする世論を無視することはできない。この難問に直面して伊藤校長始め本校関係者は深く思をひそめたのである。昭和二十二年秋から翌年一月にかけて幾度かこれが話題となった。新田家の意見を打診してみたらという意見もないではなかった。

兎角するうちに『大学設置基準』が発表され、それを仔細に検討した結果、教授陣容については自信を持つことができ、施設面は大丈夫との結論がでた上に、新田家の意向も既定の方針に賛同されることが明らかになったので、茲に私学の単科大学として昇格することを最後的に決意し、直ちに具体的に大学設置認可申請の手続に入ることになった。その後（二十三年六月頃）文部省では、この綜合大学案が各地方に思わぬ大波瀾を起したことに恐れをなして、各県に悉く大学を設置するという総花政策を発表、本県においても松山高校、ほか官立高専校を一丸として愛媛大学を設置することになって、四国四県の、さしもの馬鹿らしい騒ぎも、たちまち静まった」(37)

なお、文中の「四国大学綜合案」は一九四八年三月から五月にかけて、四国四県の関係者が五回会議を開き、名ばかりの綜合大学案が生まれたが、文部省が五月に各県一大学設置の方針を示したので、この「四国総合大学案」は消えている(38)。本校にとってこの「四国総合大学案」は「雑音」（増岡喜義の用語）であり、混乱させられただけであった。

「四国総合大学」が消滅した後、五月二〇日、教授会は既定方針どおり、本校は独立の単科大学として進むことを確認し、大学設置基本要綱起草委員会を設置した。そして、伊藤校長は委員として星野、大鳥居、増岡の三教授に委嘱した(39)。

そして、星野ら三人が申請書の起草に尽力し、また、採用予定教授の人選も着々とすすめた。委員の一人・増岡喜義が『学生新聞』の編集子に対し、進捗状況を次のように答えている。

「本校は所定の方針に従い、私立単科大学として進むべく星野教授以下三名の起草委員によって七月末迄に申請書を提出すべく目下作成している。本年昇格した神戸商大（旧神戸経専）を視察し、万全を期している。特に問題になるのが教授陣だが、名前は挙げられないが、快諾を得たものとして、旧官立大学の教授三人、学界で有名で専門学校教授が四、五名、専任講師で学位のある人四、五人決定しており、出来るだけ立派な人を招くべく努力している。設備は不十分ながら現在でも資格がある。図書は四、五万冊あり、将来校地も拡張し、校舎も増築が行なわれるから問題はなかろう」(40)

そして、七月一三日、星野ら起草委員は教授会に大学設置要項草案中、特に「目的及び使命」「名称」「学部及び学科別学科目」「履修方法及び学位授与」の審議を附した。

七月一六日、星野ら起草委員は教授会に「暫定学則」草案の審議を附し、人事関係については伊藤校長より説明があり関係者の諒解が求められた。

七月二〇日、「松山商科大学設置認可申請」関係書類を携えて、伊藤校長、大鳥居教務課長、増岡庶務課長の三氏が上京し、約一週間滞在し、必要な修補を加えて、七月二八日に文部省に認可申請書類を提出した(41)。星野通は何故か同行していない。

そして、「大学設置認可申請書」の書類目録の目次は次の通りであった。

「一、松山商科大学設置要項　一頁
二、学則　三頁
三、校地（図面添付）　七頁
四、校舎等建物（図面添付）校舎写真二葉　八頁
第一表　八頁

一一、資産　三五頁
一、資産総括　三五頁
二、図書・標本・機械・器具等内訳　三六頁
一二、維持経営の方法　四〇頁
一、維持の方法　四一頁
二、経営の方法　四二頁
三、収支予算書　四二頁
一三、現在経営している学校の現況　四四頁
一、学校法人とその沿革　四四頁
二、現行学則　四五頁
三、教員　四九頁
四、学生　五一頁
五、新学制転換方針　五二頁
一四、将来の計画　五三頁」(42)

この申請書類の内容については、すでに「伊藤秀夫と松山商科大学の誕生（その二）」（『松山大学論集』第二九巻第五号、二〇一七年一二月）で詳細に紹介、論じたので省略する。

一九四八年一一月七日、大学設置審議会委員四国地方現地調査委員竹田賢治氏他六氏が本校提出の申請書にもとづき実地調査に来られた(43)。

星野通は、『松山経専論集』第七号（昭和二四年二月）に「明治民法史に関する一資料」を発表している（原稿は

昭和二三年八月一〇日校了)。それは、星野通が『明治民法編纂史』を刊行した際に、元田肇の秘書宮川三栄から元田肇の講演録「家族制度は何処へ行く」が送られてきたことがあり、その講演内容の紹介であった。元田は民法典論争の延期派の一闘士であり、また法典調査会の委員として明治三一年の民法制定に直接関係しており、その人物の回顧談であるだけに新資料を含んでおり、また、星野通の「年来の主張の正当性を裏付けしてくれる」ものだとしてその概要を紹介している。その大要は次の如くである。

「東京大学法学部で英法学を学んだ元田は論争当時表面に躍り出て華々しい動きこそしていないが、秘かに政府要人を訪ねて政府を糾弾したり、民商法延期法律案の特別委員となって民法典に反対するなど相当裏面で活動している。この彼が民法典に反対したのは歴史法学的立場からではなくて、幼児より厳しい漢学教育をたたき込まれ、骨の随まで封建的士大夫階級道徳を賛美する保守国粋主義になっていたため、欧化政策を嫌悪し、本能的に西欧法典模倣の民法典排撃の挙に出たことを自ら語っており、この論争が歴史法学対自然法学の学問的対立でなく、進歩思想対保守国粋主義のイデオロギーの戦いであるという筆者の年来の主張を裏付けるものであった。また、此の論争に関し、穂積陳重博士は『法窓夜話』で、『君子の争』であると言っておられるが、これは不正確な見方であったことは、この講演録からも裏付けられよう。

法典論争が断行派の政府側が敗北したあと、伊藤総理はただちに民商法延期法律案を上奏してその裁可を仰ぐことをせず、半年にわたり静観した後、漸く明治二五年一〇月八日に西園寺公望を委員長に民商法施行取調委員会を設置し、両院通過の民商法延期法律案の上奏可否について討議させ、その結果にもとづいて延期法案を上奏するという周到慎重な行動をとった。その背景には国権主義国粋主義の元田をはじめ延期派の連中が政府要人を訪問して働きかけたことがひとつの要因になったとこの講演録から推論されるのである。

以上は法典論争に関するものだが、民法制定史において、法典調査会の設置を伊藤に建言したものが元田肇であったこと、民法草案の起草者として穂積陳重、富井政章、梅健次郎を推薦したものも元田であったこと、これらは従来星野通にとって不明であったのだが、この回顧録によって元田だと判明し、星野の年来の疑問を解決し大きな収穫であった。また、身分法の起草について星野は穂積と秘かに推論していたが、元田の回顧録によって確認されたことも収穫である」(44)

一九四九（昭和二四）年二月七日から文部省の大学設置委員会で全国公私立新制大学に対する審査が行なわれた。一〇日、文部省辻田教育局長より本校は審査合格の入電があった。

伊藤校長は談として「地方の私立学校のことと大変心配していたが、本校は昨年の二月ごろから全教職員一丸となって内容の充実、設備の完成に非常に努力を図って来たが、昇格と決まって大変嬉しく思っている。二十五年間の卒業生の社会的信用も大きい原因だと思う。今後とも県民の援助を得て是非立派な大学として完成したい」(45)と述べている。

二月二一日付けで文部省から文書で認可の通知を受けた。

「校学一二七号

松山商科大学設立者　財団法人　松山経済専門学校

昭和二十三年七月二十八日をもって申請の学校教育法による松山商科大学設置のことは、大学設置委員会の答申に基づき次のように認可する。

昭和二十四年二月二十一日

文部大臣　高瀬荘太郎

一、位置　愛媛県松山市清水町二丁目一二八番地

二、学部学科　商経学部（経済学科、経営学科）
三、開設学年　第二学年まで
四、開設時期　昭和二十四年四月」[46]

三月四日、第二四回（経専）卒業式を挙行し、二三八名が卒業した[47]。

伊藤校長らは、大学開設に向けて準備し、三月一〇日、加藤会館内の一、二階に教授研究室を竣工させた。

また、伊藤校長は経専の最後の教員人事として、三月に元木淳を商学通論の教授として採用した[48]。

（1）松山経済専門学校『学生新聞』第一〇号、一九四七年二月一日。
（2）『三十年史』一一五頁、一九五頁、二三一頁。松山商科大学六十年史編纂委員会『松山商科大学六十年史（資料編）』（以下、『六十年史（資料編）』と略）一九八五年六月、一二九～一三〇頁。増岡喜義教授退職記念号の略歴より。
（3）『三十年史』一一三頁。昭和三六年九月七日に文部省に申請した『松山商科大学（経済学部、経営学部）設置認可申請書』の資料に大正一五年の第一回から三五年度までの卒業者数が掲載されているが、そこでも二二九名であり、また『温山会名簿』でも二二九名である。なお、『六十年史（資料編）』一四一頁では二二六名で何故か少ない。
（4）『五十年史』二三四～二三六頁。
（5）山内一郎は一九〇三（明治三六）年一月愛媛県生まれ、一九二七（昭和二）年三月松山高商を卒業し（第二期卒業）、九州帝大文学部に進み、一九三〇（昭和五）年三月卒業、文学士。一九三〇年四月から七月まで松山高商の非常勤講師（英語）。一九三四（昭和九）年三月から松山中学教諭、一九四七年一月から進駐軍の民事検閲事務局検閲員兼翻訳官を勤めていた（山内一郎教授退職記念号の略歴、『三十年史』の「補遺　松山高等商業（経済専門）学校、松山商科大学現（旧）教職員名」、また、松山高商第二十二回生機関紙『石鉄』創刊号一九四七年八月（編輯兼発行人高田一）より。

(6)『三十年史』一一三頁。
(7)松山高商第二十二回生機関紙『石鉄』創刊号一九四七年八月。
(8)松山経済専門学校『学生新聞』第一〇号、一九四七年二月一日。
(9)松山経済専門学校『学生新聞』第一一号、一九四七年五月二〇日。
(10)同右。
(11)『三十年史』一一七頁。
(12)同右、一一三頁。
(13)松山経済専門学校『学生新聞』第一一号、一九四七年五月二〇日。
(14)『五十年史』二四〇頁。『学生新聞』第一二号、一九四七年六月二五日。
(15)『三十年史』一一七〜一一八頁。『五十年史』二三九〜二四〇頁。
(16)松山経済専門学校『学生新聞』第一二号、一九四七年六月二五日。
(17)松山経済専門学校『学生新聞』第一三号、一九四七年七月一日。
(18)『五十年史』二四〇頁。
(19)『三十年史』一一八頁。
(20)松山経済専門学校『学生新聞』第一四号、一九四七年九月一五日。
(21)『三十年史』一一七〜一一八頁。
(22)松山経済専門学校『学生新聞』第一五号、一九四七年一〇月二八日。
(23)同右。
(24)二神春夫は一九〇九(明治四二)年三月愛媛県生まれ、一九三二年(昭和七)三月松山高商を卒業し(第七期卒業)、九州帝大文学部に進学し、一九三五(昭和一〇)年三月卒業、文学士。二神春夫は伊藤秀夫の校長就任に伴う英語担当教員の後任と思われる。
(25)作道洋太郎は一九二四(大正一三)年九月松山市に生まれ、一九四二(昭和一七)年四月松山高商に入学、一九四四(昭和一九)年九月卒業(松山経専第二〇期卒業)、同月九州帝国大学法文学部経済学科に入学し、一九四五(昭和二〇)年一月大学在学中、特別甲種幹部候補生として東京陸軍経理学校に入隊(伍長)、一九四五(昭和二〇)年九月大学に復学し、一九四七(昭

和二二）年九月九州大学を卒業した。同年一〇月作道は星野通の推薦で本校教授に赴任した（「作道洋太郎博士還暦記念論文集」『大阪大学経済学』第三五巻第一号、一九八五年六月、長沼直行「親友・作道洋太郎君を偲んで」『温山会報』第五〇号、平成一九年より）。作道氏の妻愛子さんは星野通の妹堀博子（星野通の松山中学時代の二級下の堀新一郎に嫁ぐ、松山商科大学事務職員）の娘（神森先生よりの聞き取り）。

(26)『三十年史』一一八頁。

(27)同右、一一三頁。なお、文部省への『申請書』では三〇九名、『温山会名簿』では三一二名、『六十年史（資料編）』では二九九名である。

(28)松山経済専門学校『学生新聞』第一八号、一九四八年三月五日。

(29)星野通「新民法と人間解放」『四国文化』、昭和二三年三月五日。『筆のすさび』所収。

(30)伊藤恒夫は一九一二（明治四五）年一月、秀夫の長男として生まれ、松山高等学校を出て、一九三一（昭和六）年四月京都帝大文学部哲学科に進み、一九三六（昭和一一）年三月に卒業。一九三七（昭和一二）年三月大連高等学校教授、一九四一（昭和一六）年四月大連高等商業学校教授に就任していた。敗戦の直前八月一日応召入隊。敗戦で捕虜となり、二年間シベリア捕虜生活。一九四七（昭和二二）年八月帰還。失業中の身であったが、一九四八（昭和二三）年三月星野通教授の口添えで経専教授として採用された（伊藤恒夫教授退職記念号の略歴、『三十年史』補遺、伊藤恒夫「星野通先生を偲ぶ」『明教』第七号、一九七七年二月、『松山商大新聞』第三八号、一九五二年四月などより）。

(31)『六十年史（資料編）』一二九頁。

(32)『三十年史』一一八頁。但し、同書一一三頁では志願者は一一六一名となっており、当日欠席があったものと思われる。

(33)同右、一一三頁。

(34)同右、一一八頁。

(35)神戸商科大学『神戸商科大学五十年史』昭和五四年。

(36)『三十年史』一一八頁。

(37)同右、四七〜五〇頁。

(38)『愛媛県教育史』第三巻、一九七一年、一一五〜一一六頁。

(39)『三十年史』一一八頁。

(40) 松山経済専門学校『学生新聞』第一九号、一九四八年六月二五日。
(41)『三十年史』一一九頁。
(42)『認可申請書類』国立公文書館。
(43)『三十年史』一一九頁。
(44) 星野通「明治民法史に関する一資料」『松山経専論集』第七号、昭和二四年二月。
(45)『愛媛新聞』昭和二四年二月一一日。
(46)『三十年史』一二〇頁。
(47) 同右、一一三頁、一一九頁。文部省への『申請書』では二四〇名、『温山会名簿』では二四一名、『六十年史(資料編)』一四一頁では二三五名である。
(48) 元木淳は、一九二二(大正一一)年二月東京生まれ、一九三九(昭和一四)年三月東京府立第三中学校卒業、一九四二(昭和一七)年三月東京商大予科修了、一九四四(昭和一九)年九月東京商大卒、商学士(元木淳退職記念号の経歴より)。

第3章

松山商科大学教授時代

一九四九（昭和二四）年四月一日、松山商科大学（以下、松山商大と略）が誕生した。初代学長に伊藤秀夫が就任し、財団法人の専務理事も兼務した。この時、六五歳であった。星野通も松山商大教授に就任した。このとき四八歳であった。

（1）一九四九（昭和二四）年度

松山商大発足時の校務体制は、教務課長は高商時代以来長く続けていた大鳥居蕃に代わり（一九三四年一〇月〜一九四九年四月）、新しく太田明二が就任した（一九四九年四月一二日〜一九五七年四月三〇日）。学生課長は古茂田虎生が引き続き務め（一九四八年一月〜一九五二年五月）、また庶務課長も増岡喜義が引き続き務め（一九四三年三月〜一九五二年六月）、伊藤学長を補佐した(1)。大学昇格と共に図書課長名が図書館長名に変わり、星野通は初代図書館長となった。また、財団法人面では星野通は法人理事を引き続き務め（一九四六年一二月〜）、大鳥居蕃（一九四七年九月〜）と共に伊藤専務理事を補佐した。

大学発足時の教授陣は次の通りである（かっこ内は生年月、学歴、就任年月、担当科目、就任順に示した）。

学長　伊藤秀夫（一八八三年九月、早稲田大学卒、一九二六年九月）

教授

古川洋三（一八九八年七月、関西学院高商部、ウイスコンシン大学卒、一九二三年四月、英語、交通論、保険論）

星野　通（一九〇〇年一〇月、東京帝大卒、一九二五年四月、民法第一部、二部、三部）

大鳥居蕃（一九〇一年五月、東京商大卒、一九二五年六月、国際経済論、国際金融論、商業政策）

増岡喜義（一九〇三年一二月、九州帝大卒、一九二九年五月、財政学）

川崎三郎（一九〇〇年九月、東京商大卒、一九三四年一〇月、経営比較）
浜　一衛（一九〇九年九月、京都帝大卒、一九三八年四月、第二外国語・華語）
古茂田虎生（一九〇二年一〇月、東京商大予科卒、一九四一年四月、英語）
太田明二（一九〇九年五月、神戸商業大卒、一九三三年六月、景気論、会計学）
伊藤恒夫（一九一二年一月、京都帝大卒、一九四八年三月、倫理学、教育学）

助教授
山内一郎（一九〇三年一月、九州帝大卒、一九四七年三月、英語）
二神春夫（一九〇九年三月、九州帝大卒、一九四七年九月、英語、実用英語）
五島　伝（一九〇五年一二月、日本体育専門学校卒、一九四八年九月、体育）

講師
高橋　始（一八九九年四月、早稲田大学卒、一九二六年四月、政治学）
三好俊夫（一九二一年一〇月、神戸商業大卒、一九四六年一一月、生産管理、労務管理）
越智俊夫（一九二四年一月、東京帝大卒、一九四六年一二月、商法二部、社会法）
作道洋太郎（一九二四年九月、九州帝大卒、一九四七年九月、社会思想史）

研究員
元木　淳（一九二二年二月、東京商大卒、一九四九年三月、財務管理、簿記実践）(2)

そして、大学発足にともない、新しく赴任した専任教員は次の通りである（生年月、学歴、経歴、担当科目）。

専任教授

重松俊章（一八八三年一一月、九州帝大卒、文学士。元九州帝大教授。歴史学、文化史）
根岸正一（一八八九年一月、神戸高商卒、小樽高商、高松高商、福知山高商教授等。原価計算、会計監査）
藤本貫一（一八九三年五月、大阪高等工業学校応用化学科卒、工学博士。住友鉱業別子鉱業勤務を経て大阪ペイント研究部長。化学）
上田藤十郎（一八九九年一一月、京都帝大卒、京大農学部講師、昭和高商教授、大阪女子経済専門学校教授、名古屋市史編纂主任等。経済史概論、日本経済史）
山下宇一（一八九九年一二月、東京商大卒、商学士。元大分経専教授。銀行論、金融経済学）
八木亀太郎（一九〇八年一〇月、東京帝大文学部言語学科卒、文学士。東京帝大副手、助手、満鉄東亜経済調査局西南アジア班研究主任、東海大学教授。文学、ドイツ語）

専任助教授
菊池金二郎（一九〇五年七月、東京商大卒、商学士。前兵庫県立神戸経済専門学校教授。簿記実践）

専任講師
高村　晋（一九〇七年一一月、京都帝大法学部卒、法学士。元京城経専教授。法学）
松木　武（一九一四年一一月、京都帝大理学部卒、理学士。数学、統計学、商業数学）
山本謙一（一九一九年九月、経済学士、元松山語専教授。英語、実用英語）
岡本真一（生年月不明、東京商大卒。元神戸経専教授。貿易論）

さらに、伊藤学長は大学設置にあたり、次のような錚々たる教授陣を外部講師として招いた。なお、住谷悦治、建林正喜、天野元之助教授は前年の『申請』では専任教員として採用の予定であったが、いずれも実現しなかった。

住谷悦治（同志社大学教授。経済原論・社会政策）
建林正喜（広島大学教授。計画経済）
長　守善（中央大学教授。経済学史・経済政策概論）
宮本又次（九州大学教授。西洋経済史）
天野元之助（京都大学教授。東洋経済史）
戸田義郎（神戸大学教授。経営学総論）
丹波康太郎（神戸大学教授。財務管理・簿記原理）
青山道夫（九州大学教授。民法）(3)

さて、松山商大の第一回入学試験について見てみよう。大学入学案内の大要は次の通りである。

「一、募集人員
松山商科大学第一年　二二〇名（経済学科、経営学科各約一一〇名）
松山商科大学第二年　二二〇名（経済学科、経営学科各約一一〇名）
松山経済専門学校第二学年　一八〇名
二、入学資格
松山商科大学第一年及び松山経済専門学校第二学年（共通）
イ、新制高等学校を卒業した者
ロ、通常の課程による一二年の学校教育を修了した者
ハ、旧制高等学校高等科、大学予科又は専門学校の第一学年修了者

ニ、その他新制高等学校卒業者と同等以上の学力ありと認められる者

松山商科大学第二年

旧制高等学校高等科、大学予科又は専門学校の第二学年修了者及びこれと同等以上の学力ありと認められた者

三、試験科目

大学第一年及び経専第二学年志願者　左記教科群のうち一教科

国語、社会（一般社会及び時事問題、東洋史、西洋史、人文地理、国史）、数学（解析Ⅰ、解析Ⅱ、幾何、又は簿記）、理科（物理、化学、生物、地学）、外国語（英語）

但し旧制専門学校出身者は、理科に代えて、商業学、経済学、法律学のいずれか一科目を選択受験することができる。

大学第二年志願者

英語（必答）

哲学、西洋史（ルネッサンス以後）、経済、法律、簿記の内より二科目」(4)

募集人員は経済・経営学科とも一一〇名となっている。文部省定員は一〇〇名であったので、一割増で募集した。また、開学初年度において二年課程まで開講することになっていたので、一年生だけでなく二年生の募集も行なった。さらに、経専の一年生修了者が大部分新制大学一年に横滑り入学することが予想されたので、その補充のために経専二年生も募集した(5)。

出願は三月一日より二五日まで行なわれ、その結果、志願者は大学一年が五七六名（うち、経専二年併願が二四六名）、二年が一四一名、経専二年が二六五名（うち、大学一年併願が二四六名）であった(6)。予想通り、経専二年生の大半が大学一年を志願した。

入学試験は四月一日から三日にかけて、本校、京都、福岡の地で行なわれた。入試科目は、国語、社会、数学、理科、英語の五科目であった。四月一一日に合格発表がなされた。

そして、四月三〇日、松山商大第一回入学式が挙行された。入学者数は一年生は三七九名、うち経済学科が二五六名（女子一名）、経営学科が一二三名であった。経済学科は定員が一一〇名であったので約二倍も入学し、予想が大きくはずれた。他方、二年の入学者はわずか一一八名で、定員（二二〇名）の約半分であり、これまた予想が大きくはずれた。さらに、経専の二年も定員（一八〇名）のうち、わずか七五名しか入学せず、定員を大きく下回り、これまた予想がはずれた(7)。

第一回入学式の式辞において伊藤学長は、大学昇格に対し新田家を始め各界の努力に感謝すると共に、文化国家日本の建設の大業のために日本人の人間としての再生が必要で、そのためには教育改革が必要であり、特に大学教育における人間育成・一般教養の重要性を強調した。即ち、一般教養によって広い視野をもち、世界の事情に通じ、世界の諸国民と互いに交わり、世界平和と人類の福祉増進に貢献し得る様な立派なグッドシチズンをつくることが新制大学の目的であること、そして、大学生活が決してロマンチックなものではないことを覚悟すべきと戒め、体育の意義、スポーツマンシップの意義を格調高く論じた。まさしく伊藤学長の年来の教育観・人生観による本領発揮の式辞であった(8)。

この第一回の入学者の学生の中に、今井琉璃男（一九二八年一月松山市生まれ、旧制新田中学卒、旧海軍経理学校敗戦中退、一九四九年旧制松山高等学校卒。二年編入生。後、愛媛新聞社社長、温山会長）や水木儀三（一九二九年生まれ、陸軍士官学校敗戦中退。二年編入生。後、伊予銀頭取）などがいる。

さて、大学発足時の講義科目ならびに陣容は次の如くであった(9)。

専任はいうまでもなく本学の専任教員であり、兼任は他大学からの講師＝非常勤であり、兼担は本学の専任教員が他科目を兼務担当する意味である。

学科目	担当者	職名	専任兼任兼担の別	備考
一般教養科目				
A　人文科学関係				
哲　学	大喜多秀	講師	兼任	愛媛大学
論理学	大喜多秀	講師	兼任	愛媛大学
心理学	宇津木保	講師	兼任	愛媛大学
倫理学	伊藤恒夫	教授	専任	
教育学	伊藤恒夫	教授	専任	
人文地理学	村上節太郎	講師	兼任	愛媛大学
文化史	重松俊章	教授	兼担	
文　学	八木亀太郎	教授	専任	
東洋思想史	今村完道	教授	兼任	
英　語	古川洋三	教授	兼任〔兼担〕	
英　語	古茂田虎生	教授	専任	
英　語	二神春夫	助教授	兼任〔専任〕	
英　語	山内一郎	助教授	専任	
英　語	山本謙一	講師	兼担	
独逸語	三好助三郎	講師	兼任	愛媛大学
独逸語	八木亀太郎	教授	専任	

独逸語	吉元真一	講師	兼任	愛媛大学
中華語	浜　一衛	教授	専任	

B　社会科学関係

社会科学概論	住谷悦治	教授	兼任	同志社大学
法　学	高村　晋	講師	専任	
政治学	高橋　始	講師	専任	
経済学	建林正喜	教授	兼任	広島大学
歴史学	重松俊章	教授	専任	
家政学	未定			

C　自然科学関係

自然科学概論	橋本吉郎	講師	兼任	愛媛大学
数　学	松木武	講師	専任	
化　学	藤本貫一	教授	専任	
生物学	大植登志夫	講師	兼任	愛媛大学
地　学	未定			
統計学	松木　武	講師	専任	
工　学	未定			

経済学科専門科目

A　経済学部門

経済原論	住谷悦治	教授	兼任	同志社大学

経済学史	長　守善	教授	兼任	中央大学
景気論	太田明二	教授	兼担	
計画経済	建林正喜	教授	兼任	広島大学
経済学特殊講義	未定			
B　経済史部門				
経済史概論	上田藤十郎	教授	専任	
西洋経済史	宮本又次	講師	兼任	九州大学
東洋経済史	天野元之助	教授	兼任	京都大学
日本経済史	上田藤十郎	教授	専任	
C　経済政策部門				
経済政策概論	長　守善	教授	兼任	中央大学
商業政策	大鳥居蕃	教授	兼担	
工業政策	未定			
農業政策	中尾　鉱	講師	兼任	愛媛農林専門
D　財政及び金融部門				
財　政	増岡喜義	教授	専任	
金融経済学	山下宇一	教授	専任	
E　国際経済部門				
国際経済論	大鳥居蕃	教授	専任	
国際金融論	大鳥居蕃	教授	専任	

F　統計学部門

経済統計学	家本秀太郎	講師	兼任	神戸大学

G　地理学部門

経済地理学	村上節太郎	講師	兼任	愛媛大学

経営学科専門科目

A　商業学部門

配給論	未定			
銀行論	山下宇一	教授	専任	
貿易論	岡本真一	講師	兼任	元神戸商大
交通論	古川洋三	教授	専任	
保険論	古川洋三	教授	専任	
商品学	菅野源一郎	講師	兼任	松山南高校
商業数学	松木　武	講師	兼担	
実用英語	二神春夫	助教授	専任	
実用英語	山本謙一	講師	専任	
商業学特殊講義	未定			

B　経営学部門

経営学総論	戸田義郎	講師	兼任	神戸大学
生産管理	三好俊夫	講師	専任	
労務管理	三好俊夫	講師	専任	

財務管理	丹波康太郎	講師	兼任	神戸大学
経営比較	川崎三郎	教授	専任	
経営学特殊講義（科学的管理法）	鈴木　隆	講師	兼任	愛媛県立産業能率研究所
C　会計学部門				
会計学	太田明二	教授	専任	
簿記原理	未定			
簿記実践	菊池金二郎	助教授	専任	
原価計算	根岸正一	教授	専任	
会計監査	根岸正一	教授	専任	

共通専門科目

A　社会学部門				
社会学	未定			
社会政策	住谷悦治	教授	兼任	同志社大学
社会事業	未定			
社会思想史	作道洋太郎	講師	専任	
B　法学部門				
民法（第一部）	星野　通	教授	専任	
民法（第二部）	星野　通	教授	専任	
民法（第三部）	星野　通	教授	専任	

民法（第四部）　青山道夫　教授　兼任　九州大学
商法（第一部）　今井源良　講師　専任
商法（第二部）　越智俊夫　講師　専任
商法（第三部）　今井源良　講師　専任
社会法　越智俊夫　講師　専任
憲　法　大野盛直　講師　兼任　愛媛大学
法学特殊講義　高村　晋　講師　兼担

体育

体育実技・講義　五島　伝　助教授　専任
体育講義　菅井久隆　講師　専任

星野通の大学での授業科目は民法の第一部～三部で、それまでのドイツ語から解放されている。その代わりにドイツ語を担当したのが八木亀太郎である。

一九四九（昭和二四）年度の『学生便覧』が五月末に配布された。その中に「将来計画として法学部をできるだけ早く設置する」[10]旨の記載があった。『大学設置認可申請書類』の一四「将来の計画」で「A　法学部増設は県市各方面より要望せられているので、財政上及び教授選任上より当分困難であるが、出来得る限り早く実現したい」[11]と記していたが、それを『学生便覧』に盛り込んだ。しかし、法学部が開設されるのは、一九八八（昭和六三）年であり、何と三九年後である。

五月二九日、伊藤学長は故新田長次郎の誕生日を期し、松山商科大学開学記念式典を挙行した。愛媛県、松山市、各種団体代表者、本学財団関係者、温山会関係者等多数列席し、一橋大学教授で歴史学者の上原専禄氏（京都市の生まれだが、小学校、中学校時代松山に居住）が記念講演を行なった(12)。

六月、教授会は「指導教授制度」を制定した。この指導教授制度は新入生をして在学中の指導者として専任教員一人を選び学習その他をこの指導教授に相談せしめる制度であった(13)。

星野通は、『松山商科大学新聞』第二四号（一九四九年七月一日）に新刊紹介として、中川善之助著『新民法の指標と立案経過の点描』（朝日新聞社、一九四九年）を取り上げている。その紹介の大要は次の如くで、「封建的家族制度」を廃止した新民法を高く評価していることがわかる。

「家族生活に関する法律はすべて個人の尊厳と両性の本質的平等に立脚して制定されねばならないという新憲法精神に従って二三年一月一日より新しい親族法、相続法が登場した。それにより伝統の封建的家族制度は崩壊し、人間を人間として尊重する新家族法が出現したわけである。本書は新家族法の起草立案に親しく参加した生みの親とも言うべき著者が深き理解と著者独自の流暢な筆致をもって旧法と比較しつつ新法の真精神を解明したものである。本書は青山道夫教授の『新しい民法』とともにその最高峰というべきものである。諸君は本書を読んで戸主権絶対、父権強大、長子単独相続を骨子とする伝統的家制が全面的に廃止され、新しく誕生した昭和新家族法が如何に個人を尊重し、男女の差別を廃するヒューマニスティクなまたデモクラティクな立法であるかをよく知り得るであろう。本書末尾の『民法改正覚書』は臨時法制調査会、新法案起草者の独りとして、昭和の穂積陳重博士の役割を演じた著者が要綱起草より法案国会通過に至るまで経過を物語った回顧録であり、問題の焦点だった『家』の廃止、即ち伝統的大家族制廃止をめぐって激しく展開した保守、進歩両思想の対立相剋の描写などあたかも明治25年民法典論争或いは明治三一年民法の編纂当時における新旧両思想の対立を偲ばしめ、興趣つきざるものが多く、教えられる所大である」(14)

この一文から、星野通は明治三一年の民法について、ダイヤモンド社の『明治民法編纂史研究』では、家族法分野では「旧慣美風とヨーロッパ的個人主義の長所との調和が努力された身分法においても寧ろヨーロッパ的色彩が強く」（同著、二〇三頁）と、封建的側面を過少評価していたが、ここでは家族法分野を「封建的家族制度」と言い、その廃止を高く評価しており、新民法発足とともに、見解を修正したとみてよいだろう。

また、星野通は道後南町一丁目の家から清水町二丁目の校宅に移転した。隣は伊藤恒夫であった(15)。

九月一五日、理化学室が竣工した（四号館の南側）。

九月、中国語の浜一衛教授が退職した。一九三八（昭和一三）年四月赴任以来中国語の中心教員で、大学開設の重要な教員でもあった(16)。そのため、一一月、伊藤学長は中国語の嘱託講師として小原一雄を採用した(17)。

一九五〇（昭和二五）年一月、『松山商大論集』第一号が「開学記念論文集」として本学商経研究会（会長は伊藤秀夫学長）により創刊された。商経研究会は一九三三（昭和八）年四月商事調査会として発会し、一九三八（昭和一三）年「商経研究会」に再組織され、同年一二月「松山高商論集」第一号（創立一五周年記念号）が刊行され、一九四四（昭和一九）年に校名変更と共に「松山経専論集」に改められ、第七号（一九四九年二月）まで刊行された。そして、一九四九年四月大学昇格と共に「松山商大論集」に改名され（題字は伊藤秀夫学長）、一九五〇年一月に「開学記念論文集」が「社会科学の諸問題」と題して創刊されたのである。

伊藤学長が巻頭の辞のなかで、米国教育使節団の勧告の受け入れ、新制大学における一般教養の重要性への認識とともに、新制大学における大学教授の三つの使命・任務――①学者として真理の探求、②教師として学生をグッドシチズンたらしめる養成、③師匠として学生に真の職業人たらしめる技術的訓練――を格調高く述べている(18)。

そして、この「開学記念号」に執筆した教授陣並びに論文名を掲げれば次の如くであった。

住谷悦治（同志社大学教授兼本学教授）「幕末、明治西洋経済学移入系譜―致富の術としての経済学―」

長　守善（中央大学教授）「更生経済学の展開」
建林正喜（広島大学教授兼本学教授）「国際賃金論序説」
太田明二（本学教授）「賃金と雇用」
三好俊夫（本学教授）「ラーナーの統制経済学について」
川崎三郎（本学教授）「企業の民主化と企業形態」
天野元之助（京都大学人文科学研究所所員兼本学教授）「代田と区田—漢代農業技術考—」
上田藤十郎（本学教授）「三河国前芝における海苔場割制度」
宮本又次（九州大学教授兼本学教授）「歴史の時代区分について」
山下宇一（本学教授）「英国銀行業の起源に関する異説に就て」
古川洋三（本学教授）「樽廻船について（続）」
作道洋太郎（本学教授）「宇和島藩藩札史」
青山道夫（九州大学教授兼本学教授）「養子制度研究序説」
星野　通（本学教授）「再説現行民法制定史（一）—法典調査会の成立とその構成—」
越智俊夫（本学教授）「法典編纂—明治法律史の一断片—」
高橋　始（本学教授）「アショカとその政治思想」
重松俊章（本学教授）「東亜古代の祓除に就て」
八木亀太郎（本学教授）「古代波斯社会制度の文献学的考察—特に「種性」の問題について—」
伊藤恒夫（本学教授）「現代日本倫理の二元性—わが国の封建意識とはいかなるものか—」
浜　一衛（本学教授）「皮黄之の成立」
古茂田虎生（本学教授）「文化と特殊化」

山内一郎（本学教授）「On some Temporal Expression（一）」
山本謙一（本学教授）「Key to English」⒆

「開学記念論文集」で、星野通が執筆した「再説現行民法制定史（一）―法典調査会の成立とその構成―」は、ダイヤモンド社から刊行した『明治民法編纂史研究』の第四編「現行民法編纂史」の第一「法典調査会設置の協議会」と第二の「法典調査会の成立とその組織」の項の更なる加筆、詳説であり、論旨に変更はない。

二月一五日、星野通は法政大学法学部依頼の梅謙次郎博士記念特集号の原稿「三博士と民法制定―特に梅博士を中心としつつ―」を脱稿し、法政大学に送った。その目次は次の通りである。

「（一）はしがき
（二）民法典論争と梅博士
（三）起草者としての梅・富井・穂積三博士
（四）民法起草編纂と梅博士」

星野通は（一）の「はしがき」で梅博士と民法制定というのが法政大学から与えられた課題であるが、博士については特に深く知る所がないが、三博士の協力によって法典調査会にて行なわれた民法典編纂経過を梅博士に重点をおきつつ素描することで課題に答えたいとしている。

（二）の「民法典論争と梅博士」は法典調査会の民法編纂の直接原因となった民法典論争と梅博士の関係を論じたもので、民法典論争の紹介は、これまでの星野の著書、ダイヤモンド社の『明治民法編纂史研究』の第三編「民法典編纂史の一環としての法典論争史」、日本評論社の『民法典論争史』の第二章「民法典論争」、河出書房の『民法典論争史』の第二部「民法典論争史」の端的な紹介であり、論旨は変わらない。そして、旧民法典断行派の中での梅博士の立場を星野がこれまで述べてきた以上に鮮明にしている。即ち、梅博士は外観的には法典断行派の総帥たる観があるが、真実は終始理論的学問的であり、感情的なものを内包していない。博士は派閥意識にとらわれず自己の学問的信念より法典を擁護した大立物であると述べている。

（三）の「起草者としての梅・富井・穂積三博士」はダイヤモンド社の第四編「現行民法編纂史」の第三「編纂」の〔一〕起草の（ハ）「起草者、起草経過」の簡潔な要約、加筆であり、三博士とも博学、優秀な学者で、穂積博士は学風は歴史的法律進化論者、性格は調和性に富み、富井博士は学風はドイツ的法律実証主義、性格は重厚慎重、清高毅然たる人であり、梅博士は学風は仏法学の大家で自然法学者自由主義者、性格は淡白且つ公平、感情的でなく公正な人であったことを強調している。

（四）の「民法起草編纂と梅博士」はダイヤモンド社の第四編「現行民法編纂史」の第三「編纂」の〔一〕起草の（ハ）「起草者、起草経過」（ニ）「起草の分担」、〔三〕「各種委員会」の簡潔な要約、加筆であり、特に梅博士の法典起草に果たした役割に焦点をあて、結論的に「比較法学的方法により、法典の立法技術的欠陥を除去すると共に、身分法分野における伝統尊重のスローガン下に編纂された三一年民法典が延期論者の要請を容れ、伝統家制をよく温存し乍らも、猶若干の個人主義的身分法理を内に内蔵していたのは勿論時代の流れに敏感だった三起草者の良識によるものであったが、殊に個人主義的自由主義的傾向の強かった自然法学者梅博士の進歩的意見に因る所大なるものがあった……博士の自由主義的進歩的な見解は法典各所ににじみでている」（五二〜五三頁）と、自由主義的進歩的な条文作成に果たした役割を述べている[20]。

なお、この『法学志林』の梅博士特集号には平野義太郎、遠山茂樹も論文を依頼され、掲載されている。遠山茂樹は「民法典論争の政治史的考察」において、平野義太郎・星野通の研究成果には非常に教えられることが多かったが、法典論争の性格について、彼らの如く、西欧的進歩主義と封建的国粋的保守主義、自由民権主義と国家主義、藩閥主義との対立として簡単に規定し去ることは「無理」である、民法典論争は、元老間の対立、閣内の対立、官僚相互の対立、自由・改進両党内の対立、吏党内部の対立など一切の政治勢力の横断的対立であり、法典論争当時、平野の主張する自由民権法学はすでに死滅しており、その代表である大井憲太郎は対外硬に変質していたなどと指摘している(21)。

一九五〇（昭和二五）年三月、第二五回卒業式（経専）が挙行され、一七八名が卒業した(22)。

同年三月、慶應大学の法制史家手塚豊が、同大学『法学研究』第二三巻一、二、三合併号に「星野通の『民法典論争史―明治家族制度論争史―』（河出書房、一九四九年六月）を書評している。手塚は星野通を民法編纂史研究の「先覚者」であり、「資料の探索にはさぞかし不便も多かろうと思われる四国松山に居住される教授の不撓の研鑽を想うとき、同じ分野に志す私はとくに深甚なる敬意を表さずにはおられない」と敬意を表し、星野の著書を要約しながら率直に書評している。星野の著書には種々の事実誤認があり、また、石井良助、小早川、青山道夫教授らの先行研究を充分摂取していないこと、さらに旧民法人事編の性格についての星野が「ヨーロッパ個人主義的」であったと論断する見解には賛成できないとして、次のように述べている。

「（明治二三年民法）人事編第一草案は、反『淳風美俗』的、言いかえればヨーロッパ市民法的色彩のきわめて強いものであった。しかるに、この草案が法律取調委員会、元老院においていくたびか修正を施されるに伴い逐次封建的要素を加え、遂にはその性格を根本的に改変したとも考えられるのであって、それがため公布された旧民法人事編そのものは明治民法に対比して勝るとも劣らぬ半封建的民法であったと、私はいいたいのである」と批判した(23)。

ただ、手塚はこのときは旧民法人事編の「半封建的民法」論を論証していないので、星野通もとくに反論してはいない。

(2) 一九五〇(昭和二五)年度

開学二年目である。本年度の校務体制は、引き続き、教務課長は太田明二、学生課長は古茂田虎生、庶務課長は増岡喜義が続け、伊藤学長を補佐した。星野通は図書館長を続け大学図書の充実に努めた。また、財団法人面では星野通が法人理事を続け、大鳥居番と共に伊藤専務理事を補佐した。

伊藤学長は本年度も次のような新しい専任教員を採用した(24)。

助教授
大野武之助(一八八九年一〇月生まれ、松山中学卒。今治中学、松山中学教諭等歴任。教科教育法、英語)
岩本　猛(一九〇八年五月生まれ、一九二九年三月文部省指定日本体操学校高等科卒。愛媛県立師範学校教授、松山南高等学校教諭等歴任。体育)

講師
山桝忠恕(一九二二年生まれ、一九四五年神戸経済大学卒。会計学、会計監査)
今井源良(一八八七年一二月生まれ、大正三年七月東京帝国大学法律科卒。朝鮮銀行勤務をへて弁護士開業。商法)
広田喜作(一九〇〇年五月生まれ、京都帝大文学部卒。フランス語、文学)

本年度の入試が三月中旬に行なわれた。志願者は三三〇名(うち女子一名)で前年度の五七六名に比し大きく減少し、「広き門」となった。

四月、入学式を行ない、二四五名（うち女子一名）が入学した。経済学科は一二五名（うち女子一名）、経営学科は一二〇名であった(25)。

星野通の大学での授業科目は民法である。

四月二一日、星野通は図書館長として図書館規則を定めた(26)。

さて、この年は、冷戦体制が激化し、朝鮮戦争が起こり、警察予備隊が創設され、日本の再軍備が進められた時代である。また、大学では民間情報教育局顧問であったイールズ博士が一九四九年七月の新潟大学を皮切りに全国各大学で共産主義思想を持つ教授や学生の追放を説き、イールズ旋風がまきおこり、それに対し、全国の大学でイールズ声明に対する反対運動が激化し、学生運動が植民地化反対、軍事基地化反対、全面講和と占領軍撤退要求へと運動が政治的に先鋭化してきた時である。

同年一〇月一三日、公職・教職追放されていた前、高商校長・経専校長の田中忠夫の追放が政府発表により正式に解除された(28)。

また、レッド・パージが全国に吹き荒れ、大学にもそれが及んでいた。『松山商大新聞』の編輯子がレッド・パージ、自治会、学問の自由等について伊藤学長に問うている。伊藤学長の考えは、全学連の政治的運動には反対で、身近な問題を取り上げる自治会を認める、穏健な考えであった(29)。

一一月一八日、私立学校法の実施に伴い、従来の財団法人は学校法人に組織変更が行なわれることになり、本財団では理事会を開き、伊藤専務理事、星野通、大島居蕃、牧野龍夫、田村清寿の各理事、及び新田家から高橋賢吾理事が出席し、新寄附行為の原案を決定した。それによると、理事、監事を置くのは従来通りだが、専務理事を理事長とし、また、新たに評議員会を復活し、評議員には教職員、温山会、学識経験者から一六名を選任し、理事会の諮問にこたえ、また理事会は評議員会に予算案等に意見を聞かなければならないというもので、評議員会の機能・役割を重視するものであった(30)。

そして、一二月一五日、伊藤専務理事は文部省に対し、財団法人を学校法人に組織変更を申請し、翌一九五一（昭和二六）年三月五日、文部省から財団法人を学校法人に組織変更認可を受け、四月から施行されることになった。一九五一年三月一日、松山経済専門学校第二六回卒業式を挙行した。経専最後の卒業式で、一三一名が卒業し、後の再試で七五名が卒業した(31)。この時の卒業生の一人に明関和雄（後、マルトモ社長、温山会副会長）がいる。

伊藤学長は新教員として、三月、経済学史の講師として入江奨を採用した(32)。長守善（中央大学教授、兼任）の担当科目の後任であった。入江奨の採用により、一九五一年度から経済学史は専任教員が担当することになった。

また、伊藤学長は三月に研究員の元木淳を財務管理の講師として採用した(33)。

(3) 一九五一(昭和二六)年度

開学三年目である。本年度の校務体制は、引き続き、教務課長は太田明二、学生課長は古茂田虎生、庶務課長は増岡喜義が続け、伊藤学長を補佐した。星野通は図書館長として大学図書の充実に努めた。また、学校法人面では星野通が法人理事を続け、大島居蕃と共に伊藤専務理事を補佐した。

本年四月一日、私立学校法が施行され、学校法人制度となった。伊藤学長は理事長となった。理事は学長の伊藤秀夫、評議員から選出された星野通、大島居蕃、新田から推薦の高橋賢吾、新田愛祐、温山会から推薦の牧野龍夫、田村清寿。監事は新田長三、新田元温であった。そして、新たに復活し、設けられた評議員に、教育職員から星野通、大島居蕃、増岡喜義、八木亀太郎、太田明二、古川洋三、古茂田虎生、山下宇一の八名、事務職員から野間清茂、黒田芳郎の二名、温山会から間島正俊、新野進一郎の二名、学識経験者として武智鼎、上原専禄、岡部義雄、仲田包寛の四名、計一六名であった(34)。

さて、本年度の入試が三月中旬に行なわれた。志願者は六〇二名で前年度の三三〇名に比し大きく増えた。四月、入学式を挙行し、三三七名（うち女子二名）が入学した。経済学科は一七六名（うち女子一名）、経営学科は一六一名（うち女子一名）であった。志願者が多かったこともあり、文部定員各一〇〇名、予算定員一一〇名を大幅に上回って入学させた(35)。本年度の星野通の授業科目は民法一～三である。

四月三〇日、田中忠夫の公職追放が前年一〇月に解除されたので、伊藤学長は田中忠夫を松山商科大学教授に復帰させた（経済原論の担当）。経済原論は一九四九、一九五一年度は住谷悦治が非常勤で担当していたが、一九五二年度から専任の田中忠夫が担当することになる(36)。

六月、新進の作道洋太郎講師（経済史）が大阪大学の宮本又次の推薦で、大阪大学経済学部の助手に採用され転任した。わずか四年たらずの勤続であった。なお、『三〇年史』の「補遺　松山高等商業学校（経済専門）、商科大学現（旧）教職員名」では一九五二年の一月退職となっていて、齟齬がある。

七月には、水泳プールを竣工している。

七月二三日、星野通は、大学時代の恩師穂積重遠教授の追悼記念論文集『家族法の諸問題』の原稿「旧民法典と松岡康毅の身分法論」を執筆した（刊行は遅れて翌年の七月）。その大要は次の如くで、松岡康毅の進歩的思想を紹介しながら、旧民法典は封建性と近代性の二元性があるが、基本的に、その進歩的性格を論じている。

「一　はしがき

松岡康毅（検事総長、行政裁判所長官、農商務大臣等を歴任）が若き時代、明治二〇年法律取調委員を拝命し民法典編纂に加わり、明治立法史に大きな功績を残したが、そのとき彼が提出した一文章を紹介し、彼の足跡、その進歩的思想を紹介批判する。

二　旧民法典成立の沿革と性格

旧民法典は日本が最初に持った近代的市民法典であって、その性格はフランス法に倣い、指導精神は自由主義的で、財産法域では自由主義三原則が貫くとともに、身分法分野においても表面的には伝統の家族主義を標榜しながらも、内実的には近代身分原理が多く摂取され、矛盾するこの二原理の調和が試みられている。

旧民法典の人事編の「近代性」（四三二頁）の論拠は、①人事編二四六条は家族の婚姻、養子縁組に戸主の許諾が必要と規定するが、無許諾婚姻、養子縁組をしても無効請求権が戸主に与えられていない。②二四七条は戸主無許諾の婚姻者、養子縁組者に関する復籍拒絶権を戸主に与えているが、この戸主制裁権は弱く、事実上無制裁となっている。③また、家族たる男子が戸主無許諾で婚姻をなし婦をいれた時、恰も婚姻により新家族の生ずる近代家族法の如くただ一家を新立するにとどまり、④また、家族が戸主の無許諾で養子を迎えたときにも戸主は養子離籍権を有しない。⑤戸主の家族に対する居所指定権もない。⑥次に法典構造の上よりみて人事編は親族姻族の章についで婚姻を配し、婚姻が全身分関係の基点たることを明らかにし、しかも二四三条は「家族とは戸主の配偶者及び其の家に居る親族姻族を謂ふ」と規定し、近代的家族形態における夫婦を彷彿させている。

三　旧民法典と松岡

松岡康毅は明治二〇年ドイツより帰朝するや、山田顕義主催下の法律取調委員に任命され、法典成立に尽力した。委員会に配布した意見書は超進歩的で、旧民法の身分法の近代的性格に若干影響を与えていると察知される。

四　意見書の内容とその批判

松岡は『隠居は法律上制定せざるを可とす』と主張した。その理由は①安逸を求める遊惰心を生ぜしめる、②隠居者の債務弁済免除が債権者を害する、③徒に相続法規の煩雑化をもたらす、④同一人を半面死者と見、半面生存者と見る論理矛盾をつき、隠居制度廃止を主張したのは進歩的卓見であった。

松岡は『長子以外にも財産を分与すべし』『相続に関し戸主と非戸主との間を同一にすべし』『相続法規を一般に許すべし』等を主張した。松岡は単独相続が封建武士の相続制度であり、社会の大半を占める庶民の相続は寧ろ分割相続が慣習であったという史実を基礎として説いた卓見であった。

旧民法は明治三一年民法に比すれば進歩的であるが、なお身分法分野は封建的なもの、前近代的なものが相当残存している。隠居制度の存置、分割相続制度や家督相続人の相続放棄を認めなかったことなど、当時の委員が因習的伝統に拘束されて頭脳の近代化が不十分であったためであろう。残念なことである」[37]

九月八日、サンフランシスコで開かれていた対日講和条約が調印された。また同時に日米安保条約も締結された。この講和条約について、『松山商大新聞』編集子は、伊藤秀夫学長の竹馬の友である学習院学長の安倍能成や本学の教授陣、太田明二、伊藤恒夫、星野通らに、①この講和条約で最も遺憾に思われる点は何ですか、②再軍備をいかに思われますか、③賠償についてどう思われますか、のアンケートをしている。講和条約の片面講和について、伊藤恒夫は反対だが、安倍、太田、星野はやむを得ないとの意見であった。他方、再軍備について、安倍、太田、伊藤の三人が明確に反対しているのに、星野通の回答は次の通りであった。

「一、所謂全面講和でなかったことは遺憾千万だが、国際関係の現実がこれをどうしても許さなかったとすればまた止むを得ない。この上は一日も早くソ連、中共、インドなどとも正常な国交関係の回復することこそ望ましい。

一、国際間の行動は結局利己心に出でないものはない。理由は何とでもつけられる。明日の日本が他国によって絶対侵略されないと誰が断言できるか？防備の弱かった南鮮が北鮮の周到な計画によって侵略されまたたく間に全土を侵略された事実は私達によき教訓をあたえる。日本もやがて国連に加入するだろうが、侵略のあった場合せめて国連軍の偵察活動が開始されるまで持ちこたえる程度の国防軍は必要だから憲法を改正して再軍備をなすべし。国家存立のため、平和のため最小限度の国防軍は必要だ。但し出来ても国民経済生活を脅かさぬこと、また志願兵制度であることを条件とする。

一、賠償は当然せねばなるまい。人口問題とともに日本経済の宿命的な癌となろうが、耐え難きに耐へ乏しきをしのんでこの義務丈は履行せねばなるまい」[38]

この一文をみると、これまでの星野通の戦争は絶対反対との考え方からみると少し奇異な感じがするが、朝鮮戦争を例に、日本国憲法九条改正、国防軍の設置を求めていることが判明する。

さて、本年の特筆すべきことは、夜間の短期大学部の設置認可申請であった。夜間、労働者に対し教育を施すことは、松山高商以来の伝統であり、『松山商科大学設置認可申請書』の将来の計画の中にも短大の設置が盛り込まれており、伊藤学長等も積極的であり、昨年も申請の準備をしていたが、財政の事情から中止していた。しかし、本年春から夏ごろにかけて、本学に対し、定時制商業学校の在学生有志や民間の勤労学生から夜間短期大学を設置してほしいと期成同盟会を結成し、熱心な要望があり、また、九月末に警察予備隊員の代表が伊藤学長を訪問し、陳情もしていた[39]。

そこで、大学側は愛媛県、松山市に助成を働きかけたところ、県・市当局も短大設置に賛同し、援助を惜しまぬ旨の内意があったので、勤労者の希望に応えるべく、夜間の短期大学部の設置を決め、一〇月六日、文部省に対し松山商科大学短期大学部（商学科）の設置認可申請書を提出した。定員は一〇〇名、在学二年半であった（後、二年となる）。

短期大学部の「学長及び学科又は部門別教員予定」を掲げておこう。

「学長　伊藤秀夫

担当学科目　担当者　職名　専任兼担兼任の別　備考

一般教育科目

A　人文関係科目

哲　学	伊藤恒夫	教授	兼任	松山商大教授
文　学	広田喜作	講師	専任	松山商大より振替
第一外国語	二神春夫	教授	専任	松山商大より振替
	古茂田虎生	教授	兼任	松山商大教授
	山内一郎	助教授	兼任	松山商大助教授
	大野武之助	講師	兼任	松山商大講師
第二外国語	広田喜作	講師	専担	松山商大より振替
	八木亀太郎	教授	兼任	松山商大教授
B　社会科学関係科目				
社会学	伊藤恒夫	教授	兼任	松山商大教授
法　学	高村　晋	助教授	専任	松山商大より振替
政治学	高橋　始	講師	専任	松山商大より振替
C　自然科学関係科目				
数　学	佐々木数房	講師	兼任	愛媛大学助教授
化　学	藤本貫一	教授	兼任	松山商大教授
専門科目				
商学通論	井上幸一	講師	専任	神戸経済大卒
〃	山下宇一	教授	兼任	松山商大教授
銀行及金融	稲生　晴	講師	専任	九州大卒、申請中
貿易論	大鳥居蕃	教授	兼任	松山商大教授

商業実務	山本謙一	講師	兼任	松山商大講師
交通論・保険論	古川洋三	教授	兼任	松山商大教授
商品学	菅野源一郎	講師	兼任	松山南高校教諭
商業数学・商業統計	松木　武	講師	兼任	松山商大講師
経営学	未定	教授	専任	交渉中
簿記及会計学	元山義久	講師	専任	神戸高商卒
〃	川崎三郎	教授	兼任	松山商大教授
経済学	入江　奨	講師	専任	松山商大講師
〃	稲生　晴	講師	兼担	九州大卒、申請中
経済史	作道洋太郎	講師	兼任	松山商大講師
財政学	増岡喜義	教授	兼任	松山商大教授
民　法	高村　晋	助教授	兼担	松山商大より振替
商　法	星野　通	教授	兼任	松山商大教授
〃	原田光三郎	講師	専任	申請中
社会法	越智俊夫	講師	兼任	松山商大講師
体育				
講　義	菅井久隆	講師	兼任	松山商大講師
実　技	岩本　猛	助教授	専任	松山商大より振替
講　義	岩本　猛	助教授	兼担	同」(40)

この「教員予定」について、少しコメントしておきたい。

①短期大学部の専任教員として、松山商科大学商経学部の教員である広田喜作（文学・仏語）、二神春夫（英語）、高村晋（法学）、高橋始（政治学）、入江奨（経済学）、岩本猛（体育）の六名を短大に振替していることである。

②短期大学部の専任の新教員として、井上幸一（商業通論）、稲生晴（銀行及金融）、元山義久（簿記及会計学）、原田光三郎（商法）を講師として採用予定としていることである。

③兼任は殆ど総て松山商科大学商経学部の教員であることである。

④職員組織総括表では、教授専任四とあるが、二神春夫（英語）しかおらず、経営学の教授は未定となっている。また助教授専任三とあるが、高村晋、岩本猛の二名しか載っていない。他方講師専任は三であるが、広田喜作、高橋始、入江奨、井上幸一、稲生晴（申請中）、元山義久、原田光三郎（申請中）と多くなっていることである。なお、星野通は短大では商法の講義を担当することになっている。

一一月、『松山商大新聞』編集子は教授校宅リレー訪問を計画し、そのトップに星野通教授宅（清水町の校宅）を訪問し、創立以来の教授生活を聞いている。大変興味深い記事であるので、その大要を紹介しよう。

「教授は人も知る法律学者、本校創立以来学生に最もよく知られている教授の一人である。お忙しい時間を割いて校宅を訪問する。招き入れられた応接室には右も左も蔵書々々でしかも法律書が大部分を占めている。机上も法律書と原稿で学者の書斎の雰囲気がただよっている。

教授のご経歴を聞くと、松山中学、松高、東大独法科大正一四年卒、同年四月本学赴任、学問の道をひたすら歩まれて来たわけだ。

何か学校のことで印象に残ったことはと聞くと、『昭和一二年ころ住谷教授と共に松山千舟町で古書をあさっていたとき、明治一一年民法草案をたまたま発見した。これは甚だ珍本でこれの第一編、二編は慶應、司法省にあり第三編だけはないと云われていた。これが発見されたのだからその喜びや察するに余りある。この本の発見が私の研究方向を定めたのですよ。明治私法史への興味を持つに至った最大の動機です』。

一番嬉しいことはと聞くと、『東大法学部機関誌「法学協会雑誌」に昭和一四年、一六年と『明治初期民法編纂史』と云う私の研究をひとまとめにしたものが出た時です』と若き日の当時に追憶の瞳を輝かせる教授の微笑は印象的だった。

一寸ここで教授の一日を記してみよう。朝は四時半起床、朝の間に一勉強、大抵の論文、授業の調べものはこの間にされることである。

御趣味を聞くと、『私の趣味は広いです。将棋、トランプ、写真、切手蒐集、それにボート、ラグビー、柔道、庭球、野球多彩なもんでしょう』と笑われる。『音楽も好きで、子供が二人で引くバイオリンは一日の苦労がいやされます』と子煩悩な所を見せられる。因みにご子息は二人で一人は愛大史学科在学中、二男は愛大附属小学校六年在学中である。奥さんは京都の産、結婚二六年である、そして、『私には弟妹が三人いて同じ家庭の下で結婚生活をやってきたので普通の家庭の様な二人だけの甘い新婚生活と云ったものはありませんよ』と一寸こころなしか侘しそう。

最近の京大事件について聞くと、『京大事件は実に残念に思う。一国の元首に対してはそれだけの礼を保つべきです。英国、米国、ソ連にせよ、一国の首長たるものにあれ程無作法な態度をとることがあるでしょうか。人間性の尊重こそ民主主義の要素なることを考える時いよいよこのことが切実に感ぜられますね』と云われる」(41)

最後の一文から、星野通は京大事件（昭和天皇の京都大学来学に反対する事件）に批判的であったこと、また、戦後の天皇は日本国憲法の下で象徴になっているのに、元首と述べているのは、奇異に感じられる。

一九五一（昭和二六）年一一月二二日、伊藤理事長は文部省に対し、「専門学校廃止認可申請」を提出した。廃止理由は、「昭和二四年度より新制大学へ転換せしため昭和二五年度にて最終学年終了自然廃止の状態になるため」であった。そして廃止希望年月日は一九五一年一二月三一日とした。そして、その認可は遅れて一九五三年四月九日に本学に到着している(42)。

また、本年度のもう一つの特筆すべきことは、一九五二（昭和二七）年一月、松山商科大学の教授会規則を制定したことである。「松山商科大学教授会規則」の条文(43)は省略するが、若干コメントしておこう。

①大学発足時に学則の第二八条〜三〇条で教授会の規定が設けられたが、僅か三カ条にすぎなかったが、これによってより詳しい教授会規則が設けられ、民主的運営がはかられるようになったことである。

②教授会は戦前高商・経専時代には校長の「諮問機関」にすぎなかったが、これにより名実共に「議決機関」となったことである。

③教授会にはじめて人事権（任免、昇格）が盛り込まれたことである。

④しかし、教授会が一般教授会（全教員）と特別教授会（教授以上）に分けられ、昇格を含む人事権は特別教授会が有し、一般教授会には報告のみであり、その点ではなお「民主的」ではなかったことである。

⑤ただ、学長の選出については、一般教授会にも権限が付与されていたことである。

一九五二（昭和二七）年一月三一日、五号館（平屋建て、四教室、三三二・二三平方メートル）が竣工した。五号館は、本館の南側で県立松山北高等学校に接していた。

また、同年三月五日、前年一〇月に設置申請をしていた「松山商科大学短期大学部（商科第二部）」が文部省より認可を受け、一九五二年四月から開校することになった(44)。

一九五二年三月二五日、大学第一回卒業式を挙行し、一三四名が卒業した(45)。一九四九年四月に二年次に入学した学生たちである。この第一回卒業生の中に今井琉璃男（山桝ゼミ）、水木儀三（山桝ゼミ）、森川正俊（大鳥居ゼミ）などがいる。

この第一回卒業生に対し、松山商大新聞学会は教授陣等に対し、贈る言葉等のアンケートをとっている。増岡喜義、大鳥居蕃、田中忠夫、川崎三郎教授らと共に星野通が答えている。星野通の回答は次の通りである。

「卒業生諸君へ。高遠な経済学の知識も勿論知識人として必要だが、同様に、卑近な簿記、法律もシッカリ身につけておくこともまたビジネスマンとして大切なことだろう。今からでもおそくない、役にたつ実業人になりたいなら入社前のひととき、今一度基本的な民商法の解説書を味読しておくこと、甚だ常識的だが、これが学生諸君へのはなむけの言葉だ」(46)

三月、星野通は、『新民法総論』を京都の関書院から発刊した。その目次は次の通りである。

「序

第一編　緒論

第一章　民法の意義

第二章　民法の語源

第三章　民法の指導原則

第四章　民法の効力

第五章　私権と義務

第二編　本論

第一章　権利主体
第二章　権利の客体たる物
第三章　法律行為
第四章　条件及び期限
第五章　期間
第六章　時効」(47)

本書は、一般市民向けの民法の入門書であり、また大学における講義案として民法総則全編を概説した教科書である。同時に新理念の改正民法の解説書でもあった。星野通は緒論で明治二三年の民法、三一年の民法、そして戦後の新民法の性格について、その歴史的変遷、性格を次のように述べている。

「(明治二三年の旧民法は) 自然法学的立場より、一フランス人法学者及び同法学者の薫陶を受けたわがフランス法学的学者法曹によって、フランス民法典およびそれと同法系の法典のみを母法として編纂されていたため、わが国情に省みざる点多く、殊に伝統尊重を叫ばれていた身分法域においては、戸主、家督相続等名称を温存、形式的表見的には伝統の家父長支配的大家族制度を維持しつつ、実質的には夫婦中心のヨーロッパ的小家族制度に近い家制を確立した感があった」(同、一八頁)

「(明治三一年の民法典は) ドイツ民法第一草案、フランス民法など近代的進歩的市民法典を母法として起草された丈に財産法分野では市民法的性格濃厚であるが、熾烈をきわめた法典論争直後に誕生したものであるだけに、身分法分野においては旧慣尊重のスローガン下、伝統的家族主義が指導原理とされ、封建的家父長的家族制度が濃厚であった」(同、一九頁)

「(戦後の新民法について)敗戦による時代の民主主義的転回・新憲法の出現とともに(明治三一年の民法典は)全面的に廃棄されざるを得なくなり、新しく個人主義的ヨーロッパ的婚姻家族主義の立場よりする親族法・相続法の編纂が行はれて(昭和)二三年一月一日より新身分法が実施され今日に到っている」(同、一九頁)

本書について、少しコメントすると、明治二三年の旧民法の身分法について、形式は家父長性(封建性)だが、実質はヨーロッパ的(近代的)であるという評価は今までの星野の主張と変わらないが、明治三一年の民法の身分法について、本書では封建性を強調し、論旨を修正、変更している。

(4)一九五二(昭和二七)年度

松山商科大学開学四年目である。本年度の校務体制は、教務課長は太田明二が引き続き務めた。学生課長は古茂田虎生が本年五月まで務めたが、その後六月から八木亀太郎に代わった(一九五二年六月〜一九五三年八月)。庶務課長は一九四三年三月以来増岡喜義が長らく務めていたが、七月から菊池金二郎に交代した(一九五二年七月〜一九五七年四月)。増岡は七月から事務局長に就任し、伊藤学長を支えた[48]。星野通は図書館長を続けた。また、学校法人面では、星野通は大鳥居蕃と共に理事を続け、伊藤理事長を支えた。

一九五二年度の大学入試が三月中旬に行なわれた。志願者は一〇一五名(経済六五二名、うち女子八名、経営三六三名、うち女子二名)で前年の六〇二名を大幅に上回った。そして、四月上旬、入学式を挙行し、三二二名(うち女子七名)が入学した。経済学科は二〇九名(うち女子五名)、経営学科は一一三名(うち女子二名)であった[49]。経済学科は文部定員、予算定員を大幅に上回って入学させた。伊藤学長は式辞で新入生に対し、新制大学の使命を詳細に論じ、人格の完成、良き市民たれと激励した[50]。

また、四月一日、短期大学部(商学科二部)が開校した。短期大学部学長は伊藤秀夫が兼ねた。

伊藤学長は短期大学部発足にあたり、専任の新教員として研究員の井上幸一を講師（商業通論の担当）として採用した[51]。

四月五、六日の両日、短期大学部の入学試験を行なった。志願者は二九四名（うち女子八名）で意外に多かった。そして、一八六名（うち女子七名）の合格発表を行ない、二二日午後六時より県・市当局等の出席を得て開学式を兼ねて入学式を挙行した。学生の大部分は勤労者であった[52]。

松山商科大学の方に戻ると、本年度から暫定措置として教職課程を設置した。これにより、高等学校教諭二級の普通免許状（商業、英語）、中等学校教諭一級普通免許状（職業、英語）取得の道が開かれた[53]。

六月、星野通は、松山商大論集第三巻第二号（昭和二七年六月）に「再び旧民法典と松岡康毅の身分法論について」を掲載した。それは、『穂積先生追悼論文集　家族法の諸問題』を若干訂正補筆の上掲載したものであるが、この論文には前文が加筆されている。それは、最近慶應大学法学部の中村菊男教授が『法学研究』第二三巻第一二号〜第二四巻第六号に「法典編纂と福沢諭吉（一〜五）」（昭和二五年一二月〜昭和二六年六月）を発表し、その中で、明治二三年の旧民法典への星野通の理解を批判しているので、それへの「中間的反論」（一〇五頁）として掲載したものであった。その追加の前文の大要を紹介すれば次の通りである。

「明治二三年民法典身分法は近代的、前近代的両性格が二元的に交錯する複雑な法典であるが、結論的に近代色濃厚なりというのが、筆者年来の主張であったが、これに対し中村教授は同法典身分法を前近代的法典なりとし、従来の民法典論争観を根本的に覆そうというのが同教授の意図らしい。

だが、同教授の法典観は、最問題点である人事規定、ことに婚姻、養子縁組、戸主及び家族などの諸規定の条文の相互関連性の究明が充分でないことから生じた結論でないだろうか。即ち、（a）旧法典が婚姻、養子縁組の不成立と無効を区別し、挙式さへあれば無効原因があっても婚姻、養子縁組を成立せしむること、（b）成立した婚姻、養子縁組無効請求権者の無効訴求に基づく裁判判決によって始めて効力がなくなること、（c）家督相続人以外の一般家族がなしたる無効養子取りが戸主に無効訴権なきため結局有効となること、等。また同氏の言われる旧法において配偶者が親族に加えられていないという事実は婚姻当事者が主体となって生活単位が構成されるヨーロッパ市民法に倣った進歩性のあらわれである。

中村氏のいわれるように種々の事情で明治二三年の民法が草案より保守化していったことは事実であろうが、それは程度問題であり、その近代的性格故に延期派より攻撃されたわけで、近代性をもっていたことは間違いない。重要なるは三一年に成立した現法典との比較よりも、徳川封建制に比し旧法典が如何に進歩的であったかということであり、とりあえず、中村教授への中間的反論としよう」(54)

このように、明治二三年民法典の性格を巡り、星野通＝近代性、中村菊男＝封建性を主張し、対立し、以後、中村・星野論争が開始する。なお、政治学者中村菊男の立論の背景に同大学の法制史家手塚豊が居た。

九月、星野通は講義用の教科書『物権法講義案』を松山商大消費生活協同組合出版部から発刊している。

一〇月三〇日、学生ホール・食堂（二階建）が二号館の南側に落成した。

一二月二八日、星野通は「『旧民法典と松岡康毅の身分法論』に関する一、二の補正」を『松山商大論集』第三巻第三・四号（昭和二七年一二月）にのせた。それは表現を正確に期すためであった。

一九五三（昭和二八）年一月、伊藤学長は年頭所感を寄せた。それは、今日就職難であるが、先生がたの指導に従い、学問をまじめに研究し、教養を深め人格を高めて欲しい。就職に成功した人は多くの場合においてかゝる有望な青年である。堂々と正道を進み、新しき時代の指導的役割を果してほしい、と述べている(55)

一九五三年三月二五日午前一〇時より本学五二番教室にて、商大第二回卒業式を黒田松山市長らの来賓の出席を得て挙行した。一九四九（昭和二四）年四月に大学開校年に一年生として入学した学生たちで、二六九名が卒業した。

伊藤学長は式辞で「君子和而不同、小人同而不和」の論語を引用して卒業生に多大の感銘を与えた(56)。

三月、若手のホープであった山桝忠恕助教授（会計学、会計監査）が神戸商科大学に転任のため退職した（のち、慶応大学教授に就任する）。僅か三年の勤務であった(57)。

（5）一九五三（昭和二八）年度

本年度の校務体制は、事務局長は増岡喜義、教務課長は太田明二が引き続き務めた。学生課長は八木亀太郎が八月まで続け、九月から大野武之助に代わり（一九五三年九月～一九五七年四月）、庶務課長は菊池金二郎が続け、伊藤学長を支えた。星野通は図書館長を続けた。また、学校法人面では、星野通が大鳥居蕃と共に理事を続け、伊藤理事長を支えた。

本年は大学開学五年目、創立三〇年目にあたる記念すべき年である。伊藤学長・理事長ら学校当局は次のような三〇周年記念事業を計画した。①記念式典を今建設されている講堂兼教室にて行なう、②星野通教授を委員長に本学全教授の「創立三〇周年記念論文集」を刊行する、③田中忠夫前校長を主筆とした『松山商科大学三十年史』を刊行する、④中央より学者その他の知名人を招き、記念講演会を行なう、⑤愛媛の地方産業・経済の実態調査を行なう、⑥先輩諸兄、戦没者の慰霊祭を行なう、等々(58)。

短期大学部の方であるが、四月、伊藤学長は開学二年目の短期大学部の専任の新教員として稲生晴（本校卒業生）を銀行及び金融論担当の講師として採用した(59)。また、神森智（本校卒業生）を簿記の講師として採用した(60)。神森氏は三月末に退職した山桝助教授の後任として、松山商科大学経営学科の会計監査も担当するようになった。

さて、本年度の大学入試が三月一三、一四日に本学、京都、福岡の各試験場で行なわれた。志願者は五八六名（経済四一二名、経営一七四名、うち女子各一名）で、前年の一〇一五名に比し大幅に下回った。そして、三月一九日合格発表があり、経済学科一九二名、経営学科八八名、計二八〇名（うち女子二名）の合格者を出した。志願者が急減したのは、①県内学生の都会への進出、②他県の志願者の三分の一への急減、③試験科目の増加、④高い授業料によるものと推定されている(61)。

四月初め、大学の入学式を挙行し、三三八名が入学した（うち女子二名）。経済学科は二三一名（うち女子一名）、経営学科は一〇七名（うち女子一名）であった(62)。このように、経済学科は前年と同様に文部定員、予算定員を大幅に、約二倍に上回った。

また、本年度から若干の学則改正を行なった。それは①第五条の改正（一般教養科目の人文、社会、自然科目について、それぞれ三科目一二単位以上取得すること等）、②第七条の改正（単位数一二四単位を一四〇単位以上に）、③第二一条の改正（授業料九六〇〇円を一万五六〇〇円に）等であった(63)。

星野通は、五月、創立三〇周年記念論文集掲載の「旧民法典人事編の性格について（再び慶應大学中村教授に答ふ）」を脱稿した。それは、慶應大学中村菊男教授が去る二月、「旧民法とその性格」（慶應大学『法学研究』第二六巻第二号、一九五三年二月）を発表し、星野通を再び批判したことへの「最終的な反論」の論文であった。その大要は次の如くであった。

「一　序説

本稿は、筆者の論文『再び旧民法典松岡康毅の身分法論』を批判する慶應大学中村菊男教授の『旧民法とその性格』への最終的反論の書である。旧民法典の人事編の性格は民法典論争の重要なキイであるが、筆者は旧法典が草案より若干保守化していることを率直に認めるが、その保守後退化にもかかわらず同法典が前近代的側面をもちつつも、多分の進歩的要素を内包した近代的法典であったことを依然として主張する。

凡そ立法は妥協であり、法典にはすべて伝統的要素と革新的要素が交錯する。旧法典も相当封建的残滓を残してはいるが、財産法の近代的なることは勿論、伝統重視の身分法も新旧両要素を混在しつつも全体的にみて明治中期の法律としては寧ろ市民精神の強い近代的法典と云うべきである。その進歩的法典が当時の保守派に衝撃をあたえたという筆者の信念は中村教授の御批判にもかかわらずいささかも変わらない。そして、民法典論争も中村教授の言われる功利的な政治的争議だけでなく、かかる面を若干もちつつも、その本質は旧民法典の近代市民法的性格をめぐって展開した英仏両学派、乃至両学派に共感した政治家、思想家達の自然法学対歴史法学、国権主義対自由主義、進歩主義対保守主義思想の相剋という法学戦、イデオロギー戦であるという筆者年来の主張も何等変わっていない。

旧法典の性格を正しく理解するためには、ただ明治三一年民法典との比較において戸主権の性格のみを究明するよりは、寧ろ法典人事編の編成形式、婚姻関係、親子関係などアラユル視角から解明することが必要で、戸主権論議に終始することは法典の進歩性、近代的性格を見失うことになる。また、その分析は、先行する徳川封建法との対比において行なわれるべきである。すると、旧法典が如何に進歩的法典であったか、判明するであろう。

本稿の論述の力点が中村教授への回答に置かれている関係上、筆者の本来の意図に反し戸主権とその周辺問題のみを主対象とする結果となり、しかも明治三一年法典戸主性との比較における分析にのみ終始したのはまことに残念である。

二　本文

旧民法典は条約改正促進、近代資本主義経済体制確立など日本近代化のために制定され、しかも起草者はボアソナードおよびその薫陶を受けた自然法学的傾向の仏法学徒であり、そのため必然的に同法典をしてフランス法的性格の近代市民法たらしめている。財産法たる財産取得編、財産編等は勿論自由主義原理の上に立ち、伝統と近代市民精神の調和の試みられた人事編においては伝統的なものと革新的なものが交錯しているが、指導精神は近代市民法的なものとなっている。以下、それを法典編成形式、親族概念、家族範囲、戸主権性格などについて論証しよう。

(一) 法典編成形式における近代性

人事編の首部に婚姻の規定をおき、次に婚姻を基底として生ずる親子関係の規定を配することヨーロッパ近代法と同様である。法典末尾において伝統存置の意味で漸く戸主と家族の規定が出てくる。伝統尊重の明治三一年民法の親族編が冒頭戸主と家族の規定を登場せしめているのと対蹠的で、旧法典編成形式の近代性が指摘できる。

(二) 婚姻による妻の改氏

古来我国では婦女は終生、生家の姓を名のり、婚姻によってその姓を改めないのが伝統的慣習であった。しかし、旧法典はこの伝統を打ち破って妻は夫姓をなのるべき原則を確立した。それは夫婦一体的なヨーロッパ法制を受容した身分上の一大革命であった。

(三) 配偶者を相互に親族となす規定を設けなかったこと

古来我国では一家内で共同生活を営む家族が相互にもつ身分を綜合して親族と言っていたらしいが、旧法典では配偶者は相互に親族的身分にあるとはしなかった。夫婦関係を親族関係の基盤たる特殊身分関係とみる近代家族法精神を踏襲したわけである。これに対し明治三一年民法は血族でも姻族でもない配偶者を相互に親族たらしめ古代的古典的考えを踏襲し、また戦後の昭和の民法も同様で、封建的残滓として批判されている。これ、旧法典の進歩性として特記すべき点である。

(四) 家族構成における伝統と近代的なものとの調和

旧法典の人事編二四三条は「家族とは戸主の配偶者及び其の家に在る親族姻族を謂ふ」と規定しているが、明治三一年民法は七二三条で家族とは「戸主の親族にして其家に在る者及び其配偶者」の規定しており、素直に読めば、旧法典の方が戸主の配偶者を家族構成のメンバーとして重視していることがわかるであろう。また、旧法典は明治三一年法典の如く「妻は婚姻により夫の家に入る」という伝統家制的婚姻の規定が欠如しており、夫婦をもって家族構成の重要メンバーとみる市民社会的小家族制をとりいれていることが判明しよう。

（五）妻に夫との同居を命ずる直接的な明文規定を設けなかったこと

旧法典は明治三一年法の七八八条の如く、妻が婚姻によって夫の家に入ること、また同居義務を命じる規定を設けなかったことは、男性中心の三一年法に比し、寧ろ平等に夫婦に同居義務を課する戦後の昭和身分法に近いものがあろう。

（六）戸主権

旧民法典の戸主権は旧慣と近代家族との妥協に基づいて規定されていて、明治三一年民法の戸主権ほど強大ではない。それは、旧法典は（a）家族居所指定に関する規定が設けられていない、（b）不適齢婚姻禁止等婚姻に関する戸主の無効訴権が設けられていない、（c）推定家督相続人以外の家族が養子をなすことは無効とされているが、戸主に無効訴権が与えられていない、（d、e）家族婚姻、養子縁組には戸主許諾が必要とされているが、無許諾で敢行されても戸主に無効訴権がなきため、結局婚姻、縁組が有効となる、（f）推定家督相続人以外の男子が戸主の許諾を得ないで婚姻をなし、婦を入れた時にもあたかも婚姻により新しい生活単位が創造され、一家を新立できる、（g）推定家督相続人が、分家、婚姻、養子縁組等で去家することを禁止する規定が設けられていない、これは、明治三一年法が去家禁止したのといちじるしく異なっている。この三一年法の規定が世の多くの女性から法律上の婚姻をなす機会を奪い去り如何に多くの悲劇を生み出したかを想起すべきで、旧法典の個人主義的性格のあらわれである。

以上、筆者も旧民法典身分法が数々の妥協的要素を持っていることを否定しない。だが、日本近代化の使命を持ち自由主義学者法曹にによって編纂された旧法典はその身分法法域においてもより近代家族法的要素を内包していたと確信する。筆者は旧法典の妥協的要素、伝統的側面の指摘よりも時代環境と関連せしめつつ、旧法典の進歩的性格を発見剔出することこそ必要だと考え年来取り組んで来たが、得られた結論は鹿鳴館化政策直後の復古反動の中に誕生した法典としてはまことに人心を驚かし、保守国家主義者を憤激せしむる近代家族法であったということである。
私は簡単に他人の理論が誤謬だとか歪曲説だとは断定しない。だが、私なりに自説の正当性を強く信ずる。
(一九五三年五月二八日)」(64)

以上、この論文において、星野通は中村説(手塚説であるが)を率直に受け入れながらも、基本的に明治二三年民法の近代性、進歩性を更に詳細に強調し、中村説に反論した。

星野通は、さらに『松山商大論集』第四巻第二号(昭和二八年六月)に「旧民法典人事編性格論補考」を発表し、「創立三十周年記念論文集」では論じ尽くし得なかった点につき、詳論し、再度旧民法の人事編は「近代的性格の身分法」(八頁)であることを強調した。そして、「私見の如く人事編全体のトーンが近代家族法的なものであるか、それとも中村教授が極言さるる如く明治民法同様或はそれにまさる身分拘束的封建的なものであるかは、やがて民法典論争性格の把握にも大きい差異を生ぜしむることになるが、中村論か、私見か、いづれの法典性格論が正しいかは結局第三者の批判にまつの外ないであろう」(八頁)と締めくくった。

このように、星野通は中村菊男との論争の中で、明治二三年の旧民法は「近代家族法的」であることを強調した。

一一月二〇日、松山商科大学三〇周年記念事業の一つ、『松山商科大学三十年史』(編集兼発行人は田中忠夫)が刊行された。この『三十年史』に星野通は図書館長として第四章の第一節「松山商科大学図書館の沿革と現況」を記している。七頁程の短文で、大正一三年四月新校舎が竣工し、その東北隅の部屋に書庫が設けられ、講堂落成とともにその階下の三分の二を書庫とし、大学昇格と共に階下全体を書庫にし、従来の講堂全部を閲覧室、事務室としたことの沿革や現在の蔵書数四万五四六七冊、委託図書八四五九冊、退職者や郷土史家の蔵書等の紹介がなされている。

この『三十年史』は本学関係者による初めての本格的な校史である。高商〜経専時代の歴史を教授・校長として最もよく知っている田中忠夫が多く執筆している(総記の大部分)。第二章の教務課の箇所は、教務課長を長らく務めた大島居蓄教授が大半を執筆、第三章の生徒課の箇所は、本来は生徒課長を長らく務めた伊藤秀夫が執筆すべきであるが、現学長であり、代わりに戦前期を田中忠夫が、戦後期を学生課長である古茂田虎生が執筆している。また、法人関係は財政の専門家である増岡喜義が執筆し、息づかいの見られる優れた校史となっている。

しかし、つぶさに見てみると、この『三十年史』には種々の問題点、史実誤認、史料探索不足等が見られるのである。その問題点についてはすでに拙稿「伊藤秀夫と松山商科大学の誕生」（その一、二、三）で指摘したが、改めて問題点を列挙しておこう。

①まず、誤植があまりに多いこと、正誤表も入っているが、それでも漏れが多い。

②時代区分に関し、第一章の総記と第二章の教務で調整がなされず、齟齬があり、統一されていないこと。

③総記の第四節「躍進時代」（昭和九年～一八年）と「戦時統制の強化（の時代）」（昭和一五年～終戦）は重なっているが、戦時統制の強化は昭和一五年よりもっと早く日中戦争前後から始まっており、また田中忠夫校長の軍国主義・全体主義への迎合が始まっているのでもっと早くした方がよい。また、昭和一七年以降は、一般的に戦時統制の強化というよりも、戦争による「学園機能の喪失・崩壊の時代」とするのがリアリティがあってよいと思う。この点は拙著『松山高商・経専の歴史と三人の校長』（愛媛新聞サービスセンター、二〇一七年）の第四章を参照されたい。

④松山高商の創立経過に関し、両加藤（加藤拓川と加藤彰廉）の関係について、総記の田中忠夫の説明が間違っていることである。同書の二頁で田中忠夫は「加藤彰廉氏はこの一文［川東注：北川淳一郎の海南新聞記事］「私立高等商業学校設立私案（上・下）」に共鳴して早速北川氏を訪ねて懇談し、是非実現に力を尽くそうということで加藤恒忠氏に相談したのであった」と書いているが、これは逆で、加藤拓川が加藤彰廉に働きかけたのが真実である。

⑤財団法人松山高等商業学校の文部省への申請日と認可日に関して、総記の田中忠夫の史実確認が間違っているこ

とである。同書の九頁で田中忠夫は「かくて成った寄附行為は大正十一年十二月二十六日に文部省の認可を得た」と記しているが、大正一一年一二月二六日は文部省への申請日であり、認可日は翌大正一二年二月二二日である。

⑥校訓「三実主義」の宣言日に関してである。加藤彰廉校長は大正一五年三月八日の第一回卒業式で校訓「三実」を宣言するが、田中忠夫は『三十年史』の執筆段階で、加藤校長がいつ宣言したのか、確定できなかったことである。その原因は田中忠夫が『松山高商新聞』の第九号（大正十五年四月十二日）一面を見落とした点にある。

⑦田中忠夫自身の校訓「三実主義」の定義の明文化の年月に関し、正確には、昭和一六年度の生徒要覧であるにもかかわらず、昭和一五年度の生徒要覧としていたことである。その原因は田中忠夫が『三十年史』執筆時点において、史料（『松山高商新聞』第一六四号、昭和一六年四月二五日）を確認せずに記憶に頼って書いたからであろう。

⑧第二代校長渡部善次郎に関して、田中ら『三十年史』は大変評価が低く、且つその就任時期も誤っていることである。『三十年史』では渡部校長の就任日は一一月一八日としているが、正確には一〇月二六日である。これも史料（『松山高商新聞』第八九号、昭和九年一一月二五日）の記事を見落としたからである。

⑨最後に年表にも間違い、不正確さがみられることである。

以上のように、『三十年史』には種々の誤りがあり、その記述については是正しなければならないと思う。

一一月二一日には、去る七月以来七〇〇万円を投じて建設中の新講堂兼大教室（一部二階建て、五三八平方メートル）が本館の南の地、現在の五〇年記念館の位置に完成した。なお、この新講堂を学校側は中講堂と呼んだ（神森先生より聞き取り）。

そして、一一月二一日から三日間、松山商科大学創立三〇周年記念事業が盛大に行われた。二一日には記念祭の最初を飾って午前一〇時から完成したばかりの新講堂にて、学習院大学院長の安倍能成（伊藤校長の幼友達、元旧第一高等学校長）が「大学の自由」、同政経学部長舞出長五郎（元東大経済学部教授）が「世界平和と日本経済」、学習院女子短大学長小宮豊隆が「ゲーテの畏敬」と題し講演会を行ない、満員の聴衆に感銘を与えた(65)。

一一月二二日、創立三〇周年記念式典が新講堂にて、安倍能成、広島大学長森戸辰男、愛媛大学長辻田力、久松定武知事、黒田松山市長、新田家代表、温山会代表ら多数の来賓を迎え、盛大に挙行された。

伊藤学長は式辞のなかで、大正一二年春松山高商として発足以来三〇年、順次成育し、今日では併設の夜間短期大学も含め学生数一〇〇〇余名の大規模な松山商科大学となったが、その間の道は決して平坦なものではなかったと、戦時下ならびに戦後復興下の学園の苦難を述べ、さらに大学昇格という大問題、難関を突破してきたこと、それは、創立者新田家の終始変わらぬ援助のおかげであり、我学園の教職員の一致和合のおかげであり、また、温山会、父兄会、県、文部省のおかげと感謝し、今後学園の発展に尽力をつくす旨を述べた。森戸辰男、安倍能成らの祝辞の後、本学教育に功労のあった、星野、田中、増岡、大鳥居、川崎の各教授に表彰状が贈られ、星野教授が代表して謝辞を述べている(66)。

一九五四（昭和二九）年一月一五日、星野通は『ジュリスト』第五〇号（一九五四年一月一五日）に常識講話「民法典論争」を記した。それは旧民法典人事編の近代的性格と法典断行派と延期派の法典論争の紹介であった。それは、星野通が執筆した「創立三〇周年記念論文集」掲載の「旧民法典人事編の性格について（再び慶應大学中村教授に答ふ）」の平易な解説であり、また、星野通の年来の民法典論争――人事編の近代家族法的性格をめぐる自然法学対歴史法学の法理戦、保守主義対近代ブルジョア自由主義の思想戦・イデオロギー戦――の紹介であった。そしてこのジュリスト論文の末尾で、中村教授を名ざしてはいないが、「近時旧民法典は三一年民法にまさる封建家父長的法律であり、民法典論争も本来封建的性格の旧法典人事編を国情に合わないヨーロッパ的家族法なりとして握りつぶし、条約改正を失敗に終わらしめんとする一部改約反対政治家と条約改正論者との間に展開された政治的意図の論争であり、本質的には法理戦思想戦でなかったと説く学者がいる。このような単なる政治的意味の論争であるか、或は政治的論争的或は派閥的側面を持ちつつなお本質的には法学戦的イデオロギー戦的性格の論争なるかは今後の研究によって明らかになるであろう」（三五頁）と述べている。このような、ジュリストでの中村菊男批判が星野＝中村論争に拍車をかけることになる。

一九五四年三月上旬、大学第三回卒業式が挙行され、二二六名が卒業した(67)。

一九五四年三月二〇日、伊藤学長が理事会により再任された。このとき、六七歳であった。

(6) 一九五四(昭和二九)年度

本年度の校務体制は、前年度と同様で、事務局長は増岡喜義、教務課長は大田明二、学生課長は大野武之助、庶務課長は菊池金二郎が続け、再任の伊藤学長を支えた。星野通は図書館長を続けた。また、学校法人面では、星野通は大鳥居蕃と共に理事を続け、伊藤理事長を支えた。

本年度の入試が三月中旬に行なわれ、志願者は九七八名であった。そして、三三四名の合格者を発表した。競争率は二・九倍であった(68)。そして、四月、入学式が挙行された。

星野通は『松山商大論集』第五巻第一・二号（昭和二九年六月）に「明治二三年民法人事編性格論争に対する慶応大学手塚教授の批判に答えて」を掲載した。それは、慶應大学手塚豊教授が同法学部の『法学研究』第二六巻第一〇号、第二七巻第六号、八号（昭和二八年一〇月、二九年六月、八月）の三回にわたり「明治二三年民法（旧民法）における戸主権―その生成と性格―」を連載し、そのなかで星野通を批判していたので、それへの反論の書であった。その大要は次の如くである。

「(一) はしがき

手塚教授は中村教授と同じグループの人で、その拙論批判は純粋な第三者的立場にたった批判とは思われないので、そのお答えも同グループの人達への反論駁論の形となろう。

（二）本論

（1）手塚氏への総括的疑問

手塚氏は今回の論文で明治二三年民法典人事編中、とくに前近代的香りが高い戸主権制とその周辺の問題のみを論点として捉えられ、明治二三年民法と三一年民法の両法典の戸主権は大同小異でその半封建的性格の類似性を述べられているが、私は明治二三年法典は戸主権制のみならず、法典構造形式、親族概念、親族範囲など法典各部に対する分析により、同法典人事編の近代的要素の優位性を結論しており、全く正反対である。

手塚氏のごとく、戸主権制の一点で人事編全体の性格を果して正確に捉えられるか、それだけで二三年民法と三一年民法が共に封建的という結論がでるか？　やはり人事編の綜合的分析の上にたってのみ、私見に対する公平厳正な批判が可能であろう。

（2）家族の婚姻について、明治三一年民法では婚姻要件に違反する婚姻について戸主に取消請求権が与えられているが、明治二三年民法には与えられておらず、戸主権は著しく弱い。手塚教授はこの点を何故不問に附せられるのか？

（3）戸主の家族居所指定権について、それは強力なる拘束的封建的支配のメルクマールであり、明治三一年民法で明文化されているが、明治二三年民法では設けていない。

（4）戸主の許諾を得ないで婚姻をなし婦をいれた男子が一家を新立することについて、中村教授と同じく手塚教授は制裁的な意味を持つ「追放」と言うが、寡聞にして両教授の外にこのような解釈を聞いたことがない。明治二三年民法の「一家新立」は戸主権よりの解放であり、婚姻の自由を認めたものである。

（5）戸主無許諾で婚姻、養子縁組をなし、他家に入った者に対し、戸主がなす復籍拒絶権行使期間について、明治二三年民法は「復籍の事由を知りたる時より一ヶ月以内」、三一年民法は「婚姻又は養子縁組の日より一年以内」に復籍を拒み得ると規定しているが、どちらがより多く身分拘束的であるか？　明治二三年民法は復籍の事由（離婚等）発生しない限り復籍拒否できないのに対し、明治三一年民法は婚姻後一年以内に早くも実家復帰拒否を永久に宣言でき、こちらの方がはるかに制裁的であると思う。

（6）明治二三年民法の小家族的性格について、私は明治二三年民法人事編二四三条が「家族とは戸主の配偶者及びその家にある親族姻族を言う」という規定から相当夫婦中心のヨーロッパ家族的性格を有していると年来主張しているが、手塚氏は「戸主とは一家の長をいう」を強調し、「家族とは戸主の配偶者……」部分を軽視され、明治二三年民法も三一年民法も同義だと解釈されている。そして私の見解を「旧民法の進歩性の色眼鏡でみた歪曲理論」（一二六頁）と非難されるが、手塚教授こそ「旧民法保守性の色眼鏡で」（一二六頁）みている。

（7）戸主扶養義務順位について、手塚教授は明治二三年民法の戸主扶養義務の順位を第一位配偶者、第二位戸主、第三位直系親族としているが、筆者は明治三一年民法と同様に二三年民法においても戸主は直系親族より後順位の義務者と考えている。いずれの論が正しいかは俄かには判断できないが、それが戸主の家族にたいする封建的支配に何の関係があるのか。

以上、明治二三年民法が三一年民法より進歩的性格、近代的性格はあきらかであろう。手塚教授がいやしくも論争に対する公平な第三者ならば、戸主権の問題だけでなく、視野を広くして批判を行なわれるべきではないか。仮に中村教授の代弁者として反論しているならば全論点について分析批判があってはじめて公平な第三者批判、真の批判になるのでないか。（一九五四年一一月二〇日）」[69]

この星野の手塚豊への反論文について、少し、コメントしよう。

①手塚論文の大要は、旧民法の「第一草案」（明治二一年一〇月）を分析し、第一草案は夫婦、親子中心の近代西洋民法の構成であり、戸主権は片鱗もない、近代的進歩的なものであったが、その後の法律取調委員会、元老院の審議をへて、修正が施され、保守化し、戸主権、長子単独相続制を主柱とする家族制度が条文化されたこと、旧民法と明治民法の戸主権は「大同小異」「両法典の半封建的性格の類似制」を主張したものである。手塚論文が今までほとんど考察されなかった第一草案を分析したことは、民法編纂過程の研究における大きな貢献であり、私も高く評価されるべきだと思う。

②それに対し、星野は「明治民法がその成立過程において逐次保守化の一路を辿りはしたが、しかもなお最後まで全体としては進歩的性格を喪失しなかった」（一二七頁）と片づけるのみで、戸主権について手塚論文に噛み合った反論をせず、単に従来の自説を繰り返し述べるにとどまっており不満が残る。

③また、明治二三年の旧民法の人事編は、近代性と封建性の妥協・調和・二元的性格があるのに、星野は手塚の「半封建的性格」説への反論の余り、専ら「進歩的性格・近代的性格」のみを摘出・強調しているのは、結果として旧民法の半封建的側面の軽視につながり、問題であろう。

一二月一六日、教授会を開き、来年度から単位制度の改革を実施することを決めた。その大要は次の如くであった。①受験資格について。従来の受験資格は履修届けを出し受講すればその年度にかかわらず受験資格が与えられたが、新制度では当該年度のみとした。②卒論と演習について。卒論（四単位）と演習一部、二部（八単位）を重視し、必修とした。もし例外的に卒論、専門演習が履修できない場合にはその単位の二倍（二四単位）を履修しなければ卒業できないとした。③一年間の履修単位について。今まではなるべく四二単位を超えないよう履修する事が望ましいであったが、新制度では一年間の履修単位は五〇単位を超えて履修することはできないとした。④二年間の履修単位数について。今までは四年間を通じて一四〇単位履修すればよかったが、今後は二年間で六五単位以上は履修しなければならない、即ち、二年間で六五単位以上履修していないと四年間で卒業できないことにした。そして、この新制度は新入生から実施することにした(70)。

一二月、松山商大新聞学会が年末、教授人等に次のようなアンケートをとった。①最近の政治の動きについて、②中共貿易をどう思うか、③最近の労働攻勢について、④最近の復古をどうみるか、⑤就職難と学生生活について、⑥学生の恋愛をどう思うか。星野通は大要を次のように回答している。

「①解散と総辞職いずれが正しいか、判断は難しいが、私は即時解散を望む。今の国会議員の付替を望む。②盛況だった昔の支那貿易を回想して正常な貿易関係の復活を望む。③今の経済状況ではボーナス闘争はやらずに居られないだろう。経営者も可能な範囲で労働者の要求を聞くべきであろう。労働者は企業経理を無視するような過当な要求で経営者を苦しめないように自粛することが大切だ。お互いに無理を云ったりしないでいいところで折り合って貰いたい。④家父長的家族制度のような封建制度の復活は困るが、うすれ去った美しい伝統が復活するのは嬉しい。いいもの悪いものが一切姿を消したのが敗戦後の日本だ。古く美しい日本の伝統よ、よみがえって来い。⑤学園は就職を目途とするものでないが、実社会は洗練された教養と専門的知識を身につけた人間を要求する。学問への沈潜こそは現実社会に直結する大道と考えてヒタスラ学問に生命を打ち込むようにせよ。⑥私は若い人達の恋愛を美しいと思う。だが、相手の運命を傷つけたり、学問の邪魔になったり、自分の将来の正しい方向を見失わせる有害無益な恋愛をしないように」(71)

一九五五年三月上旬、第四回卒業式が行なわれ、二九〇名が卒業した(72)。

（7）一九五五（昭和三〇）年度

本年度の校務体制は、前年と同様で、事務局長を増岡喜義、教務課長を太田明二、学生課長を大野武之助、庶務課長を菊池金二郎が続け、伊藤学長を支えた。星野通は図書館長を続けた。また、学校法人面では、星野通は大鳥居蕃と共に理事を続け、伊藤理事長を支えた。

本年度の入試が、三月中旬に本校、京都、福岡の地にて行なわれた。募集定員は経済、経営学科ともに各一二五名であった。そして、合格発表があり、四月、入学式がなされた。

本年度から卒業論文と専門演習が必修となった。

四月、星野通は講義用の教科書『債権総論講義案』を松山商大協同組合出版部から出版した。

六月、星野通は『松山商大論集』第六巻第二号に「再説明治二三年民法人事編性格論」（昭和三〇年六月）を発表した。中村菊男教授が慶應大学『法学研究』第二八巻第一号に発表した「旧民法と民法典論争」への反論の書である。星野通はその「はしがき」で大要を次のように述べ、論争の打ち切りを宣言した。

「これは筆者が年来主張してきた明治二三年民法人事編の進歩的諸規定を列挙し、同法性格論を繰り返しベトーネンした小論である。中村教授的表現をもってすれば些かの発展性のない文字の羅列かもしれないが、自論を整理して学界諸氏によく聞いて頂くとともに、中村教授に私の言い分を全部はっきり聞いて頂くために書いたものである。中村教授は私の全主張に対してではなく、若干の問題について部分的に取り上げ批判されるのみで、私の主張全部について論議の対象にされることがなかったからである。私はこの小論を最後に三年余に及ぶ同教授との論争をキッパリ打ち切り、以後論争の当否を公平なる学界の第三者の批判に委ねたいと思う。これ以上泥合戦的論争のお相手をするのは意味がないからである」

本文は、今までの星野通の明治二三年民法人事編の進歩的性格を再説したものであり、論旨に変更はないので、内容の紹介は省略するが、その目次は次の通りである。

「本文
(1) 法典人事編構造形式における近代性
(2) 伝統的親族観念の否定、ヨーロッパ法理の採用
(3) 婚姻規定
(4) 家族構成
(5) 戸主権弱化
(6) 戸主の許諾を得ないで男子たる家族が婚姻をなした場合一家が新立される規定
(7) 戸主に専属する権利が明治二三年民法と三一年民法のどちらが弱いか
(8) 家が伝統的家制と婚姻家族との折衷である点
(9) 財産取得編三〇四条の問題（配偶者が最劣順位になっている規定）」

そして、星野通の結論の大要は次の通りである。

「結論的に言って明治二三年民法にも三一年民法に比し一層封建的規定が若干存在する。これは同法が新旧両要素より成立している以上、いわば当然のことである。この前近代性については筆者はすでに検討し終わっている。中村教授がこと新しく持ち出した点、①婚姻、離婚について年齢の如何を問わず許諾が必要であること、②推定家督相続人以外の家族は伝統的家族制度の立場より養子取りを禁じられていること、③遺産相続が分割相続

でなかったことなどは、二三年法が三一年法に比して封建的であったことは鋭く指摘しなければならない。だが、これらの若干の非近代性を内包しながらも人事編がその各分野において封建的性格を凌ぐ多くの近代的特徴を内包していたこと、また伝統との妥協を余儀なくされて後退を続けながらも戸主権規定その他において、三一年民法に比し非身分的規定を内包していたことは、反動保守の波高かった明治中期に生まれた法典としては相当に近代的法典であったといえよう。ようするに、中村教授の数次に及ぶ御批判にもかかわらず、明治二三年民法人事編が三一年民法を凌ぐ非封建的身分法であるという筆者の信念は不動である」(73)

六月二〜五日、松山商大の学生祭が行なわれた。六月二日付けの『松山商大新聞』第六二号（昭和三〇年六月二日）に、星野通が病気の伊藤学長に代わって「学生祭に寄す」の一文を寄せた。その大要は次の通りである。

「伊藤学長が御病気なので、代わって一言学生祭に寄せる言葉を述べさせて貰いたい。また恒例の学生祭がやってきた。今日本晴れの初夏、諸君の情熱は爆発し、青春を謳歌する歌声は天にとどけよと味酒野にこだまするであろう。だが、お祭り騒ぎや催しごとに我を忘れることのみが学生祭の目的ではないであろう。この祭典を真に意義あらしめるためには祭典を機に、思いを学園三〇余年の歴史に致し、厳しい時代の風雪に耐えて偉大な商大伝統を築き上げてきた先人を偲んで謙虚な感謝を捧げると共に、この偉業を継承し、更に明日への商大発展を誓うことこそ肝要事であらねばならないだろう。

順調な発展を遂げてきた学園であるが、険しい国情の下学園向後の発展を阻む困難は数限りなくあろう。この障害を克服し、商大百年の発展を期するために学問への憧憬、研究への情熱、学園愛など商大生としての真の自覚を持つ学生諸君と教員団の密接な結びつきによる学問尊重、人間練成の努力こそ何よりも必要であろう。松山商大真の発展はこの平凡にして而も困難なる目的への絶えざる努力によってよく達成されるのである。諸君今こそ思いを先人の偉業にはせ、松山商大をして真に天下第一級の学園の場、学究の府たらしめるよう、ガッチリスクラムを組んで前進することを誓おうではないか」(74)

九月、伊藤理事長は、体育の教員として田辺義治を講師として採用している(75)。

一一月八日、伊藤秀夫理事長は、教員の免許状授与の所要資格を得させるための課程認定の申請（中学校の職業、英語、高等学校の商業、英語）を文部省に行なった。

一九五五（昭和三〇）年、月日は不明だが、伊藤学長は脳軟化症を患い、軽い言語障害で臥せった。しかし、その後快方に向かっている(76)。

星野通は一二月、『松山商大論集』第六巻第四号（昭和三〇年一二月）に「明治二三年民法と明治三一年民法（中村教授に答え中村教授にきく）」を発表した。それは、また、中村教授が慶應大学『法学研究』第二八巻第一〇号（昭和三〇年一〇月）に「旧民法と明治民法―星野通教授を駁す―」を発表したので、それへの反論書であった。星野通はその「はしがき」で、さきに筆者は中村教授との論争の打ち切りを宣言したが、その後中村教授が発表した論文には到底承服できない部分が少なくなく、かつ筆者が説明していただきたいとお願いした重要争点を全く黙殺して回答されていないので、筆者としても浮かばれないので、敢えてこの小論を書いた。以下、二、三御回答願いたい、と述べている。本文の大要は次の通りである。

「本文

（一）明治三一年民法に戸主の家族居所指定権ならびにこれに伴う家族離籍権規定があるのに明治二三年民法にその規定がないこと。それは二三年民法をして三一年に比し著しく非身分拘束、非封建的たらしめているのが筆者の持論であるが、中村教授は相変わらず両方に大差なしと断言されている。断言は自由であるが、その理由を明白に示さない限り相手は納得しないだろう。ぜひ説明していただきたい。この戸主居所指定権ならびにこれにともなう家族制度的な離籍権規定が幾多の家庭悲劇を生んだ実例こそ三一年民法の前近代的性格を特徴づける指標である。二三年民法が近代的と主張する根拠だが、中村教授は一体何と考えられているのか?

(二) 戸主の許諾を得ないで男子たる家族が婚姻したとき「一家を新立す」という規定の解釈である。筆者は婚姻は天賦の自然権であって戸主の許諾なくして家族男子が婚姻したときそれを一生活単位として承認せざるをえないこと、ただし、家族男子婚姻によって家族数が増加して戸主の負担が増大することはさけねばならない、というのが「一家新立」の立法理由であるが、中村教授は相変わらず、この男子追放の制裁規定だという。だが、いまだ、その理由について説明がない。ぜひ説明してもらいたい。

(三) 明治二三年民法は伝統的家族観念を廃し、ヨーロッパ的法理観念を導入したこと、即ち、血族姻族配偶者を総括する統一観念たる親族を否定し、また配偶者を相互に親族とみる不自然な慣習を一擲したことなどは、ヨーロッパの近代法に倣っている。他方、明治三一年民法や戦後の新しい民法にさえ残っているこの親族の考え方は非近代的なものである。両法親族概念に差無しと言われる中村教授に聞きたい。

(四) 明治二三年民法には婚姻取消権が戸主に与えられていない点。それは三一年民法に比し明らかに身分拘束性の稀薄なこと、近代的なことを物語っている。この点は中村教授と雖も絶対に否定できない筈だ。にもかかわらず両法大差ないとは省みて他をいうも甚だしい。

論争打ち切りを宣言しながら、くどい奴だと笑われる人々も沢山あろう。だが、歪曲された理論とはあくまでたたかわねばならない。全く無視されたこちらの質問にはあくまでお答えしてもらわねばならない」(77)

この一文では、星野は明治三一年民法と比較して、二三年民法がいかに近代的性格を有しているか、くどいほど強調し、またやや感情的になっていることがわかる。

一九五六(昭和三一)年一月、伊藤秀夫学長は昨年から臥せっていたが、次第に快方に向かい、現在軽い言語障害をきたしているが、散歩などを毎日の日課として始めている。学長の姿が学内でみられるのも遠くないであろう(78)。星野通は『松山商大論集』第七巻第一号(昭和三一年三月)に中村菊男著『近代日本の法的形成』(有信堂、昭和三一年二月)の書評を行なった。その大要は次の通りである。

「中村菊男教授の著書はわが私法成立過程を豊富な原史料を駆使して政治史的法制史的観点からあきらかにしたもので永く後世に残る好著の一つである。しかし、民法典論争の見方に大きな異論があるが、明治二三年民法性格論、明治三一年民法よりも一層封建的と断定する中村氏の見解に根本的な異論がある。著者の両法典比較論に疑問点を述べておきたい。

第一に、戸主権制の比較である。明治二三年民法には三一年民法に規定する戸主の家族に対する居所指定権ならびに家族離籍権規定がない。これこそ、明治二三年民法をして三一年民法をはるかに凌ぐ非身分的非封建的法典たらしめているのはいやしくも親族法研究には自明の常識である。氏はこれを黙殺し大差ないと無造作に断定している。まことに勇敢な断定であり、必要な論証がなされていないことが本書の致命的ウイークポイントである。

第二に、明治三一年民法には公益を理由とする家族の婚姻取消権が戸主に与えられているが、二三年民法には与えられておらず、非身分拘束的非封建的性格を特色づけることは何人も否定しえないことである。氏は不正確極まる理論で両方大差ないと断定しているが、暴論である。

第三に、明治二三年民法が血族、姻族、配偶者三者を含む統一的親族概念を認めなかったこと、配偶者を相互に親族となすことをしなかったこと、等は全く近代ヨーロッパ身分法理を導入したことを示すものであり、氏がこの著書で取り上げていないのは不可思議と云わねばならない。

第四に、明治二三年民法の人事編第二五〇条の推定家督相続人にあらざる男子が戸主の許諾を得ずして婚姻をなしたるときは一家を新立すと規定に関し、氏独自の滑稽な解釈に対し評者が反駁したが、氏は回答することなくしていつの間にか姿を消していることである。反論を待っていた筆者としては拍子抜けである。

第五に、明治二三年民法で戸主無許可婚姻を戸主に無効請求権なき関係上結局有効となるという点について、中村氏はこれは内縁関係だという珍説を主張されていたが、評者の質疑に答えることなく、本書ではいつの間にか消えている。不思議である。

以上、著者の明治二三年民法は三一年民法にまさるとも劣らない封建的身分拘束的法だという論旨は充分解明されておらず、もっと推敲を重ねて出すべきでなかったか。

付記

この書評を書き終えた後、中村教授が『法学研究』第二九巻第四号に「民法典論争の経過と問題点」という一文を発表された。この一文を読んで私は同教授と今後論争を続けることの無意味さと愚かさを完全に知った。応戦を覚悟していた私も今度こそは教授との応酬を一切差し控えることを再決意した」(79)

一九五六(昭和三一)年三月に第五回卒業式が挙行され、二九〇名が卒業した(80)。

(8)一九五六(昭和三一)年度

本年度の校務体制は、事務局長は増岡喜義、教務課長は太田明二、学生課長は大野武之助、庶務課長は菊池金二郎が続け、伊藤学長を支えた。また星野通は図書館長を続けた。また、学校法人面では、星野通が大島居蕃と共に理事を続け、伊藤理事長を支えた。

四月一日、伊藤学長は教職の担当として野田義高を教授として採用した(81)。また経済学科の工業政策の教員として望月清人を講師として採用した(82)。また、星野陽を研究員に採用した(83)。また、安井修二を助手補に採用した(84)。

さて、本年度の入試が、三月一二日、一三日に本校、京都、福岡の地にて行なわれた。募集定員は経済、経営ともに各一二五名であった。そして、合格発表があり、四月、入学式がなされ、経済学科二二〇名、経営学科七五名が入学した(85)。

五月、星野通は『法律時報』第二八巻第五号に、中村菊男著『近代日本の法的形成』の書評を載せている。それは、さきの『松山商大論集』第七巻第一号の転載であったが、『法律時報』の原稿のため、「私は同教授と今後論争を続けることの無意味さと愚かさを完全に知った。応戦を覚悟していた私も今度こそは教授との応酬を一切差し控えることを再決意した」という過激な文言や論争打ち切り宣言は削除されている。

八月二一日に教職課程の認可を受けた(一九五六年四月に遡及)。

一〇月に、伊藤学長は教職課程の要員として、教育心理学、青年心理学、教育実習の担当として井出正を講師として採用した(86)。

本年、伊藤学長は前年から脳軟化症を患い、言語障害が出ており、不自由な生活を送っていた。伊藤学長は体調を崩して長期休暇に入るも、辞めると言わないので、世間の批判があったようである。「増岡さんから直接聞いた話ですが、伊藤さんを、一日も早く辞めさせなければいけない、と言っていました」(神森先生よりの聞き取り)。

一九五七(昭和三二)年一月、伊藤学長は年頭所感を『松山商大新聞』第七三号に載せた。それは次の如くであった。学長最後の所感となった。

「本年は本学の就職状況は近年にない好結果を得つゝある事は、学校の当局者として、非常に愉快な事であります。学校の卒業生の就職状況のよしあしを一喜一憂する事は、本来の大学の目的と必ずしも一致せぬ事かもしれぬが、とにかく卒業生が自分の職業を得ざるは非常に遺憾とすべきものであって、各学校ともに就職の情況を何よりも大事と思ふのが常であります。

扨本年は既に年内に百二十名を超えておりまして、それに本年の春に定まるべき自宅営業者、大学院入学者、各種高等学校への就職者を加へますと、来る三月末には著しくその数を増すことと存じます。この年頭所感は吾々大学人を此の上なく喜ばしく思はせるものがあります。

これ偏えに学生の勉強によるのは申すまでもありませんが、平生からの多数教授、其他の先生方の一致して思想的に、又学問研究上に大なる努力を払って下さった賜でありますと共に、多数の卒業生の多年に亘り社会に植へつけた信用の賜ものであると思います。

又一つには、今日では私立大学の公共性といふことを考へて、其の入学するに当って、官・私の別をつける様なことは、実に馬鹿げた考えと思はれるに至ったことである。此の公共性の豊なる大学ならば、其の本人の資質と真面目さとによっては、有為にして且つ立派なる人格者となり得る事は、丁度英国のパブリック・スクールの如く、なさんと思へば必ず為し得るという事であります。これ等のパブリック・スクール又は諸々の大学は、たとへばオックスフォード又はケンブリッジの如く英国のバックボーンとなれる人物を輩出せる諸学校は、最も公共性に富みたる私立学校であるのであります」(87)

一九五七（昭和三二）年二月一三日、伊藤学長はついに病気のため辞職した。そこで、星野通教授（理事）が学長職務代理に任命された。

そして、星野通学長代理の下で、学長選挙制度作りが行なわれた。具体的には、「事務局の木村真一郎さんが、色々と他の大学のことを調べて、候補者推薦委員会方式により、そこで、推薦された者について有権者の投票にかける、という原案を作りました。この時は、事務職員は、一部の役付きだけが選挙権者でした。その後拡大して、全員選挙権を持つこととなりました」（神森智先生より聞き取り）。

三月七日、「松山商科大学学長選考規程」が制定された。推薦委員会方式であり、候補者三名以内を推薦する制度であった。学長選考規程は次の通りである。

「第一条　松山商科大学学長（以下学長という）はこの規程の定める手続きを経て学校法人松山商科大学が任命する。

二　学長は松山商科大学短期大学部学長を兼ねるものとする。

第二条　学長候補者の選考は次の各号の一つに該当する場合に行う。

（1）学長の任期が満了するとき

（2）学長の辞任の申し出を受理したとき

（3）学長が欠員となったとき

第三条　学長候補者は本学に在籍する学長及び専任かつ常勤の教授の中から選考する。但しやむを得ない事情のある場合は学外の学識経験者から選考することができる。

第四条　推薦委員会は学長候補者として三人以内を推薦する。

第五条　推薦委員会において学長候補者として推薦された者について単記無記名投票により選挙を行い学長候補者選挙管理委員会（以下管理委員という）が当選者を決定する（以下、略）。

第六条　学長候補者の選挙に投票を行うことのできる者は規準日において年齢二十年以上にして規準日までに引続き六月以上本学に在職する学長、専任かつ常勤の教授、助教授、講師、助手、助手と同格の研究員及び書記とする。但し投票日までに退職その他により前項の資格がなくなった場合は投票を行うことができない。

第一一条　学長の任期は就任の日から三年目の日の属する年の十二月三十一日までとする。但し重任を妨げない。

二　前任者の任期の途中において就任した者の任期は更新される」(88)

この学長選考選考規程に基づき、推薦委員会（教育職員七名、事務職員二名、温山会二名）を開き、学長候補者に規程では三名以内であるが、星野通教授一人だけを推薦した。

三月下旬、第六回卒業式が行なわれ、三二〇名が卒業した(89)。卒業式の式辞は星野通学長代理が行なったと思われるが、資料なく不明である。

三月三〇日、学長候補者に推薦された星野通に対する単記無記名の選挙が行なわれ、星野通教授が選出された。反対票は一票であった（神森智先生より聞き取り）。

三月三一日、伊藤秀夫前学長が退職した。

（1）『六十年史（資料編）』一二九頁。学生課長、生徒課長名には歴史があり、松山高商発足時には学生課長名であったが、一九三三年五月より生徒課長名となり、一九四九年四月から再び学生課長名に改めた。

（2）『松山商科大学設置認可申請書』、『三十年史』八四～八五頁および『三十年史』の「補遺　松山高等商業（経済専門）学校、松山商科大学現（旧）教職員名」など。

（3）『愛媛新聞』昭和二四年四月一〇日。『三十年史』一三〇頁、一三一頁。『三十年史』の「補遺　松山高等商業（経済専門）学校、松山商科大学現（旧）教職員名」。『松山商大新聞』第二三号、一九四九年五・六月合併号、一九四九年六月一日。

（4）『三十年史』一二二～一二三頁。『五十年史』二五一～二五二頁。

(5)『三十年史』一二一頁、一二二頁。
(6)同右、一二一頁。
(7)同右、一一三頁、一一八頁、一四三頁。
(8)『松山商大新聞』第二三号、一九四九年五・六月合併号、一九四九年六月一日。『五十年史』二五二～二五四頁。
(9)『松山商大新聞』第二三号、一九四九年五・六月合併号、一九四九年六月一日。『三十年史』一三〇～一三二頁、一四二頁。専任、兼任、兼担について疑問と思われるものは〔　〕で訂正した。
(10)一九四九（昭和二四）年度の『学生便覧』。
(11)『松山商科大学設置認可申請書』（国立公文書館）。
(12)『三十年史』一三五頁。
(13)『五十年史』二五四頁。
(14)『松山商大新聞』第二四号、一九四九年七月一日。
(15)同右。
(16)『三十年史』の「補遺　松山高等商業（経済専門）学校、松山商科大学現（旧）教職員名」より。
(17)小原一雄は一九一三年一〇月生まれ、東京外国語学校卒、大連高等商業学校教授等をへて松山外国語専門学校教授であった（『三十年史』一四一頁。『松山商大新聞』第六〇号、一九五四年一二月一七日）。
(18)『松山商大論集』第一号「開学記念論文集」一九五〇（昭和二五）年一月。
(19)同右。
(20)『法学志林』第四九巻第一号、一九五一年八月。
(21)遠山茂樹「民法典論争の政治史的考察」『法学志林』第四九巻第一号、一九五一年八月。
(22)『三十年史』一一三頁。文部省への『松山商科大学（経済学部、経営学部）設置認可申請書類』（一九六一年九月七日）では一七九名、『温山会名簿』では一八四名、『六十年史（資料編）』では一八五名である。
(23)手塚豊「星野通教授著『民法典論争史―明治家族制度論争史―』を読みて」慶應義塾大学法学部『法学研究』第二三巻一、二、三合併号、一九五〇（昭和二五）年三月、九一頁。
(24)『三十年史』の「補遺　松山高等商業（経済専門）学校、松山商科大学現（旧）教職員名」。『三十年史』八四～八五頁。大野武之助教授退職記念号略歴より。
(25)『三十年史』一四三頁。
(26)同右、一三二頁。
(27)同右、二〇八~二一〇頁。
(28)『松山商大新聞』第二八号、一九五〇年一一月二四日。
(29)同右。
(30)『松山商大新聞』第二九号、一九五〇年一二月一五日。
(31)『三十年史』一三三頁。なお同書一一三頁では二一二名。文部省への『松山商科大学(経済学部、経営学部)設置認可申請書類』(一九六一年九月七日)では二一九名、『温山会名簿』では二一六名、『六十年史(資料編)』では二三〇名である。
(32)入江奨は一九二三(大正一二)年六月広島県芦品郡新市町戸手に生まれ、一九四一(昭和一六)年三月広島県立府中中学を卒業、同年四月大阪商科大予科に入学、一九四三(昭和一八)年九月予科を修了、一九四三年一〇月大阪商科大学に入学、直ちに学徒動員され、一九四六(昭和二一)年五月復学、一九四七(昭和二二)年九月卒業、同年一〇月同大経済学研究科に進み、中退、一九四八(昭和二三)年一二月大阪を去り、一九四九(昭和二四)年一月広島大学設立推進本部嘱託となり、一九四九年八月広島大学助手、一九五一(昭和二六)年三月松山商科大学講師に就任した(入江奨退職記念号の略歴より)。
(33)元木淳は一九二二(大正一一)年二月東京生まれ、一九四四(昭和一九)年九月東京商大卒。一九四九(昭和二四)年四月松山商科大学研究員、一九五一(昭和二六)年三月講師に就任(『申請書類』より)。
(34)『松山商大新聞』第三一号、一九五一年七月三日。『三十年史』二三二頁。
(35)『三十年史』一四三頁。
(36)『六十年史(資料編)』一四九頁。
(37)星野通「旧民法典と松岡康毅の身分法論」穂積重遠教授の追悼記念論文集『家族法の諸問題』有斐閣、昭和二七年七月。
(38)『松山商大新聞』第三二号、一九五一年九月二三日。
(39)『松山商大新聞』第三三号、一九五一年一〇月二〇日。
(40)『申請書類』より。
(41)『松山商大新聞』第三四号、一九五一年一一月二〇日。

(42)『三十年史』一三三～一三四頁。
(43)『五十年史』二六八～二六九頁。
(44)『三十年史』一四〇頁。
(45)文部省への『松山商科大学（経済学部、経営学部）設置認可申請書類』（一九六一年九月七日）より。『六十年史（資料編）』も一三四名。なお、『温山会名簿』では一三五名の卒業である。
(46)『松山商大新聞』第三七号、一九五二年二月二〇日。
(47)星野通『新民法総論』京都関書院、一九五二年三月。
(48)『六十年史（資料編）』一二九～一三〇頁。
(49)『三十年史』一四三頁。
(50)『松山商大新聞』第三八号、一九五二年四月三〇日。
(51)井上幸一は一九二一年西宇和郡川之石生まれ、一九四六年神戸経済大学卒。一九四八年松山商業学校教諭。一九四九年五月松山商科大学研究員となっていた（井上幸一退職記念号の略歴、『松山商大新聞』第五五号、一九五四年五月などより）。
(52)『三十年史』一四〇頁。『五十年史』二七一～二七三頁。
(53)『三十年史』一三七頁。
(54)星野通「再び旧民法典と松岡康毅の身分法論について」『松山商大論集』第三巻第二号、昭和二七年六月。
(55)『松山商大新聞』第四六号、一九五三年一月二〇日。
(56)『松山商大新聞』第四七号、一九五三年三月二〇日。なお、その後、追試験、再試験で卒業したものと思われるが、文部省への『松山商科大学（経済学部、経営学部）設置認可申請書類』（一九六一年九月七日）では二八一名、『六十年史（資料編）』では二八〇名、『温山会名簿』では二七〇名となっている。
(57)『三十年史』の「補遺　松山高等商業（経済専門）学校、松山商科大学現（旧）教職員名」。
(58)『松山商大新聞』第四六号、一九五三年一月二〇日。同五一号、九月二〇日。
(59)稲生晴の経歴は一九二五（大正一四）年三月西宇和郡四ツ浜村生まれ、旧姓梶原。一九四二（昭和一七）年八幡浜商業卒。一九四三（昭和一八）年松山高商入学、高知で軍隊に入隊。一九四五（昭和二〇）年松山経済専門学校卒（第二一期）。一九四六（昭和二一）年旧制九州大学経済学部入学、一九四九（昭和二四）年卒業。大学院特別研究生となり、一九五二（昭和二七）年

修了し、九州大学経済学部助手となり、一九五三（昭和二八）年四月松山商科大学短期大学部の講師（松山商科大学兼務）に就任した（稲生晴教授退職記念号の略歴、『松山商大新聞』第五三号、一九五三年一一月二〇日などより）。なお、その後の文部省への申請書類では一九五三年四月短大講師で松山商科大学兼務、そして一九五四（昭和二九）年四月松山商科大学講師で短期大学部兼務となっている。

(60) 神森智の経歴は一九二七（昭和二）年九月広島生まれ、一九四四（昭和一九）年四月松山経済専門学校入学、一九四七（昭和二二）年三月二日卒業（第二二期）。九月旧広島財務局国有財産部勤務。一九四八（昭和二三）年四月旧大蔵省税務講習所広島支所教官。一九五二（昭和二七）年一月公認会計士試験合格。一九五三（昭和二八）年四月松山商科大学短期大学部講師に就任し、同年商経学部兼務となっている（神森智教授退職記念号の履歴及び経歴より）。神森氏は、川崎三郎教授（簿記・会計学）の強い誘いで採用された（神森先生よりの聞き取り）。

(61)『松山商大新聞』第四七号、一九五三年三月二〇日。

(62)『三十年史』一四三頁。なお、合格発表数より入学者が多いのはその後、補欠で入学させたものである。

(63) 同右、一三八頁。

(64) 星野通「旧民法典人事編の性格について（再び慶応大学中村教授に答ふ）」松山商科大学創立三〇周年記念論文集、昭和二八年一一月。

(65)『松山商大新聞』第五三号、一九五三年一一月二〇日。

(66) 同右。簡略したものが『五十年史』二七七頁。

(67) 文部省への『松山商科大学（経済学部、経営学部）設置認可申請書類』（一九六一年九月七日）より。『六十年史（資料編）』では二二七名、『温山会名簿』では二三六名。

(68)『松山商大新聞』第五五号、一九五四年五月二〇日。

(69) 星野通「明治二三年民法人事編性格論争に対する慶應大学手塚教授の批判に答えて『松山商大論集』第五巻第一・二号、昭和二九年六月［川東注：論集発刊は六月となっているが、大幅に遅れた］。

(70)『松山商大新聞』第六〇号、一九五四年一二月二七日。

(71) 同右。

(72) 文部省への『松山商科大学（経済学部、経営学部）設置認可申請書類』（一九六一年九月七日）より。『六十年史（資料編）』も二九〇名。なお、『温山会名簿』では二九三名。
(73) 星野通「再説明治二三年民法人事編性格論」『松山商大論集』第六巻第二号、昭和三〇年六月。
(74) 『松山商大新聞』第六二号、一九五五年六月二日。
(75) 田辺義治は一九一一年一月生まれ、日本体育会体操学校高等科卒、愛媛県立松山中学校、松山東高等学校教諭を務めていた。
(76) 『松山商大新聞』第六八号、一九五六年一月二二日。
(77) 星野通「明治二三年民法と明治三一年民法（中村教授に答え中村教授にきく）」『松山商大論集』第六巻第四号、一九五五年一二月。
(78) 『松山商大新聞』第六八号、一九五六年一月二二日。
(79) 星野通「中村菊男教授著『近代日本の法的形成』を読む」『松山商大論集』第七巻第一号、一九五六年三月。
(80) 『松山商科大学（経済学部、経営学部）設置認可申請書類』（一九六一年九月七日）より。『六十年史（資料編）』では二九二名。なお、『温山会名簿』では二八九名。
(81) 野田義高は一八九五年六月愛媛県生まれ、一九二三年三月東京高等師範卒、愛媛県北予中学校長、松山外国語短期大学教授等を歴任していた。
(82) 望月清人は一九三二年三月福岡県生まれ、一九五五年三月神戸大経済学研究科修了、同年四月神戸大学助手をしていた。
(83) 星野陽は一九二九年一〇月愛媛県生まれ、星野通の長男。一九五六年三月九州大学大学院史学課程を修了。
(84) 安井修二は一九三三年六月生まれ、一九五六年三月本学卒業（太田ゼミ）し、神戸大学大学院に進学していた。
(85) 『松山商大新聞』号外、学園案内号、一九五六年四月一三日。
(86) 井出正は一九二二年二月生まれ、一九四三年広島高等師範学校理科第一部卒、一九四六年広島文理科大学教育学科心理学専攻を卒業し、愛媛県の中学、高校の教員をへて、愛媛県教育研究所所員をしていた（退職記念号より）。
(87) 『松山商大新聞』第七三号、一九五七年二月七日。
(88) 『五十年史』二九〇〜二九二頁。
(89) 『松山商科大学（経済学部、経営学部）設置認可申請書類』（一九六一年九月七日）より。『六十年史（資料編）』では三一八名、『温山会名簿』では二八九名。

第4章

松山商科大学学長時代

（1）一九五七（昭和三二）年度

一九五七年度の入試は、三月一一、一二日の二日間にわたって、松山（本学）、京都（京都大学吉田分校）、福岡（九州大学教養部）の三会場にて行なわれた。募集人員は二五〇人（経済学科、経営学科各一二五人）、試験科目は国語（必答）、社会（一般社会、時事問題、日本史、世界史、人文地理、商業経済）、理数（物理、化学、生物、地学、一般数学、解析Ⅰ、解析Ⅱ、幾何、簿記）、外国語（英語、必答）の四科目であった[1]。志願者は八〇六人であった。

一九五七年四月一日、星野通教授が第二代松山商科大学学長兼理事長に就任した（任期は一九六〇年一二月三一日まで）。また、松山商科大学短期大学部学長を兼ねた。このとき星野通、五六歳であった。

星野通学長の「第二代学長に就任して」の学生向けの辞は次の通りである。

「御病気で引退された伊藤先生のあとを受けて二代目学長を拝命した。光栄ではあるが、Ehre verpflichtet であり、責任の重大さを痛感する。三十余年の教員生活、学究生活、講義は大過なくして来たつもりだし、また研究の方でも専門分野、殊に日本民法史では相当の寄与をしたと自負している。だが学校管理者、教育行政の中心者としての経験は皆無に近く、その方面の能力についても自分で自分に大きい疑問を持っており、進んで大役を引受けるのは学校のために大きいマイナスとなり、自分自身にとっては晩年を傷つける不幸になりはしないかと内心大いに危惧を感ぜざるを得ない。だが、至誠と善意をつくして事に当れば道は自づと開けぬこともないだろうし、同僚諸君や学生諸君の支持も得られて、抱負の万分の一も実現し得ないこともないだろうと自惚れて敢て御引受けした次第である。

大学の主目的は研究の強化、教育の充実、そして育成した人物をして各各その所を得しむること、この三点にある。もとより、地方の渺たる一私立大学であり、理想実現にはかぎりない経済上その他の困難がともなうであろうが、何とか障碍を克服して目的実現に進みたい。先生方のためには研究所、研究室、図書館など研究環境の改善、学生諸君のためには快適な受講、豊かな学生生活を楽しむことができるよう諸施設の充実、或いは就職指導体制の拡充などなすべきことは徒らに多い。また先生方にも御願いして基本的な問題一般的な問題の研究の外、余暇あらば地方経済産業へも手をのばして地域社会へ充分奉仕して頂きたい。これも地方大学の大切な使命のひとつであろう。

学生諸君は益々勉強して貫はねばならない。学者が学んだ人でなく学びつつある者であり、本学の諸先生がヒタスラ教育と研究に専念されていられるように、また学生諸君も学ぶべき者として先ず勉学に主力を尽くして頂きたいと思う。企図さるる教育環境の改善も諸君が徒らに若さをエンジョイするにとどまって肝心の勉学をおこたれば全く無意味なものと化し去ってしまうだろう。第一義的義務として諸君にまず、一層の勉学を要請する。

次に学生徳育の目標として、改めて伝統の三実主義を諸君とともに再認識したいと思う。校歌にもうたわれる三実であるが、最近の学生には案外その真精神をよく知らないものが多いらしく、きざな表現であるが学園の行く手を照らすこの炬火も今や忘却の彼方に薄れ去ろうとしていると感じられる。だがこの平凡な三実のスローガンこそは永く学園精神生活の支柱となるべき不滅の実践道徳的原理ではないだろうか。初代高商校長加藤彰廉先生によって創唱され、三代田中校長になって一段とその尊重さるべき所以がベートネンされた、この真実、忠実、実用の三実原則は少なくとも近年にいたるまで学園人の心の糧となって、多数の人材を輩出する因素となった。真実とは常に真理を追究して心中確固たる信念を把持すること、また忠実は人と交って、終生節操を忘れないことであり、また実用とは自己職域を通じて国家社会に奉仕する有能な人材となることである。わが学園出身者の多くが一般に、信念固き人間、信用のおける人間、有能な人間として社会各方面で評価され信頼されているのは三十年の風雪に耐へ生命を保て来たこの三実精神という生活指標の薫化によるものと大言して敢て過言ではないだろう。

私はいま改めて、諸君とともにこの三実原理を再吟味し再認識して、向後の学園人の守るべき第一道徳原理とすることを提唱したいと思うのである。

なほ就任に当り卑俗平凡なことかもしれないが、以上の外に諸君に要請したいことがある。先ず学園ルールの尊重である。学園の諸法則は学園の存立発展のために存在するものであり、存立発展と矛盾するようになれば、それ慎重な方法で改変されるであろう。ルールがルールとして現存する限り学園生活に役立つものとしてよく遵守して頂きたい。遵法なくして団体生活は不可能であり、学園の秩序、平和そして発展は望むべくもない。

次に人に接して礼節を忘れないで欲しい。いかに三実の道徳に徹し、信念固く信用ある有能の材となり得ても、人に接して礼節を忘れてはよき社会人とはいい得ないであろう。人間尊重はデモクラシーの真精神であり、しかも礼節というノルムは人間性尊重の謙虚な一表現形式である。願はくば法則（ママ）を遵守し秩序を守ると共に礼節をわきまへた人間となる素地をこの学園生活の内に培って頂きたいものである」(2)

この就任の辞について、少しコメントしておきたい。

第一に、星野通学長は学者として大学の使命を十二分に認識しており、教員の研究環境条件の改善、学生の教育条件の改善を抱負として述べ、教員には研究とともに地域貢献を、学生にはひたすら勉強するように諭している。ここには星野通の願いがにじみ出ている。

第二に、校訓「三実主義」について。加藤彰廉が創唱し、田中忠夫が明文化した「三実主義」は戦後は久しく忘られていたが、その再興を唱え、学園人の守るべき道徳原理としてあらためて宣言していることである。その際、加藤校長は実用→忠実→真実の順であったが、田中校長が真実→実用→忠実の順に変更し、さらに、星野通が真実→忠実→実用に変えていることである。星野学長はその理由を示していないが、学校教育法第五二条の「大学は、学術の中心として、広く知識を授けるとともに、深く専門の学芸を教授研究し、知的、道徳的及び応用的能力を展開させることを目的とする」との文言が頭の中にあったのではないかと推測される。

第三に、星野通は学生にルールの尊重、秩序を守り、礼節を守ることを求めていることである。これは恐らく、当時の学生運動に対する警告の意味であろうと推測する。ここにも星野通の考え方がにじみ出ている。

四月一日、教員人事で、前年研究員で採用された星野陽を講師に採用した。また、岩国守男(3)を助手に採用した。

四月一日、「松山商科大学名誉教授規程」が制定され、伊藤秀夫前学長に名誉教授の称号が授与された。名誉教授第一号であった。

なお、名誉教授規程は次の通りである。

「第一条　松山商科大学名誉教授（以下名誉教授という）の称号はこの規程の定めるところにより松山商科大学が授与する。
第二条　名誉教授の称号は本学学長または専任かつ常勤の教授が退職した者で次の各号の一に該当する場合に選考の上授与する。一、本学学長または専任かつ常勤の教授として二十年以上勤続し、教育上又は学術上特に功績のあった者。二、勤続年数前号に達しないが教育上又は学術上の功績が特に顕著であった者。
(二) 本学専任かつ常勤の助教授又は講師としての勤続年数はその二分の一を前項の勤続年数に算入する。
(三) 旧松山高等商業学校及び松山経済専門学校の校長又は専任かつ常勤の教授としての勤続年数は、その二分の一を、助教授としての勤続年数は、その三分の一を、講師としての勤続年数はその四分の一を第一項第一号または第二号の勤続年数に算入する。(四) 松山商科大学短期大学部の専任かつ常勤の教授としての勤続年数を、助教授または講師としての勤続年数はその二分の一を第一項第一号または第二号の勤続年数に算入する。
第三条　名誉教授の称号を授与された者その栄誉を汚す行為のあったときはその称号を剥奪することができる。

第四条　名誉教授の称号の授与または剥奪は学部教授会の議をへて合同教授会に諮らなければならない」(4)

五月一日、星野新学長はそれまでの校務体制を変更した。事務局長を事務職員とし、事務局長には木村真一郎が就任した（一九五七年五月一日～一九七三年三月三一日）。なお木村は前年の一九五六年六月一〇日から事務局長補佐になっていた。また、教務課を教務部に、学生課を学生部に変更した。教務部はそれまでの太田明二課長に代わって、菊池金二郎が新教務部長に就任した（一九五七年五月一日～一九六一年四月九日）。学生部はそれまでの大野武之助課長に代わって、八木亀太郎が新学生部長に就任した（一九五七年五月一日～一九六一年一月三一日）。また、新図書館長は山下宇一が就任した（一九五七年五月一日～一九六一年四月二日）。学校法人面では、大鳥居蕃が理事を続け（一九四七年九月二三日～一九六三年四月二八日）、また、新しく増岡喜義が新理事に就任し（一九五七年四月一日～一九六八年一二月三一日）、星野理事長を支えることになった(5)。

五月、星野通がメンバーの一員として執筆した、中川善之助・青山道夫・玉城肇・兼子一・川島武宜責任編集の『家族問題と家族法』第二巻が発刊された。そこで、星野通は「民法制定以後の婚姻法」を執筆した。その大要は次のごとくである。

「一、序説

明治二三年の民法法典はヨーロッパ的家族的性格の法典であるとの理由で国粋主義者・反動者のはげしい反感を買ってにぎりつぶされ、明治三一年にいたって旧慣尊重をスローガンとする家父長的家族制度的身分法が出現し、終戦までの日本人の身分生活を支配した。しかし、この未実施法典が明治三一年民法の重要母法の一つとして同法典成立に大きな影響を与え、同法典を吸収伝承して成立した。したがって、明治三一年民法身分法における婚姻法も二三年法典と比較法学的検討をなして、その性格の全貌が浮き彫りにされて来る。

二、明治二三年民法婚姻法の近代性と民法典論争

［川東注：ここは、星野通の従来の論旨と同じ故、略す］

三、明治三一年民法身分法において明治二三年法婚姻法はどのように変化したか？

伝統精神と調和しつつ近代精神の優越性を志向した明治二三年民法婚姻法は三一年法において次の諸点において半封建的家族制度的婚姻法と化し、女卑的性格を強化した。

（a）明治二三年法では人事編の冒頭に婚姻規定をおき、「戸主と家族」を末尾においたが、三一年法は一擲し、親族編首部近くに「戸主と家族」の章をおき、次に婚姻規定を配し、婚姻も「家」の制度維持に奉仕する制度とした。

（b）明治二三年民法では配偶者は親子関係を生み出す特殊な身分関係としたが、三一年法は夫婦を血族姻族と共に親族とし、非合理非近代性をあえてしている。

（c）明治二三年民法では血族と姻族とは相互に対立的身分関係としたが、三一年法は伝統親族観念尊重の立場から親族とした。昭和法もまたこの非合理非近代制度を伝承し、日本人の頭よりこの観念を払拭するのは相当難しい。

（d）明治二三年民法では戸主の配偶者を第一次構成メンバーとしたが、三一年法は戸主の親族が第一次メンバーとされ、配偶者は寧ろ第二次メンバーとされ、前近代性の一例である。

（e）明治二三年民法でも妻の能力は制限されていたが、明治三一年法では妻を未成年、禁治産者などと同一において無能力者としている。

（f）明治二三年民法では推定家督相続人の婚姻による去家を禁じなかったが、三一年法は去家を禁じる身分拘束をあえてした。

（g）明治二三年民法では未成年婚、重婚、相姦婚の取消訴求権者に戸主を加えなかったが、三一年法は戸主

を加えた。

（h）明治二三年民法では家族たる男子が戸主無許可婚姻をなせば自動的に一家を新立するが、三一年法では離籍、家団追放とした。

（i）明治二三年民法では入夫婚姻が行われた時も女戸主は戸主の身分を失わなかったが、三一年法では入夫が戸主となった。

（j）明治二三年民法では親権者たる母が未成年者に対し一定重要行為をなし得たが、三一年法では親族会の同意を必要とした。これも女卑思想への逆行の一例である。

以上、明治三一年法の婚姻制度は二三年法に比しその家父長制度的制約が一段と強化され、伝統の女卑思想が濃厚となった。

四、明治三一年民法婚姻法の内容

明治三一年民法は強度の家父長家族制度制約を受け、男尊女卑が濃厚であり、その封建制は随所ににじみ出ている。

たとえば、夫婦の同居、婚姻は戸主の同意を必要とすること、入夫婚姻、婿養子縁組など特殊な婚姻形態、入夫婚姻により戸主の地位に変更が生じること、妻の相続の不利、妻が意思能力不完全者と同列におかれたこと、妻の姦通は離婚の原因となるが夫の姦通はならなかったこと、子に対する親の親権が母のそれに優先したこと、等々。

五、内縁関係法と判例法

大正四年一月の大審院が内縁関係の不当破棄を婚姻予約の不履行として損害賠償を命じて以来、内縁関係を保護している。内縁関係は事実婚と見るべきで、不当破棄者の責任を問う判例の出現をみたことは喜ぶべきことである。

六、親族法改正要綱

大正八年政府は臨時法制審議会を設置し、現行民法中淳風美俗に沿わないものがあるのでその改正を要請したが、結果は政府の意図に反し、進歩派の意見が制勝し、両性平等原理に一歩前進するもので答申がなされたが、司法省民法改正調査委員会で条文の起草がはじまったが、完成に至らず、流産した」(6)

この星野論文について、一言述べると、明治二三年民法に比し、明治三一年民法がいかに家父長的で、男尊女卑であったかを強調している。星野はダイヤモンド社の著書では明治三一年民法も近代性と封建性の妥協・調和、二元性論を指摘していたが、ここでは完全に封建性論の強調（逆に二三年民法の近代性論の強調）に転じている。中村・手塚との論争の結果であろう。

一九五七年一二月、星野理事長は経費増のため、授業料・入学金の値上げを決めた。一九五八年度より年間二万円の授業料を二万四〇〇〇円に、入学金も六〇〇〇円から八〇〇〇円に上げることにした。なお、維持費は六〇〇〇円のままで変更ない(7)。

一九五八（昭和三三）年一月、新年を迎えて星野学長は今年の抱負を次のように述べている。

「就任二年目を迎へて学園発展のため一段と張り切りたいと考えている。威張ること、勿体ぶることの嫌いな男である。一切の虚飾を排し、生地の人間一匹で同僚諸君にも接して行く年来の気持に些かの変りもないが、ますます加藤先生以来の実学精神を昂揚して信念の固い、有能な、しかも人に信頼される商大マン養成に専念するとともに、のびのびと研究し、日々をたのしみつつ、住み易い学園社会をつくるよう一層微力をつくしたいと考へている。学生就職は学生諸君にとっても、学園にとっても大きい問題であるが、幸いにも三十二年度は財界不況より来る不安を裏切って寧ろよき結果を得、就職希望の学生は中央に地方に、その大半が適当な働きの場を確保することができた。学生諸君の努力の結果でもあるし、或は古い伝統がものを言ひ、教員の一致協力が結実したのであるが、不況が予想される今年も挙学一致の体制でこの難関克服に努力したいと思う。いくら有能な人材を養成しても働く場を国家社会への奉仕の場をあたへることができなければ、教育の目的はなかばうすれてしまうだろう。三十年の伝統と信用にもの云はせ、全学一致の体制で難関突破に努力したいと考へているが、学生諸君も一層勉学に励んで貫ひたいものである。

併置される夜間短大も地方勤労青年諸君のため勉学の場となって地域社会のため大きく御役にたっていると自負しているが、益々その内容を充実して皆さんの御期待に沿いたいと思うている。

設営の方面であるが、大学開設十年記念を来年に控へて今年こそは関係者諸氏の同意と協力を得て近代的な新大学図書館の建築に着手したいと考へている。蔵書数は年々増加し、僅か六万冊、七万冊程度しか収容し得ない現在設備では収容力は殆ど限界点に達している。何とかして新館を得て教員学生の皆さんのため研学の利便をはかりたいものである。図書館こそは大学の真価値を決定する重要なバロメーターと云へるだろう。また学生の利用度の高い加藤会館も大きく整備してできるだけ快適なものたらしめたい。教授陣充実とともに、研究施設、福利厚生施設の完備相まって学園ははじめて研究を楽しみ生活を楽しみうるよき社会となるのである。

以上、新しい年を迎へるに当たって学校管理者として抱負の一端をのべてみた。要は物心両方面における学園の充実にあるのであるが、かかる難しい仕事は、到底個人、独力などではなしうるものでない。全学の皆さんの一致協力を御願いいして止まないのである」(8)

このように、星野通学長・理事長は図書館の新築、加藤会館の整備を宣言した。

一九五八(昭和三三)年一月二六日、高橋始(号一洵)が急逝した。享年五九歳であった。高橋先生は一九二五年早稲田大学を卒業し、一九二六年松山高商教授となり、フランス語等を担当し、一九四九年松山商科大学発足とともに講師として政治学を担当、一九五四年には助教授になられた。先生は仏文学、仏教の研究家として知られ、俳人として故種田山頭火や井水泉とも深い交遊関係があった。高い教養、逸話の多い人として知られ、政治学の講義は哲学的色彩を持った名講義として学生間に定評があった(9)。

星野通学長が「高橋君を憶う」の一文を『松山高商新聞』第七九号(一九五八年二月一五日)に載せている。その大要は次の通りである。

「三十余年の知友を失って寂寥にたえない。君の巧みな話術は常に多くの学生を魅了し、人と成りは極めて温和円満、逸話と奇行にとんだ飄々たる風格、溢れ出る機智はよく私達を爆笑させたものである。仏教に親しみ、自由俳律をよくして山頭火などとも親交があった。同君が私のために書いてくれた『巡礼の後より暮れて行く』は今なお私の書斎をかざっている。旧い話だが、戦中、戦後の物の乏しい時期、同君や伊藤秀夫先生、住谷悦治博士、木場深定氏に小生も加わって長建寺の離れでよく豆腐をつついて竹賢人気取りで放談に熱をあげたことがあった。突然の訃報に接し、ただよき仏教者だった君が御仏になってあの世の幸せを受けられんことを祈るのみ」(10)

なお、松山市御幸一丁目二八一の長建寺(浄土宗)の境内には、高橋一洵の石碑、句碑がある。

一九五八年二月、「学科成績考査規程」が設けられた。その大要は、①学科成績は優、良、可、不可とし、優は八〇点以上、良は六〇点以上、可は五〇点以上、不可は五〇点未満とする、②不正行為をした者は停学とする、当該年度間に得た成績は無効とする、③最終年度の試験につき已むを得ない理由により受験できなかった者に追試験を行ないその成績は原点の八掛けとする、④卒業時、八単位以内の単位不足のため卒業資格をえることのできない者に対し再試験を行なう、等であった(11)。

本年度の就職状況は好景気のため、好成績で、希望者の九〇%程度が就職先が決まっている[12]。一九五八年三月二五日に第七回卒業式が挙行され、三〇八名が卒業した[13]。星野学長の式辞は次の通りである。

「本日は来賓各位、卒業生父兄多数の御来臨を得まして簡素ではありますが、厳粛な卒業の式典を挙行することができましたことは本学の大きい喜びとする処であります。

商経学部第七回卒業生諸君、並びに短期大学部第五回卒業生諸君！

諸君は多年の蛍雪の功なって、本日を以てわが松山商科大学を去り、実社会に身を挺せんとしているのでありあます。青春の夢を育んでくれた学舎に対するノスタルジア、身を投ぜんとする未知の世界への希望と不安‼ 諸君は心中を去来する幾多の感情に無量の思をこめ乍ら、わが学園を去って行くことでせう。

さて、日本の国連加盟、日ソ国交の回復、日支文化交流、近くは日支貿易協定の成立などようやく平和はよみがへって参りましたが、なお東西両陣営の対立は深刻であり、恰も春は近きにあり乍ら四方の連山にはまだ斑雪が残るやうに、現実の社会は明暗交錯、希望の光のかげには苦悩と不安が錯綜して、諸君向後の人生航路は必ずしも波静かではないやうであります。だが私は今更、ここにくどくどしく国内外の状勢を分析し、時局に処する心構えを諸君に説いたりしやうとは思いません。蓋し諸君は多年本学に学んで、商業経済その他人間に関する基本的学問を身につけ、しかも三十年の風雪に耐へ来った伝統の三実精神に培われ、不知の内に真理に対し、また人に対し用に対し常にまこと以て貫きうる徳性を養ひ得た筈であるからであります。諸君は常に真理を愛し、真理をおそれ、真理のためには敢然として虚偽と戦いうるだろうことを私は確信いたします。蓋し三実の一つ真実は真理に対する忠誠を意味するからであります。次に、諸君は自ら体得した学識、自ら培養した創造性を実用化し、社会のため、これを有益に実践するだろうことを私は期待する。三実の一つ実用は自己の学識才能の社会への奉仕的実践を意味するからであります。第三に諸君が人と交って如何なるときにも表裏なく終生節操をかへないだろうことを私は確信する。蓋し三実の一つ忠実は人間関係における不変のまことを意味するからであります。

かくて伝統の商大学風下、人間或は学問的形成を遂げた諸君に対しては今更向後の処世の道など説く必要もないと思はれるものでありますが、諸君は未だ人生経験必ずしも豊かではなく、しかも年齢的に充分の成熟もしていませず、巨大な現実の怒濤に出あっては心はげしくよろめいて身の居就に迷うこともあらうと思われますので、或は若い諸君の生活指標の一つともなるだろうと思われることを少しばかり申し述べて諸君を送るはなむけの言葉といたしたいと思うのであります。

甚だ突飛であり、また平凡きはまる提言ではありますが、ビジネスの余暇、諸君にできるかぎりスポーツに親しみ、またスポーツ観戦を通して、スポーツマン精神を体得していただきたいと思ふのであります。

過去十数年前、学園ラグビー部顧問をしていた関係上、私は特にラグビーゲームをみることが好きであり、また生気溌剌とした若いラガーマンにこの上なく心ひかれていきましたが、いつもながら心うたれるのは崇高なラグビー精神でありました。勿論アラユルスポーツについても、これは共通のことですが、ラグビー精神こそは人間徳性の基本的な在り方を示すものだと思われてならないのであります。

ラグビー競技においてはまず第一に要請されるのは火のような不撓の斗志であります。

不屈の斗志こそは逞しい体力と相俟って輝しい勝利をもたらすであろう。即ち石にかじりついても勝つという、火焔のやうな斗志があってこそ、はじめてラグビーは勝利に恵まれるものでありますが、人生の戦また同様でありまして、不屈不撓の敢斗精神があってはじめて光栄の勝利はもたらされるものであります。

第二にラグビーが要請するものは高貴な自己犠牲の精神であります。ラグビーでは一つのボールを活かし、またチームの戦力を活かすためには己を殺す自己犠牲の精神が常に必要であり、利己的功名心をおさへ己が縁の下の力になることによってのみ、球は生き、チームは生きて輝しい勝利は生れて来るのであります。そしてかく戦て、もしや敗れ去ったとしても、なほ己を殺し全体を生かそうとした点において、それは美しい自己犠牲精神の発露であって、敗れて悔なき光栄の一戦であったといはねばなりません。人生の戦またこれと同じではないでせうか？

第三は自己犠牲より生れる一致協力の団結心であります。個々の力を結集することにより偉大なる実力を発揮しうることは毛利元就の矢の哲学を待つまでもなく、自明の理であります。真の勝利は不撓の斗志、自己犠牲の精神、それに強固な団結心が結びついて生れて来るものといはねばなりません。人生の戦も又同様でありまして先輩後輩知友互に相和し、水も漏らさぬ『スクラム』を組むことによって、個人独力にては到底克服しがたい多くの困難は除かれ偉大な仕事はなし遂げられて、輝しい成功への道は拓けて来るのであります。

最後に特に強調すべきはラグビーゲームはその運びが一切審判員の判定に委ねられレフエリーの判断と宣言のみがゲームの帰趨を決するということであります。そして、もし審判に過誤があったとしても、ラガーは常に大きい寛容の心を以て無言且つ無条件にこれを許し、これに従はねばならないということであります。一たび両チームより信頼され審判となった人に対しては、カリに、その人に誤審があったとしても寛容を以てこれを許すことはスポーツマンライクであり、審判も全能の神でなく、ただ人間に過ぎないのであるからときに誤審また止むを得ないものとして抗議せず、審判員瞬間の判断は絶対的に尊重され、黙々としてゲームは続行される。即ち人を信頼して、ことを託する以上、その人のかりそめの過誤は決してとがめないことがラグビー競技の真骨頂でありますが、かかる寛容の精神こそは棘多く冷戦きはまる人生を生き抜いて行くわれわれにとっては不可欠の美徳であるといへませう。

それについても、ここに想起される心あたたまる一つのラグビーの秘話があるのであります。一九〇五年、先頃まで日本に来朝していたニュージランドラグビーチームオールブラックスが英本土へ遠征したことがありましたが、三十一度の試合の内ただ一度ウエールルズ一戦にのみ惜しいことに六対三で敗れました。その後、欧州大戦が始まり、曾てのニュージランド遠征軍の一選手が或る戦場にて重傷を負ひ、まさに死にひんしたとき、彼は往年の対ウエールズ戦において敵にうばはれた一ツのトライは、実は本当のトライではなく、ウエールズ選手がボールに手をつける前に、すでに自分が手をつけたのだが、審判がそれを見落としたのだということを噂話の如く戦友にもらして息を引きとったということであります。すなわち彼は審判の過誤を許して死の寸前まで誰にもこの事実を告げなかったのであります。

たはいも無い話と言へば、或はそれまでのことかも知れませんが、一たび人を信じて事を託する以上、神ならぬその人の過誤に対しては大きい寛容の心を以て敢て、それをとがめないということこそラグビー精神の真髄であり、この一挿話こそはそのよきラグビー精神を物語る例の一つといへませう。

私は以上くどくどしくラグビー精神について説いて参りました。諸君は今後おのおの社会の各分野に出て人生を生きて行くことでせう。だが、はげしいビジネスの余暇には常に適度のレクリエーションが必要であり、諸君は読書に、散策に、映画見物、演劇そして古社寺巡礼などに心身の疲労をほぐして明日の労働力再生産に備へられることと思ひますが、時に適度のスポーツに親しみ、またラグビー、野球、テニス、ゴルフ等何でもよし、スポーツ観戦に時を忘れることもよきレクリエーョンではないでせうか？　単にラグビー観戦のみでない、青空の下で、あらゆるスポーツをやり、また観戦することは単に心身を爽快にすることだけではなく、不知の間に高いスポーツ精神にふれ、或はこれを体得することとなって、諸君向後の人間形成に大きく役立つことでありませう。私は昨年の卒業生には心と言葉の不一致の背徳性を説き、言行一致の率直さ、正直さが人生において必要であることを強調いたしました。今年は諸君にラグビー精神を強調することによって諸君の日常生活の各面にスポーツマンシップを浸透させることの必要なる所以を説いたのであります。

諸君!!　諸君の人生の門出は現在に迫りました。願はくは地方大学出身者にあり勝ちの卑屈なインフイリオリティコンプレックスに陥ることなく、力強き自信と堂々たるスポーツマンスピリットを以て人生に巣立って行かれんことを。最後に諸君が健康で長命されんことを祈り、また経済的事情の許すかぎり、一日も早く健康、聡明でみ美はしき佳人を得られてよき家庭生活にいられんことを祈る。よき家庭こそは人生の大オアシスであり、また人間社会生活における活動力の源泉となるだろう、からであります」[14]

三月三一日、田中忠夫教授が退職した。この時、六〇歳。愛光学園の校長に専念するためであった。

（2）一九五八（昭和三三）年度

本年度の校務は、事務局長は木村真一郎が、教務部長は菊池金二郎が、学生部長は八木亀太郎が引き続き務め、星野学長を補佐した。また、図書館長は山下宇一が務めた。学校法人面では、大鳥居蕃と増岡喜義が引き続き理事を務め、星野理事長を支えた。

一九五八年度の入試は三月一一、一二日、本学、京大吉田分校、九州大教養部の三ヶ所において行なわれ、募集人員は二五〇名（経済、経営学科各一二五名）で、志願者は七一九名（昨年は八〇六名）、受験者は六九八名（女子三名）であった。三月一七日に三〇一名の合格発表がなされた。競争倍率二・四倍であった。経済学科は二〇五名、経営学科は九六名であった。県内外別では、県内が五五％、県外が四五％で、昨年より県内が五％程減少した[15]。

四月一日、大学は退職した田中忠夫教授に名誉教授の称号を授与した。伊藤秀夫教授につぐ二人目であった。

また、本年度の昇格人事として、星野学長は岩国守男（一九五七年四月に助手に採用）を労務管理の担当の講師に、安井修二（一九五六年四月に助手補に採用）を助手に昇格させた[16]。

四月一日、「学校法人松山商科大学就業規則」が施行された。職員とは常勤の教育職員、事務職員をいい、職員は職務に忠実であり、その部署について責任を負い、職制に定められた所属長の指示命令に従い、その職務を遂行することが規定された[17]。

また、四月一日、履修要領の改正を行い「学科履修規程」が制定された。その結果、準学年制の採用、必修科目の増加、選択必修科目の設定、最低総単位数の増加（要卒単位が一四〇単位から一五〇単位に増大）がなされた(18)。

さらにまた、四月「学校法人松山商科大学外国留学規程」と「内地留学規程」を制定した(19)。

四月一一日、午前一〇時より本学講堂にて新入生三三〇名、三年編入七名を迎えて入学式が行なわれた（新入生が増えているのは補欠合格のためだろう）。星野学長の入学の式辞は次の通りである。

「諸君は、只今諸君の代表者が宣誓書に署名されたことによりまさしく、松山商科大学の学生たる身分を取得されました。

ここに、諸君の永年の御努力に対し敬意を表し、あらためて祝意を述べると共に、まず、諸君が四年間の学生生活を送らんとする我が松山商科大学の歴史、性格などについて簡単に紹介したいと思います。

本学は、大正十二年松山高等商業学校として、当地出身、大阪在住の有名なる財界人新田長次郎翁によって設立されたものであり、初代校長は、大阪高商校長として令名をはせた加藤彰廉先生でありました。加藤先生はわが国教育界の最長老の一人で、その人格から来る質実、堅実な経営方針は本学百年発展の基礎を築いたのであります。そして非凡なる経営手腕の持主、次の田中忠夫校長の代になって、本学は飛躍的発展を遂げ、志願者も年々増加し、多い時には、実に四八〇〇名もの学生が入学を争ったこともありました。以後、規模、内容が逐次大をなし、学生数も増し、東の大倉高商＝現東京経済大と共に、官学高商に勝るとも劣らない私立高商の雄と謳われたものです。

昭和十九年には学制改革により松山経済専門学校と改称されましたが、これは特に戦時中商業というものの営利企業的性格が軽視されたためでした。

そして、終戦後、昭和二十四年の画期的な学制改革により、新制松山商科大学として発足したものであります。

爾後、大学として卒業生を送り出すこと七回、高商・経専時代も合せますと約六千名もの卒業生が、中央に地方に、各々所を得て、指導者として或いは中堅として活躍しております。

さて、次に本学の建学の精神、目的、使命は、学則第一条にあるように『商業経済を中心とする諸科学の綜合的研究及び教授を行うことを目的とし、学識深く教養高き人材を養成して広く経済文化の発展に寄与する』ことであります。

そして本学には、初代加藤校長により提唱され、田中校長により強調された人間形成に関する校訓として『三実主義』があります。すなわち、『真実・忠実・実用』の三実であります。

『真実』とは真理に対する忠誠であり、常に旺盛なる科学的精神を持って、真理を愛し、真理をおそれ、真理のためには敢然として虚偽と闘うことであります。

次に『忠実』とは人間関係に於て、まことを貫き、如何なる時にも表裏なく終生節操を変えないことです。

更に『実用』とは、諸君が自ら体得した学識、自ら培養した創造性を実用化し、社会のためこれを有益に実践することであります。

すなわち、本学では信念の固い、有能な、人に信頼される商大マンを養成したいのです。この点を諸君はよく認識されて、学生生活を送って頂きたい。

学生とは学ぶものである。諸君には、まず学問第一主義で生活されるよう強く望みます。勿論、諸君の若さ、青年らしさを抑へようというのではありません。学業のかたわら文化活動に、或は運動クラブでの活動に大いに打ち興じ励み、学生たる身分を忘れない範囲で、花も実もある充実した学生生活を送って、学識豊かな、しかも情操のあふれる商大マンになって頂きたいものであります。そしてまた諸君は、学内の経済研究所、附属図書館、消費生活協同組合、学友会などの諸設備、諸機関を充分に活用して頂きたい。経済研究所は教授、学生の研究を助け、その成果を世に発表するところであり、『松山商大論集』その他の書物も刊行しております。附属図書館は現在蔵書数は約六万冊、内外の基本的図書は殆ど揃っています。また、消費生活協同組合は最近法人格を得たきわめて組織化されたもので、学生諸君の福利厚生に非常に役立っています。

要するに、学生は学ぶものであります。まず学問第一主義を貫き、その余暇にはレクレーションにも通じ、充実した学生生活を送ってもらいたいということ、これが諸君に対する私の最大の希望であることを繰返し申上げたいと思います（要旨）」[20]

この式辞について、少しコメントしておこう。「学問第一主義を貫け」とは星野学長らしい式辞である。そして、校訓「三実主義」（真実・忠実・実用）の簡明な定義・説明も要を得ており、さすがと評価できよう。ここでは、加藤彰廉校長の忠君報国の戦前「三実主義」、田中忠夫校長の「挺身職域奉公」の戦時「三実主義」から解放されており、戦後「三実主義」と言い得よう。

本年は創立三五周年を迎える、また来年は大学開設一〇周年を迎える。そこで、星野学長・理事長は新図書館と新食堂の建設を決めた。新図書館は現在の図書館が手狭になったので本館前の東の空地（テニスコート）に新築するもので、敷地二〇〇坪、鉄筋コンクリート二〜三階建の建物である。新食堂は現在の有師寮の西側の田に木造平屋建て七〇、八〇坪の予定である[21]。

一九五九（昭和三四）年一月二七日、『松山商大新聞』の編集子が御幸町四一番地の学長の自宅を訪問して、新年のインタビューをしている。その大要は次の通りである。

「一、今年の抱負について。学長である私は三つの立場がある。一つは教育機関の使命を達成すべき教育行政、二つは教授として講義を続けたい、三つは研究者の立場から全集を二つ出したい。この三つを矛盾無く調和させていきたい。

一、講義について。今の所やめる意思はありません。できる限り続けて行きたい。

一、開学一〇周年、専門学校三六周年について。記念事業の一環として図書館の建設が最大であろう。総工費二三〇〇〜二四〇〇万円、完成は六月、単科大学では中・四国では随一のものとなろう。そのほか五月に社会経済史学会大会を本学で開き、また、大学開設一〇周年記念論集を敢行する予定です。

一、社会経済史学会について。毎年中央、地方で交互に開催されており、今年は五月二三、二四日の予定で、上田、太田、菊池、川崎君らによって計画が進められている。

一、記念式典について。学校当局はやるまいと思っている。

一、加藤会館の今後について。最善の方法で学生の要望に応えたい。

一、学友会総務部について。学校全体を統轄指導するような人が委員になってほしい。

一、全学連について。行き過ぎは共産党でも指摘しているように、全学連の態度は行動的であり過ぎ好感は持てない。政治問題、社会問題を研究批判することは当然であるが、学生は学ぶもの、学ぶべきもの、学びつつあるものだから批判とか信念とかを直ちに行動に移して貫いたくない。しかし決して無関心であれというのではない。諸君は社会科学を学んでいるのだから、当然政治、社会問題も研究しなければならない。批判的であるのは大いに結構だが、学生の立場も自覚して実践して貫いたい。

一、学友会総務部とは別に自治会を望む声について。世間で云われている全学連的な組織であるとどうかと思う。学生の声がいかにして学校側に反映するのかが必要で、改めて自治会を作る必要はないと思う。むしろ現在の学友会をうんと調整できるのでないか。

一、就職に対する考えは。就職問題には全力を挙げて尽くすつもりです。教育のしっ放しで学生に職業を与えないことは教育本来の使命ではない。新年度になれば就職委員を再編成し、職場開拓には万全の努力を払うつもりです。

一、就職は一般に云われるほど悪くないようだが。三六年間に築いた六〇〇〇人の功績だ。また、ここで振りかざすわけでないが、三実精神の伝統が相当貢献しているのでないかと思う。三実主義の目的は心中かたい信念をもって人に信頼され、しかも国家社会に奉仕する有能なる人を作るところにあるのですから」[22]

三月二〇日、第八回卒業式が行われ、二八〇名が卒業した[23]。式辞は次の通りである。

「本日は来賓各位、卒業生御父兄多数の御来臨を得まして厳粛な卒業の式典を挙行いたすことが出来まして本学の大きい喜びとする処であります。

親愛なる商経学部第八回卒業生諸君。並びに短期大学部第六回卒業生諸君、諸君は多年蛍雪の功なって、本日をかぎり、我が学園を去って実社会に身を挺せんとしているのであります。古城石垣高き所四年、或は二年の夢を育んだ学窓生活への追憶と、展開せんとする未知の世界への憧憬と不安！諸君はこうした交錯する複雑な想念に無量の思いをこめ乍ら校門を去って行くことでしょう。

さて、諸君は平和な学園に商業経済その他に関する基礎学を修め、又伝統三十六年の三実精神に培はれ、学識豊かにして、而も心中確呼たる信念を持ち、人と交っては終生操を変へず、更に自己の学才を十二分に社会のために活用し得る有能な商大マンとなり得た筈である。いうなれば伝統の学風下、学問的、人間的形成を遂げた諸君には更にこの上多くのものを望む必要もないと考えられますが、未だ年齢若く人生的経験必ずしも充分でないだろう諸君の為に向後の一生活指標ともなるだらう言葉を一つはなむけとして送るも無益でないと思うのであります。

曾て私は慶應大学池田教授の或著書を読んで深い感銘を受けたことがあります。今その話の概要をかいつまんでお話いたし度いと思うのであります。それはイギリス人が自己の Privacy を固く守るとともに、よく他人のそれを尊重して相互の Peace of Mind 〝心の平静〟を乱さないということでありました。イギリス人の生活のある所、必ず心の平静を守るためのプライヴァシィがある。それはイギリス人永年の社会生活裡に生成した国民的慣習であり、彼らは日常生活に於いて心の平安を乱さない為に相互に生活の域を守り、互に相犯さないよう習慣づけられて居るということであります。例へば善良なイギリス市民は日曜日に朝の礼拝を済ましたあと、午後は概ね、家庭にあって静かな落ちついた気持で紅茶をすすり新聞雑誌に目を通し乍ら過すのが習はしである。その時突如として玄関のベルが鳴ることがある。訪問客があらはれたのである。主人はそのケタタマしいベルの音に驚かされ、心なき日曜日の訪問客を悪む。何故ならば折角の彼の日曜日の心の平静さは破られて終ふからである。その訪問客が誰であるか、またその用件が何であるかなどは無論問う処ではない。彼が得た折角の日曜日の安息、精神的平静を犠牲にしてまでウエルカムすべき人間は凡そ存在しない筈であるし、また魂の平静を犠牲にしてまで処理すべき用件は殆ど存在しないからである。この精神的平静を確保し、維持するものがイギリス人のプライヴァシィであります。独居或は私的生活の尊重とでも訳すべきでしょうか？　くわしく云へば精神的平静をかき乱す一切の外的障害より自己生活を守る為、他人と自己の間に緩衝地帯、空白地帯をつくるということがプライヴァシィである。例えば往来を通る人々の無作法な視線をさける為には彼等は窓にカーテンをかけ、或は無分別な日曜日訪問客をさける為に時としてドアに鍵をさえかけることがある。また彼等は相互に常識はづれの日時に無暗に他人の家庭を訪問しないと云う伝統的慣習を身につけ、それをエティケットとして尊重する。こうしたカーテン、鍵、或は慣習エティケットなど有形無形の事物事象がプライヴァシィを作ってイギリス人をして心の平静を保たしめる。よくイギリス人の家庭は自らの城であると云はれる言葉はこうした処から生れて来るのでありましょう。このプライヴァシィは単に自らの家庭に限ったものではない。学究なれば研究室にもあるでしょう。又車中にもあれば、往来途上にもありましょう。即ちイギリス人の在る処、必ずプライヴァシィは存在するのであって、彼らは故なくして自己の年齢を問はれたり、職業や行く先を問はれたりすることを好まない。無暗に子供の数を聞かれたり、御食事はすみましたかなどと聞かれたることを嫌悪する。そうして、こうした質問に対しては彼等は概ね蠣の如く沈黙するか、時には敢然としてMind your own business答へるのみである。これは無意味、不要な質問に対してのイギリス人の慣用句になった返事である。かくして家庭に、途上に彼等は城をつくって日常の精神の平静をかき乱されない様、魂の平安を乱されない様、彼等のプライヴァシィを守るのであるが、当然のこととして彼等は他人のプライヴァシィを尊重する。イギリス人にGive and takeと云う言葉があるが、この精神は本能的無意識的に彼等をして他人のプライヴァシィをも尊重せしむるのである。即ち他人の精神的平静を尊重する。謂はばプライヴァシィの尊重は彼等のモットーたるフェア・プレイ精神の自然的発露であって、彼等は如何なる時如何なる所においても、自己のプライヴァシィを主張するとともに、同時に他人のそれをよく尊重し相互に他人の生活の生活領域、他人の生活の城に入って魂の平静を乱そうとはしないのである。彼等の社会生活に於ける自由も他人の生活の城を犯さず他人の精神の平静、他人の活動力の源泉を尊重することを前提としてのみみとめられるであろう。

私自身極めて饒舌であり、無分別、無思慮であって自分のプライヴァシィを守ろうとせず、また往々にして心なき言動をなし慎むべき時に無作法な挙に出て、他人のプライヴァシィを犯し悔を残すことが極めて多い。多くの日本人も亦社会的訓練の不足の故か不用意に他人の生活の城を犯してその精神の平安を故なく乱して恬然としている。我々も生きている人間社会活動をしている人間であり、他人訪問の必要もあれば他人と多くを語らねばならないこともしばしばあろう。だが、人間精神の平安は常に新しい社会活動力の源泉である。我々はイギリス人に倣って出来るだけ相互のプライヴァシィを犯さず、相互の精神的平静をかき乱さない様にし度いものである。くり返していう。人間相互のプライヴァシィを尊重して無意味にこれを犯さない様慣習づけることこそ自由社会に活動する人間相互の活動力を尊重する立派な義務だと云うべきであろう。

諸君、私は一昨年の卒業生諸君に言行一致の必要性を説き、昨年の諸君にはスポーツマン精神、殊にラグビー精神の人生に欠くべからざる所以を説きました。本年は人間相互のプライヴァシィの尊重さるべき所以を説いて諸君へのはなむけの言葉をふさんとするものであります。

されば諸君!!。諸君の人生への門出のときは真近に迫って参りました。毎年くり返し謂ふことではあるが、どうぞ地方大学出身者にあり勝ちのインフィリオリティ・コンプレックスを持たず、我が商大を最上の母校として何人にも負けない自信を持ち、自由闊達な気持ちで人生に巣立つて行かれんことを祈ります。更に、最後に今一言、諸君が健康に留意の上長命され、また経済事情の許す限り、早くみめうるはしく気だてやさしい佳人を得てよき家庭つくられんことを祈る。よき家庭、健全な家庭こそは自らの生活、自らの魂の平安を守る城であり、つきぬ人生のオアシスであり、しかるが故に諸君明日の活動力の源泉となるだろうからであります」(24)

(3) 一九五九(昭和三四)年度

本年度の校務は、事務局長は事務職員の木村真一郎が務めた。教務部長は菊池金二郎、学生部長は八木亀太郎が引続き務め、星野学長を補佐した。また、図書館長は山下宇一が務めた。学校法人面では、大島居蕃と増岡喜義が理事を引き続き務め、星野理事長を支えた。

一九五九年度の入試は三月上旬に行なわれ、募集人員は二五〇名(経済、経営学科各一二五名)であった。

四月上旬、入学式が挙行され、三五四名が入学した。

本年度から授業料等のうち、授業料は二万四〇〇〇円で据え置きであったが、維持費を六〇〇〇円から七二〇〇円に、入学金を六〇〇〇円から八〇〇〇円に引き上げた。

四月、『松山商科大学職員定年規程』が制定された。職員の定年は教育職員満六五歳、事務職員男子満六二歳、女子五七歳とされた。教育職員については再雇用規程が設けられ、再雇用は三年以内とし、必要に応じて満七〇歳まで延長できる旨が定められた(25)。当時、二〇歳台及び三〇歳台の教授からなるジュピター会と称するグループがあったが、このグループから再雇用制度反対を申し込んだが、通らなかった(神森先生よりの聞き取り)。

一言、この定年規程についてコメントすれば、星野学長・理事長は民法が専門であり、男女平等の筈であるが、この男女差別についてはいかに思っていたのであろうか？

五月二三、二四日の両日、本学創立三五周年・大学昇格一〇周年を記念して、社会経済史学会全国大会が開催された。上田藤十郎教授らが中心となり世話した(26)。

八月、星野通は学長の身でありながら、中川善之助教授還暦記念号『家族法大系　第Ⅰ巻　家族法総論』（有斐閣）に「姻戚関係とその効果」を執筆し、その本が刊行された。その論文の大要は次の如くであった。

「一、はしがき

わが国の親族概念は血族・配偶者・姻族の三者の総括観念であるが、近代ヨーロッパでは血族と自己の配偶者の血族たる姻族が認められるだけである。以下、ヨーロッパ、日本の血族・姻族の意味を簡単にスケッチし、現行民法上の姻族の性格を明らかにし、姻族関係の効果について論じよう。

二、近代ヨーロッパ民法及びわが諸民法における親族と姻族の意味

近代ヨーロッパ民法では血族とそれに対立する姻族という夫婦各自の血縁関係を基盤とする身分の二つが法認されているだけである。

明治二三年民法もフランス民法を母法として、家父長的臭みのある親族概念をみとめないで、血族とこれに対立する姻族を法認した。

然るに、伝統的家制復活を目途として制定された明治三一年民法では、六親等の血族・配偶者・姻族の三者を含む総括観念として親族が法認された。

戦後の昭和二三年民法は家父長制を全面的に否認し、夫婦中心の婚姻家族制を樹立したが、なお親族観念に関する限り在来の封建的残滓は払拭しきれず、親族概念を温存した。それはアナクロニズムであり、わが民法

の後進性の一つである。

三、姻族の観念

姻族関係とは配偶者の一方と他方配偶者の血族との関係をいい、範囲は三親等内に限定される。

四、姻族関係の発生

婚姻の成立によって発生する。

五、姻族関係の消滅

離婚、婚姻の取消によって姻族関係は自動的に消滅する。配偶者の一方が死亡したとき姻族関係を終了せしむる意思表示をすることによって姻族関係は終了する。養子も離縁によって姻族関係は消滅する。

六、姻族関係の効果

心神喪失者の禁治産宣告権が四親等内の親族に与えられたこと、直系血族及び同居の親族は互いに扶け合わなければならないこと、直系親族間では婚姻をすることができないこと、不適齢婚、重婚、再婚禁止期間を守らない婚姻、近親婚の取消請求権がその親族にあたえられていること、父又は母が親権を濫用、不行跡である時は家裁判所は子の親族によって親権の喪失を宣告できること、等々」(27)

九月、本学創立三五周年・大学昇格一〇周年記念事業の一つとして進められていた新図書館が総工費二三〇〇万円をかけて完成した（本館の東側）。現在図書は五万七〇〇〇冊在庫しており、毎年三〇〇〇冊増えているが、新しい書庫の収容能力は一〇万冊であるので、今後一〇年間は間にあうことになる(28)。

一一月一四日午前一〇時半より講堂において新図書館の落成式と正門の設置が、学生、教職員、久松知事、愛大図書館長、工事関係者の出席により挙行された(29)。

一一月、星野学長は今後の施設拡充を推進させる学園長期計画委員会を設置した。委員会の構成は次の通りである。

大鳥居蕃を委員長とし、教育・研究分野の委員として古川洋三、山下宇一、菊池金二郎、八木亀太郎、太田明二、伊藤恒夫、元木淳、河野貫四郎の各氏、財政・経済分野の委員として増岡喜義、越智俊夫、井上幸一、神森智、木村事務局長、野間清茂の各氏とした(30)。

一九六〇（昭和三五）年一月、真部正規(31)を職員（事務）として採用した。

一九六〇年三月二一日、第九回卒業式が行なわれ、商経学部二五四名、短期大学部七七名が卒業した(32)。星野学長の式辞は次の通りである。

「本日は来賓各位、卒業生御父兄多数の御来臨を得まして簡素ではありますが、厳粛な卒業の式典を挙行することが出来ましたことは本学の大きい喜びとする処であります。

親愛なる商経学部第九回卒業生諸君、並びに短期大学部第七回卒業生諸君。諸君は多年の蛍雪の功なって本日を限り我が学園を去り、浪高き実社会に身を挺せんとしているのであります。四年或は二年、数々の甘美な夢を育んだ松山生活、商大生活に対する追想或は展開せんとする未知の世界への希望と不安、こうした錯綜する想念に諸君は千万無量の思いをこめ乍ら学園を去って行くことでありませう。

さて諸君！　生産技術のオートメ化、革期的な技術革新とともに産業界・経済界は新しい時代にふさわしい知識才幹を具備した管理スタッフを要求して止みませんが、この秋に際し我が学園を巣立つ諸君において経済経営など現代経済人に必要な新学理を習得され学界第一戦士たるにふさわしい学才を身につけているからであります。しかも諸君は明治、大正の精神であり、昭和の新人間形成精神ともいうべき古くして新しい学園三実精神の薫化を受け、すでにして不動の信念、不屈の批判的精神を身に体し、また人と交っては終生節操をかえざる誠実性を涵養するとともに、己が学才を社会の為、有益に実践し得る性能を養い得たからであります。されば諸君は伝統の学風下、職業人として知識人として、いはば完全人に近い人となり得たわけであり、今更諸君に多くのものを望む必要はないとも考へられるのでありますが、半面諸君は限られた社会に人となり、しかも年端未だ若く人生的経験も必ずしも充分でないとも思はれますので、諸君向後の人生コースにおける一指標ともなるだろう言葉をはなむけとして諸君の御参考に供したいと思ふのであります。

諸君、私は一昨々年の卒業生諸君には言行一致の必要な所以を説き、一昨年の諸君にはスポーツマン・シップことにラグビー精神の崇高性をときましたが、昨年の諸君には人間各自のプライヴァシィが人間魂の平安を維持して社会活動力の源泉となることを強調しました。今年の諸君には人生における読書の意義につき私見をのべて参考に供したいと思ふのであります。

諸君の大半は経済人として実社会に進んで行くことでありませう。また更に大学院に進んで学問の蘊奥を極はめる人もあるでせう。だが諸君は赴く人生路線のいかんを問はず、常に忘れてならないことは自己が職業人であるとともに、時代の文化のトレーガーであり、知識人であるということであります。されば読書こそは諸君にとり、瞬時もおろそかに出来ない、また切っても切れない宿命的な任務であると云ふことであります。曾て明治の詩人与謝野鉄幹は『友を選ばば書を読みて』とうたいましたが、忙中つとめて閑を得て良書を読み、広く知り深く考へることはよき職業人・知識人の崇高なる使命であります。

されば平凡なる提言ではありますが、諸君に終生休まず読書をつゞけていたゞきたいと思ふのであります。私は今更諸君に教師顔して何を読めなどと読書指導をする大それた気持ちは持合わせてはいません。またその様な能力も持合わせていません。蓋し思想の相違、職種の相違によりお互いに読まねばならない書物のジャンルはおのずから異なっているからであります。だが一つ諸君に提言したいことは専門書であれ、教養書であれ、すでにその世界で古典となっているもの、将来古典となるだらうものを熟読味読して頂き度いことであります。語義の詮索をする積もりではありませんが、古典という語は語源的にはエルストクラシッシ、即ち第一級と云ふ意味の様であります。専門書、教養書を問はず、現在氾濫しているおびただしい書物の中で如何なるものが将来古典として永く生命を維持して行くかということはその道の先輩同僚が教へてくれることでせうし、諸君の良識が判断せしめてもくれることでせう。又現在すでに古典として一般に定評のある良書は専門書たると、人間形成に関する教養書たるとを問はず、いづれも長い間の時代の風雪に耐え群書を凌いで残って来た万人折紙つきの第一級の書物であります。

亡くなった若き天才哲学者三木清氏は『読書と人生』という古い書物の中で『よき書古典書をくり返し読むことは平凡ではあるが、しかし思出す毎に身につまされる読書の倫理だ』と云っています。またくり返し読む愛読書を持たない人は思想も性格もない人だとも云っていますが、私は更に三木氏のこの言につけ加へて、〝この様な人は職業人としても真の意味ですぐれた専門を持たない人である〟と強調したいのです。

くりかへして申しますが、諸君！　諸君の進む人生路線の如何を問はず、職業人必須の専門書、人生勉強に必要な教養書、いづれも群書を凌ぐ第一級の書古典書を味読してすぐれた専門知識と一方また視野と生活の拡りを持ち、強い心棒の通った豊かな人物になって頂き度いのであります。さるにても思出されるのは英国の政治家エドワードグレイの言であります。グレイは人間幸福の条件として、自分の生活の基礎となる思想、よき友人、よき家庭の三つをあげています。伝統の学風下、商大生活においてすでに、諸君は良師に接し、良書に親しんで自己の思想を確立し、また心の琴線相ふれる終生の友を得て、おそらくは幸福の条件はおゝむね確立し得たことでせう。だが、人生は進歩発展してやまないものであります。願はくは益々良書に親しみ、良友益友との友情を深めるとともに、可及的に早くよき家庭を営んでグレイのいう、幸福の条件をさらに一層充実されんことを祈ってやみません。古語に、寝床につく時翌朝起きる事を楽しみにし得るものは幸福だというのがありますが、此の様な満ち足りた幸福感はまさに良き書を読み、益友と交り、よき家庭を営むなどグレイの三条件を満たし得る者にして始めて味はい得るものであるということを諸君は銘記すべきでありませう。

最後に諸君の母校は大学改組後十年を経、漸く発展期に入らんとしています。しかもこうした発展は学校卒業生二者一丸となって努力し、始めて実現し得るものであります。我々は勿論渾身の努力で大いに頑張る積もりでいますが、諸君もどうか商大を護るよきサムライとなって諸君のアルマメータ百年の発展の為力をつくされんことを祈って止みません」[33]

(4) 一九六〇(昭和三五)年度

本年度の校務は、事務局長は事務職員の木村真一郎が、教務部長は菊池金二郎が、学生部長は八木亀太郎が引き続き務め、星野学長を補佐した。また、図書館長は山下宇一が務めた。学校法人面では、大島居蕃と増岡喜義が理事を引き続き務め、また、一〇月からは八木亀太郎が理事に新しく就任し(一九六〇年一〇月三一日~一九七一年一二月三一日)、星野理事長を支えた。

本年度の入試は、三月一一日、本学、京都、岡山、広島、福岡の五会場で行なわれ、募集人員二五〇名に対し、志願者は一二四五名で史上最高であった[34]。

本年度から授業料、維持費は据え置いたが、入学金を八〇〇〇円から一万円に引き上げた。

教員人事面では、四月一日、江口順一[35]を助手に採用した(商法手形小切手担当)。

四月一一日、午前一〇時より本学講堂において第一〇回入学式が挙行された。入学者は四〇八名(うち女子三名)で経済学科が三〇九名、経営学科は九九名であった。前年の三五四名より五〇名以上の増加であった。新入生を代表して一色浩一郎(松山南高等学校)が宣誓した。

星野学長の式辞の大要は次のようである。

「本校は学識深く教養高き人材を養成し、経済文化の発展に寄与することを使命としている。諸君はその使命を達成するため、初代学長加藤彰廉氏以来の校訓である三実主義を身につけてもらいたい。三実とは忠実、真実、実用である。又私は入学にあたって諸君に次の事をお願いする。一つは学園協同体の中の一員としてその規則を守ることです。しかし私は君達の青春まで拘束しようと思わない。もう一つは諸君は学生であること、学びつつある者だと言う事を自覚して頂きたい。この意味において政治活動、学生運動などはつつしんでもらいたい」(36)

学長が式辞で政治活動、学生運動を慎むよう訓示するなど、少し異常である。その背景に安保条約反対の国民運動があり、それに本学学生達も参加していたことがあろう。

本年四月より、星野通学長・理事長は、前年制定の「内地留学規程」により星野陽講師を一年間東京大学への国内留学をさせた(37)。

五月一九日、岸内閣と自民党は衆議院に警官隊を導入し、新安保条約を成立させるため会期五〇日延長を強行採決した。

五月二〇日、午後五時より県庁前で安保阻止県民会議主催の抗議集会が開かれ、本学からも四〇余名が参加した後、デモに移った。デモ参加は本学では空前であった(38)。

五月二五日、午後二時半より弁論部主催・新聞学会後援の「新安保条約研究集会」が講堂にて開催された。約三〇〇名が参加し、盛況であった。講師は伊藤恒夫「安保改定と民主政治」、入江奨「安保改定の経済的背景」であった。午後五時からは国鉄前で松山地区の青年学生共闘会議主催の抗議集会が開かれ、本学の学生七〇名が参加し、注目を浴びた(39)。

六月、本学は伊予三島・川之江の経済・社会実態調査を始めた。この調査は前年一二月愛媛新聞社からの依頼を受けて、本学が四月調査団を結成して始めた。調査団は、名誉団長が星野通、団長が太田明二、産業経済班が入江、望月、稲生、社会文化班が伊藤、八木、井出、産業構造班が太田、増岡、山下、製紙経営班が川崎、菊池、元木、井上、神森の各氏であった。そして、一二月一日〜三日も現地に行き本調査した(40)。

一二月一五日、一二月末で星野学長の任期が終了するので、学長選考規程により次期学長を決めるための学長選挙が行われた。学長候補者推薦委員会（教育職員七名、事務職員二名、温山会二名）は星野通教授一名を推薦し、助手以上の教職員、課長以上の事務員、各課から一名の代表者で投票がなされ、三分の二以上の得票により再任された(41)。

星野学長は学長再選の感想を次のように述べている。

「再任のことではあり、とくにとりたてていう新感想はない。まことに月なみないい方だが、この上ながら大学として、更によき研究の場、よき教育の場たらしむるよう努力したいのが私の気持である。いうなれば、先生方には一層よき研究業績をあげ、一層、学則の精神、伝統的三実精神に徹した理想的商大マンの育成に専念していただけるような、そしてまた学生諸君には一層快適に勉学にいそしんでもらえるようなよいミリューをつくり出すよう努力したいというのが再任に当っての私の願望である。こうしたよき研究環境、よき教育環境の実現に直接連なる問題として目下、学内においては、まだ最終的な決定こそみていないけれども、或は校地の拡張、研究室の整備、中小企業研究室設置を含む経済研究所の拡充、或はスシ詰講義解消のための鉄筋新大教室の建築、或は経済伸長、技術革新に伴う経済経営二学部併置など多くの重要問題が、学園創立四十周年を眼前に活発に論議され、周到に考究されている。しかも我々の観測ではこれらの諸懸案は皆実現の気運きわめて濃厚である。こうした問題の山積する、いわば学園にとり「スツルム・ウント・トラング」の時代ともいうべき多事困難なるときに学校行政や学校経営にあまり練達でない純書斎派の私ごときが学長の重職をけがすのは甚だ自信のないことであるが、自分としては定年前の最後の御つとめでもあり、ベストをつくし、微力を尽くして学校のために頑張りたいと決心している。よろしく、先生がたや学生諸君の御協力を御願いしたいものである。

なお、学園には一昨年来、学園長期計画委員会なるものが組織され、学園四十七年後の、或は創立半世紀後の在り方について衆知をしぼって研究論議中であって、その青写真は去る一九六一年一月三日の愛媛新聞紙上に私の前文を添えて大きく発表した。或は学生諸君の中には読まれた人も多くいることだろう。われわれはわれわれのいだくこの遠大な夢を単なる一場の夢に終はらしめないために日夜努力すべく決意しているし、我々の去った後、学園に残られる人達も必ずやこの理想達成に懸命の努力をされることであろう。私はさように信じているのである」(42)

星野学長ら学校当局は、来年度の授業料等の値上げを決定した。授業料は現行の二万四〇〇〇円を二万五〇〇〇円に引き上げた。維持費は七二〇〇円を一万円に引き上げた。入学金は一万円を二万円に引き上げた。大幅な値上げであった(43)。

一九六一(昭和三六)年一月一日、二期目の星野通学長・理事長が就任した。

一月三日の『愛媛新聞』に「発展する郷土大学」として松山商大と愛媛大学の紹介がなされている。松山商大の紹介記事の大要は次の通りであった。

「松山商大では昨年から学園長期計画委員会を作って、大学の発展計画を練っている。委員長は同大大鳥居教授、十五人の委員が財政、教育の両面から検討している。星野通学長、同委員会ともども十二年後、一九七三年の開学五十周年までに、近代的なすっきりした大学に発展させようと懸命だ。戦災の痛手にもめげず、年々充実して来た同大学は二年前ごろから面目を一新した。松山市の城山と御幸寺山の中間地帯。巨大な自然石のどっしりすわる校門をはいると、右手にモダンな図書館。広い並木道を抜けるとゴシック風の本館と講堂、研究室へ通じている。敷地は六万六千平方メートル(一万坪)。

学生数約千五百人の商経学部がある。発展計画は学部の増設から始まる。商経学部には経済学科と経営学科があるが、この二学科を一、二年後に経済学部と経営学部に昇格する。十年を待たずにさらに法学部、工業経営学部を増設。四学部を持った大学にしたいと言う。そのためにまず教授陣が倍増される。現在専任教員は四十人、神戸大や愛媛大から迎えている非常勤講師が二十人いる。二学部にするため今春から十四人増員。ゆくゆくは八十人となる。四学部になれば百人を超すことになる。外人講師も第一陣としてイギリス・ロンドン大学から陸軍少佐のマンクマン教授がこの春から来学する。一方夜間の短期大学は今後も勤労青年の再教育の場として重要になる。将来は独立の短大としても発展するだろうといっている。学生数は一学部一学年三百人として、二学部では二千四百人。四学部になれば四千八百人と現在の千五百人から三倍以上に増加する。短期大学もいまの三百人から倍増される。

学部が四倍に、学生数が三倍半に、教員が二倍にふえれば、研究室や教室、図書館も大きくなる。学生のため鉄筋コンクリート四階建、のべ五千六百十平方メートルの教室と体育館、武道場が新築される。教員のための鉄筋コンクリート三階建の研究室が三千万円で三十七年ころから建築される。ここには一階に三つの研究所が置かれ、二、三階に百五十人の個室ができる。図書館は一昨年新築されたばかり。七万余冊の蔵書があり、三十万冊まで保存できる。しかし、一学部十万冊は欲しいので、四学部四十万冊となれば、増築される。図書購入費も現在年二百五十万円だが、一千万円へと増額されるだろう。松山商大にはいま経済研究所が活躍しているが、研究所として独立し一般経済の研究で地方経済の進展に役立つ構え。さらに中小企業研究所と地域社会研究所が生まれ、中小企業の企業診断や社会調査などを行い地域社会にサービスする。

現在のグラウンドはだんだん狭くなるので、将来は松山市の郊外へ約三万三千平方メートルの大学の総合グラウンドを作る。ラグビー、サッカー、野球、テニス、バレー、バスケットなどの各コートを完備。プールも作ってうんと運動を盛んにし、中四国、全国の覇者にしたいというもの。学生の生活はもっと明るいものになる。学寮は現在四十五人収容の『有師寮』があるが、二百人収容の鉄筋コンクリートの寮を建てる計画で、私立大学振興財団などへ補助金を申請中。また学生の住宅街をつくろうというプランもある。これは大学所有の土地へ二、三階建の下宿街をずらりとつくり、一般の人に学生下宿人つきで貸す。学生の補導もあるていど依頼できるし、松山市の住宅難も緩和できる名案だろうと大学では鼻高々。学内の学生会館も充実し、無料診療所もつくる。

大学のふところも学生数の増加によって、あるていどふくれ上がっている。その上に十億円の大学基金をつくりたいといっている。十年先の卒業生はいまの二倍一万五千人になる。社長、重役クラスも多くいる。そこで卒業生や地方政、財界から募金して大学基金をつくろうというもの。松山市湯山にある三十五ヘクタールの杉、ヒノキの学校林も基金になる。十億円の基金ができれば年利一割としても一億円の活動資金ができるわけ。この基金をもとに大学の発展の夢は拡大される。まず大学院を設置したいという。

他府県に松山商大の分校を作る新計画もある。現在でも学生の四割は県外。特に高知、山口、広島、岡山の各県からの学生が多い。日本大の分校が三島（静岡）や大阪にあるように中国地方などに分校をつくりたいという。交通機関が発達し、自家用車が常識となり、いずれは飛行機旅行が普通になる。そうなれは午前中松山で授業した教授が午後は広島で講義することもできる。大学で自家用の飛行機かヘリコプターかを買えばもっと話は簡単だ。そうなれば大学には自動車プールとともに、ヘリポートもできるだろう。いまのような六万六千平方メートルの校地では狭すぎて困るということにもなりかねない。『十倍の六十六万平方メートルの敷地がほしい』と大学側ではすでに市郊外にも物色中。

大学が発展してゆけば、学外の大学とも姉妹大学になりたいという。アメリカのハーバード大学やウイスコンシン州立大学とは研究の交換などもやっているが、ほかの大学とも研究や教授、学生を交換したいものだという。現在同大学では海外留学の資金を積み立てているが、十年後は毎年十人が留学できるようになる。一方卒業生のために松山、東京、大阪、神戸、福岡などの各地に同窓会館を建てようという話も進められている。ゆくゆくはロンドン、パリ、ニューヨークと世界の目抜きにもつくりたいと夢は大きい。

開学五十周年を記念して海外へ学術調査を送ろうという夢もある。できれば中南米や東南アジアなどの低開発地帯をさぐりたいといっている。そのためにもいま教えている英、独、仏、中の四カ国語のほかロシア、マラヤ、スペインの各国語を教えたいという。こうして松山商大は西日本でも有数の地方大学として、政治、経済界に年々多くの卒業生を送り出す一方、地域社会の文化センターとしても、大きな役割をはたすことだろう」

そして、その星野学長の談は次の如くであった。

「ときは駸々呼としてながれる。大正十二年学生定員五十人。校地一万平方メートル（三千坪）という家塾のような小規模で生まれたわたしたちの学校も三十八年の年月の間に学生数千五百、キャンパス六万六千平方メートル（二万坪）、建物約十四、外に郊外地三十五ヘクタール（三十五町歩）所有という学園にまで発展した。一昨年は偉容をほこるライブラリーもできた。日本一の校門もできた。わたしたち関係者としては躍進的な成長だとうぬぼれている。創立三恩人、新田温山翁、彰廉・拓川両加藤先生、ともに地下で驚いていられることがろう。だが、男子、志はすべからく壮大なるべし。

わたしたちは十年後の創立五十周年を控えて、さらにいま壮大な夢を描いているが、夢を単なる夢に終わらせないために、一昨年来、学園長期計画委員会を設置して、創立半世紀後の学園のあり方について周到に研究中である。その第一期計画が四十年を期とする学部増設、大校舎新築、中小企業研究所設置なのである。エール、ハーバード、スタンフォード大学だってプライベートスクールである。わたしたちは、せめて、わたしたちの学校を関西の慶応、早稲田くらいには発展させたいと考えて時勢の進運に応じた計画をたてつつあるのであるが、ひとつ、軽い新春放談くらいのつもりで笑いながらよんでいただければさいわいである。」(44)

まことに、一〇年後に創立五〇周年を控えその実現に向けた壮大な夢が記されている。星野学長・理事長らの大志、まことに雄大といわねばならないだろう。しかし、それらの夢は一部を除き、多くは実現しなかった。例えば、法学部ができたのは一九八八年のことであり、工業経営学部はできなかった。分校もできず、海外の大学との姉妹提携もできなかった。

一月三一日、学生部長を務めていた八木亀太郎が途中辞任し、越智俊夫が二月一日に新学生部長に就任した。しかし、越智学生部長は三月三一日に辞任しているが(45)、それは入試に関係する問題が原因のようである。

一九六一(昭和三六)年三月二〇日、第一〇回卒業式が行われ、商経学部二六一名、短大部七一名が卒業した(46)。星野学長の式辞は次の通りである。

「本日は来賓ならびに卒業生、御父兄多数の御来臨を得まして、簡素乍ら厳粛な卒業式典を挙行することができましたことは本学関係者の大きい喜びとする処であります。

親愛なる商経学部第一〇回卒業生諸君並びに短期大学部第八回卒業生諸君。諸君は本日をかぎり、わが学園を巣立ち、波浪高き実社会に身を挺せんとしているのであります。四年或は二年の甘美な夢を育んだ松山商大生活に対する追想、展開せんとする未知の世界に対する希望と不安、こうした錯綜する想念に無量の感慨を托しながら諸君は本学を去って行くことでありませう。

さて、諸君、未曾有の経済伸長と技術革新によって全ゆる企業が高度の成長をつづけている今日、経営組織の拡大充実が叫ばれ、新時代に応はしい知識才幹を具備した人々が要求されていますが、この時に当り、諸君に社会が期待する処大きいものがあるといはねばなりません。けだし、諸君は本学において経済経営その他現代職業人に必要な新学理を修得し業界第一線戦士たるにふさわしい学才を身につけているからであります。また四十年伝統の人間形成原理たる三実主義に培はれ、すでにして高度の信頼性、実践性を身につけ、また不屈の合理主義精神、批判精神を体得し得ているからであります。さればこの上諸君に私達が望む処は多くないわけでありますが、卒業式における学長送別の辞は永年の伝統的慣例であり、この意味におきまして簡単ではありますが、私も諸君向後の人生航路における一生活指標ともなるだろう言葉をはなむけとして諸君の御参考に供したいと思うのであります。

第一にそれは最近私の身辺に起り私自身少なからざる被害を受けたなまなましい体験に基づく問題についてであります。

諸君、地球上には人の噂が激しく渦まいています。

人は他人の噂を書くだけでも、またシャベルだけでも充分商売になってめしが喰へるのが世の中であります。馬鹿な話だが、モシ、噂されるとクシャミが出ると云ふのが本当ならば、政治家、小説家、俳優、音楽家など所謂有名人、著名人はそれこそ連日連夜クシャミをつづけて死んでしまうかも知れないでせう。こうした氾濫する噂の中には勿論人を益し社会を益する立派な効用をもつ噂もある。たとへば人は噂によって重大なニュースを自然と知ることができ、学校、会社、知人など社会の各方面の消息、動静を聞知することができて、噂のもたらす効用は著大であるといへませう。だが、一方、噂の中には無辜を傷つけ、社会を害する悪質のものも頗る多いのである。噂は口から口へ、人から人へと伝えられる間に、たとへ話手に些かの悪意がなかったとしても自然裡に誇張されて、尾ヒレがつき、場合によっては歪曲され、凡そ、真実とはかけはなれた別内容のものとなって急速度に伝播されて行く。しかも、一旦流布されると皆がそういうからそれは多分真実なのだろうということになって、凡そ真の真実とはかけはなれた別の社会的真実が生れてしまって、しかも真実ならざる社会的真実が無辜の人間を傷つけ社会より葬てしまうようなことになる場合が頗る多いのである。まことに恐るべきことである。人間の社会道徳的訓練の足りなさから生じる悲しむべき現象であるが、いまこのような社会悪が生れて来る原因としては、噂の主題が人間達の興味を引くことと、今一つはその主題内容があいまいであることをあげうるであらう。すなわち人は面白い話材がみつかるとこれを他人に何だか知らしたくなるくせがある。相手の知らないトピックを他人に伝へることによって一種満足感、優越感に似た感情が湧いて来るからであるといへませう。またそれを耳にした当の相手方は下らぬことをしゃべる奴だと内心少々話手を軽べつしながらもロクロク内容をたしかめもしないで、またそれに尾ヒレをつけて他の人達に再放送するくせがある。かくて噂は次から次へと燎原の火の如く、しかも悪質に内容を変化拡大しながら急速度に伝播されて行くのである。いまこのような、人を傷つける悪質なデマを地球上より根絶することは人間が人間である限り不可能であるが、せめてかかる社会悪を最小限にとどめ人権を護るためには、我々はいかにすべきであらうか？　よき対策は殆どないが、せめて我々高度の道徳的訓練を受けた知識人が一切の発言の寸前において一度だけ反省して、いやしくも内容の曖昧にわたる他人の問題は軽々しく口にせざるように自己抑制をすることが肝要であろう。また噂を耳にした当の相手はこれを更に他人に再放送する前に、一度その風聞が果して真実であるか否かを探求確証することが肝要であろう。かくすれば悪質デマの伝播速度は鈍化し拡大範囲は狭くなって行く筈であります。また噂のきき手は自分が探り得た結果が仮に真実であったとしても、それを流布することが不必要に人を傷つけるの外何の益もないものであるならば、その人の社会的存在を可能ならしめるため口を緘して沈黙を守るべきであります。要は人間の言動の寸前における反省と自制心と真実探求心と、そして人を傷つけざらんとする愛情等のみが悪質の噂の伝播を阻止し、また不必要に人を傷つけないようにする道であるといへるでせう。私自身ヒドイ悪質デマの犠牲となったこともしばしばあるが、また人間が軽率であって時に不要悪質な噂をすることによって不知の内に人を傷つけたことも再三でなかったことと思う。だが一九六一年三月二〇日を期してその悪癖をたちきるべく努力することを決意した。

諸君。諸君が飛込んでいく社会は今より一層はげしく、人を傷つけ人を葬むる悪質風聞が渦まく恐ろしい世界であるが、願はくば諸君も諸君が身につけた高度の教養と徳性にものいわせて、社会生活における個人の尊厳性、相互の連帯責任性を痛感し、人を不必要に傷つける如き風聞につとめて関心を示さず、またそれを不用意に他に再放送せず、各人をして欲するままに社会的存在、社会的活動を全からしめるよう努力して頂きたいものである。自分の生活を尊重するとともに他人のそれを重んずることは、人格の尊厳性を認める民主主義の理想或は真の個人主義の理想であり、しかして人間性の尊重は各人が相互の生活に不必要な関心をよせざることによってよく達成し得るからである。

諸君、私はこの三年間、卒業式において或はスポーツマンシップ殊にラグビー精神の崇高性について説き、或はまた人間相互のプライヴァシィの尊重が人間社会活動の原動力なる所以を説き、また人生における読書の意義を論じて諸君への餞の言葉といたしましたが、今年は他人の噂に関心を示さないこと、他人の身辺の問題はその真否を問はずそれを口にすることが不必要に人を傷つけるものである限り口にすべからざることを提唱して諸君に贈る言葉と致しました。諸君向後の社会生活にこれが何等かの形においてプラスする処があれば幸いとする処であります。

尚、以上に付言しておきたいことが一つ二つあります。

去る一月の商大新聞の大西裕規君の言ではないが、諸君がいついつまでも学問と真理とスポーツを愛し、適量の酒と煙草をたしなみ、若干の趣味を身につけ、又適度のPRと適度の謙遜をわきまえた、所謂心身ともにバランスのとれた社会人になること、そして唯一人の女性を熱愛し、その女性との結合によって平和で健康な家庭を建設されんことを心より祈る。けだし勝れた両性の結びつきによる家庭こそは、みずからの生活を守るよき城であり、またつきぬ人生のオアシスであり、しかるが故に諸君の明日の行動力の源泉となるからであります。

また卑屈感、劣等感は人間をいぢけさし人間を無気力にする。願はくば地方大学出身者にあり勝ちのインフィリオリティコンプレックスを持つことなく、古き歴史と伝統を持つ松山商大を地上最上の学園と思ひ、誇り高き精神と母校愛を以て、自由闊達に人生を巣立って行かれんことを切に祈る。

最後に諸君の母校は創立四十周年を目睫の間に控へて、今や飛躍的発展段階に入らんとしています。しかも母校の発展充実は母校及び卒業生が二者一丸となって努力し始め開花結実し得るものであります。勿論我々も渾身の努力で頑張るつもりでありますが、諸君も商大を守るよき侍となって、諸君のアルマメータ百年の興隆発展のために協力されんことをお願ひして止みません」(47)

(5)一九六一(昭和三六)年度

二期目の星野学長下の校務体制は、教務部長は菊池金二郎に代わって元木淳が新しく就任した(一九六一年四月一〇日~一九六四年四月三〇日)。学生部長は短期で辞任した越智俊夫に代わって再び大野武之助が務めた(一九六一年四月一〇日~一九六四年四月三〇日)。また、図書館長は山下宇一に代わって上田藤十郎が就任した(一九六一年四月一〇日~一九六四年三月三一日)。事務局長は事務職員の木村真一郎が引き続き務めた。学校法人面では、大鳥居蕃、増岡喜義、八木亀太郎が引き続き理事を務め、星野理事長を支えた。

本年度の入試は、三月一〇日、本学、京都、岡山、広島、福岡の五会場で行なわれ、募集人員二五〇名に対し、志願者は一二七一名で昨年度(一二四五名)を少し上回り、史上最高となった。三月一六日、合格者発表がなされ、三五八名を発表した。経済学科が二九一名、経営学科は六七名であった(48)。

四月一日、星野学長・理事長は来年度二学部開設を見越して、次のような新しい教員を採用した。

川中建雄　一九〇一年一月愛媛県生まれ、広島文理大卒、前愛知学院大学教授、六〇歳、教授。商品学・工学担当。

林　薫雄　一九〇二年一二月岡山県生まれ、関西学院高等商業部卒、五八歳、講師。貿易経営・実用英語担当。

上野雅和　一九三一年四月福岡県生まれ、九州大学大学院博士課程修了、三〇歳、講師。民法物権担当。

高沢貞三　一九三二年一月栃木県生まれ、一橋大学商学部大学院修士課程修了、二九歳、講師。生産管理担当。

J・Dマンクマン　一九一五年九月生まれ、英国陸軍少佐、四五歳、講師。英会話担当。
伊達　功　一九二四年四月愛媛県生まれ、京都大学大学院修士課程修了、島根大学文理学部助手を経て、済美高校教諭を経済研究所事務兼研究員として採用。

また、四月一日、昇格人事もあり、五島伝、元木淳、広田喜助、入江奨が教授に、松木武、望月清人、井出正、星野陽が助教授に、安井修二、江口順一が講師に昇格した(49)。

四月一〇日午前一〇時より本学講堂にて入学式が行なわれ、四〇六名（うち女性六名）が入学した。

六月に、「経済研究所規程」が制定され、目的や事業が定められ、所長、次長、事務員、運営委員、研究委員が置かれた。この時の所長は川崎三郎教授であった（一九六一年四月一〇日～一九六二年三月三一日）。経済研究所の前身は松山高商時代の一九三三（昭和八）年四月につくられた商事調査会であり、一九三八（昭和一三）年四月に商経研究会に改組し、戦後大学昇格とともに商業経済研究所とし（後、経済研究所に改称）、研究活動や論集の発刊をしていた(50)。

七月、二学部設置委員会で経済学部、経営学部の設置計画が進められている。委員長は増岡喜義で、副委員長は元木淳、委員は大島居蕃、太田明二、八木亀太郎、伊藤恒夫、菊池金二郎、木村真一郎であった(51)。

八月、学園長期計画委員会で検討していた中小企業経営研究所が設置された。所長に井上幸一助教授が就任した(52)。

また、九月、夏休みに入るとともに始められた二号館、四号館、学生ホールの移転工事が完了した。学生ホールは加藤会館の西側に、二号館は旧学生ホール跡に、四号館は体育教官前に移された(53)。

九月七日、星野理事長は文部省に対し、現在の経済学科と経営学科を経済学部と経営学部に昇格させる『松山商科大学（経済学部、経営学部）設置認可申請書』を提出した(54)。

『松山商科大学（経済学部、経営学部）設置認可申請書』は次の通りである。

「このたび松山商科大学（経済学部、経営学部）を設置したいと思いますから学校教育法第四条の規定によってご認可くださるよう別紙資料を添えて申請いたします。

昭和三十六年九月七日

学校法人松山商科大学理事長　星野　通

文部大臣　荒木萬太郎　殿

連絡先

連絡責任者　理事　増岡喜義

連絡場所　愛媛県松山市清水町二丁目一二八番地

電話番号　松山（二）六一八一」(55)

そして、『松山商科大学（経済学部、経営学部）設置認可申請書』添付の書類目次は次の通りである。

「一、松山商科大学設置要項　一頁

二、学則　一七頁

三、校地（図面添付）　三三頁

四、校舎等建物（図面添付）　三五頁

五、図書、標本、機械器具等施設概要　五九頁

六、　学部および学科別学科目または講座　　七七頁
七、　修業年限、履修方法および学士号　　九四頁
八、　学部および学科別学生定員　　一〇五頁
九、　職員組織　　一〇七頁
十、　設置者に関する調　　一六五頁
十一、資産　　一九五頁
十二、維持経営の方法　　二〇九頁
十三、開設年次　　二二七頁
十四、現在設置している学校の現況　　二二九頁
十五、将来の計画　　二九九頁」

この『設置認可申請書』の内容については、本年度の末尾で紹介しよう。

一〇月六日、本学の元教授の重松俊章先生が亡くなった。七七歳であった。重松先生は星野学長の松山高校時代の恩師であり、九州大学定年後故郷に帰られたとき、星野先生が「三顧の礼」をもって本学に迎えた方であった。星野通は『松山商大新聞』追悼の言葉を述べている。

「何という悲しいことであろう！　人間として立派だった先生はまた学者として、謂はば第一級の人物であった。少々オーバーな表現かも知れないが、まさに巨星、地に落つといった感じである。学問一筋七十七年を生き抜かれ、学界に不滅の金字塔をきづかれた先生に対しかぎりなく畏敬の念をいだくとともに余生かならずしもながくないわがみちを先生にならって歩み続けたいと思う」(56)

一〇月一二日、長期学園拡充計画の第二期である三号館の建築工事の地鎮祭が行なわれた。鉄筋コンクリート二階建の建物で総工費四一〇〇万円の予定である。請負は清水建設であった(57)。

一一月、学校当局は一九六二年度から二学部になる見込みに伴い、入試科目を一部変更することをきめた。従来は国語、社会、理科・数学、英語の四科目であったが、来年度から国語、社会・理科・数学、英語の三科目とすることにした。受験生の負担を軽くする、受験生を増やすことなどが目的であった(58)。

一九六二(昭和三七)年二月二〇日、今年四月発足予定の経済、経営学部の学部長選挙を行なった。その結果、経済学部長に大島居蕃教授(59)、経営学部長に菊池金二郎教授(60)が選出された。

三月二〇日、本学第一一回、短期大学部第九回卒業式が本学講堂にて挙行され、商経学部二四八名、短期大学部五八名が卒業した。星野学長は卒業式にあたって次のようなはなむけの言葉を記した。

「多数の来賓並びに卒業生御父兄の来臨を得まして第十一回商経学部卒業生、第九回短期大学部卒業生を送る機会を得ましたことは、私達学園関係者の大きい喜びとする処であります。

さて、平素比較的諸君に接する機会の多い私は送別に際し、改めて諸君に告げるべき言葉もないわけでありますが、卒業式における学長訓辞は本学の伝統であり、私も所懐を一言述べて諸君を送る言葉とする次第であります。

オリンピック大会を二年後に控へ、最近世上でスポーツ談義が活発に行はれるようになりましたが、すぐれた人間精神と逞しい肉体が、スポーツによって培養されることの多いのを知っている私は、スポーツに関する問題を諸君とともに真剣に考へてみたいと思ふのであります。

いうまでもなく肉体と精神の全力をあげて技を競い勝利を争うのがスポーツであり、その多くは明治以後海外より輸入されたものでありますが、最近はとみにスポーツに関する関心が高まって参り、いまや野球、ラグビー、サッカー、テニス、卓球など多くの競技は学生専用物の域を脱して、肉体的条件、社会的条件それぞれに応じて多数の社会人によって親しまれるようになってきました。人間形成或は肉体の鍛錬に大きく影響するスポーツが、この様に多数の人々によって長い人生を通じて親しまれるようになったことはまことに慶賀すべき現象であり、学窓を去る諸君にも今後事情の許すかぎりいついつまでもスポーツに親しんでいたゞきたいと思う。私はこの機を利しスポーツ、ことにその精神面の功罪を諸君とともにここに考へてみたいと思うのであります。

さて、ある知名的な評論家もいっているように、現在日本に行はれているスポーツは大体においてイギリス的スポーツとアメリカ的のそれにとに分けられるように思ふのでありますが、それらはいづれもフェアプレイの精神と連帯意識或は責任観念の二つを以て基本的共通的要素としていると考へられるのであります。

しかもイギリス的スポーツ、アメリカ的スポーツ、ともに勝敗を争ひ乍らも、前者は特にフェアプレイの精神を重視し、後者は勝利を至上のものと考える点に両者の基本的差異があると考へられます。即ちイギリス的スポーツにおいては勿論勝つことも必要ではあるが、それ以上にフェアプレイの精神が尊重され、寧ろ勝敗は第二義的なものと考へられるに反し、一方アメリカ的スポーツにおいてはフェアプレイの精神も勿論関心事であるが、更にそれ以上に勝敗、即ちスポーツの結果が重視されるようであります。いいかえれば勝つことが絶対の必要事であり、勝つためには全力をつくし、アラユル可能な方法がとられると思うのであります。イギリス的スポーツがフェアプレイ、即ち正しく斗う精神にかぐる処さへなければ、たとへ斗いにやぶれたとしても悔いなしと考へるのに反し、アメリカ的スポーツにおいてはアラユル手段をつくしてもあくまで勝たなければ凡そ意味がないものとされるようであり、かくて前者は如何にたゝかうかが問題であるのに反し、後者においては如何に勝利を得たかという勝敗の結果が重視されるのであります。この両国スポーツの性格的差異は、イギリススポーツの花といはれるラグビー、或はテニス、サッカーなどと、アメリカ的スポーツの代表者野球とをみれば大体判ると思はれるのでありますが、いま私は特に私が永年愛好しているラグビーフットボールとアメリカ輸入の野球について、分析的にその精神面の特質を比較してみたいと思うのであります。

テニス、サッカーについてもほぼ同様なことがいい得ると想像するのでありますが、ことにラグビーにおいては正々堂々と斗うフェアプレイの精神が絶対視され、きたない勝ちかたは極度にいやしまれる。あくまで勇猛果敢にそして全力を傾倒して勝敗をあらそうが、彼等は文字通りただ堂々と勝敗にこだわることなく斗うのみであり、しかも、しかく斗うてやぶれたならば些かの悔も残さない。かくて hard fighter and good loser たらんとすることこそラグビー競技の真骨頂である。だからこそフェアプレイスポーツマンシップという語はラグビー王国イギリス生れながら、また多くの国の人々によって恰も自国語の如く愛用され、国粋的なドイツ人さへスポルトリッヒカイトなどという自国語をあまり使はないで、スポーツマンシップフェアプレイと云ふ外国語をそのまま愛用するようであります。

まず、第一に正々堂々と斗うことをモットーとするラグビーにおいてはレフェリーの判定は常に最終的のものとされ、判定に対する抗議は絶対に許されない。多くのヨーロッパスポーツにおいても多分そうであろうが、とくにラグビーにおいてはレフェリーに対しての抗議は禁ぜられるのである。審判員も人間であるかぎり、ときに判定に過誤と思はれることもあるでせう。凡そ選手と異なる判定をすることもあるでせう。だが、人間相互の判定の相違はありがちのことであり、これを争へば紛糾は際限なく、全く解決のつけようもない。さればこそ、自ら信頼して選んだ冷静にして老練なるレフェリーの判定を絶対的なもの、権威あるものとみて全面的に尊重するのがラグビーの真精神である。その点全力をつくして斗い、しかも行司の判定に無条件に服して勝って誇らず、敗れて悪びれず、堂々と土俵をおりて行く日本角力道の力士の態度と一脈通じるものがあるといへると思うのである。

次に当初約束で決めたメンバーは決して変更しないのもラグビー競技のきびしい掟である。たとへ負傷者が何人できても選手の補充は許さない。即ちはじめにとりきめたメンバーであくまで斗い、たとへ劣勢になって敗れても致し方がないと云ふのがラグビー的思考である。あくまで勝たんがためにめまぐるしく投手、打者、走者等をとりかへる野球と根本的に異る点である。

第三に最初に合意で定めた試合日時、時間を厳守するというのもラグビー競技の特徴である。雨がドシャ降りだらうが大風が吹きまくろうが、可能なかぎりの約束の日時にゲームは開始され、そして定めた時間が経過すればたとへ無勝負のまゝでも試合は終了するのである。約束の日時時間厳守さるべしという人間精神の端的な表れであらう。勝敗はむしろ第二であるという考への現はれでありませう。かかる条件で斗はれるスポーツなればこそ、試合の運びは寧ろ厳粛であり、グラウンド上、味方の選手を激励しながら馳駆する元気一杯の気迫をこもった選手のするどい声は聞かれるが、相手選手をやじる野卑な大声は概ね聞かれない。観衆また相互のファインプレイに喝采を送り、味方の優勢に拍手するが、概してきたない野次や罵声を送るようなことはしない。私は曾てこのラグビーフットボールの真髄を昭和の初期において、当時日本最強のフィフテーンとたゝへられた京都大学ラガーをみたことがあった。彼等は青白い火焰の如き斗志で戦いながら、しかも終始殆ど無言で相手を必殺したが、この試合をみる観衆態度もこれに呼応し、静粛且つ紳士的であったのが今に印象的である。

以上イギリス的スポーツの性格にふれてみたが、アメリカ的スポーツはどうであらうか。勿論アメリカ的スポーツといへどもフェアプレーの精神は決して無視されるものではない。だが、アメリカ的スポーツの真骨頂はあくまで勝つこと第一義的なものと考へる勝利至上主義にあるらしい。即ち勝利こそ最大最高の目的である。従って勝つためにはアラユル手段がとられるのである。野球ファンに叱られるかも知れないが、例を野球にとろう。戦が不利になればルールによって何回でも投手をかへ、応接にいとまがない程打者、走者をかへることが出来る。勝つための作戦であろうとも云へるが、かゝる選手交代も程度を超へる時は、合法的であるにしても、行きすぎといへばいへなくはない。少なくとも見るものをして愉快ならしむるものでない。また心理作戦だろうが、学生野球でさへ選手はしばしばグラウンド上に、ベンチに、相手選手をやじる。アンパイヤと見解が違へばこれに抗議することがみとめられ、その為ときには少々ゆきすぎたような抗議も行はれることがある。またこうした選手の態度は観衆にも反映して、彼等はときに節度を忘れてさわぐこともある。スポーツもレクレーションだ。それを見ていて面白いといへばそれまでだが、純粋スポーツとして考へた場合、勝利至上主義の弊害とも云へば云へなくはないと私は思ふ。

すでに興業化し、又ショー化してしまって純粋のスポーツとはいへないので、こゝに例としてあげるのは甚だまづいが、私は隆盛を極めている今日のプロ野球に特にこうした勝利第一主義のスポーツのユキスギをしばしばみるのである。

以上、私はイギリス的スポーツとアメリカスポーツの性格の一面を分析したのであるが、次にいかなるスポーツにも共通的にいへることは旺盛な連帯意識と責任観念がなければならないということである。

欧米国民、特に英米人は一般に指揮するものと指揮されるものとに大別され、各自が全体に責任を感じつつ自己のポストを完守する傾向が強い民族といはれる。即ち彼等は少年時代、学生時代から同僚の上にたって全体を指揮する人間が存在し、一方多数者は甘んじてその指揮に服して全体のために自己の持場を守りぬくやうに習慣づけられているといはれますが、このような人間関係は幼少時代、学生時代から彼等の愛好するスポーツ的練成により自然的に体得される連帯意識から生まれるものが多いのではないだろうか？　けだしいかなるスポーツにおいても主将の指揮下選手は自らの責任において自己のポストを完守しつゝ、全体のために戦うよう訓練されるのであり、このようなスポーツ的訓練によってこそアラユル人間関係、社会関係に必要な連帯精神は最も効果的に培養されると思惟されるからである。

かくて、私はフェアプレイ精神と連帯意識がスポーツの精神的二要素であると考へるのであるが、人間の価値は地位の高低によって定まるものではなく、人間がいかに堂々と行動し自己のポストを完守しつつ、社会のため全体のために働いたか否かによって定まるものである。我々は或人を、その人が一国の宰相であるという理由のみでは尊敬する必要はない。だが、社会のため自己のポストを全力をもって完守した一運転手、一警官、一教師に対しては尊敬を捧ぐべきである。そして、そのようなフェアプレイの精神と連帯意識は最も多くスポーツ的練成より生れて来るのである。

以上、私は長々とスポーツにおけるフェアプレイと連帯の意識をといて、それが人間形成に大きく役立つ所以を指摘しました。そしてこのまずしいスポーツ礼賛論を以て諸君に送る私の最后の言葉とするが、諸君……学窓を去った後も事情許す限り、人間的進歩に資する意味において、肉体の鍛練の意味において、そして或はまた心たのしますレクレーションの意味において永く何等かのスポーツに親しんで頂きたい。

最后にスポーツに親しむとともに、諸君が学問と真理を熱愛し、適量のアルコールと煙草をたしなみ、また若干の趣味を身につけ、そして適度の謙譲さと適度のＰＲを忘れない、いはゞ心身ともにバランスのとれた社会人となり、社会のために働かれるよう祈念する。

また唯一人のよき女性を愛し、その女性との結合によって、いついつまでも魂の中に青春の灯が燃えつゞけているような静かな清潔な、そして暖かみのある生活の城をきづかれんことを祈る。けだし、かゝるよき生活の城、よき家庭こそ人間終生を通じての逞しい生活動力の源泉となるだろうからである」(61)

以下、『松山商科大学（経済学部、経営学部）設置認可申請書』を紹介しよう。

「第一　松山商科大学設置要項

一、名称　松山商科大学

二、位置　愛媛県松山市清水町二丁目百弐拾八番地

三、目的および使命

松山商科大学は経済、経営を中心とする諸科学の綜合的専門的研究および教授を行うことを目的とし、学識深く教養高き人材を養成して、広く経済文化の発展に寄与することを使命とし、経済学部経済学科および経営学部経営学科を設置しようとするものである。

四、校地　総坪数　四六、〇七一坪六二

共用　四六、〇七一坪六二

五、校舎等建物　総坪数　三、四四四坪〇三

共用　三、四四四坪〇三

六、図書、標本、機械器具設備概要

（一）図書　総数　五三、一九七冊

共用　五三、一九七冊

（二）標本　総数　一、四二一点

共用　一、四二一点

（三）機械器具　総数　七、五八〇点

共用　七、五八〇点

七、学部および学科の組織ならびに附属施設

（一）学部および学科の組織

経済学部経済学科

経営学部経営学科

（二）附属施設

図書館
経済研究所
中小企業研究所
寄宿舎
食堂

八、学部および学科別学科目または講座概要ならびに教職課程

学部および学科別科目概要

1、各学部学科共通

一般教育科目	単位数
人文科学関係	
哲学	四
論理学	四
心理学	四
倫理学	四
地理	四
歴史	四
文学	四
言語学	四
社会科学関係	
社会科学概論	四

法　学	四
政治学	四
経済学	四
教育学	四
社会学	四
自然科学関係	
自然科学概論	四
数　学	四
物理学	四
化　学	四
生物学	四
統計学	四
統計学	四
工　学	四
外国語科目	
英　語	十二
ドイツ語	六
フランス語	六
中国語	六
保健体育科目	

体育講義		二
体育実技		二

学部における専門教育科目を主要学科目および関連学科目とし、その授業科目および単位数は次の通りである。ただし、この外必要に応じて、適当な授業科目を開設することがある。

2、経済学部経済学科専門教育科目

主要学科目

理論経済学	◎経済原論	四
	◎経済学史	四
	計量経済学	四
	景気変動論	四
	産業連関論	四
経済史	◎経済史概論	四
	◎日本経済史	四
	西洋経済史	四
	東洋経済史	四
経済政策	◎経済政策概論	四
	◎国際経済論	四
	農業政策論	四
	工業政策論	四
	交通論	四

	商業政策論	四
	保険論	四
	金融論	四
	国際金融論	四
財政学	◎財政学総論	四
	租税論	四
統計学	◎統計学総論	四
	経済統計論	四
社会政策	◎社会政策総論	四
	社会思想史	四
外国書講読		四
◎演習第一		四
◎演習第二		四
◎卒業論文		四
関連学科目		
商　学	商学総論	四
経営学	経営学総論	四
	経営労務論	四
	経営財務論	四
会計学	会計学原理	四

	簿記原理	四
	原価計算論	四
法学	憲法	四
	民法総則	四
	民法物権	四
	民法債権	四
	商法総則商行為	四
	商法会社	四
	商法手形小切手	四
	労働法	四
	国際公法	四

備考　◎は必修科目を示す

3、経営学部経営学科専門教育科目

主要学科目

経営学	◎経営学総論	四
	◎経営財務論	四
	◎経営労務論	四
	経営財務論	四
	銀行経営論	四
	工業経営論	四

経営史	◎一般経営史	四
経営政策	◎経営管理総論	四
	生産管理論	四
	事務管理論	四
会計学	◎簿記原理	四
	◎会計学原理	四
	◎原価計算論	四
	会計監査	四
	経営分析	四
企業論	企業形態論	四
外国書講読		四
◎演習第一		四
◎演習第二		四
◎卒業論文		四
関連学科目		
商　学	商学総論	四
	貿易論	四
	保険論	四
	交通論	四
	商品学	四

	商業数学	四
	実用英語	四
経済学	経済原論	四
	景気変動論	四
	金融論	四
	財政学総論	四
	国際経済論	四
法　学	憲法	四
	民法総則	四
	民法物権	四
	民法債権	四
	商法総則商行為	四
	商法会社	四
	商法手形小切手	四
	労働法	四
	国際公法	四

備考　◎は必修科目を示す

九、修業年限、履修方法および学士号

（一）修業年限　四箇年

（二）履修方法

四箇年以上在学し、所属の学部学科によって、それぞれ次の授業科目を履修し、その単位を取得しなければならない。

一般教育科目	
人文科学関係	十二単位以上
社会科学関係	十二単位以上
自然科学関係	十二単位以上
外国語関係	
英　語	十二単位
ドイツ語、フランス語、中国語のうち一箇国語	六単位
保健体育科目	
体育講義	二単位
体育実技	二単位
専門教育科目	
必修　主要学科目中九科目	三十六単位
関連学科目中法学関係三科目	十二単位
演習	八単位
卒業論文	四単位
計	六十単位
選択	十六単位以上
合計	七十六単位以上

総計　百三十四単位以上

(三) 学士号

経済学部卒業者は経済学士、経営学部卒業者は経営学士と称することができる。

一〇、職員組織概要

	学長	教授	助教授	講師	助手	計
学長	一					一
教員						
一般教育科目		五	二	二		九
外国語科目		四	一	一		六
保健体育科目		一	〇	〇		一
経済学部						
専門教育科目		七	二	五		一四
経営学部						
専門教育科目		七	二	五		一四
計	一	二四	七	一三		四五
教職課程専門教育科目		一	一	〇		二
合計	一	二五	八	一三		四七

一一、学部および学科別学生入学定員、総定員

学部	学科	入学定員	総定員
経済学部	経済学科	一五〇名	六〇〇名

経営学部　経営学科　　一五〇名　六〇〇名

一二、設置者

学校法人松山商科大学

一三、維持経営の方法概要

本学の維持経営は、主として授業料、入学金、入学試験料等およびその他寄附金、補助金による。

一四、大学開設の時期

昭和三十七年四月一日

一五、開設年次

第一年次

一六、併設学校、附置研究所等の概要

併設学校名　松山商科大学短期大学部（商科二部）

沿革　昭和二十七年四月一日開設

教員数　三二名

学生総定員　二〇〇名

現在学生数　三二四名

卒業者数　七八六名

所在地　松山市清水町二丁目一二八番地

第二　学則

第一章　目的および使命

第一条　本学は、経済、経営を中心とする諸科学の綜合的専門的研究および教授を行うことを目的とし学識深く教養高き人材を養成して、広く経済文化の発展に寄与することを使命とする。

第二章　学部学科の組織

第二条　本学に経済学部および経営学部をおく。

第三章　授業科目および単位数

第三条　本学に開設する学科目を一般教育科目、保健体育科目および専門教育科目に分ける。

一般教育科目、外国語科目および保健体育科目の授業科目および単位数は、各学部共通とし、その開設するものは次の通りである。

［川東注：科目名は設置要項の八と同じ故、略］

各学部における専門教育科目を主要学科目および関連学科目とし、その授業科目および単位数は次の通りである。ただし、この外必要に応じて適当な授業科目を開設することがある。

［川東注：科目名は設置要項の八と同じ故、略］

第四条　各授業科目単位数は次の基準によって計算する。

一、講義、演習については、教室内における一時間の授業に対して教室外における二時間の準備のための学修を必要とするものとし、毎週一時間十五週の授業をもって一単位とする。ただし教室外の準備のための学修が、基準どおりできない事情があるときまたは教育効果を考慮して必要あるときは、一時間半又は二時間の授業に対してそれぞれの教室外における一時間半または一時間の準備のための学修を必要とするものとし毎週一時間半又は二時間十五週授業をもって一単位とすることができる。

二、実験、実習および体育実技等の授業については、学修は、すべて実験室、実習場等で行なわれるものとし、毎週三時間十五週の実験または実習をもって一単位とする。

第四章　履修方法、課程修了の認定および学士号

第五条　各学部の授業科目は教授会の定める教育課程に従い、各年次に配当する。一般教育科目、外国語科目および保健体育科目の外に第一年次から専門教育科目を履修せしめる。

第六条　学生は所属の学部学科によって、それぞれ次の授業科目を履修し、その単位を修得しなければならない。

［川東注：各科目の単位数は設置要項の九と同じ故、略］

第七条

一、他の学部に属する授業科目を選択履修しようとする者は、関係学部長および学科担任教員の承諾を得て、十二単位以内に限り、取得することができる。

二、前項による取得単位数は卒業に必要な選択科目の単位数に算入することができる。

第八条　本学に教職課程をおく。履修については、別にこれを定める。

第九条　各授業科目の課程修了は、原則としてその授業の終了した学期末に試験を行なってこれを判定する。ただし、授業時数に対する出席時数の割合が別に定める一定基準に達しない者は、当該科目につき一切の試験を受けることができない。

試験の成績は優、良、可、不可に分け可以上を修了と認定する。

第十条　四カ年以上在学し、第六条に規定する単位数を取得した者に、卒業証書を授与する。

第十一条　経済学部を卒業した者は、経済学士、経営学部を卒業した者は、経営学士と称することができる。

第五章　入学、編入学、転部、休学、退学、転学および除籍

第十二条　入学は学年の始とする。

第十三条　入学者の資格は左の通りである。

一、高等学校を卒業した者
二、通常の課程による十二年の学校教育を終了した者（通常の課程以外の課程により、これに相当する学校教育を修了した者を含む。）
三、外国において学校教育における十二年の課程を修了した者
四、文部大臣の指定した者
五、大学入学資格検定規定により文部大臣の行う大学入学資格検定に合格した者
六、本学において相当の年令に達し、高等学校を卒業した者と同等以上の学力があると認めた者

第十四条　入学の許否は試験その他考査の上決定する。

第十五条　学校教育法による大学の学士号を有する者、もしくはこれと同等以上の学力ありと認められる者または本学を中途退学し、再入学した者については第十条および第二十六条に規定する在学期間を三カ年以内短縮することができる。

第十六条　収容余力のあるときに限り選考の上編入学を許可することがある。編入学期は、学年の始とし、本人の既習の学科目単位数および在学年数については、その一部又は全部を本学において認定し、今後履修しなければならない学科目、単位数および学年数を決定する。

第十七条　入学（再入学、編入学を含む、以下同じ）出願者は所定の入学考査料を納付し、入学を許可された者は、所定の入学料を納付しなければならない。一旦収受した納付金は返済しない。

第十八条　入学を許可された者は所定の方式に従って宣誓をし、かつ本学の承認する保証人をたてねばならぬ。これを怠るときは、入学許可を取り消す。

第十九条　転部を希望する者については、欠員のある場合選考の上、これを許可することがある。

第二十条　病気その他止むを得ない事故で引続き三カ月以上欠席しようとする者は、休学を願出ることができ

る。休学は一カ年以上にわたることはできない。ただし、特別の事情あるときは、更に一カ年延長を許すこともある。

第二十一条　休学期間は、第十条および第二十六条に規定する在学期間に参入しない。

第二十二条　止むを得ない事由があると認められるものについては、願出により退学を許可する。

第二十三条　成業の見込みがないと認められる者には、退学を命じ、もしくは除籍する。

第二十四条　他校に転学しようとするときは、理由を具し願い出で許可を受けねばならない。

第二十五条　他校からの転学は特別の場合の他許可しない。

第二十六条　在学は六カ年を超えることができない。

第六章　授業料その他の納付金

第二十七条　入学金は弐万円とする。

第二十八条　授業料は一カ年金弐万五千円とする。ただし当分の間年額壱万円の維持費を授業料に附加する。

一旦収受した授業料は返還しない。

第二十九条　聴講料および教職課程特別負担金については、別にこれを定める。

第三十条　休学期間の授業料については、別に定める。

第三十一条　学資支弁の困難な者には、審議の上、授業料の減免もしくは延納を許すことがある。

第三十二条　所定の期日までに授業料を納付しない者は除籍する。

前項の規定により除籍された者については一切の証明を行なわない。

第七章　賞罰

第三十三条　特に他の模範となるべき行状ある学生は、これを褒賞することがある。

第三十四条　本学の規則に違反し、その他学生たるの本分にもとる者は、戒告、停学または退学に処する。

第八章　職員組織

第三十五条　本学に左の職員を置く

学長、学部長、教授、助教授、助手、講師、研究員、助手補、校医、保健婦、事務職員、その他（守衛、使丁）

第九章　教授会

第三十六条　各学部に教授会をおく。

教授会は専任教授をもって組織する。

第三十七条　教授会は、教授、助教授、助手、講師等教員の任命、学科目の担当その他学校運営上の重要な事項を審議する。

第三十八条　教授会が必要と認めたときは、助教授その他の教員を教授会の審議に参加させることができる。

第十章　学生定員

第三十九条　学生定員は、次の通りである。

経済学部経済学科　入学定員　百五十名　総定員六百名
経営学部経営学科　入学定員　百五十名　総定員六百名

第十一章　研究所、図書館

第四十条　本学に経済研究所をおく。

第四十一条　本学に図書館をおく。

第十二章　委託生、聴講生、外国人留学生、研究生

第四十二条　収容余力があるときは、特別選考の上、委託生、聴講生、外国人留学生、研究生の入学を許可する。

第十三章　学年、学期、休業日

第四十三条　学年は四月一日に始まり翌年三月三十一日に終る。

第四十四条　一学年を左の二期に分ける。

前学期　四月一日から十月十五日まで

後学期　十月十六日から翌年三月三十一日まで

第四十五条　左の日には授業を行なわない。

日曜日及び国の祝祭日

本学創立記念日

春季休業　四月一日から四月十日まで

夏季休業　七月十一日から九月十日まで

冬季休業　十二月二十五日から一月七日まで

第十四章　寄宿舎、保健施設

第四十六条　本学に寄宿舎をおく。

第四十七条　本学に医務室をおく。

附則

第四十八条　本学則施行に必要な細則は、別に定める。

第四十九条　本学則は、昭和三十七年四月一日から施行する。」

この松山商科大学（経済学部、経営学部）の新学則について、少しコメントしておこう。

①「目的及使命」に関して。一九四九年四月開設の松山商科大学（商経学部）の学則では、「本校は商業経済を中心

とする諸科学の綜合的専門的研究及び教授」となっていたが、一九六二年四月開設の松山商科大学（経済学部、経営学部）の学則では、「経済、経営を中心とする諸科学の綜合的専門的研究および教授」と変更され、学部学科内容にふさわしいものになっていることである。

②学科目に関して。

イ、一般教養科目を一般教育科目に名称変更していることである。

ロ、外国語科目は一九四九年学則では人文科学関係の中に入っていたが、外に独立していることである。そして単位数も増やしていることである。

ハ、専門科目について、経済学科目が二四、経営学科目が一六とアンバランスとなっていることである。また、商学関係科目が関連科目になっていることである。

ニ、演習、卒論を一九四九年学則では選択であったが、一九六二年学則では必修にしていることである。

③第三十六～三十八条の教授会の規定に関しては、一九四九年開設時と同一で、教授会は教授以上で組織され、助教授以下は構成員でなく限界があったことである。

④学生定員は一九四九年の経済学科、経営学科各一〇〇名であったが、一九六二年から経済学部、経営学部各一五〇名に増やしていることである。

⑤創立日に関して、第四十五条で創立記念日の月日が相変わらず未定となっていることである。創立日はいつかを特定するのは中々難しく、未定としたのだろう。

第三「校地」は次の通りである。

種別	坪	所在地
校舎敷地	七、二四三・三四	松山市清水町二丁目一二八番地、同北味酒町、同鉄砲町
運動場	一〇、〇〇〇・〇〇	同
宅地	二六四・二八	同清水町、同北味酒町
墓地	八八・〇〇	同御幸町
山林	二八、四七六・〇〇	同湯山町
合計	四六、〇七一・六二	

第四「校舎等建物」は次の通りである。

建物種別	坪	建物様式	部屋数	備考
本館	六七一・三三	鉄筋コンクリート造三階建 一部四階	五一	管理部、教室、研究室、経済研究所
二号館	二四六・〇〇	木造二階建	五	教室、倉庫
三号館	三一二・〇〇	鉄筋コンクリート造二階建	五	建築中、昭和三十七年三月完成予定、

		一部三階		教室
四号館	一六四・〇〇	平屋建木造	二	教室
五号館	一〇〇・五〇	平屋建木造	四	
六号館	九一・〇〇	平屋建木造	三	体育室
七号館	二五六・〇〇	鉄筋コンクリート造二階建 一部四階	七	教室、管理部
理学教室	一六四・八三	木造平屋建	九	教室、実験室、標本室
講堂兼教室	一六二・七五	木造平屋建一部二階	一	講堂兼教室
加藤会館	一九七・五七	鉄筋コンクリート造二階建	一二	研究室、会議室、休憩室、中小企業 研究所
体育教員室	一五・〇〇	木造平屋建	三	研究室、物置
使丁室	一六・〇〇	木造平屋	一	
図書館	二八一・二四	鉄筋コンクリート造二階建 一部地階	一四	閲覧室、管理部、書庫
学生集会所	一〇六・六三	木造二階建	一三	
倉庫	二五・〇〇	木造平屋	一	
計	二、八〇九・八五			
体育部室	八二・五〇	木造平屋建	一五	
寄宿舎	一一七・八〇	木造二階建	一六	

食堂	八〇・〇〇	木造平屋建	三	
校宅	二六〇・六三	木造平屋建	一五棟	
廊下その他	九三・二五			
計	六三四・一八			
合計	三、四四四・〇三			

そして、校地・校舎の配置図は次の通りである。

松山商科大学校地並びに校舎配置図 1/1,200

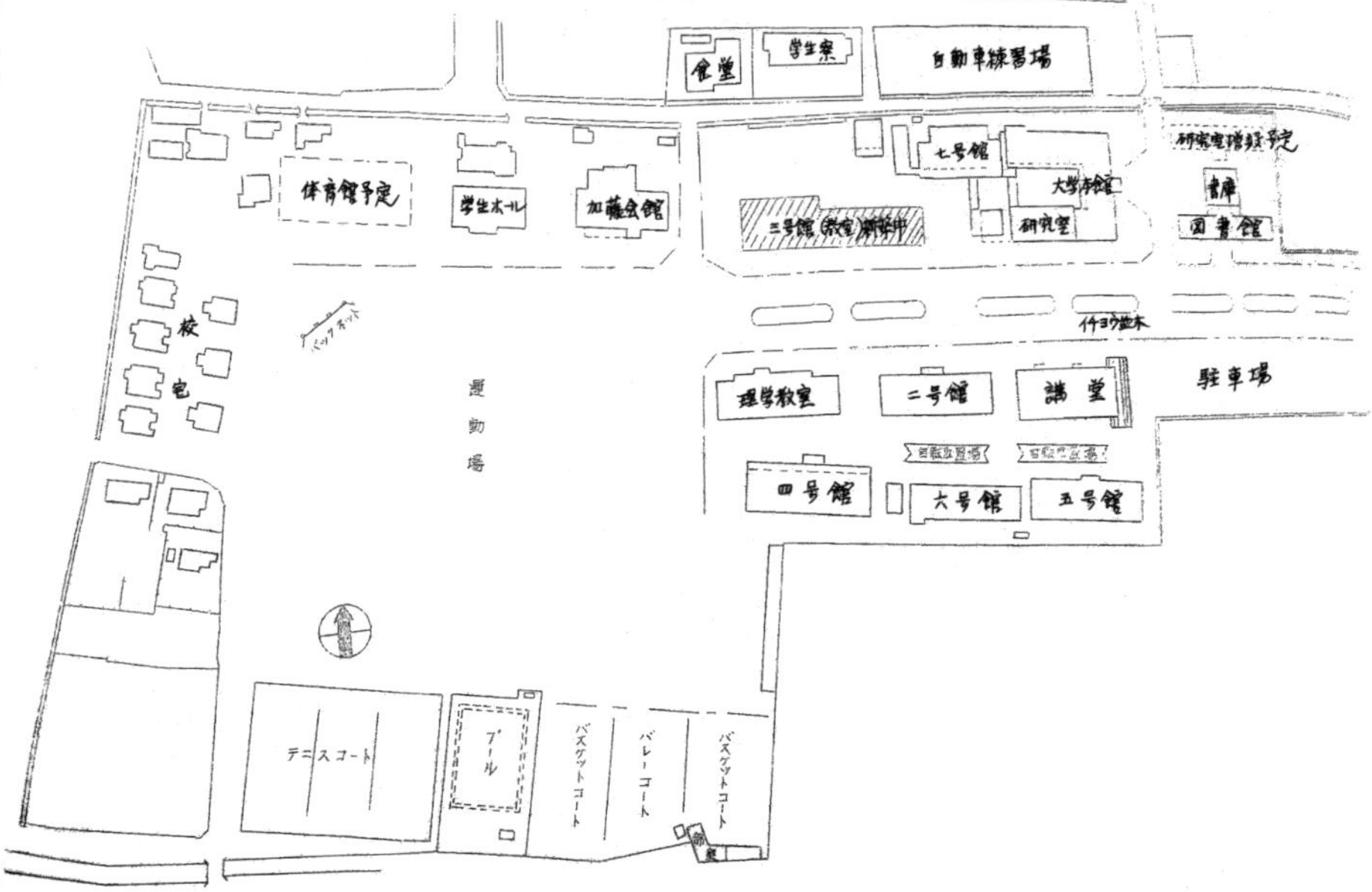

第五「図書、標本、機械器具等施設概要」は「設置要項」とほぼ同一故、略。
第六「学部および学科別学科目または講座」は「設置要項」とほぼ同一故、略。
第七「修業年限、履修方法および学士号」は「設置要項」とほぼ同一故、略。
第八「学部および学科別学生定員」は「設置要項」とほぼ同一故、略。
第九「職員組織」
一の「職員総括表（昭和三十七年度）」は次の通りである。

	専任	兼担	兼任	計
学長	一			一
教授	二五	五四	四	八三
助教授	八	一五	一	二四
講師	一三	一〇	一八	四一
計	四七	七九	二三	一四九
助手				
校医	一			一
保健婦	一			一
事務職員	二四			二四
その他	四			四
合計	七七	七九	二三	一七九

二の「学部および学科別教員」は略す。

三の「学長ならびに学部および学科別教員予定表」は次の通りである（ただし、簡略化した）。

「学長　星野　通

1. 経済学部経済学科

（イ）一般教育科目

	担当者	職名	専任兼任兼担の別	本務の名称
哲　学	伊藤恒夫	教授	兼担	松山商大経済学部教授
論理学	大喜多秀	講師	兼任	愛媛大学文理学部助教授
倫理学	大西確郎	講師	専任	
文　学	井手淳二郎	教授	専任	前、愛媛大学教授
政治学	清家唯一	教授	兼担	松山商大経済学部教授
社会科学概論	住谷悦治	講師	兼任	同志社大学大学院教授
法　学	高村　晋	教授	兼担	松山商大短期大学部教授
経済学	入江　奨	教授	兼担	松山商大経済学部教授
教育学	伊藤恒夫	教授	専任	
社会学	清水盛光	講師	兼任	京都大学教授
物理学	菊池清治	教授	専任	
生物学	宮本義男	講師	兼任	愛媛大学助教授
統計学	松木　武	助教授	専任	

（ロ）外国語科目

英　語	大野武之助	教授	専任	
英　語	マンクマン	講師	専任	
ドイツ語	三好助三郎	講師	兼任	愛媛大学教授
フランス語	広田喜作	教授	兼任	松山商大短期大学部教授
中国語	小原一雄	教授	専任	前、松山外国語短期大学教授

（ハ）保健体育科目

体育実技	五島　伝	教授	専任	
体育講義	菅井久隆	講師	兼任	松山商大校医
体育実技	田辺義治	助教授	兼担	松山商大短期大学部助教授
体育講義	田辺義治	助教授	兼担	松山商大短期大学部助教授
体育講義	五島　伝	教授	兼担	松山商大教授

（ニ）専門教育科目

経済原論	太田明二	教授	専任	
経済学史	入江　奨	教授	専任	
計量経済学	安井修二	講師	兼担	松山商大経済学部講師
景気変動論	太田明二	教授	兼担	松山商大経済学部教授
産業連関論	安井修二	講師	専任	
経済史概論	上田藤十郎	教授	兼担	松山商大経済学部教授
日本経済史	上田藤十郎	教授	専任	

西洋経済史	宮下孝吉	講師	兼任	神戸大学経済学部教授
東洋経済史	天野元之助	講師	兼任	大阪市立大学文学部教授
経済政策総論	北野熊喜男	講師	兼任	神戸大学経済学部教授
経済政策総論	未定	講師	専任	
国際経済論	大鳥居蕃	教授	専任	
農業政策論	津島　博	講師	兼任	愛媛大学農学部教授
工業政策論	望月清人	助教授	専任	
交通論	古川洋三	教授	専任	
商業政策論	向井鹿松	講師	兼任	中央大学教授
保険論	古川洋三	教授	兼担	松山商大経済学部教授
金融論	稲生　晴	助教授	専任	
国際金融論	大鳥居蕃	教授	専担	松山商大経済学部教授
財政学	増岡喜義	教授	専任	
租税論	増岡喜義	教授	兼担	松山商大経済学部教授
統計学総論	松木　武	助教授	兼担	松山商大経済学部助教授
経済統計論	家本秀太郎	講師	兼任	神戸大学経済学部教授
社会政策総論	望月清人	助教授	兼担	松山商大経済学部助教授
社会思想史	伊達　勇〔功〕	講師	専任	
商学総論	井上幸一	助教授	兼担	松山商大経営学部助教授
経営学総論	元木　淳	教授	兼担	松山商大経営学部教授

経営学総論	未定	講師	専任	
経営労務論	岩国守男	講師	兼担	松山商大経営学部講師
経営財務論	菊池金二郎	教授	兼担	松山商大経営学部教授
会計学原理	川崎三郎	教授	兼担	松山商大経営学部教授
簿記原理	菊池金二郎	教授	兼担	松山商大経営学部教授
原価計算論	川崎三郎	教授	兼担	松山商大経営学部教授
憲　法	高村　晋	教授	兼任	松山商大短期大学部教授
民法総則	星野　通	教授	専任	松山商大学長
民法物権	上野雅和	講師	兼担	松山商大経営学部講師
民法債権	星野　通	学長	専任	松山商大学長
商法総則商行為	江口順一	講師	兼担	松山商大経済学部講師
商法会社	越智俊夫	教授	兼担	松山商大経営学部教授
商法小切手	江口順一	講師	専任	
労働法	越智俊夫	教授	兼担	松山商大経営学部教授
国際公法	清家唯一	教授	専任	

（ホ）教職課程専門科目

産業概説	望月清人	助教授	兼担	松山商大経済学部助教授
英会話	マンクマン	講師	兼担	松山商大経済学部講師
英文学	大野武之助	教授	兼担	松山商大経済学部教授
米文学	大野武之助	教授	兼担	松山商大経済学部教授

教科教育法（商業）	増岡喜義	教授	兼担	松山商大経済学部教授

2. 経営学部経営学科

（イ）一般教育科目

心理学	井出　正	助教授	兼担	松山商大経営学部助教授
地　理	村上節太郎	講師	兼任	愛媛大学文理学部教授
歴　史	星野　陽	助教授	専任	
言語学	八木亀太郎	教授	専任	
自然科学概論	橋本吉郎	教授	専任	前、愛媛大学教授
数　学	井出　正	助教授	兼担	松山商大経営学部助教授
化　学	仙波光三	教授	専任	
工　学	川中建雄	教授	兼担	松山商大経営学部教授

（ロ）外国語科目

英　語	古茂田虎生	教授	専任	
英　語	二神春夫	教授	専任	
英　語	山内一郎	講師	兼任	松山商大短期大学部教授
ドイツ語	八木亀太郎	教授	兼担	松山商大経営学部教授
ドイツ語	吉元真一	講師	兼任	愛媛大学文理学部助教授
ドイツ語	星野　陽	助教授	兼担	松山商大経営学部助教授
フランス語	真部正規	助教授	専任	

（ハ）保健体育科目

体育実技	田辺義治	助教授	兼任	松山商大短期大学部助教授
体育講義	田辺義治	助教授	兼担	松山商大短期大学部助教授
体育実技	五島　伝	教授	兼担	松山商大経済学部教授
体育講義	五島　伝	教授	兼担	松山商大経済学部教授
体育講義	菅井久隆	講師	兼任	松山商大校医

（ニ）専門教育科目

経営学総論	元木　淳	教授	兼担	松山商大経営学部教授
経営財務論	菊池金二郎	教授	兼担	松山商大経営学部教授
経営労務論	岩国守男	講師	専任	
商業経営論	井上幸一	助教授	専任	
銀行経営論	山下宇一	教授	専任	
工業経営論	未定	講師	専任	
一般経営史	高沢貞三	講師	専任	
経営管理総論	元木　淳	教授	専任	
生産管理	高沢貞三	講師	兼担	松山商大経営学部講師
事務管理論	村山敏雄	教授	専任	
簿記原理	菊池金二郎	教授	専任	
会計学原理	川崎三郎	教授	兼担	松山商大経営学部教授
原価計算論	川崎三郎	教授	専任	

会計監査論	神森　智	助教授	専任	
経営分析	丹波康太郎	講師	兼任	神戸大学教授
企業形態論	山下宇一	教授	兼担	松山商大経営学部教授
商学総論	井上幸一	助教授	兼担	松山商大経営学部助教授
貿易論	林　薫雄	講師	専任	
保険論	古川洋三	教授	兼担	松山商大経済学部教授
交通論	古川洋三	教授	兼担	松山商大経済学部教授
商品学	川中建雄	教授	専任	
商業数学	松木　武	助教授	兼担	松山商大経済学部助教授
実用英語	林　薫雄	講師	兼担	松山商大経営学部講師
経済原論	太田明二	教授	兼担	松山商大経済学部教授
景気変動論	太田明二	教授	兼担	松山商大経済学部教授
金融論	稲生　晴	助教授	兼担	松山商大経済学部助教授
財政学総論	増岡喜義	教授	兼担	松山商大経済学部教授
国際経済論	大鳥居蕃	教授	兼担	松山商大経済学部教授
憲　法	高村　晋	教授	兼担	松山商大短期大学部教授
民法総則	星野　通	教授	兼担	松山商大学長
民法物権	上野雅和	講師	専任	
民法債権	星野　通	学長	兼担	松山商大学長
商法総則商行為	江口順一	講師	兼担	松山商大経済学部講師

商法会社	越智俊夫	教授	兼担	松山商大経営学部教授
商法小切手	江口順一	講師	兼担	松山商大経済学部講師
労働法	越智俊夫	教授	専任	
国際公法	清家唯一	教授	兼担	松山商大経済学部教授

（ホ）教職課程専門科目

職業指導	井出　正	助教授	兼担	松山商大経営学部助教授
工業概論	川中建雄	教授	兼担	松山商大経営学部教授
現代英文学	山内一郎	教授	兼担	松山商大短期大学部教授
英作文	二神春夫	教授	兼担	松山商大経営学部教授
言語学	八木亀太郎	教授	兼担	松山商大経営学部教授
教育原理	野田義高	教授	専任	
教育心理学・青年心理学	井出　正	助教授	専任	
教科教育法（商業）	川崎三郎	教授	兼担	松山商大経営学部教授
教科教育法（職業）	元木　淳	教授	兼担	松山商大経営学部教授
教科教育法（授業）	井上幸一	助教授	兼担	松山商大経営学部助教授
商業実習	菊池金二郎	教授	兼担	松山商大経営学部教授

英文法	古茂田虎生	教授	兼担	松山商大経営学部教授
音声学	今村茂男	講師	兼任	愛媛大学講師
英文学史	二神春夫	教授	兼担	松山商大経営学部教授
英　詩	山内一郎	教授	兼担	松山商大短期大学部教授
近代米文学	古茂田虎生	教授	兼担	松山商大経営学部教授
近代米文学	山内一郎	教授	兼担	松山商大短期大学部教授
現代米文学	二神春夫	教授	兼担	松山商大経営学部教授
教科教育法	今村茂男	講師	兼任	愛媛大学講師
道徳教育の研究	金谷　茂	講師	兼任	愛媛大学講師
教育行政	野田義高	教授	兼担	松山商大経営学部教授」

この教員予定表について、少しコメントしておこう。

①経済学部の経済政策総論と経営学部の経営学総論、工業経営論の専任教員について、未定のままで申請していることである。

②教授が過半数を超えているが、専任講師が多いことである。倫理学の大西確郎、英語のマンクマン、産業連関論の安井修二、経済政策総論の予定者、社会思想史の伊達功、経営学総論の予定者、商法小切手の江口順一、貿易論の林薫雄、民法物権の上野雅和、経営労務論の岩国守男、工業経営論の予定者、一般経営史の高沢貞三、合計一二名いる。

③星野通学長も民法総則、民法債権の授業科目を担当することで申請していることである。

④教職関係の科目・担当は経営学部に多く配置されていることである。

第十の「設置者に関する調」は次の通りである。

「役員氏名

理事長　星野　通

理事　大鳥居　蕃

理事　増岡　喜義

理事　八木　亀太郎

理事　新田　長三

理事　御手洗　摂之郎

理事　新野　進一郎

理事　吉岡　慎吾

監事　新田　祐一

監事　中西　吉次郎」

第十の「理事会議事録、評議員会議事録、昭和三十五年度収支決算、寄附行為」等は略す。

第十一の「資産」は略す。

第十二の「維持経営の方法」は設置要項と同じ故略す。

第十三の「開設年次」　第一年次

第十四の「現在設置している学校の現況」

一、学校名およびその沿革（略す）
二、松山商科大学学則（略す）
松山商科大学短期大学部学則（略す）
三、教員（職名、専任兼任の別、氏名、略歴）（略す）
四、学生（定員、現在学生数、累年卒業数）（略す）
第十五の「将来の計画」は次の通りである。

「(一) 学科目または講座、教員
1. 経済学部
各学科目の授業科目を増設、準備するとともに専任教員の増強、特に必修科目については、専任教員二名宛を予定する。
2. 経営学部
特に管理科学素養を深めるよう学科目の増設、整備を図り、専任教員数の増加充実に努める。
(二) 校地、校舎等
校地を拡張し、逐次寄宿舎、研究室を増改築、体育館を新築する予定である。
(三) 図書、標本、機械、器具等の教育研究用設備はさらに充実する予定である」

『申請書類』の最後に『松山商科大学教員個人調書』が添付されているが、それについては省略する。
そして、大学設置審議会から意見がついたのであろう。一一月二七日に『大学設置認可申請書』の追加修正を行なった。大幅な追加修正で、それは次の通りである。

経済学部部経済学科

①計量経済学	家本秀太郎	講師	兼担	神戸大学経済学部教授
②経済政策概論	高橋久弥	講師	兼担	九州大学大学院博士課程単位取得
③工業政策	田中忠夫	教授	兼担	元、松山商科大学教授
④社会政策総論	田中忠夫	教授	専任	元、松山商科大学教授
⑤社会政策総論	住谷悦治	講師	兼担	同志社大学教授
⑥社会思想史	穂積文雄	講師	兼任	京都大学教授
⑦社会思想史	伊達　勇〔功〕	講師	兼担	京都大学大学院修士課程修了
⑧外国書講読	伊達　勇〔功〕	講師	専任	京都大学大学院修士課程修了
⑨外国書講読	高橋久弥	講師	専任	九州大学大学院博士課程単位取得
⑩民法総則	星野　通	教授	専任	松山商科大学学長

経営学部部経営学科

①経営財務論	丹波康太郎	講師	兼担	神戸大学経営学部教授
②経営労務論	藻利重隆	講師	兼任	一橋大学教授
③工業経営論	中川公一郎	講師	兼担	神戸大学大学院修士課程修了
④外国書講読	岩国守男	講師	専任	一橋大学大学院修士課程修了
⑤外国書講読	高沢貞三	講師	専任	一橋大学大学院修士課程修了
⑥外国書講読	中川公一郎	講師	専任	神戸大学大学院修士課程修了

一一月三〇日にさらに教員の追加修正を行なった。次の通りであった。

経営学部経営学科

①簿記原理　戒能秋夫　講師　専任　公認会計士　一九一六年生まれ、松山高商卒。

②経済史　松田敏雄　一八九八年生まれ、東京商大卒。

また、星野通学長は、岩国守男、高沢貞三、伊達功、神森智、中川公一郎の経歴説明も行ない、資格認定を設置審に手書きの文章でお願いしている。

この追加修正人事について、少しコメントしておこう。

①申請時に未定であった、経済政策概論には九州大学大学院博士課程単位取得で九州大学助手の高橋久弥、工業経営論には神戸大学大学院修士課程修了の中川公一郎を講師として申請した。

②大学院出の若手教員の担当については文部省設置審から意見が出たのであろう。ベテランの教員を補充申請していることである。とりわけ、工業政策で田中忠夫、社会政策で田中忠夫・住谷悦治までを申請するとは、余程のことであったのではないかと推察される。

そして、文部省大学学術局長小林行雄から次のような、通知があり、一九六二（昭和三七）年一月二〇日認可がおりた(62)。

「大学学部の増設について（通知）

昭和三六年九月三〇日付けで申請のあった松山商科大学学部増設のことは、別紙のとおり認可になりましたが、下記の事項に留意の上その実施に遺漏のないよう願います。

記

1、建築中の校舎は計画どおり完成すること
2、専門図書については更に増強整備すること、特に経営学部の外国文献、標準的な図書を増強整備すること
3、機械器具を更に増強整備すること
4、経営学部の教員組織については、経営各論担当教員を補強すること」

(6) 一九六二(昭和三七)年度

本年四月一日から経済学部、経営学部の二学部体制となり、経済学部長に大鳥居蕃、経営学部長に菊池金二郎が就任した。

四月一日、経済学部、経営学部発足に伴い、次のような新しい教員を採用した。

高橋久弥　一九三一年一月生まれ、三一歳、山口大学経済学部卒、九州大学大学院博士課程単位取得、同大学経済学部助手。経済学部講師として採用。経済政策概論担当。

藤田貞一郎　一九三五年二月生まれ、二七歳、和歌山大学経済学部卒、大阪大学大学院博士課程在学中を経済学部助手として採用。

中川公一郎　一九三三年九月生まれ、二八歳、神戸大学経営学部卒、同大学大学院修士課程修了を経営学部助手として採用(63)。

なお、申請書では大西確郎（一九〇一年八月生まれ、東京帝大卒、倫理学）が就任予定の筈であったが、一九六二

年度の倫理学は伊藤恒夫が担当しており、赴任したかどうかは不明である。
経済学部のメンバーは次の通りである（かっこ内は生年月、学歴、就任年月、担当科目）。

教授
菊池清治（一八八六年一月、東北帝大卒、一九五五年六月、物理学）
古川洋三（一八九八年七月、関西学院高商部、ウイスコンシン大学卒、一九二三年四月、交通論、保険論）
大野武之助（一八九九年一〇月、松山中学卒。一九五〇年四月、英文学）
上田藤十郎（一八九九年一一月、京都帝大卒、一九四九年四月、経済史概論、日本経済史）
大鳥居蕃（一九〇一年五月、東京商大卒、一九二五年六月、国際経済論、国際金融論）
清家唯一（一九〇三年一一月、関西大学大学院、政治学、国際公法）
増岡喜義（一九〇三年一二月、九州帝大卒、一九二九年五月、財政学）
五島伝（一九〇五年一二月、日本体育専門学校卒、一九四八年九月、体育）
太田明二（一九〇九年五月、神戸商業大卒、一九三三年六月、一九四六年一一月、景気変動論、経済原論）
伊藤恒夫（一九一二年一月、京都帝大卒、一九四八年三月、倫理学、教育学）
入江奨（一九二三年六月、大阪商科大大学院修士課程中退、一九五一年三月、経済学史）

助教授
松木武（一九一四年一一月、京都帝大卒、一九四九年四月、統計学総論、統計学、商業数学）
稲生晴（一九二五年三月、松山経専卒、九州大学大学院特別研究生修了、一九五三年四月、金融論）

講師
望月清人（一九三二年三月、神戸大大学院修士課程修了、一九五六年四月、工業政策論）

J・Dマンクマン（一九一五年九月、英国陸軍少佐、一九六一年四月、英会話）
高橋久弥（一九三一年一月、九州大学大学院博士課程単位取得、一九六二年四月、経済政策概論）
安井修二（一九三三年六月、松山商大卒、神戸大学大学院修士課程修了、一九五六年四月、産業連関論、計量経済学）
江口順一（一九三六年一一月、京都帝大大学院修士課程修了、一九六〇年四月、商法総則商行為、商法小切手）

助手
藤田貞一郎（一九三五年二月、大阪大学大学院博士課程在学、一九六二年四月）

経営学部のメンバーは次の通りである。

教授
野田義高（一八九五年六月、東京高等師範卒、一九五六年四月、教育原理、教育行政）
橋本吉郎（一八九六年三月、東北帝大卒、一九五〇年二月、自然科学概論）
仙波光三（一八九六年六月、京都帝大卒、一九六二年四月、化学）
山下宇一（一八九九年一二月、東京商大卒、一九四九年四月、銀行経営論、企業形態論）
川崎三郎（一九〇〇年九月、東京商大卒、一九三四年一〇月、会計学原理、原価計算、教科教育法）
川中建雄（一九〇一年一月、広島文理科大卒、一九六一年四月、商品学、工学、工業概論）
古茂田虎生（一九〇二年一〇月、東京商大予科卒、一九四一年四月、英語、英文法、近代英文学、近代米文学）
菊池金二郎（一九〇五年七月、東京商大卒、一九四九年四月、経営財務論、簿記原理、商業実習）

村山敏雄（一九〇六年一二月、長岡工業学校卒、一九五七年四月、事務管理論）
八木亀太郎（一九〇八年一〇月、東京帝大卒、一九四九年四月、言語学）
二神春夫（一九〇九年三月、九州帝大法文学部卒、一九四七年九月、英語、英作文、英文学史、現代英文学、
　　現代米文学）
元木　淳（一九二二年二月、東京商大卒、一九五一年四月、経営学総論、経営管理総論、教科教育法）
越智俊夫（一九二四年一月、東京帝大卒、一九四六年一二月、商法会社、労働法）
助教授
井上幸一（一九二一年七月、神戸経済大卒、一九五二年四月、商学総論、商業経営論）
井出　正（一九二二年九月、広島文理科大学卒、一九五六年一〇月、心理学、数学、職業指導、教育心理学、
　　青年心理学）
神森　智（一九二七年九月、松山経専卒、一九五三年四月、会計監査論）
星野　陽（一九二九年一〇月、九州大学大学院史学科修了、一九五六年四月、歴史、ドイツ語）
講師
林　薫雄（一九〇二年一二月、関西学院高等商業部卒、一九六一年四月、貿易論、実用英語）
岩国守男（一九三〇年一〇月、一橋大学商学部大学院修士課程修了、一九五七年四月、経営労務論）
高沢貞三（一九三二年一月、一橋大学商学部大学院修士課程修了、一九六一年四月、生産管理、一般経営史）
上野雅和（一九三一年四月、九州大学大学院博士課程単位取得、一九六一年四月、民法物権）
助手
中川公一郎（一九三三年九月、神戸大学大学院修士課程修了、一九六二年四月、工業経営論）

二学部体制に伴い、四月「松山商科大学合同教授会規則」が定められた。その規則は次の通りであった。

「松山商科大学合同教授会規則

第一条　教授会は民主的かつ能率的な運営によって本学教育の使命達成に資することを目的とする。

第二条　合同教授会は学長及び両学部の専任教授をもって構成する。ただし合同教授会が必要と認めたときは構成員以外の専任の助教授および講師を参加させることができる。

第三条　合同教授会は学長が招集する。

第四条　合同教授会は必要ある場合随時これを招集する。

第五条　合同教授会の決議は構成員の三分の二以上が出席しその行使した議決の過半数で決定する。

第六条　各構成員は一個の議決権をもつ。

第七条　合同教授会の議長は学長がこれにあたる。

第八条　合同教授会において審議すべき事項は次の通りである。

一、入学に関する事項

二、教務に関する各学部共通の事項

三、学生の厚生補導、賞罰に関する事項

四、その他各学部共通の事項

五、本規則の改廃

第九条　合同教授会においては予め示された事項以外は付議しない。ただし合同教授会が緊急の必要ありと認めたときはこの限りでない。

第十条　合同教授会は付議事項について必要ありと認めたるときはその事項について審査立案する委員会を設け

ることができる。
第十一条（所管、略）
第十二条（欠席の届出、略）
第十三条（議事録、略）
第十四条　構成員その他出席者は合同教授会の会議の経過を漏らしてはならない。
附則　この規則は昭和三十七年四月一日より施行する」(64)

そして、経営学部教授会規則も合同教授会規則と同時に制定され、学部の教授会に関する事項が定められた。経営学部教授会は学部所属の専任教授をもって構成され、教授会が必要と認めたときは構成員以外の専任の助教授および講師をもって審議に参加させることができるとされ、付議事項を決めた。経営学部教授会規則は次の通りである。

「松山商科大学経営学部教授会規則
（本規則の目的）

第一条　松山商科大学経営学部の教授会に関する事項は、この規則の定める所による。

（教授会の目的）

第二条　教授会はその民主的かつ能率的な運営によって本学教育の使命達成に資することを目的とする。

（教授会の構成）

第三条　教授会は学部所属の専任教授をもって構成する。ただし教授会が必要と認めたときは構成員以外の専任の助教授および講師を審議に参加させることができる。
二　前項の規定に拘らず、第九条（付議事項）第一項第1号ないし第5号および第10号を付議する場合は専任の教授、助教授および講師をもって構成員とする。

（招集者）

第四条　教授会は学部長が招集する。

二　それぞれの教授会の構成員の三分の一以上が会議の付議事項および招集理由を示してその招集を請求したときはそれぞれの教授会を招集しなければならない。

三　教授会招集の通知は少なくとも会議の前日までにその付議事項を示して行う。

（招集の時期）

第五条　教授会は毎月一回定日に招集する。ただし、必要ある場合は随時これを招集する。

（決議の方法）

第六条　教授会の決議は構成員の三分の二以上が出席し、その行使した議決の過半数で決定する。ただし、賛否同数の場合は議長が決定する。

二　学科目の設定改廃に関する事項の議決については、第一項の規定による過半数には出席し且つ行使した教授の議決権の過半数を含まなければならない。

三　第一項の規定に拘らず、学長の選出、学科目の設定改廃に関する事項、本規則の改廃その他重要事項に関しては決議の要件を過重することができる。

四　構成員やむを得ない事由があるときは教授会の承認をえて書面でまたは代理人によりその議決権を行使することができる。

五　教授会の決議について直接利害関係をもつ者は議決権を行使することができない。

（平等の議決権）

第七条　各構成員は一個の議決権を持つ。

（議長）
第八条　教授会の議長は学部長がこれにあたる。学部長事故あるときは学部長の指名した者がその職務を代行する。
（付議事項）
第九条　教授会に付議すべき事項は下の通りである。
1　退学、転学、転部、休学および卒業に関する事項
2　学科課程および授業日時数に関する事項
3　試験および課程修了の認定に関する事項
4　学長、学部長の選出などに関する事項
5　学則中教育および研究に関する事項の改廃に関する事項
6　学科目の設定改廃並びに担当に関する事項
7　教授、助教授、講師、助手、研究員、助手補の資格査定、任免に関する事項
8　学長および教員の留学または派遣に関する事項
9　学長および教員の学外出講などの承認に関する事項
10　本規則の改廃
11　その他教育および研究に関する事項
二　専任教授のみをもって構成する学部教授会の決議事項は専任の助教授および講師を含む教授会にこれを報告しなければならない。
（付議事項の制限）
第十条　教授会においては予め示された事項以外は付議しない。ただし、教授会が緊急の必要ありと認めたとき

はこの限りでない。

（委員会）

第十一条　教授会は付議事項について必要ありと認めたときはその事項について審議立案する委員会を設けることができる。

（所管）

第十二条　教授会に関する事務は教務課の所管である。

第十三条　（欠席の届出、略）

第十四条　（議事録、略）

（秘密を守る義務）

第十五条　構成員その他出席者は秘密事項について教授会の会議経過を漏らしてはならない。

附則　この規則は昭和三七年四月一日より施行する」(65)

経済学部教授会規則は、遅れて一九六三（昭和三八）年一月に制定され、第一教授会と第二教授会に分けられ、第一教授会は専任の教授、助教授および講師をもって構成され、第二教授会は専任の教授をもって構成され、それぞれに付議事項が定められた。

経済学部教授会規則は次の通りである。

「松山商科大学経済学部教授会規則

（本規則の目的）

第一条　松山商科大学経済学部の教授会に関する事項は、この規則の定める所による。

（教授会の目的）

第二条　教授会はその民主的かつ能率的な運営によって本学教育の使命達成に資することを目的とする。

（教授会の構成）

第三条　教授会を第一教授会と第二教授会とに分ける。

二　第一教授会は専任の教授、助教授、講師をもって構成する。

三　第二教授会は専任の教授をもって構成する。

（招集者）

第四条　教授会は学部長が招集する。

二　それぞれの教授会の構成員の三分の一以上が会議の付議事項および招集理由を示してその招集を請求したときはそれぞれの教授会を招集しなければならない。

三　教授会招集の通知は少なくとも会議の前日までにその付議事項を示して行う。

（招集の時期）

第五条　教授会は毎月一回定日に招集する。ただし、必要ある場合は随時これを招集する。

（決議の方法）

第六条　教授会の決議は構成員の三分の二以上が出席し、その行使した議決の過半数で決定する。ただし、賛否同数の場合は議長が決定する。

二　学科目の設定改廃に関する事項の議決については、第一項の規定による過半数には出席し且つ行使した教授の議決権の過半数を含まなければならない。

三　第一項の規定に拘らず、学長の選出、学科目の設定改廃に関する事項、本規則の改廃その他重要事項に関しては決議の要件を過重することができる。

四　構成員やむを得ない事由があるときは教授会の承認をえて書面でまたは代理人によりその議決権を行使することができる。
五　教授会の決議について直接利害関係をもつ者は議決権を行使することができない。
（平等の議決権）
第七条　各構成員は一個の議決権を持つ。
（議長）
第八条　教授会の議長は学部長がこれにあたる。学部長事故あるときは学部長の指名した者がその職務を代行する。
（付議事項）
第九条　第一教授会に付議すべき事項は次の通りである。
1　入学、転部、転学、休学、退学および卒業に関する事項
2　試験および課程修了の認定に関する事項
3　学科課程および授業日時数に関する事項
4　学科目の設定改廃に関する事項
5　学生の厚生補導賞罰に関する事項
6　学長、学部長の選出などに関する事項
7　学則中教育および研究に関する事項の改廃に関する事項
8　その他教育および研究に関する事項
9　本規則の改廃に関する事項
二　第二教授会に付議すべき事項は次の通りである。

1　学科目の担当に関する事項
2　教授、助教授、講師、助手、研究員および助手補の資格査定並びに任命に関する事項
3　学長および教員の留学または派遣に関する事項
4　学長および教員の学外出講などの承認に関する事項
三　第二教授会の決議事項は次の第一教授会に報告しなければならない。
（付議事項の制限）
第十条　教授会においては予め示された事項以外は付議しない。ただし、教授会が緊急の必要ありと認めたときはこの限りでない。
（委員会）
第十一条　教授会は付議事項について必要ありと認めたときはその事項について審議立案する委員会を設けることができる。
（所管）
第十二条　教授会に関する事務は教務課の所管である。
第十三条　（欠席の届出、略）
第十四条　（議事録、略）
（秘密を守る義務）
第十五条　構成員その他出席者は秘密事項について教授会の会議経過を漏らしてはならない。
附則　この規則は昭和三八年一月三一日より施行する」(66)

これらの教授会規則について少し、コメントしておこう。

①基本的に一九五二年の商経学部時代の教授会規則の規定を踏襲し、専任教授のみの教授会と助教授以下を含めた教授会の二つに分けていることである。とくに経済学部の場合には、第一教授会（全員）と第二教授会（教授のみ）と規定した。

②教授だけの教授会が人事権（教員の採用、昇格等の任免権）や学科目担当者の決定権を有していることである。そして、それらは、教授だけの教授会が審議し、助教授以下を含む教授会には報告のみであり、その点ではなお「民主的」ではなかったことである。

③ただ、学長の選出については、助教授以下全教員にも権限が付与されていたことである。

④経済学部教授会規則の制定が遅れたのは、経営学部教授会規則は合同教授会規則に則り同時に制定されたが、経済学部では議論があり、厳密に第一教授会、第二教授会とし、付議事項も分けたためであろう。

本年度の全学の校務体制は、教務部長は元木淳が、学生部長は大野武之助が、図書館長は上田藤十郎教授が引き続き務めた。研究所長は川崎三郎に代わって、新しく山下宇一が就任した（一九六二年四月一日～一九六五年三月三一日）。事務局長は事務職員の木村真一郎が引き続き務めた。学校法人面では、大鳥居蕃、増岡喜義、八木亀太郎が引き続き理事を務め、星野理事長を支えた。

本年度は二学部体制となって初めての入試で、三月八日、本学、京都、岡山、広島、福岡の五会場で行なわれ、募集人員は経済学部二〇〇名、経営学部二〇〇名（定員は各一五〇名だが多く募集）に対し、経済学部は一四二九名（第一志望一一五四名、第二志望二七五名）、経営学部は一二三二名（第一志望五六六名、第二志望六六六名）であり、相かわらず経済学部志望者が多かった。競争率は約七倍であった(67)。

四月一〇日、二学部体制となって初めての入学式が行なわれた。経済学部二五二名、経営学部二五八名が入学した。短い式で僅か二〇分余で終わった。星野学長の式辞の大要は次の如くであった。

「諸君は本日こゝに商大生として認められたわけであるが、私は諸君に松山商科大学の沿革とその性格の概略を述べることにする。大正十二年大阪財界の故新田長次郎翁が現在の貨幣価値に換算し数億円をかけて松山に松山高等商業学校を創設し、初代校長には大阪高商（現在の大阪市立大）の加藤彰廉先生をむかえた。そして加藤先生の人柄とあわせた清潔さと質朴さが学校のカラーを作り出した。その後三代目校長を田中忠夫先生（註、現在同先生は愛光学園の校長）が三十七歳の若さで継がれ、高い学識と経営の才能を発揮された。特に昭和十二、三年頃には松山高商も世間から高く評価されるようになり、受験者もふえるに伴い、入学者の増員及び校舎の拡張もなされ、質量ともに発展することになった。ここに私学高商では東の大倉（現東京経済大）、西の松山と呼ばれるようになったのもこの頃であった。やがて福知山にあった学校を合併し、松山経済専門学校として発足した。戦後の昭和二十四年に松山商科大学に昇格、伊藤秀夫学長の下に、大学作りに努力し、以後順調に発展してきている。

　事業面では全国でもまれな中小企業に関する診断・指導・相談にあたる中小企業研究所が昨年設置された。また今年度から、経済・経営二学部制になり、諸君はその第一回生に当たる。

　ところで本学における建学の精神は、高度な学識と教養を身につけ実務能力養うことである。それ故、ごく平凡でありふれたことであるが、またこれは崇高であるとも考えられる。それに本学は初代校長以来培われてきた三実主義がある。真実・忠実・実用がこれである。諸君は在学中にこの三実精神を身につけ、信念の固い人から信頼される有用な人になってもらいたい。環境は人を作るという。四年間の生活で諸君は不知のうちに学校の伝統と三実主義の薫化を受けるであろう。

　ただこゝで二つ三つ諸君に希望しておきたいことがある。まず第一に商大に入学した以上、学校のルールを尊重してもらいたい。学校も一つの学園共同体である。また、思想・学問・言論の自由、これらの実現、表現の手段も憲法で保証されているが、諸君は学生・青年であるからおのずからそれには制約があると私は信ずる。諸君は学びつつある準備の時代である。社会の改革に情熱をむけるより、まず自己の完成に目を向けてほしい。東大のはやり言葉に「入学前は旺文社、在学中は岩波文庫、卒業後は文芸春秋社」というのがある。これは的確に各時期を把えている。それから同じ東大のはやり文句に「せん学連・雀学連・全学連・勉学連」の四つの学連がある。せん学連はなにも勉強せず、雀学連は麻雀にあけくれる者をいったことばである。私は勉学にうちこむ勉学連たるものを尊敬する。要するに学生時代は学問の研究を第一とせよ。そして集団的な政治運動はやめてほしい。

次に、図書館を大いに利用してもらいたい。この学生生活の中で良き先生、良き友、良き書を得、適当なレクレーションをたしなんでほしい。

最後に、信念のかたい、人に信頼される有用な人材になることを期待する」(68)

これは、星野通の信念の窺われる式辞であった。

そして、四月、新入生向けの『学生便覧』に校訓「三実主義」(真実・忠実・実用)が掲げられ、その説明が次のようになされた。

「本学には初代高商校長加藤先生が創唱し、二代［川東注：三代の間違い］田中校長により、その意義が確認強調された三実主義という校訓がある。四十年間学園とともに生きて今日に至った人間形成の伝統的原理であって、本学或は前身の高商・経専の卒業者が中央に地方に高い人間的評価を受けているのは、この校訓の薫化による処が多い。三実とは真実、忠実、実用の三つであって、その意義は次の如く解明されるであろう。

真実とは　真理に対するまことである。皮相な現象に惑溺しないで進んでその奥に真理を探り、枯死した既成知識に安住しないでたゆまず自から真知を求める態度である。

忠実とは　人に対するまことである。人のために図っては己を虚しうし、人と交わりを結んでは終生操を変えず自分の言行に対してはどこまでも責任をとらんとする態度である。

実用とは　用に対するまことである。真理を真理のままに終わらせないで、必ずこれを生活の中に生かし社会に奉仕する積極進取の実践的態度である」(69)

この星野学長の説明は、一九四一（昭和一六）年の『生徒要覧』における田中忠夫の「三実主義」の定義・説明の前半部分をそれぞれ二行程度に簡略・簡明化したものである（字数にして二一五字）。本来ならば、戦後民主主義の立場から、表現・内容を民主的・現代的に変更する必要があったと思われるが、星野学長はしておらず、田中忠夫の定義の単なる簡略・簡明化に過ぎなかった。

そして、この星野学長の簡略・簡明化した校訓「三実主義」の配列・定義が、以後、増岡、八木、太田、伊藤、稲生、越智、神森、宮崎、比嘉、青野、神森の各学長時代まで五〇年以上にわたり、卒業式、入学式で繰り返し述べられ、『学生便覧』、ホームページ等で繰り返し掲載された。

四月、本学の教員が一昨年より調査研究していた、伊予三島・川之江経済社会実態調査の報告書が刊行された。その目次は次の如くであった。

「序論　愛媛県経済の後進性とその発展方策
第一章　伊予三島・川之江地域経済の近代化
第二章　伊予三島・川之江製紙業経営の近代化
第三章　伊予三島・川之江製紙業就業者の実態
第四章　伊予三島・川之江地域の文化生活と社会意識の実態」(70)

五月一二日、三号館が完成した（本館の西側）。外部、内部ともにすばらしい設計で、総工費四五〇〇万円、近代的でスマートな建物であった。

五月三一日から六月三日まで、福岡大学で第八回西日本学生経済研究大会が開かれ、松山商大からは多数報告がなされた(71)。

六月二日、二学部新設祝賀会と兼ね、三号館の落成式が三号館の五〇〇人合併教室で行なわれた。学外からの招待者、教職員、学生ら約二〇〇名が出席した。星野学長の式辞、木村事務局長の経過報告等が行なわれた。引続き、祝賀会が催された(72)。

六月二一日、ゼミ連が発足した。その行事予定は、一、全日本学生経済ゼミナール大会への参加、一、連合誌発行、一、学内ゼミナール発表会、一、親睦をはかるための諸活動であった。これまで、全日本学生経済ゼミナール大会へは経済研究部、経営研究部が参加していたが、これにより各ゼミが出席参加するようになった(73)。

九月二六日、学生寮の地鎮祭が行なわれた。

一〇月、来年度は創立四〇周年にあたるので、星野学長・理事長は創立四〇周年記念事業準備委員会を発足させた。委員長は増岡喜義が就任した(74)。

一二月、「松山商科大学教員選考基準」を定めた。そこでは、教授、助教授、講師、助手となることのできるものの資格が定められ、選考は教授会で審査委員を原則三名選び、審議を行ない教授会に報告、教授会で決定し、学部長から学長に報告されることになった。

「松山商科大学教員選考基準」は次の通りである。

「一、教員の選考は人格、識見、教授能力、教育業績、研究業績を考慮しておこなわれなければならない。

二、教員の選考は、次の基準による。
(一) 助手となることができるもの
イ 修士課程修了者又は特に同等の資格があると認められるもの
ロ 大学の学部を卒業したもの
(二) 講師となることができるもの
イ 博士課程単位修得者
ロ 修士課程修了者で一年の助手歴を有するもの
ハ 大学の学部卒業者で三年の助手歴を有するもの
ニ 大学の学部を卒業し、研究所、試験所、調査所等で三年の研究歴を有し、研究上の業績及び教育上の能力があると認められるもの
ホ 前号と同等の資格があると認められるもの
(三) 助教授となることができるもの
イ 博士課程単位修得者で二年の講師歴を有するもの
ロ 修士課程修了者で四年の講師歴を有するもの
ハ 大学の学部卒業者で四年の講師歴を有するもの
ニ 大学の学部を卒業し、研究所、試験所、調査所等で七年の研究歴を有し、研究上の業績及び教育上の能力があると認められるもの
ホ 前号と同等の資格があると認められるもの
(四) 教授となることができるもの
イ 七年の助教授歴を有するもの

ロ　旧制の博士の学位を有するもの
ハ　大学の学部を卒業し、研究所、試験所、調査所等で一四年の研究歴を有し、研究上の業績が特に著しく、かつ、教育上の能力があると認められるもの
ニ　前号と同等の資格があると認められるもの
附則　この基準は昭和三七年一二月六日から施行する」(75)

一二月、学校当局は来年度からの授業料等の値上げを発表した。授業料を年間二万五〇〇〇円を三万円に、設備拡充整備費を五〇〇〇円から一万五〇〇〇円に引き上げる(76)。

一二月、温山会総会が開かれ、温山会は創立四〇周年にあわせて、三恩人の銅像の復元、学生の奨学金の設立などを決めた(77)。

一二月三〇日、伊藤秀夫前学長が亡くなられた。七九歳であった。星野学長が「伊藤先生を憶う」を『松山商大新聞』に載せている。

「前学長伊藤秀夫先生。八十才の高齢を以て去る三十七年十二月三十日他界された。香り高い蘭の花、一輪、音もなく散って一めんの余香があたりを深い悲しみにつつむ。……まさにこういった感じである。

最後に先生にお目にかかったのは一月程前の十一月終わりだった。所は黄ばんだ城山が美しく見える松田池近くであり、令息恒夫君と散歩していられた。しばらく学校の近況などをお話して別れたが、その時の先生の十徳とベレイ帽姿が妙に印象的である。

先生は若い頃、自由の学風をしたって早稲田大学にまなばれた。亡くなった杉森孝次郎氏など同級生だったらしいが、同大学では、のち同大学教授となった関余三郎氏と首席をあらそはれたという。後年英語学者となられ

たが、早大での専攻は哲学だったのだ。その片鱗は先生の日常のお言葉や、読んでおられる本でときおりうかがへた。大正十五年松山高商に英語の先生として来任。昭和六年七月頃、先生憧憬の国だったイギリスに留学された。二十二年には経専校長となられ、更に二十四年大学への改組後の初代学長となられた。終戦直後、焦土と化した学園の復旧につくされた功績は大きかったし、また全校の牽引車となり、或は議論の多い連中のよき潤滑油となって大学づくりに努力された御苦労は一しほだったと思われる。三十二年病気隠退後はお好きな謡に親しんで悠々自適されていたが、最近急に病あらたまって再びたてなかった。安倍能成先生などとともに先生は典型的なオールド・リベラリストであり、また品のいいイギリス型のゼントルマンであった。厳格な半面、きはめて人情に厚い暖かな性格の持主であり、しかもウイットとユーモアに富まれ、同僚とひとときを炉辺に談笑しては、きく者をして春風春雨一時にいたる思いあらしめた。不正をにくむことはげしく、学生に対しては秋霜烈日の厳しさでのぞまれる半面、溢れる様な暖かさ、やさしさを以て接し、長年に及ぶ高商、経専の生徒課長時代、「ボラさん」の愛称で学生におそれられ、尊敬され、親しまれた。汲めどもつきぬ先生の美はしい人間性が学生をしてかく感ぜしめたのであろうが、専門学校歴代生徒課長の中で名課長であった。

わたしがはじめて先生を知ったのは大正三年松山中学入学時、そして学校同僚として御つきあいを願うようになったのは大正十五年頃だったと思う。以来才月ながれて、五十年、思へば半世紀にも及ぶ長い御つきあいだったが、その間先生を尊敬する念こそいやまされ、いやな思いをしたことは一度だってなかった。平凡な表現だが、これは先生の御ひと柄が本当によかったからだらう。惜しい人をなくしたものである。

先生との御つきあいの中でいまだによく記憶にのこるのは昭和十五年頃からいつとはなしにはじまり、終戦前後までつづいた湯豆腐会のことである。山越に長建寺という古寺があり、そこに一寸したはなれがある。いつの頃だったか、先生の首唱でいま同志社大学の教授をしていられる住谷博士、東北大学の哲学科の教授木場深定氏、亡くなった高橋一洵氏、古川洋三氏、それに小生が加はって、そこで豆腐をつついて馬鹿話に興じたことがある。

勿論、上戸はのみ下戸はヒタスラ豆腐と魚をくった。これがはじまりで年に五、六度、ここで豆腐を喰うて性談ならぬ竹林七賢人の清談をやった。凡そ五、六年はつづいただろうが、あまり人の悪口、かげ口をいはない気持ちのいい会合であった。そのときの一杯気嫌に陶然として人生の機微を語る先生のお顔が、いまも目にちらつく。豆腐と先生！　本当に奇妙なそしてなつかしい思出ではある。

思出はつきないが紙数に制限がある。ここらで筆をおこう。最後に先生が生前愛誦されたワーズワースの言葉、ハイシンキング、ブレインリヴィングを口づさんで先生のお冥福をお祈りすることにする（三十八年一月十三日）」(78)

一九六三年三月二〇日、本学講堂において商経学部第一二回、短期大学部第一〇回の卒業式が行なわれ、商経学部二七二名、短期大学部七五名が卒業した(79)。

(7) 一九六三(昭和三八)年度

経済学部、経営学部の二学部体制の二年目である。経済学部長は大鳥居蕃、経営学部長は菊池金二郎が引き続き務めた。

全学の校務体制は、教務部長は元木淳、学生部長は大野武之助、図書館長は上田藤十郎、研究所長は山下宇一が引き続き務めた。事務局長は事務職員の木村真一郎が引き続き務めた。学校法人面では、増岡喜義、八木亀太郎が理事を引き続き務め、五月から菊池金二郎（一九六三年五月一〇日～一九六六年四月一九日）と元木淳（一九六三年五月一〇日～一九七一年一二月三一日）が新理事となり、星野理事長を支えた。

本年度の入試は、前年と同様、三月八日、本学、京都、岡山、広島、福岡の五会場で行なわれ、募集人員は経済学部二〇〇名、経営学部二〇〇名（定員は各一五〇名）に対し、志願者は経済学部は一四二九名、経営学部は一二三四名であり、相変わらず経済学部志望者が多かった。競争率は経済七・二倍、経営六・三倍であった(80)。

本年度も次のような新教員を採用した。

小原一雄　一九一三年一〇月生まれ、四九歳、東京外大卒、大連高商助教授、松山外国語短期大学教授等歴任。一九五二年四月から本学短大事務職員兼非常勤講師をへて、経済学部助教授。中国語担当。

松野五郎　一九一七年一〇月生まれ、東京大学卒、四五歳、松山経専、松山女子商業高校教諭等歴任。経済学部講師。統計学担当。

渡部　孝　一九三一年七月生まれ、本学卒、三一歳。米国北ダゴダ州立教育大学院修了。経営学部講師。英語担当。

越智　武　一九二〇年四月生まれ、日本体育大学卒、四三歳、松山東校教諭等歴任。経営学部講師。体育担当。

また、昇格人事として、経済学部の藤田貞一郎（一九六二年四月助手採用）が講師に昇格した(81)。

四月一〇日、入学式が本学講堂にて行なわれ、経済学部三三五名、経営学部二六六名が入学した。星野学長は式辞で次のように述べた。

「諸君は諸君の代表がいま入学宣誓簿に署名することによって、まさしく本学学生たる身分を取得した。私はこれを確認するとともに本大学の沿革、性格について概略を説いて諸君向後の学生生活の参考としたい。

大正十二年松山の生んだ日本の製革王故新田長次郎翁が巨費を投じて松山高等商業学校を創設した。これがわが松山商大の前身である。初代校長は元大阪高商校長だった加藤彰廉氏であるが、氏の清潔堅実なる教育方針、経営方針のよろしきを得て、商大百年の校礎は在職十年の間にかたまった。わが学園伝統の人づくり精神三実主義も氏の創唱にかかる。ついで田中忠夫氏が弱冠三十七歳で三代目校長となったが、田中校長は稀に見る高邁な教育者的見識、卓抜した経営者的才幹の持主であり、同氏就任とともに学校は飛躍的な発展をした。すなわち、全国的に優秀高商としてみとめられるようになり、殊に私学高商として東の大倉高商とともに西の松山高商は天下の双璧とうたわれたのである。

昭和十九年松山経済専門学校と改組改称され、二十年には空襲で致命的打撃をうけ、一時再起不能とさへ言われたが、挙校一致、よく焦土によみがえり、昭和二十四年には松山商科大学に昇格、以後、順調な成長をつづけ、昨年は従来の単科大学を廃して、経済学部、経営学部の二学部よりなる複合大学に改組、将来一層の発展を期待されている。

本学建学の使命は学識深く教養の高い近代センスの産業人、経済人を養成することにあり、学園の施策、事業は大体この点に集中されている。而して、いまこの建学の使命を経とするならばこれに対して緯となるものとして、本学には大正末期以来四十年間学園の精神的支柱となってきた独自の人づくりの原理がある。人づくり原理とは前言した三実主義でる。三実は真実、忠実、実用の三つこれであり、真実は真理を探求し、不屈の批判精神を養う意味、忠実は人としての節操を常にまもり自己の言動にはいかなるときも責任を持つことを意味する。また実用とは自己の認識し、到達した真理を単なる枯死した真理、真知に終わらしめることなく、これを社会生活に有用有益に活用する実践的生活態度である。一言にこれを要約せば信念固く、人から信用される有用有益の人材を作ることであり、近代的センスの知的経済人、産業人として、しかもかかる三実精神のあふれる人格を造成することこそ本学究極の使命とする所といえよう。

次に諸君は憲法により学問・思想・表現、従って団体行動の自由が保証されている。されば諸君はいかなる思想を有することも自由なれば、また学問や言論の自由を持つ。だが、団体行動の自由に関する限り、法的保証はあるとしても、なお社会的には諸君が学生であるということによって、おのずからなる身分上の制約があると私は思う。すなわち、諸君は学生であるが、学生とは学びつつある者、学ぶべき者、何を置いても先ず学問の研究に専念すべき立場にある者を指す。あくまで学生の本分は学問の研究にある。したがって、諸君が第一義的任務たる学問研究に没頭することを忘れて学生生活とは直接関係のない、政治的社会的団体活動に狂奔する如きは学生たるの本分を逸脱せるものというべきである。かかることのないよう諸君の自重を要望して止まないのである。

最後にいま一度繰り返して言いたい。諸君が本学に学ぶかぎり歴史と伝統のある学友会活動に、進んで参加し或は数多くの本学先輩に接し、また本学諸先生に個人的にもよく接触し、或はまた学校の三十年史、設立者新田翁自伝、加藤彰廉先生などをよむことによって学園の底流となっている三実主義を自然裡に感得し、よき松山商大人となることを切念して諸君に贈る私の第一声とする」(82)

四月二五日に、有師寮の東側に学生寮が完成し、落成式が行なわれた。星野学長が南溟（なんめい）寮と名付けた。この寮は学園拡充計画の一環で、図書館、三号館につぐ建物であった。鉄筋コンクリート三階建て、入寮者は六二名。二人一室であった(83)。

本年は創立四〇周年にあたる。前年一〇月に準備委員会（委員長増岡教授）が設置されていたが、記念事業予定は次の通りである。

「一、記念祝典（一一月九日）
一、祝賀行事（一一月九日を中心に大学祭を行なう）
一、記念論文集の発行
一、日本商品学会中四国支部部会（一〇月六日）
一、中四国商経学会（一二月上旬）

一、記念講演会（一一月上旬）
一、中四国学生政経ゼミナール（一一月上旬）
一、日本学生経営学会西部部会（一一月下旬）
一、学生記念顕彰論文の募集
一、厚生施設山の家又は海の家の設置」(84)

六月一四日から一六日まで、長崎大学にて第九回西日本学生経済研究会が開催された。本学からも経済研究部が七部門で発表した(85)。

一〇月、創立四〇周年記念論文集が刊行された。経済編八編、経営編六編、法律編六編、人文編六編、語学編三編、体育編一編の三〇本の論文が載せられた。学長の星野通も「明治・昭和三民法典における姻族観念の比較法学的研究」を執筆した。それは、先に中川善之助教授還暦記念号『家族法大系　第Ⅰ巻　家族法総論』（有斐閣）の「姻族関係とその効果」と論旨は同じゆえ、その内容は省略する。

一一月一日、星野通は、教科書『新民法総論』を関書院新社から出版した。それは、一九五二（昭和二七）年三月に出版した『新民法総論』の改定版であった。

一一月九日、創立四〇周年記念式典が本学講堂にて行なわれた。卒業生、教職員、来賓等四五〇名が出席した。開会の辞、校歌のあと星野学長が式辞を述べた。式辞は次のごとくであった。

「わが松山商科大学は、その前身松山高等商業学校の創立以来、年を閲することここに四〇有星霜、時運の進展と社会の要望に応へて、学問研究および、人材養成の府として、輝かしい業績を築いてまいりました。
まことにローマは一日にしてならず、わが学園のたどった道もまた必ずしも坦々たるものではなくて、その間、幾多の難境を経て参りましたが、ただ不屈不撓、一難を経る毎に一歩を進め、もって校運隆々、本日ここに創立四〇周年の記念式典を挙げ得る運びにいたったのであります。

これ創立者新田家はいうに不及、県内県外各界諸彦の賛助と卒業生諸君の支援と、且つは又教職員各位、全学生の一致協力の結果にほかならず、顧みて衷心ふかく欣佩に堪えないところであります。

さて、わが大学の前身松山高等商業学校が当松山出身の一代紳商新田長次郎先生の拠金に基き、時の松山市長加藤恒忠先生の斡旋をわづらわし、元大阪高等商業学校長加藤彰廉先生を初代校長として誕生したのは、遠く大正一二年でありまして、当時、加藤先生が校長であられた北予中学校の校舎の一部を借り受けて、本県最初の専門学校として授業は始められたのであります。

かくて、加藤校長の大いなる徳望と卓越した指導精神と、さらにはまた一代の教育者が晩年円熟の熱情を傾け、骨をけずり肉をそぐがごとき努力を重ねた育成とによって、学園百年の基礎は確立せられたのであります。

次いで、学園の歴史に画期的な発展の足跡を印したのが、田中忠夫校長の時代でありまして、学生定員、教授定員の増加をはじめ、校舎の増築、校地の拡張その他に驚異的な躍進を示したのであります。

すなわち、渺たる家塾的私学にすぎなかったわが学園は田中氏就任を機とし大きく発展をとげ、やがて、全国多数ある高等商業学校の中でも優秀校に属するものと評価されるにいたり、ことに私学高等商業学校中にあってまさに日本最高クラスとさえたたえられたことは、私ども学校関係者の心ひそかに大きい喜びとする所でありました。しかも戦時下学校再編成により昭和一九年松山高等商業学校は松山経済専門学校と改組、改称され、非常時下の我が国経済専門教育に大きい役割を果したのであります。

不幸にして戦争末期、はげしい戦災を受けて、本館、加藤会館等一部鉄筋建築を除く、全校舎と教具、器具類の一切が焼失するという壊滅的な打撃を被りましたが、幸いにして灰塵のなかからよく不死鳥の如く立ち上がることが出来たのでありました。

すなわち、敗戦による社会的混乱と物質的欠乏の真っ只中にあって伊藤秀夫校長が牽引車となって一路直進した全教職員、および学生の不退転の努力は豊かな実を結んでやがて復興となり、つづいて真理探求と高度の学識技能をそなえた近代的経済人産業人養成とを職能とする大学となって以後一五年この間、教授陣は逐次充実し、一方校地は大拡張され、講堂、図書館、教室、寄宿舎等も相次いで建設されました。誠にいま秋空に亭々として聳える銀杏並木の両側に大小数組の建物が整然とたちならぶキャンパスの風景は相当の景観といいえばいえるでしょうか？

また、大学改組と同時にその研究的使命達成のため経済研究所が設置されて全学的機関として機関紙の発行、或は、共同調査などに大きい業績を挙げて参りましたが、特に一昨年は中小企業研究所を併置し、日本企業の九割以上をしめる中小企業の専門的、理論的研究を行うとともに地域社会の中小企業の発展振興、近代化に奉仕して一層地方大学としての使命達成と近時のキャッチフレーズたる産学協同の精神の実践に努力することになりました。しかも昭和三七年には急速なる経済伸長と著しき技術革新に即応して従来の単科大学を発展的に改組、経済学部、経営学部二学部制の複合大学となし、新買収地には近く経済研究所、中小企業研究所、全教員研究室等を綜合する一大研究センターを建設せんとする計画も熟しつつあり、かくて本学は関西私立大学一方の雄として確固たる地歩を占むるに至ったのであります。

また特記すべきは昭和二七年商業経済学に関する短期大学部が設置されたことであります。当時の県下定時制高校生諸君、および各方面勤労青少年諸君の熱心な願望にこたえて、本学が愛媛県および松山市両当局の物心両方面にわたる支援を得て開設したものであり、開設後一〇年余、順調なる発展をとげて今や県下唯一の勤労青少年短期専門教育機関として大きい役割を演じつつあります。多数の短大卒業生が、全県下にわたり各々そのところを得て活躍しつつあるのはこれまたひそかに私どもの喜びとせねばならないところであります。

以上がわが学園の歩んだ四〇年の道程であり、また歴史でありまして、卒業生を世に送ること実に八三〇〇人、いづれも縁に順い、機に応じて産業界、経済界に大いなる活躍をなしつつありますことは、いささか私どもの自ら慰め安んずるところであります。

しかしながら、百里の道を行くものは九〇里をもって半ばとすべしとか申します。これを建学の大精神に照らし、ひるがえってまた現在および将来の世界の大勢とわが国情にかんがみ、私どもの大学が研究および教育の二つにしてしかも不可分なる使命達成を通じ日本文化の発展に貢献せんことなお前途遼遠であって、決して小成に安すんべき秋ではないと思うのであります。

今後設立者、卒業生諸君、或は各界諸彦の協力と相まち、愈々建学の真面目を発揮し、勇猛精進、もって大学としての使命達成を期せんとする次第であります。願わくば、大方の諸彦また深厚なる協力を賜わり、これを指導鞭撻せられんことを。

ここにはるかなる建学の昔を偲び、改めて創立三恩人、その他、諸彦諸先輩につきぬ感謝を捧げるとともに、所懐と抱負の一端を述べて式辞といたします。

昭和三八年一一月九日
松山商科大学学長　星野　通」(86)


そのあと、温山会から学校に対し、三恩人の銅像贈呈式が行なわれ、新田長次郎翁は本館前に、加藤彰廉は図書館前に、加藤拓川は三号館前に置かれた(87)。

そして、この時、三恩人のプロフィールが星野通学長によって書かれた。それは次の如くであった。

新田長次郎翁
「温山新田長次郎翁は松山市山西の産。弱冠志をたてて大阪にいで当時至難とされた帯革製造業を創始し日本産業発展に大きい寄与をした。勤労を尚び虚偽を斥けるよきひととなり万人に敬愛されたが、翁また青年を愛し学問を愛し巨費を投じて故山に松山高等商業学校を創設した。温山会は創立四十周年に当り学園創立の父温山翁を偲んで胸像を再建し、永くその功績を後世に伝えんとするものである。

昭和三十八年十一月九日　　星野　通撰文

大暁　澤田茂雄謹書」

加藤拓川翁

「拓川加藤恒忠翁は松山藩儒者大原観山の三子であり、俳人子規の叔父にあたる。幼にして伝統の家学に親しみ、長じてフランスに学び外務省に入って大公使を歴任後貴族院議員となる。後年請われて松山に帰り市長となったが、松山高等商業学校創立に当っては新田温山翁を説きよく学園誕生の産婆役を果たした。ここに温山会は創立四十周年を迎えるに当り翁を偲んで胸像を再建、永くその功を讃えんとするものである。

昭和三十八年十一月九日　　星野　通撰文

大暁　澤田茂雄謹書」

加藤彰廉先生

「加藤彰廉先生は松山藩士宮城正修の次子として生る。長じて東京大学に学び西欧の新思潮を身につけたが、卒業後は教育界に入り山口高等中学校教諭を経て大阪高等商業学校長となった。晩年松山に帰り北予中学校長となる。松山高等商業学校創立に当っては請われて初代校長となり、学園百年の礎を確立した功績は至大である。ここに創立四十年に当り温山会は胸像を再建、先生の遺徳を永く後世に伝えんとするものである。

昭和三十八年十一月九日　　星野　通撰文

大暁　澤田茂雄謹書」(88)

この星野通の三恩人の紹介文について、少しコメントしておこう。

星野通の紹介文は三恩人の経歴をそれぞれ一八〇字程度に短くまとめ、簡にして要を得たもので、その後の原型という意味において極めて重要な資料である。しかし、現時点ではいくつか不備・問題点が見受けられる。例えば、三恩人の生年月、没年が無い、また、両加藤には出自があるが、長次郎には無い、さらに彰廉には学歴を記しているが、長次郎と拓川には無い、また、両加藤には衆議院議員の経歴があるのに欠けている、等々である。

一一月二一日、第二次池田内閣下の第三〇回衆議院選挙が行なわれ、自民党は議席を少し減らしたものの、大勝した。この選挙に関し、二二日の新聞に松山商大生四名が公選法違反の疑いで任意出頭、取調べ中という記事が出て、本学は大騒ぎとなった。

『松山商大新聞』は一一月二八日、号外を出した。その大要は次の如くである。

「衆議院選挙の開票結果を知ろうと一一月二二日の新聞を目にしたとき異様な記事に驚いた。松山商大生四人が公選法違反の疑いで取調中というものであった。我々はこの事態を知り、関係学生の非常識さに憤慨の念を抑えることができなかった。記念すべき創立四十周年をこのような不祥事件で汚点を残すとは全く残念なことである。この不祥事件は単に関係学生の問題としてだけでなく、現在の商大生のあり方についても再検討する必要にせまられていよう。本学学生全体としての統一の欠如ー学生間の交流ー及び政治経済等における問題意識の欠如が最大の問題であろう。

我々は学生課を訪れ、真相を聞いた。それによると、商大生四人は自分たちの入場券を含めて学生から三二枚、一般市民（おもに友人）から九枚、計四一枚を集めて選挙事務所二カ所に売り込みに行った。その入手方法は『ちょっと貸してくれ、晩までには返す』とか『入場券があれば選挙アルバイトがやりやすいのだ』とか言われ、安易な気持ちで貸したとのこと。そこでは先輩関係とか、いつも面倒をみてくれているからという気持ちで貸したらしい。彼等はどうして金欲しさの手段として学生として恥ずべき行動をとったのか。以前、彼等は選挙事務所でアルバイトしたことがあり、そこで選挙の腐敗を知り容易に金が入ることを知ってやったのではないか。入場券を貸した学生は色々の関係から断れなかったといっているが、義理人情で自分の権利を放棄し民主主義を踏みにじった行為は問題である。

民主主義国家国民の最高の権利行使である衆議院選挙の機会に、我々商大生の一部から最高学府に学び国家の将来を背負って立つべき国民として最も恥ずべき出来事が起こったことは遺憾である。起こってしまったこの出来事は過去の出来事として胸に刻み『罪を憎んで人を罰せず』の精神で、その出来事を将来の良き教訓として生かす道を見出すために一人一人が自覚し、努力することが我々に与えられた最大の課題であろう」(89)

星野学長はこの不祥事の責任を痛感し、任期終了を待たずに辞意を表明した。しかし、慰留された。

星野通学長の任期が本年一二月末で満了となるために、一一月二六日に次期学長候補者を選ぶための推薦委員会が開かれた。推薦委員は太田明二教授ら七名の教授、事務局から一名、そして温山会から愛媛新聞社長の高橋士氏、愛媛県総務主幹二宮氏の一〇名からなり、満場一致で増岡喜義教授を学長候補者に決めた。

一二月一〇日、学長選挙が行なわれた。信任投票で、三分の二以上の信任により増岡喜義が次期学長に決定した(90)。

一二月三一日、星野学長は任期満了により、学長・理事長職を退いた。

星野通の学長退任の挨拶は次の如くであった。

「三十八年十二月末日を以て学長を退任いたしました。野球でいえば、九回裏二死というきわどい処で、新聞やテレビ・ラジオでさわがれるという不祥事が発生し、学園代表者として大きい責任を痛感したのでありましたが、その他は無能な私が六年間のながきわたり大した馬脚を現わすこともなく、その任にあり得ましたことは、同僚の諸君はいうに及ばず温山会員の皆さんのいつに変わらない御友情御高屁によるものとこころより感謝している次第です。

管理職、行政職或は経営者としての地位から解放され、研究と教育オンリーの静かな生活に還ったわけでありますが、皆さん！　向後も何分にも御よろしく御願い申上げます。私の在任中建物が二つ三つたったり、校地が若干拡がったりいたしましたが、これらはいずれも私のかげの人、木村事務局長の献身的な御協力や、他の理事諸公の不断の御努力によるものでありまして、到底私の如きよくなしうる所ではありません。私は学長として教員組織の充実と研究環境の改善を主目標に、私なりに懸命の努力をいたして参りました。

幸いに教員組織の拡充は相当の成果をあげ得て、二学部制の基礎をつくり得たと思うのでありますが、第二の目標たる研究環境の改善は全く思うに任せず、向後の完成はこれを新学長の御手腕にまたねばなりません。幸にも後任者は有能にして、人格識見ともに文字通り申分のない増岡氏を得たことでありますし、私のなし得なかったことは必ずや同氏によって実現されることでありましょう。まことに以て母校の前途は洋々といわねばなりません。同氏に対する向後の御支援をお願いして止みません。複雑な人間関係にとりかこまれた責任ある地位から解放されたガンツフライの心境はまた格別のどかなものですが、半年ほど存分に解放感を味わって、あと一頑張り、好きな民法史の研究でも続けたいと、かように考えています。

皆さんもどうぞ、時々この老兵を御たずねてください。そして昔話をしたり、学園の将来のヴィジョンなどについて語り合いましょう。

最後にこの六年間、私は一切の権謀術数を排し、ただ清潔と誠実のみを旨として仕事をしてきたことを申上げまして、皆さんへの退任御挨拶を終わることといたします」(91)

(1)『松山商大新聞』第七三号、一九五七年二月七日。
(2)星野通「第二代学長に就任して」『松山商大新聞』第七四号、一九五七年五月二七日。
(3)岩国守男は一九三〇（昭和五）年一〇月広島県生まれ、一九五七年三月一橋大学大学院商学研究科修士課程修了。
(4)『五十年史』二九二～二九三頁。
(5)『六十年史（資料編）』一二五～一三一頁。
(6)星野通「民法制定以後の婚姻法」中川善之助・青山道夫・玉城肇・兼子一・川島武宜責任編集『家族問題と家族法』第二巻、酒井書店、一九七四年。
(7)『松山商大新聞』号外、一九五七年一二月一七日。
(8)『松山商大新聞』第七九号、一九五八年二月一五日。
(9)同右。
(10)同右。
(11)『五十年史』二九五～二九六頁。
(12)『松山商大新聞』第八〇号、一九五八年三月二五日。
(13)『松山商科大学（経済学部、経営学部）設置認可申請書類』（一九六一年九月七日）より。『六十年史（資料編）』も三〇八名。
(14)『温山会報』第二号、一九五八年九月。
(15)『松山商大新聞』第七九号、一九五八年二月一五日。第八〇号、一九五八年三月二五日。
(16)『松山商大新聞』第八一号、一九五八年四月二〇日。
(17)『五十年史』二九六～二九八頁。
(18)同右、二九八～三〇〇頁。
(19)同右、三〇〇～三〇二頁。
(20)『松山商大新聞』第八一号、一九五八年四月二〇日。
(21)同右。
(22)『松山商大新聞』第八九号、一九五九年二月五日。

(23)『松山商科大学（経済学部、経営学部）設置認可申請書類』（一九六一年九月七日）より。『六十年史（資料編）』も二八〇名、温山会名簿では二八一名。

(24)『温山会報』第三号、一九五九年一一月。

(25)『五十年史』三〇四頁。

(26)同右、三〇四～三〇六頁。

(27)星野通「姻戚関係とその効果」中川善之助教授還暦記念号『家族法大系　第Ⅰ巻　家族法総論』有斐閣、一九五九年五月。

(28)『松山商大新聞』第九四号、一九五九年一一月一四日。

(29)同右。

(30)同右。

(31)真部正規は一九二七年二月愛媛県生まれ、一九四八年三月東京外国語学校仏語科卒業、日本交通公社勤務後、一九五一年四月松山外国語短期大学講師に採用され、一九五四年三月助教授になっていた。

(32)『松山商大新聞』第九六号、一九六〇年四月三〇日。『松山商科大学（経済学部、経営学部）設置認可申請書類』（一九六一年九月七日）では二九九名（その後の再試等のため）、温山会名簿では三〇〇名。

(33)『温山会報』第四号、一九六〇年一二月。

(34)『松山商大新聞』第九六号、一九六〇年四月三〇日。

(35)江口順一は一九三六年一月東京生まれ、一九六〇年三月京大法学部法学研究科修士課程修了。

(36)『松山商大新聞』第九六号、一九六〇年四月三〇日。

(37)同右。

(38)『松山商大新聞』第九八・九九号、一九六〇年五月三〇日。

(39)同右。

(40)『松山商大新聞』第一〇九号、一九六二年四月三〇日。

(41)『松山商大新聞』第一〇一号、一九六〇年一二月一九日。

(42)『松山商大新聞』第一〇二号、一九六一年二月一日。

(43)『松山商大新聞』第一〇一号、一九六〇年一二月一九日。

(44)『愛媛新聞』一九六一年一月三日。
(45)『六十年史（資料編）』一二八～一二九頁。
(46)『松山商大新聞』特別号（一九六一年三月二〇日）。『松山商科大学（経済学部、経営学部）設置認可申請書類』（一九六一年九月七日）では三〇六名（その後の再試等のため）、『六十年史（資料編）』も三〇六名。
(47)『温山会報』第五号、一九六一年一一月。
(48)『松山商大新聞』特別号、一九六一年三月二〇日。
(49)『松山商大新聞』一〇三号、一九六一年四月二八日。
(50)「経済研究所規程」は『五十年史』三一四～三一五頁。研究所の変遷は『三十年史』二一〇～二一六頁。歴代の研究所の所長は『六十年史（資料編）』一二八頁。
(51)『松山商大新聞』第一〇五号、一九六一年七月八日。
(52)『五十年史』三一五～三一六頁。『松山商大新聞』一〇六号、一九六一年九月一四日。
(53)『松山商大新聞』第一〇六号、一九六一年九月一四日。
(54)『松山商大新聞』第一〇七号、一九六一年一一月九日。
(55)『松山商科大学（経済学部、経営学部）設置認可申請書』より。
(56)『松山商大新聞』第一〇七号、一九六一年一一月九日。
(57)同右。
(58)同右。
(59)大鳥居蕃は一九〇一（明治三四）年五月滋賀県生まれ、一九二五（大正一四）年東京商大を卒業し、六月松山高商教授に就任し、教務課長を長らく務め、一九四九（昭和二四）年には商大教授となり、法人理事を務め、また学園長期計画委員会委員長も務めていた。
(60)菊池金二郎は一九〇五（明治三八）年七月愛媛県生まれ、一九三〇（昭和五）年東京商大を卒業し、兵庫県立神戸高商教授をへて、一九四九年松山商大教授となり、前教務部長を務めていた（『松山商大新聞』特別号、一九六二年三月二〇日）。
(61)『温山会報』第六号、一九六二年。
(62)『六十年史（資料編）』五二頁。

(63)『松山商大新聞』第一〇九号、一九六二年四月三〇日。
(64)『五十年史』三一八〜三一九頁。
(65)同右、三一九〜三二〇頁。
(66)松山大学総務課所蔵の公文書より。
(67)『松山商大新聞』特別号、一九六二年三月二〇日。
(68)『松山商大新聞』第一〇九号、一九六二年四月三〇日。
(69)一九六二(昭和三七)年度の『学生便覧』。
(70)『松山商大新聞』第一〇九号、一九六二年四月三〇日。
(71)『松山商大新聞』第一一一号、一九六二年六月一一日。
(72)同右。
(73)『松山商大新聞』第一一二号、一九六二年七月六日。
(74)『松山商大新聞』第一二〇号、一九六三年六月二九日。
(75)『五十年史』三二〇〜三二一頁。
(76)『松山商大新聞』第一一五号、一九六二年一二月一四日。
(77)『松山商大新聞』第一二二号、一九六三年一一月五日。
(78)『松山商大新聞』第一一六号、一九六三年一月二五日。
(79)『松山商大新聞』第一一七号、一九六三年三月二〇日。
(80)同右。
(81)『松山商大新聞』第一一八号、一九六三年五月一三日。
(82)同右。
(83)同右。
(84)『松山商大新聞』第一二〇号、一九六三年六月二九日。
(85)同右。
(86)『六十年史(資料編)』三〇二〜三〇四頁。『温山会報』第七号、一九六四年。

(87) 拙著「松山大学の歴史と創立の三恩人・校訓『三実主義』について」『松山大学論集』第二九巻第二号(二〇一七年六月)において、三恩人の銅像の設置場所について、両加藤の銅像の場所に間違いがあったので、訂正しておきたい(『松山商大新聞』第一二二号、一九六三年一二月一八日より)。
(88) 三恩人の星野通学長の紹介文は『六十年史(写真編)』一一五頁に全文が掲げられている。
(89) 『松山商大新聞』号外、一九六三年一一月二八日。
(90) 『松山商大新聞』第一二二号、一九六三年一二月一八日。
(91) 『温山会報』第七号、一九六四年。

第5章

再び松山商科大学教授に戻って

一九六四（昭和三九）年一月一日、星野通は再び教授に戻った。所属は経済学部であった。

大鳥居蕃経済学部長と菊池金二郎経営学部長の任期が三月末で切れるので、二月二〇日に、学部長選挙が行なわれた。選挙には、先ず両学部に所属する教授、助教授、講師が各学部二名の候補者を選ぶ予備選挙を行ない、この中から教授だけの決戦投票により両学部長を選ぶ方式がとられた。その結果、新経済学部長に上田藤十郎教授（日本経済史）、新経営学部長に古茂田虎生教授（英語）が選ばれ、四月から就任することになった(1)。

三月二一日午前一〇時より本学講堂にて商経学部、短期大学部合同の卒業式が挙行され、商経学部三二六名、短期大学部七二名が卒業した。増岡喜義学長の最初の卒業式であった。

三月三一日、古川洋三（交通論等）が定年により退職した。また川中建雄（商品学等）が依願退職した(2)。

（1）一九六四(昭和三九)年度

一九六四年度は経済学部、経営学部の二学部体制の三年目である。学長は増岡喜義が続け、経済学部長には上田藤十郎、経営学部長には古茂田虎生が新しく就任した。全学の校務体制は、教務部長は元木淳に代わって、太田明二が就任し（一九六四年五月一日～一九六六年六月一〇日）、学生部長は大野武之助に代わって、高村晋が就任した（一九六四年五月一日～一九六六年一月九日）。図書館長は上田藤十郎に代わって大鳥居蕃が就任した（一九六四年四月一日～一九六七年三月三一日）。研究所長は山下宇一が引き続き務めた（一九六二年四月一日～一九六五年三月三一日）。事務局長は事務職員の木村真一郎が引き続き務めた（一九五七年五月一日～一九七三年三月三一日）。学校法人面では八木亀太郎（一九六〇年一〇月三一日～一九七一年一二月三一日）、菊池金二郎（一九六三年五月一〇日～一九六六年四月一九日）、元木淳（一九六三年五月一〇日～一九七一年一二月三一日）が理事を引き続き務め、増岡理事長を支えた。

一九六四（昭和三九）年度の入試は、三月一〇日に、本学、京都、岡山、広島、福岡の五会場にて行なわれ、募集人員は経済学部二五〇名、経営学部二五〇名（定員は各一五〇名だがそれぞれ一〇〇名も多く募集）に対し、経済学部の応募者は一四三五人、五・七四倍、経営学部の応募者は一三一九人、五・二八倍であった。三月一七日に合格発表を行ない、経済学部三二三名、経営学部二八〇名で定員をかなりオーバーして発表した(3)。

四月一日、新教員を採用した。それは次の通りである。

伊達　勇〔功〕　一九二四年四月愛媛県生まれ、山口経専卒、京都大学卒、京都大学大学院経済学研究所修士課程修了、島根大学に赴任後、家庭の都合で愛媛に帰り済美高校に勤務し、一九六〇年四月松山商科大学経済研究所に勤務していた。

倉田三郎　一九三六年一〇月生まれ、神戸大学大学院経営学研究科博士課程修了。経営学部助手。

宮崎　満　一九三六年一月愛媛県生まれ、一橋大学商学部卒業、日東商船株式会社に入社し、本年四月経済学部助手に採用。

また、昇格人事もあり、経済学部の小原一雄（中国語）、経営学部の田辺義治（体育）が教授に昇格し、経済学部の高橋久弥（経済政策）、経営学部の林薫雄（貿易論）、高沢貞三（一般経営史、生産管理）が助教授に昇格し、経営学部の中川公一郎（工業経営論）が講師に昇格した(4)。

四月一〇日午前一〇時より本学講堂にて入学式が行なわれ、六二六名が入学した。増岡学長は今日まで四〇年間、三実主義をもって着実に歩んできた本学の沿革、概略を述べ、新入生に対し、これからの大学生活における学問、思想、行動にわたる注意を述べた。注意とは、星野前学長と同様に、学生としての本分を守って、政治運動よりも学問にエネルギーをというものであった(5)。

星野通は民法の外に、自ら進んでドイツ語講読を担当した。

一九六四年四月、星野通は『松山商大論集』第一五巻第一号に中村菊男慶應大学教授の『新版・近代日本の法的形成』(有信堂、一九六三年一二月)を書評している。その大要は次の如くである。

「一月某日、偶然、市内書店において慶應大学教授中村菊男氏著『新版、近代日本の法的形成』を発見、すでに旧版はもっていたけれども、増補された新版なので敢えて購入し、身辺多事のなかを新版二部の『民法典性格論争』をザット拾い読みした。新版第二部も旧版と変わりないが、ただ新たに第四章『民法典論争の経過と問題点』が付け加えられている。さて、この第二部においては光栄にも激しい攻撃が私の論著に向けられているが、同教授の波状的攻撃にもかかわらず、私の従来の見解はいささかも変わっておらず、また将来も変える必要なしと思っていることを、まず一言しておきたい。

明治二三年の民法典の性格論に関する限り、私の見解はいささかも変わっていない。

第一に、明治二三年の民法典における身分観念について、同法典では明治三一年民法典における前近代的身分観念、すなわち、血族、姻族、配偶者の三者を包摂する親族身分観念は法認されていない。第二に、戸主の家族に対する居所指定権について、明治三一年民法ではその規定があり、人間が人間を支配する身分拘束的、封建家族制的、封建戸主制度的性格を特質づけているが、明治二三年民法はかかる封建的戸主規定が欠如していることである。第三に、明治三一年民法には、公益を理由とする家族の婚姻取消請求権が戸主に与えられているが、明治二三年民法にはかかる請求権は全く与えられていない。

中村教授の再三に及ぶ激しい批判攻撃にもかかわらず自説変更いささかも必要なしというのが私の現在の心境である」(6)

一九六五(昭和四〇)年二月、星野通は、経済研究所から研究叢書第一二集『民法典論争資料集(続)』を刊行した。それは、一九四二年七月、一一月の『民法典論争資料集（上）（下）』、一九四三年のダイヤモンド社『明治民法編纂史研究』、一九四四年の日本評論社の『民法典論争史』につぐ四回目である。本資料集は星野通が蒐集し、未整理のまま眠っていたものを発刊したもので、法典延期派論文一本（穂積八束「耶蘇教以前ノ欧州家制」）、断行派論文一三本を掲載している。星野通は序論で、明治二三年民法典の本質について、慶應大学の中村教授との間で一〇年近く激しい論争をしてきたが、未だ決着がついていない、論争の成敗は、関心をよせる人に任せると言い、再度明治二三年民法典の「近代法的性格」について一二点を列挙し、持論を述べている。

一九六五年三月二〇日午前一〇時より本学講堂において、商経学部第一四回、短期大学部第一二回の合同卒業式が行なわれ、商経学部三〇七名、短大一二〇名が卒業した。増岡学長は実業人であることよりもまず人間であれと訓示した(7)。

三月三一日、経済学部の上田藤十郎教授と経営学部の山下宇一教授が定年により退職した。また、経済学部の江口順一講師が途中退職した。

（2）一九六五（昭和四〇）年度

一九六五年度は経済学部、経営学部の二学部体制の四年目である。学長は増岡喜義が続けた。経済学部長は上田藤十郎が定年退職し、かわって伊藤恒夫が二代目の学部長に就任した（一九六五年四月一日〜一九六九年三月三一日）。経営学部長は古茂田虎生が続けた。

全学の校務体制は、教務部長は太田明二、学生部長は高村晋、図書館長は大鳥居蕃が続けた。研究所長は山下宇一に代わって井上幸一が就任した（一九六五年五月一日〜一九六六年五月三一日）。事務局長は事務職員の木村真一郎が引き続き務めた。学校法人面では八木亀太郎、菊池金二郎、元木淳が理事を引き続き務め、増岡理事長を支えた。

一九六五年度の入試は例年より早く二月二一日、本学、京都、岡山、広島、福岡の五会場にて行なわれ、経済、経営各二五〇名の募集定員に対し、経済学部は一二四四名、経営学部は四九四名の志願者で、昨年を上回った。そして、二月二七日に合格発表を行ない、経済学部三六〇名、経営学部三八八名、合計七四八名の入学を許可した(8)。

四月一日、新しい教員が採用された。職員で採用していた真部正規を経営学部のフランス語の助教授として採用した。また、佐藤幸夫を経済学部の商法の講師として採用した(9)。

また、昇格人事もあり、経済学部の越智武と松野五郎が助教授に昇格し、経営学部の倉田三郎が講師に昇格した(10)。

四月九日、入学式が行なわれ、式は初めて学部別になされた。経済学部は三三番教室にて、経営学部は講堂にて行なわれ、経済学部三三三名、経営学部三〇六名が入学した。増岡学長は本学の沿革、三実主義について述べ、有意義な学生生活を送るよう訓示した(11)。

本年度の星野通の授業科目は前年と同様、民法とドイツ語であった。

一九六六(昭和四一)年三月一九日、卒業式が行なわれ、商経学部四三名、経済学部二二四名、経営学部二〇三名が卒業した(12)。

一九六六年三月三一日、星野教授は定年を迎え退職した。六五歳であった。広田喜作も同じく定年退職した。

星野通の退職の辞は次の通りである。

「私が本学の前身松山高商に来任したのは遠く大正一四年の昔であり、諸君などまだ生れるべく運命づけられていない時代であった。以来、四〇年が経過したわけであり、思へばあわただしくもあり、また、余りにも長い年月の流れであった。その間、哀感ともども、学校の問題につき、あるいは自分自身について色々なできごとがあったが、悲しかったこと、苦しかったことについて語れば愚痴になって、諸君もつまらないだろうし、さりとて、うれしかったこと、喜ばしいことだけ話せばいきおい自慢話になって、聞かれる諸君には不愉快きわまるだろうから、この際、悲喜ともに一切口を閉じてノーコメントということにする。

ただ一言だけ言はしていただきたいことは、悪を憎む自我の強い私は一切の不正を排除することに呵責しなかったとともに、よき学生諸君にはあふれる愛情をもって接して来たことを誇りとする。無能な私ではあるが、学生諸君に対する友愛の情にかけては何人にもヒケをとらなかったつもりである。

大学という処は教師学生ともに学問を研究し、研究の成果を発表し、また教師は自己研究成果を学生に教授し、若い学生はこれを全力を以て吸収すべきである。また、学生教師ともに協力して人間形成に専念すべき場でもある。大学とはこうした崇高な使命達成に構成員が総力を結集すべき運命的な創造的協同体である。学生教師、或は学生相互に内にせめぐ利害対立の場ではない。

どうか諸君相互に協力して平凡な、わかりきった、しかも崇高な学の真使命達成に専念していただきたい。私も今後、何らかの形において学校に関係することになるだろうが、この学校使命実現に余生をささげたいと思う。

最後に諸君の学問に光栄あらんことを祈る。一九六六・二・二〇」[13]

(3) 一九六六(昭和四一)年度以降

一九六六年四月からは、星野通は松山商科大学嘱託教授となった。このころ、六五歳で退職しており、星野通に再雇用制度は適用されなかったが、実質再雇用であった(神森先生より聞き取り)。

一九六六年一二月に、『松山商大論集』第一七巻第六号が「星野通博士定年記念号―法史学及び法学の諸問題―」として発刊された。伊藤恒夫経済学部長が献辞を書いている。それは次の通りである。

「昭和四一年三月末、星野教授は、同僚の愛惜のうちに、定年退職されることになりました。

今度、この記念論文集を教授に捧げ、私どもの深い感謝と変らざる敬愛、思慕のしるしとしたいと思います。

星野教授は東京帝国大学法学部法律学科（独法）を御卒業後、直ちに御郷里近くの、本学の前身である松山高等商業学校に御就任、以来四〇年間、松山高等商業学校、松山経済専門学校、続いて松山商科大学教授を歴任されました。その間、図書館長、理事、学長、理事長としての重任を果され、また学友会各部の部長としてもいろいろ尽力されました。戦前、戦中、戦後を通じ、ただ一筋に、地方のわが学園のために献身されたのです。そして、定年退職後は、他の諸大学からの勧誘もしりぞけられて、引続き、また、本学嘱託教授として、あいかわらず、御元気で教鞭をとって下さっています。

これだけでも、先生の御誠実、御清潔な御人格をしのぶに十分なものであろうと思います。

先生は、昭和二三年には、明治民法編纂史の御研究で法学博士の学位を得られ、先生の学界における地位をいよいよ高められたことはもちろん、わが学園の名を全国に馳せられました。

このように、先生は、学者、研究者、教育者として、わが学園の先頭に立って歩まれたのみならず、種々の要職につかれ、わが学園の向上発展に献身されました。

わけても忘れられないのは、先生が御在任中に大学の魂である新図書館と新研究室の建設に情熱をかたむけられたことです。もう一つ忘れられないのは、学長御退任の際の御挨拶で、『何よりもまず研究者たれ』と力説され、後輩同僚を鼓舞されたことです。

この『図書館』と『研究室』と『何よりもまず研究者たれ』という御訓辞は、わが学園の永久の魂であり、わが学園に永遠に生命を吹き込むことでありましょう。

このような先生が、同僚、卒業生、在学生の親愛と敬慕とを一身に集められたのは当然であります。先生御自身、さぞかし御満足のことと拝察いたします。

この先生の御退職記念論文集に、全国法学界一流の諸教授の御好意による玉稿が集まり、また本学法学関係者全員の諸論文が出ましたこともまた故あるからでありましょう。

はからずも、たまたま、経済学部長であった私が、先生の記念論文集に献辞を書くに至ったことを光栄に思います。

終りに、先生の一層の御健康と御多幸を祈るとともに、今後も、わが学園のため、学界のために尽くされんことをお願いいいたします。

昭和四二年一月一六日

経済学部長　伊藤　恒夫」(14)

星野通博士定年記念号に次のような錚々たる人たちが執筆している。その論文名は次の通りである。

青山道夫（九州大学名誉教授・西南学院大学経済学部教授）「ボアソナード法学の一側面」
上野雅和（岡山大学法文学部助教授）「明治前期の法律婚主義の評価をめぐって」
打田峻一（専修大学法学部教授）「明治民法の解釈と梅博士の解釈理論」
江口順一（滋賀大学経済学部助教授）「アメリカ不正競業法の統一と進化―統一法典とリンゼー法案の試み―」
越智俊夫（松山商科大学経営学部教授）「明治前半期の会社設立に関する立法主義」
熊谷開作（大阪大学法学部教授）「商法典論争史序説」
高梨公之（日本大学法学部教授・法学部長）「民法典論争と日本法律学校」
高村　晋（松山商科大学経済学部教授）「日本国憲法第二九条第Ⅲ項に所謂『正当な補償』の原因たる『公共のために用いる』行為としての『収用又は使用』―土地収用法改正案を参考に―」
谷口知平（大阪市立大学法学部教授）「法典調査会民法議事速記録より見た不法原因給付」
玉城　肇（愛知大学法経学部教授）「唯物史観と家族集団―江守教授らへの反批判を通じて家族研究の基本原理

についての試論―」
利谷信義（東京都立大学法学部助教授）「明治期法学教育の一断面―東京専門学校講義録の考察―」
中川善之助（東北大学名誉教授・学習院大学法学部教授）「明治初期における長子相続制」
沼　正也（中央大学法学部教授）「近代家族法の論理構造のなかでの精神病離婚原因」
福島正夫（東京大学東洋文化研究所教授）「旧民法と慣行の問題」
水辺芳郎（松山商科大学経営学部講師）「小作権と法典論争」
谷田貝三郎（同志社大学法学部教授）「民法典編纂史における共同相続制―明治初期より同二六年まで―」

また、越智俊夫が「星野先生の業績を回顧して」、八木亀太郎が「星野先生の横顔」の文章を寄せている(15)。

一九六六年～一九六八年と星野通は嘱託教授を続け、経済学部で民法を講義した。

一九六九（昭和四四）年七月、星野通は生涯研究を捧げてきた『民法典論争資料集』を復刻し、日本評論社から発刊した。この書物は星野通が一九四二年八月、一一月、そして、一九六五年二月の三回にわたって、松山商科大学の商経研究会から出した資料を合本出版したものである。本書には解題「旧民法典と民法典論争」と延期派、断行派の論文総計五八本が発表の年代順に収められている。資料集の集大成であり、星野通は感無量を味わったことであろう。

星野通は解題「旧民法典と民法典論争」において、明治二三年民法典人事編の「近代的性格」につき一二点にわたって、簡潔に挙証し、「形式・内容より見て当時としては近代性の強いウエスタンインシプルの法律であった」（同、五頁）と年来の持論を繰り返している。そして法典論争についても「結論的にいえば、論争は主として法典人事編の近代家族法的性格をめぐって展開した自然法学・歴史法学派の学説的抗争の感深く、また同時にそれと不可分に結びつく個人主義・自由主義と国家主義・伝統尊重のイデオロギー的相剋でもあり、しかも一面両派閥多年の感情的喧嘩でもあるという極めて複雑な性格の論争であった」（同、七頁）と、ここでも年来の持論を繰り返している。さらに、論争相手の慶應大学の中村菊男教授の説（明治二三年民法典は三一年民法典と同様あるいはそれ以上に封建家族法である）に対しても、「家父長家族制三一年民法に比し（二三年民法は）進歩的立法であった」（同、八頁）と、ここでも年来の持論を繰り返している。

星野通の研究姿勢とその結論は中村菊男・手塚豊の批判攻撃にもかかわらず、頑固なほど一貫していたといえる。

一九七一（昭和四六）年四月、星野通は松山商科大学名誉教授の称号が与えられた。

一九七三（昭和四八）年一一月一五日、星野通は、一九三五年以来一九七三年まで、『松山高商新聞』『松山商大新聞』『愛媛新聞』等に依頼され、書いてきた小論をまとめて『筆のすさび』と題して発刊した。表紙の絵は妻の富美子さん、カットは長男の陽である。学術論文にはみられない、生き生きとした人生が語られている。

一九七六（昭和五一）年二月一〇日午後三時三〇分、星野通は急性肺炎のため逝去した。七五歳であった。墓は御幸町一丁目の法華寺にある。

二月一一日付けの『愛媛新聞』は星野通元学長の死去について次のように記している。

「星野通氏（元松山商大学長、法学博士）は十日午後三時三十分、松山市清水町四丁目の自宅で急性肺炎のため死去、七十五歳。伊予市出身。葬儀（神式）は十二日午後二時～三時、同市御幸町一丁目法華寺で。喪主は妻富みさん。

旧制松山中、松山高校を経て大正十四年東京帝国大法学部を卒業。同十四年松山高商教授。いらい昭和四十一年三月、定年退職するまでの四十一年間、高商、松山経専、松山商大の教授を務めた。この間昭和三十二年から三十八年まで二期六年間にわたって同大学学長。

専門は民法で、とくに旧民法制定にいたるまでの法制史に詳しく、『民法典論争史』『明治民法編纂史』など多数の著作がある。また中村菊男教授らと日本近代の法的形式をめぐっての論争は有名。
在職中は専門の法学以外に、とくにスポーツ振興に力を注ぎ、ラグビーや剣道部などの顧問を買って出た。また厳しさのなかにも温情あふれる人柄が多くの学生をひきつけた。〝教室回顧談〟が得意で先輩教師の授業風景を声帯模写で演ずるなどの一面もあり、高商、経専、商大時代を一貫して、〝名物教授〟で通した。長男の陽氏も松山商大教授であり、〝親子教授〟としても知られて居た。
愛媛新聞賞（昭和三十七年）、県功労賞（四十六年）を受賞したほか私学振興に尽くした功績で勲三等瑞宝章を受章」(16)

また、田中忠夫愛光学園長が談話を寄せている。

「星野先生とは五十年近くにわたっておつき合いしてきたが、お人柄は誠実の一語につきる。どんな小さなウソもつけなかった人だ。安倍能成先生によく似て、誠実さの点では日本人ばなれした存在だった。二人してよく将棋を指した間柄でもあったのだが……」(17)

一九七七（昭和五二）年二月の『明教』（松中・東高同窓会報）第七号に、伊藤恒夫が「星野通先生を偲ぶ」を寄稿している。それは次の如くである。

「星野　通先生の御誕生は明治三十三年（西暦一九〇〇年）一〇月一日、昭和五十一年二月十日満七十五才で逝かれました。
御遺族の御依頼も受けて、私が、本誌に先生を偲ぶ拙文を書くことになりました。

先生は松山中学校の頃、私の亡父（秀夫）に英語を教われたのです。その後、私の亡父は三〇年余、松山高商、松山商大で先生の同僚として公私ともども親しく、おつきあいし、ほんとうに、たいへんお世話になりました。その間に、先生のお妹さんを私の亡き両親が私の親戚の者（故堀新一郎―星野先生の「松中」二年下）のお嫁さんに御仲介したりもしました。

そんな御縁で私は中学生の頃から、先生のことを両親から聞かされていました。それから後、私が松山高校在学中には、非常勤講師であられた先生からドイツ語を教えていただいたりもしました。

それよりも何よりも私が生涯忘れ得ぬ御恩は、私が終戦後、外地から引きあげてきて、どうしようかと迷っている時、先生の御高配と御口添えで、昭和二十三年三月半ばから、当時の松山高商に勤務させていただくことになったことです。以来、先生がお亡くなりになるまで、私もまた同僚として、公私ともに、ほんとうにいろいろお世話になりました。そして、今は、先生の御長男陽君と私は同僚として親しくしてもらっているものです。

ついでながら先生の御二男不二夫君と私の長男は小学校以来の親友であり、今も親しくおつきあいしています。そんな関係もあって先生の奥様と私の家内はＰＴＡのお仲間でもあり、以来今も親しくしていただいております。亡き星野先生と私は、右のようなほんとうにふしぎな深い深い御縁がありました。

今、私の手許に、先生が松山商科大学を御退職の際の記念論文集『法史学及び法学の諸問題』（昭和四十二年四月発行）と先生が自費出版された『筆のすさび』（随想集―表紙の絵は富美子夫人、文中のカットは令息陽君―）があります。前者には、これもふしぎな御縁でありますが、当時、はからずも経済学部長であった私が「献辞」を書いております。それには八木亀太郎元学長が『星野先生の横顔』を越智俊夫教授が『星野先生の業績を回顧して』を書いています。その巻末には先生の略歴やたくさんの著述目録が記録されています。

今、あらためてそれらを読み、先生の在りし日の御様子や面影がよみがえっています。

以下謹んで先生の御生前を偲び、心からご冥福を祈らせていただきます。

星野先生といえば、誰もが、まず、何といっても、法学博士星野通先生を思い出すでしょう。御生前、私も先生から、松山が戦火で焼かれる前、千舟町にあった赤本屋（古本屋の名）で『明治十一年民法草案』や穂積陳重著『法典論』という稀覯本を偶然発見された時（昭和十三年）のことを何度もうかがったことがあります。よほどの御感動だったにちがいありません。それが御縁で先生のライフワークである明治民法典の御研究がはじまり、その結晶が先生の大著『明治民法編纂史研究』であります。それは当時日本法学界未踏の分野に光を当てられたものであり、『明治民法史研究に礎石を置いた画期的な』御業績だったのです。これこそが、昭和二十三年、先生が法学博士の栄誉に浴された御著書なのです。

その後も、先生は終始一貫明治民法編纂史の研究をされ、先生と慶應大学の中村・手塚両教授との間に繰り拡げられた『旧民法』の性格論争は余りにも有名です。この論争において先生の学究としての闘志は満々の御様子でした。門外漢の私などにもよくそのことについて語りかけられました。

先生は右のような御業績で地方大学である松山商大に星野博士ありというわけで、われわれ学園の名を天下に知らせて下さいました。

その間、先生は、戦後間もない頃から図書館長、理事、その後学長兼理事長の御要職につかれ、われわれ学園の発展に不朽の功績を残されたことはいうまでもありません。

また、私は、先生が学長御退任の際、『何よりも研究者たれ』と力説され、われわれ後輩同僚を鼓舞され、かつ警告されたのが忘れられません。

先生は東大法学部法律学科（独法）を御卒業後（大正十四年四月）から御郷里（今の伊予市）にほど近い松山高商の教授になられ、戦後昭和三十二年から二期六年間学長、理事長を務められ、御退職まで四十年間、終始地方の専門学校、地方大学の研究者として一貫されました。私が先生を敬愛する理由の一つであります。

先生はまた、教師として卒業生、在学生から親愛と敬慕を集められました。先生のお宅を訪れる在学生、卒業生がたいへん多かったようです。私など、ほんとうに羨しい。ねたましいと思うくらいでした。

先生がフィラテリスト（「切手」蒐集家）として有名であったことは多くの人の知るところでしょう。先生は趣味として切手集めをされると同時に切手の研究者でもおありだったようです。

先生は、昭和二十五年六月二十日の『夕刊山陽新聞』に『趣味と根気』という随想を書いておられますが、その中に『趣味の郵券集めをはじめてから二十二年になる。……わずか一万種内外の小コレクションだが、一日の生活の憂さはこれを眺めていると自然に忘れてしまう……』とあります。

また、昭和十年九月十五日の松山高商新聞や昭和十三年の『夕刊大阪新聞』にはフィラテリー（切手蒐集）は『道楽の王―帝王の道楽である』とその『起源考』の随筆を出しておられます。

先生は、お若い頃から、『将棋』を愛好されていたようで、その将棋敵手の八木元商大学長は次のように書いておられます。

『青年の頃から松山の棋客森五段、石田四段に親しく師事され、本格の修業もされ、棋理に明るく、棋談に詳しい』

『棋力は十分入品の域に達しておられるが、何分早見え、早指しが先生の棋風の特長で、それが当方のつけめになっていることでもあることを知るや知らずや。先方があまりスピーディに来るから、そんな手は気づいていまいとたかをくくっていると、とっくに読み切っていたりして不覚をとった経験もある』

先生は『麻雀』にもひと頃熱を入れておられました。昭和二十三〜四年頃でしたが、誘われて当時、持田のお宅で度々お相手したことがあります。

先生は御専門外のことについても広い読書家でした。大学生の頃から三田派の作家水上滝太郎のものや、芹川光治良の作品を愛読されていることをお聞きして、私などとても及ばんと思ったこともあります。

思い出すままにもう一言、同僚達との宴会の席での先生の伊予節は有名です。転勤する頃にやっとおぼえられるというので『転勤節』ともいわれるあのむつかしい伊予節を見事に歌いのけられて拍手大かっさいでした。先生の思い出はつきません。大事なことを書き落としてはいないかと心配ですが、紙面にも限りがあるので、今は、この程度にさせてもらいます。終りにもう一言だけつけ加えずにはおれないことがあります。

先生は、亡くなられたその日、傍におられた奥様に、うわ事のように、次のように言われたそうです。『洋服を着せてくれ、靴をはかせてくれ。商大へ行くのだ』と。

御遺族の御希望もあって先生の霊柩車は静かに松山商大の正門を入って、先生が六年間おられた旧学長室のほとりをまわって、火葬場に向けて去りました。商大の教職員は正門の近くで最後のお別れをしました。

先生は今、城北、松田池西側の法華寺に静かに眠っておられます。

横矩型の墓石には『星野』とのみ横字で彫ってあります。富美子未亡人の筆になるものです。『星野家之墓』ではないのです。『家』がないのです。先生は、民法学者、戦後、新民法の精神を説かれ、『家の亡霊からの解放』を力説されていました。先生は、〇〇家、〇〇家結婚式場という看板は改正身分法の精神に反するとくりかえし言っておられました。この先生の精神が先生の墓標に生きています。

今は亡き星野通先生！　思いつくままにつまらないことを書いてしまったかもしれません。御生前、若気（〜げ）の至りで生意気なことを言ったり、したりで失礼だったかもしれません。先生御寛容下さい。―一九七六・一二・一五―（松山商科大学学長）」[18]

二〇一三年一一月九日、松山大学法学部がシンポジウム「『民法典論争資料集』（復刻増補版）の現代的意義」を開催した。星野通の『民法典論争資料集』（一九六九年）の復刻増補版の刊行（二〇一三年三月、日本評論社）の刊行を記念したシンポジウムであった。

開催趣旨を松山大学の古屋壮一が述べ、基調講演として村上一博（明治大学）「星野博士と法典論争研究」、池田真朗（慶應義塾大学）「旧民法典とボワソナード」、個別報告として岡孝（学習院大学）「民法典論争と梅謙次郎」、岩谷十郎（慶應義塾大学）「民法典論争・論争史―その構造と性格―」、大村敦志（東京大学）「現代日本における民法典論争―新たな『資料集』の必要性―」、フロアからの発言として宮下修一（静岡大学）「『民法典論争資料集』の復刻増補作業について」、高橋良彰（山形大学）「民法商法施行取調委員会の審議経過」、中村哲也（新潟大学）「民法典論争と法典調査会及び帝国議会における修正作業の関連」等々があった。

このシンポジウムの基調報告の中で、村上一博は「星野説と中村説は、擦れ違いに終わらざるを得なかったと思われる。これに対し、手塚説が星野説に与えた影響は、根本的かつ甚大であった。星野先生が、民法典論争のキーポイントとされたのは、『旧民法人事編の近代家族法的性格』であり、それを擁護しようとした断行派こそが、自由民権主義の流れをくんだ西欧近代的なブルジョア自由主義・進歩主義と評価されるべきだと言うのだが、手塚説によれば、旧民法断行派が、推進・擁護した旧民法人事編（公布規定）は、何のことはない、明治民法と同じ程度に保守的なものにすぎなかったとするのだから、もし、手塚説を認めれば、星野説は根底から崩れ去ってしまうことになる。それゆえ、星野先生は、手塚説に反論すべく、公布された旧民法の『近代家族法的性格』を探し出す作業に全力を傾注され（た）」「率直に言えば、旧民法人事編が当時としては近代的性格が強いものであったとの、星野先生の手塚説への反論は非常に苦しく、（父権優位の）夫婦中心主義が残存している断片的な条文を取り上げて、人事編全体の近代家族法的性格を強調したものと言わざるを得ない」(19)と述べ、星野説＝旧民法の『近代家族法的性格』説は「苦しい反論」と報告した。

また、岩谷十郎も「旧民法と明治民法の区分が相対化されるという歴史観が手塚氏によって示されたのである。……戦前我が国の戸主権の起源は明治民法ではなく、旧民法の裡に胚胎したと言うべきであろう」(20)とやはり手塚説を支持する見解を表明している。

さらに高橋良彰も『民法典論争資料集』では星野先生によってその冒頭で、旧民法典人事編の近代的性格について八つの点が摘記されている。しかし、現在におけるその評価に関しては、シンポジウムの基調報告において触れられているように、近代的性質についての根拠は薄いというものである」(21)と村上報告に同調している。

これらの報告について、少しコメントしておこう。

①村上一博の「手塚説を認めれば、星野説は根底から崩れ去ってしまう」という表現は、かなり大げさな表現であろう。確かに私も手塚豊が旧民法第一草案を紹介することによって、第一草案↓明治二三年民法↓明治三一年民法という民法典の編纂過程の歴史研究が豊富になったことは、研究上の大きな貢献と率直に認めるものである。そして、第一草案を基準にするならば確かに星野説は分が悪いだろう。しかし、第一草案は草案である。やはり成案の両法典を比較するのが本来の研究であろう。そして、二三年民法を三一年民法と比較すれば、二三年民法が相対的に近代的であり、星野の近代性説は根拠が薄いとはいえず、星野説の崩壊論はあたらないだろう。

②星野説は、ダイヤモンド社の著書にみる如く、明治二三年民法も三一年民法も共に近代性と封建性の妥協・調和、二元的性格を有していた、そして、二三年民法は近代的性格が強く、三一年民法はそれを修正し、保守化(封建性的性格が強くなり)したとの説であった。戦後、中村・手塚らが星野説=通説をひっくりかえすために明治二三年民法を「半封建性」「前近代性」と断じたので、それへの反論から星野は「近代性」をクリアに強調した。論争の場合には往々あることで、星野の「苦しい反論」とは言い過ぎであろう。ただし、星野自身にも責任があろう。

(1)『松山商大新聞』第一二四号、一九六四年三月二一日。
(2)『松山商大新聞』第一二六号、一九六四年五月二五日。
(3)『松山商大新聞』第一二四号、一九六四年三月二一日。

(4)『松山商大新聞』第一二六号、一九六四年五月二五日。
(5)『松山商大新聞』第一二五号、一九六四年五月四日。
(6)「書評　中村菊男慶應大学教授の『新版・近代日本の法的形成』を読む」『松山商大論集』第一五巻第一号、一九六四年四月。
(7)『松山商大新聞』第一三一号、一九六五年三月二〇日。
(8)同右。
(9)佐藤幸夫は一九三三年長野県生まれ、同志社大学法学部を卒業し、神戸大学大学院博士課程を修了し、神戸大の助手、講師をしていた。江口順一の後任であった。ただし、佐藤幸夫は一年半で同志社に転職する(『松山商大新聞』第一三四号、一九六五年七月七日。一四三号、一九六六年一一月一日)。
(10)『松山商大新聞』第一三三号、一九六五年六月一四日。
(11)『松山商大新聞』第一三二号、一九六五年四月三〇日。
(12)『松山商大新聞』第一三九号、一九六六年四月二五日。『六十年史(資料編)』一四一頁。
(13)『松山商大新聞』第一三九号、一九六六年四月二五日。
(14)「星野通博士定年記念号―法史学及び法学の諸問題―」『松山商大論集』第一七巻第六号、一九六六年一二月。
(15)同右。
(16)『愛媛新聞』一九七六年二月一一日。
(17)同右。
(18)伊藤恒夫「星野通先生を偲ぶ」『明教』(松中・東高同窓会報)第七号、一九七七年二月。
(19)松山大学シンポジウム「『民法典論争資料集』(復刻増補版)の現代的意義」一八〜一九頁。
(20)同右、八九頁。
(21)同右、一三八頁。

おわりに

以上、『評伝　法学博士星野通先生―ある進歩的民法・民法典研究者の学者人生―』に関し、明らかになった点、再確認される点、博士の功績などについてまとめておきたい。

第一に、星野通は栄えある松山高等学校の第一期生であり、大正デモクラシーの風潮の時代、松高自由主義、松高家族主義の校風の下で、青春時代をおくり、進歩的民主的教員から大きな影響、学問的開眼を受けたことである。

第二に、東京帝大法学部独法科時代に学問に励み、早くもアメリカの法学界の代表であり、社会法学の代表者であったロスコー・パウンドの『法律哲学概論』を翻訳していることである。星野が学問に極めて早熟であったことが確認される。星野は大学院に進学しなかったので研究上の指導教授はいないが、その後、研究を通じて穂積重遠を師事した。星野は穂積門下生であった。

第三に、松山高等商業学校教授時代、星野はたぐい稀なほどよく勉強し、教育に熱心であったことである。一九二六年八月、二五歳のとき、ロスコー・パウンドの『法律哲学概論』を尚文堂から翻訳出版した。一九二七年四月、二六歳のとき、法学通論の教科書『小さい法学通論』を広文堂から刊行、また、同僚の村川澄、一柳学俊との共著で教科書『民法講義案』を出した。また、一九三二年一〇月、三二歳のとき、松高教授の橋本吉郎と共著で大学生や高校生のために『化学独逸語解釈研究』を、一九三六年七月、三六歳のとき、大鳥居蕃と共著で大学法学生、高校生のために『法学独逸語解釈研究』を太陽堂から出版するなど、教育に大変熱心であったことである。家族の証言によると、星野通は朝は四時に起き、書斎の机に正座して、晩まで勉強していたという。この並々ならぬ努力が星野をして後世に残る研究者たらしめたと思う。

第四に、星野が民法典論争、民法典編纂史研究を始めるきっかけになったのは、一九三七年の秋、三七歳のとき、偶然、松山市内の一古書店に住谷悦治と入り、「明治十一年民法草案」の一部を発見したことである。この草案は司法省にも東大図書館にも現存しておらず、穂積陳重、岩田新博士の大家も御存じなかったようで、この貴重な資料を星野が発見した喜び、感動がその後の明治民法編纂史研究への原動力になったことである。また、民法草案の編纂委員の一人は箕作麟祥であることは学界で知られていたが、もう一人が牟田口通照であることは、星野がはじめて世に知らしめたことであった。

第五に、一九三八年一二月、三八歳のとき、星野は『松山高商論集』創刊号に「日独法典論争の顚末」を発表した。そこで星野はドイツの民法典論争におけるティボー、サヴィニーの自然法学対歴史法学の学問論争を紹介すると共に、ドイツの法典論争と異なり、我が国の民法典論争は仏法学派と英法学派との純粋な学問論争ではなく、両派の感情的対立、勢力争い、政治的色彩をおびた泥仕合いであったことを素描した。この論文が星野をして本格的に明治民法編纂史研究ならびに民法典論争の研究をおしすすめる契機となったことである。その成果として、一九四二年八月、一一月、四一～四二歳のとき、『民法典論争資料集（上）（下）』を松山高商商経研究会から刊行し、また、一九四三年九月、四二歳のとき『明治民法編纂史研究』をダイヤモンド社から出版した。前者の『資料集（上）（下）』では明治二三年民法典の施行をめぐる断行派と延期派の資料を蒐集し、整理し、両派の主張をまとめ、民法典論争の性格を民権主義と国権主義とのイデオロギー的相剋と特徴づけた。これにより、星野は平野義太郎が素描した法典論争をさらに詳細に研究、発展させ、民法典論争の研究の先覚者、第一人者となったことである。そして、その後も星野は一九四四年六月、四三歳のとき『民法典論争史』を日本評論社から、一九四九年六月、四八歳のとき『民法典論争史―明治家族制度論争史』を河出書房から出版し、研究を深めていった。かくして、星野＝民法典論争、民法典論争＝星野として、全国的に有名になったことが確認される。

第六に、一九五二年から慶應大学の中村菊男と星野通との民法典論争が始まる。中村教授は明治二三年の旧民法を前近代的法典と言い、星野説を根本から覆そうとしたが、星野は旧民法典の近代的・進歩的性格を主張し、反論されても何ら動じることなく、自説を繰り返し主張し続けた。また、慶應大学の手塚豊教授が中村教授側に立ち、旧民法の第一草案の分析を行ない、旧民法と明治三一年民法の半封建的性格を強調し、星野説を批判したが、それに対しても星野はほとんど動ぜず、基本的に自説を繰り返し、泥仕合いとなり、議論がかみ合わなかったことが確認される。

第七に、明治二三年民法人事編の性格について、現代の学界では、星野説（近代的性格）ではなく、手塚説（半封建的性格）を支持する見解が支配的なようだ。確かに、第一草案（明治二一年一〇月）→明治二三年民法→明治三一年民法への流れの中で、第一草案を基準にするなら星野説は分が悪いだろう。しかし、第一草案は草案である。成案の両法典を比較すれば、星野説はなお有効で崩壊してはいないだろう。また、明治二三年民法の性格について、星野は元々近代性と封建性の妥協・調和、二元性の考えであったが、中村・手塚論争のなかで、問題をクリアにするために近代的性格を列挙し、敢えて強調し、反論した。そのため多くの論者が星野説＝近代的性格説とみなし、また、星野自身もその土俵にのり、近代的性格を論じたが、それはともに一面的で不正確であろう。その責任は、星野自身にもあろう。

第八に、明治三一年民法の性格については、星野の主張・見解に変化、修正が見られることである。星野は戦前・戦時、また戦後直後においても、明治三一年民法は二三年民法と同様に近代性と封建性の二元的性格として捉えていたが（もちろん、三一年民法の方が保守化している）、戦後の昭和二二年の新民法制定以降は明治三一年民法の封建性を強調し、その見解を修正したことである。

第九に、星野は松山高等商業学校教授に就任して以来、若い時代には他の教授のような要職につかず、教育と研究に精進したが、敗戦後から晩年には学校の要職を務め、学園の発展に大きな貢献をしたことである。以下、列挙しよう。

①初代校長加藤彰廉の伝記である『加藤彰廉先生』（一九三七年三月）の編集委員長として、その編纂に尽力した。
②敗戦後の学園の民主化にあたっては、進歩的民主的で優れた教員の採用に尽力した。
③一九四六年一二月からは財団法人松山経済専門学校と松山商科大学の理事に就任し、学園の経営のために尽力した。
④一九四七年五月、星野は松山経済専門学校を松山商科大学に昇格させる「復興昇格委員会」の委員長となり、大学昇格に尽力し、文部省への申請書類を作り、著名な教員を採用した。
⑤一九五七年二月からは伊藤秀夫松山商科大学学長の病気辞任に伴い、星野は学長代理に就任し、四月から第二代学長となり、一九六三年一二月まで六年九カ月学長職を務め、学園の発展に貢献した。

まず、学内の諸規程の整備を行ない学園の民主的運営をはかった。学長選考規程の制定（一九五七年三月）、名誉教授規程の制定（一九五七年四月）、学科成績選考規程の制定（一九五八年二月）、就業規則の施行（一九五八年四月）、学科履修規程の制定（一九五八年四月）、外国留学・内地留学規程の制定（一九五八年四月）、職員定年規程の制定（一九五九年四月）、聴講生・委託生規程の制定（一九六一年四月）、経済研究所規程の制定（一九六一年

六月）、合同教授会規則の制定（一九六二年四月）、経営学部教授会規則の制定（一九六二年四月）、教員選考規準の制定（一九六二年一二月）、経済学部教授会規則の制定（一九六三年一月）等々。

また、施設面の充実・拡大をはかった。新食堂の建設（一九五九年一月）、新図書館の建設（一九五九年七月）、三号館建設（一九六二年六月）、寄宿舎・南溟寮の建設（一九六三年四月）、新しい正門の建設等。

さらに、教学方針面では、一九五七年四月、二代学長就任に当り、戦後忘れられていた校訓「三実主義」を再興・復活し、真実→忠実→実用の順序とし、その定義を一九六二年四月、『学生便覧』に簡明に定式化した。その星野の定義がその後の大学の校訓「三実主義」の説明となり、定着した。校訓面での星野学長の役割は極めて大であることが確認される。

さらにまた、一九六二年四月、商経学部を発展的に解消し、経済学部と経営学部として独立させ、その後の本学園の飛躍的発展の礎を築いた。

また、一九六三年の創立四〇周年記念事業にあわせて、温山会が三恩人（新田長次郎、加藤拓川、加藤彰廉）の胸像を寄贈した際に、星野通が三恩人の碑文を記し（一九六三年一一月）、三恩人を顕彰した。その碑文は後の三恩人の解説の原型となり、改定され、今日に至っている。

このように、種々の面から星野通学長の学園への貢献・功績は極めて大きかったといえよう。

第一〇に、星野の大学行政について、問題点を述べると、法学部の開設に関してである。

一九四八年七月二八日の『松山商科大学設置認可申請書類』の一四「将来の計画」では「法学部増設は県市各方面より要望せられているので、財政上及び教授選任上より当分困難であるが、出来得る限り早く実現したい」と文部省に約束し、一九四九（昭和二四）年度の『学生便覧』に「将来計画として法学部をできるだけ早く設置する」と記載していたが、法学部が開設されるのは、一九八八年であり、何と三九年後である。商経学部を経済学部、経営学部にするよりも、まず何よりも法学部を開設すべきであったが、その尽力をしなかったのは問題として残ろう。

第一一に、学長退任後の教授時代について。一九六四年一月、星野通は再び、学者に戻り、生涯の研究である民法典論争資料の仕上げの研究を推し進め、一九六九年に日本評論社から『民法典論争資料集』を出版したことである。最後の最後まで研究一筋であったことが確認されよう。

第一二に、星野の人柄である。教育研究に熱心な人であると共に、ウソをつかない誠実な人柄であった。戦時中に生徒に「戦争に行くな、日本は負ける」と述べたことが特高（特高警察）の耳に入り、捕まりそうになったことも一例である。その学問への熱心さと人柄のよさは多くの生徒・学生をひきつけ、また同僚の信頼が厚かったことが確認されよう。

第一三に、星野の家庭論である。封建的家制度を否定した男女平等の民主的家庭論である。星野は学長時代、卒業時の式辞において、良き伴侶を得て良き家庭生活、健康的で平穏な家庭生活を送るよう、繰り返し述べた。けだし、良き家庭こそは社会活動の原動力だからである。それは星野自身の夫婦生活・家庭生活そのものであろう。また自ら実践した（星野節子さんより聞き取り）。

星野　通　略歴と著作・論文

一九〇〇（明治三三）年一〇月一日　出生
一九一九（大正　八）年　三月　愛媛県立松山中学校卒業
　　　　　　　　　　　　九月　松山高等学校入学
一九二二（大正一一）年　三月　松山高等学校文科乙類卒業
　　　　　　　　　　　　四月　東京帝国大学法学部法律学科入学
一九二五（大正一四）年　三月　東京帝国大学法学部法律学科独法卒業
　　　　　　　　　　　　四月　松山高等商業学校教授就任
一九二六（大正一五）年　八月　＊パウンド『法律哲学概論』翻訳、尚文堂
一九二七（昭和　二）年　四月　＊『小さい法学通論』広文堂
　　　　　　　　　　　　七月　＊共著『民法講義案』松山高等商業学校法学研究室
一九三〇（昭和　五）年　四月　＊『法学通論概説』東京広文堂
一九三二（昭和　七）年一〇月　＊共著『化学独逸語解釈研究』太陽堂
一九三六（昭和一一）年　七月　＊共著『法学独逸語解釈研究』太陽堂

一九三七（昭和一二）年　三月　＊編著『加藤彰廉先生』加藤彰廉先生編集委員会

一九三八（昭和一三）年一二月　＊「日独法典論争の顚末」『松山高商論集』第一号

一九三九（昭和一四）年一一月　＊「明治民法史の一齣」『松山高商論集』第二号

一二月　＊「資料　明治民法編纂史」東大『法学協会雑誌』第五七巻第七号

一九四〇（昭和一五）年一一月　＊「ロスコー・パウンド『責任論』」『松山高商論集』第三号

一九四一（昭和一六）年一〇月　＊「明治民法編纂史の一齣（その二）」『松山高商論集』第四号

一一月　＊「資料　続明治民法編纂史」東大『法学協会雑誌』第五九巻第一一号

一九四二（昭和一七）年　八月　＊『民法典論争資料集（上）』松山高商商経研究会『松山高商研究彙報』第八号

九月　＊「ロスコー・パウンドの法目的論」『松山高商論集』第五号

一一月　＊『民法典論争資料集（下）』松山高商商経研究会『松山高商研究彙報』第九号

一九四三（昭和一八）年　九月　＊『明治民法編纂史研究』ダイヤモンド社

一九四四（昭和一九）年　四月　松山経済専門学校（校名変更）教授

五月　＊「法典論争とわが伝統的家族制度」『松山高商論集』第六号

六月　＊『民法典論争史』日本評論社

九月　＊「明治十一年民法草案解題」松山経済専門学校商経研究会研究彙報第一一号

一九四六（昭和二一）年一二月　財団法人松山経済専門学校理事

一九四七（昭和二二）年　五月　松山経専復興昇格委員会委員長

一九四八（昭和二三）年　三月　法学博士（九州大学法学部）

一九四九（昭和二四）年　二月　＊「明治民法史に関する一資料」『松山経専論集』

四月　松山商科大学教授、図書館長

六月　＊『民法典論争史―明治家族制度論争史―』河出書房

一九五〇（昭和二五）年　一月　＊「再説現行民法制定史（一）―法典調査会の成立とその構成―」『松山商大論集』第一号

四月　愛媛大学文理学部講師兼任（～一九五九年）

一九五一（昭和二六）年 三月 学校法人松山商科大学（法人名変更）理事

三月 ＊「Studies in the History of the Compilation of the "Meiji" Civil Code」文部省教育科学局編 Introductions to scientific works in humanities and social sciences published in japan

六月 ＊「三博士と民法制定―特に梅博士を中心としつつ―」法政大学『法学志林』第四九巻第一号

一九五二（昭和二七）年 三月 ＊『新民法総論』関書店

六月 ＊「再び旧民法法典と松岡康毅の身分法論について」『松山商大論集』第三巻第二号

七月 ＊「旧民法典と松岡康毅の身分法論」穂積先生追悼論文集『家族法の諸問題』有斐閣

九月 ＊『物権法講義案』松山商大消費生活協同組合出版部

一二月 ＊「『旧民法法典と松岡康毅の身分法論』に関する一・二の補正」『松山商大論集』第三巻第三・四号

一九五三（昭和二八）年一一月 ＊「旧民法典人事編の性格について（再び慶応大学中村教授に答ふ）」『松山商科大学創立三十周年記念論文集』

一九五四（昭和二九）年 一月 ＊「民法典論争」『ジュリスト』第五〇号

六月 ＊「明治二三年民法人事編性格論争に対する慶応大学手塚教授の批判に答えて」『松山商大論集』第五巻第一・二号

一九五五（昭和三〇）年 四月 ＊『債権総論講義案』松山商大消費生活協同組合出版部

六月 ＊「再説明治二三年民法人事編性格論」『松山商大論集』第六巻第二号

一二月 ＊「明治二三年民法と三一年民法（中村教授に答え中村教授にきく）」『松山商大論集』第六巻第四号

一九五六（昭和三一）年 三月 ＊「書評 中村菊男著『近代日本の法的形成』」『松山商大論集』第七巻第一号

五月 ＊「書評 中村菊男著『近代日本の法的形成』」『法律時報』第二八巻第五号

一九五七（昭和三二）年　二月　学校法人松山商科大学理事長及び学長代理
　　　　　　　　　　　　四月　松山商科大学学長兼松山商科大学短期大学部学長
一九五九（昭和三四）年　八月　学校法人松山商科大学理事長
　　　　　　　　　　　　五月　＊「民法制定以後の婚姻法」講座『家族問題と家族法・結婚』酒井書店
一九六〇（昭和三五）年一二月　＊「婚姻関係とその効果」中川善之助教授還暦記念号『家族法体系　第一巻　家族法総論』有斐閣
一九六一（昭和三六）年　一月　＊「日本における法典論争」『民事法学事典』有斐閣
　　　　　　　　　　　　　　　松山商科大学学長兼松山商科大学短期大学部学長再任
一九六三（昭和三八）年一一月　学校法人松山商科大学理事長再任
　　　　　　　　　　　一二月　＊「明治・昭和三民法典における姻族概念の比較法学的研究」『松山商大創立四〇周年記念論文集』
一九六四（昭和三九）年　一月　松山商科大学学長兼松山商科大学短期大学部学長任期満了
　　　　　　　　　　　　　　　学校法人松山商科大学理事長任期満了
　　　　　　　　　　　　四月　松山商科大学経済学部兼商経学部教授
一九六五（昭和四〇）年　二月　＊「書評　中村菊男慶応大学教授の『新版・近代日本の法的形成』を読む」『松山商大論集』第一五巻第一号
一九六六（昭和四一）年　三月　＊『民法典論争資料集（続）』松山商科大学商経研究会松山商科大学研究叢書一二
一九六九（昭和四四）年　七月　定年退職
　　　　　　　　　　　　四月　松山商科大学教授嘱託
一九七一（昭和四六）年　四月　＊『民法典論争資料集』日本評論社
一九七三（昭和四八）年一一月一五日　松山商科大学名誉教授
一九七六（昭和五一）年　二月一〇日　＊『筆のすさび』自家製本
　　　　　　　　　　　　　　　死去。墓は法華寺にある。

星野　家系図

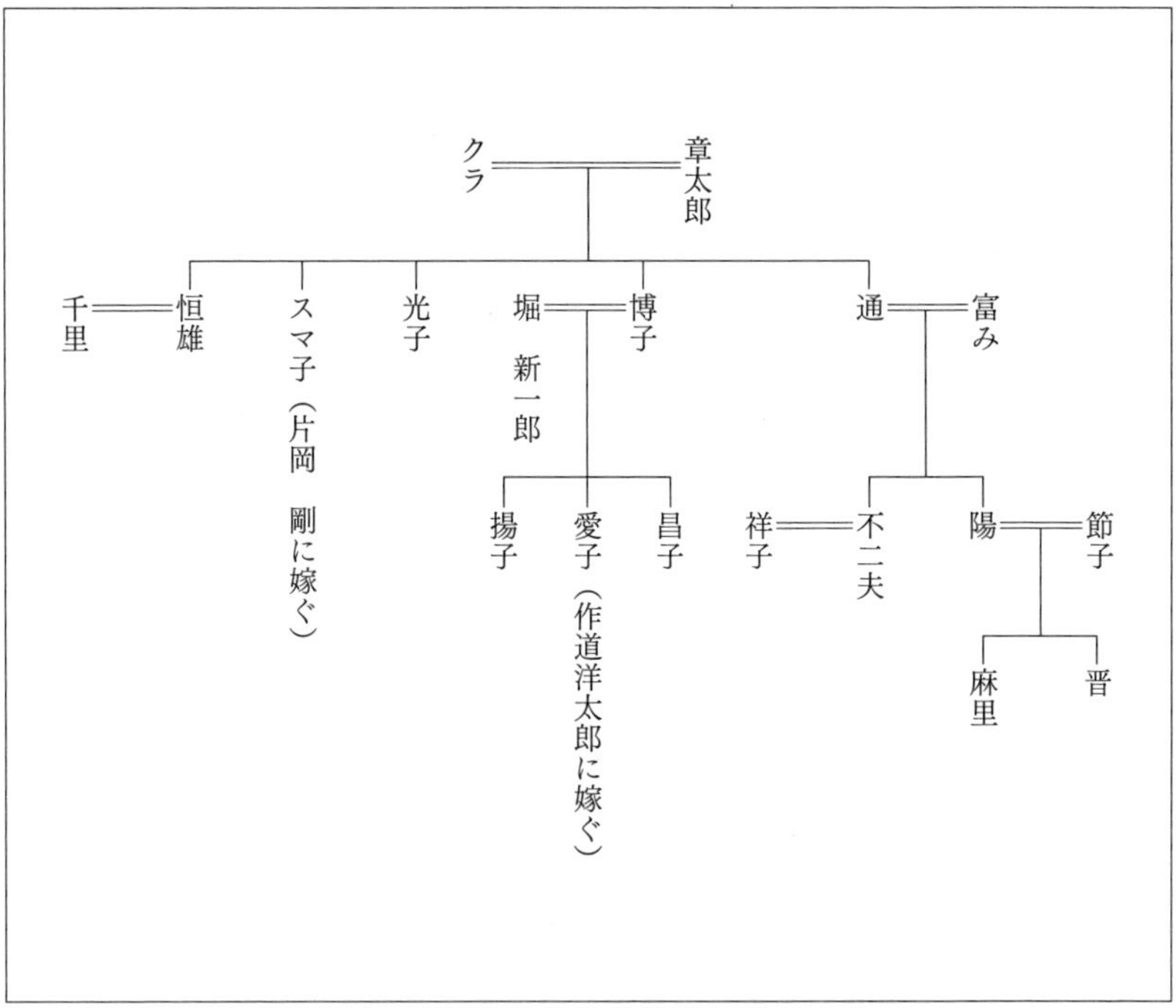
クラ
章太郎
千里
恒雄
スマ子（片岡　剛に嫁ぐ）
光子
堀　新一郎
博子
通
富み
揚子
愛子（作道洋太郎に嫁ぐ）
昌子
祥子
不二夫
陽
節子
麻里
晋

あとがき

私は二〇一六年三月三一日、松山大学を退職し、同年四月一日名誉教授となった。一九八〇年四月に松山商科大学経済学部に講師として採用されて以来、三六年間の教師生活であった。講義は一貫して日本経済論、農業経済論を担当し、その後、地域史を開設し、愛媛県の近代経済史の講義を行なった。そして、退職前からは、永年務めた松山大学に恩返しのつもりで、松山大学の校史も研究し、講義するようになった。

松山大学の校史研究に当り、これまでの校史である『松山商科大学三十年史』や『松山大学五十年史』を読み、また、松山大学の三恩人である新田長次郎の回顧録『回顧七十有七年』、初代校長の伝記である『加藤彰廉先生』、三代校長の伝記である『田中忠夫先生』、外交官で松山市長を務めた加藤拓川の伝記である成澤栄寿『加藤拓川』、伊予鉄道社長で松山高等商業学校の理事である井上要の『北予中学　松山高商　楽屋ばなし』、同窓会である温山会の『温山会報』、学生の新聞である『松山高商新聞』『学生新聞』『松山商大新聞』、国立公文書館所蔵の松山高等商業学校・松山経済専門学校・松山商科大学関係の申請書類、松山大学の『学園報』『学内報』などを読みながら、松山大学の一〇〇年の歴史について、考えてきた。

そして、松山大学の創立期から書き始め、いくつかの論文を書き、これまでに著書としてまとめたものは、『松山高商・経専の歴史と三人の校長―加藤彰廉・渡部善次郎・田中忠夫―』（愛媛新聞サービスセンター、二〇一七年三月）、『伊藤秀夫と松山商科大学の誕生』（SPC出版、二〇一八年七月）である。本書はそれに続く時代の中心人物・第二代松山商科大学学長である星野通博士の学問を中心とした評伝である。同時に、星野博士が生きた時代の松山高等商業学校・松山経済専門学校・松山商科大学の歴史である。星野博士は民法典論争研究で全国的に著名な学者である。従って、法学関係の研究者による星野博士の研究論文は数多あろう。しかし、星野博士の評伝、その学問形成の道程に関してはこれまで書かれておらず、ここに本書刊行の学術的意義があると思う。

本書の作成に当り、大変多くの人たちのお世話になった。私は経済史関係が専門で法学分野は素人ゆえ、本学法学部の古屋壮一先生に原稿に眼を通して頂き、大筋で間違いはないのではないかと言われ、一安心した。また、松山高等商業学校・松山商科大学の歴史については生き字引である松山大学名誉教授の神森智先生に眼を通して頂き、いつもながら貴重なご指摘を頂いた。感謝申し上げます。さらにまた、ドイツ語、ドイツ学者名については、本学経営学部の松尾博史先生、法学部の遠藤泰弘先生、愛媛大学の小淵湊先生にもお世話になりました。感謝申し上げます。

また、星野通先生の長男星野陽教授（故人、松山商科大学教授）の奥様・星野節子様からは、星野通先生宅の家系図、写真等について協力を得、また貴重なお話を伺いました。感謝申し上げます。

最後に、本書の出版に当り、日本評論社の斎藤ちかさんにお世話になりました。

（かわひがし　やすひろ）

●著者略歴

川東竫弘（かわひがし　やすひろ）

一九四七年香川県生まれ。
京都大学経済学部卒業。
大阪市立大学経済学研究科博士課程単位取得。
博士（経済学）。
松山大学名誉教授。

主な著書

『戦前日本の米価政策史研究』ミネルヴァ書房、一九九〇年
『高畠亀太郎伝』ミネルヴァ書房、二〇〇四年
『農ひとすじ　岡田温』愛媛新聞サービスセンター、二〇一〇年
『帝国農会幹事　岡田温―一九二〇・三〇年代の農政活動（上・下）』御茶の水書房、二〇一四年
『松山高商・経専の歴史と三人の校長―加藤彰廉・渡部善次郎・田中忠夫―』愛媛新聞サービスセンター、二〇一七年
『伊藤秀夫と松山商科大学の誕生』SPC出版、二〇一八年、など

評伝　法学博士　星野通先生（ひょうでん　ほうがくはかせ　ほしのとおるせんせい）
―ある進歩的民法・民法典研究者の学者人生―

●……二〇一九年八月二〇日　第一版第一刷発行

著者……川東竫弘
発行所……株式会社　日本評論社
〒一七〇－八四七四
東京都豊島区南大塚三－一二－四
電話　〇三－三九八七－八六二一（販売）
振替　〇〇一〇〇－三－一六
https://www.nippyo.co.jp
装幀……レフ・デザイン工房
印刷所……平文社
製本所……松岳社

ISBN978-4-535-52379-1